亀井源太郎・岩下雅充・堀田周吾　著
中島　宏・安井哲章

プロセス講義

刑事訴訟法

信山社

は し が き

　本書は，信山社・プロセス講義シリーズの一環をなすものであり，刑事訴訟法を段階的に講じようとするものである。

　本書では，各説明に①趣旨説明，②基本説明，③展開説明という位置づけを与え，可能な限り，この順序に従って段階的に説明を行っている。

　法律学は一般に高度の体系性を有するから，体系的・段階的に講ずべきことは当然であるし，従来から体系的・段階的に講じようとする努力がなされてきたこともまたいうまでもない。

　類書と比較した場合の本書の特徴は，前述のような説明の位置づけを明示した点にある。すなわち，各説明について 趣旨説明 ，基本説明 ，展開説明 と表示してその位置づけを明示し，読者の利便を図ったのである。このことにより，読者はより効率的かつ立体的に学習を進めることが可能となろう。

　趣旨説明 は，当該制度や概念の説明の前提となる制度の趣旨や概念の沿革に関するものである。基本説明 は，当該制度・概念の定義や基本的な内容に関するものである。ここでは，これらの基本的な事項について重点を置いて解説するよう工夫した。展開説明 は，いわゆる「論点」と呼ばれる判例・学説上争点となっている問題に関するものである。読者には，学修の進行状況に従って，これらの位置づけを参照しながら，勉強を進めて頂きたい。

　本書の執筆者は，さまざまな背景を有し，それぞれ異なる考え方を有している。また，研究者としては互いに異なる主張を有している点も少なくない。しかし，本書の執筆に際しては，なるべく各執筆者自身の主張は抑え，標準的と思われる記述に徹することを基本方針とした。このため，読者にとって，教科書として利用しやすいものとなっているのではないかと考えている。

　とはいえ，標準的な記述だけでは読者としても執筆者としても食い足りない場面があろう。そこで，各執筆者が有している問題意識は，主として 展開説明 や適宜設けられた コラム に散りばめられることとなった。学修の進んだ読者においては，これらの記述をきっかけにさらに思索を深めて頂きたい。

筆者の印象によれば，法科大学院制度導入後，法学部教育も大きく影響を受けることとなった。それは，法学部講義における受講者のニーズがさらに二極化した，というものである。

　受講者の中には，一方では，法曹志望者を中心に，法律学を専門的に学習しそこで得られた知識や能力を将来の仕事に活かしたいと考える者がおり，他方では，法律学を通じて得られた思考能力を，法律学の知識そのものを直接的には用いない世界で活かしたいと考える者がいる。法学部は伝統的にジェネラリスト養成の機能も担ってきたから，受講者の中に異なる将来像を抱く者がいること自体は従来と変わりはない。

　ただ，近年は，前者の学習意欲が一層強くなったように感じられる。法科大学院制度導入によって，または，新たな司法試験制度（過渡期にあっては「新司法試験」，現在では「司法試験」）が旧試験もしくは予備試験と併存することによって，より早い段階から各種試験受験を意識する学生が増えたように感じられるのである。これらの者のニーズを考えれば，法学部の専門教育も，このような受験を意識する学生を念頭に置かざるを得ず，学部段階でも各種受験に耐え合格後の学習等に繋ぐ水準の講義をすべきこととなる。

　他方，前述のように法学部はジェネラリスト養成もその重要な任務としてきたから，これらの者の興味・関心を繋ぎつつ，これらの者の将来にとって意味のある講義を提供すべきことも多言を要しない。この観点からは，枝葉末節を思い切って切り落とし議論の大きな筋道を示すことや，概念や制度の背景にある考え方（本書では　趣旨説明　に分類される）を懇切丁寧に説くこと，法律学を素材として思考や調査の訓練をすることが求められる。

　専門家養成とジェネラリスト養成という2つの要請を充たすことは，実際には容易でないが，本書のような段階的な講じ方が，そのための答のひとつとなっていれば幸いである。

　編集を担当された信山社の渡辺左近氏，鳥本裕子氏，柴田尚到氏の多大なご尽力がなければ，本書が世に出ることはなかった。企画から刊行に到るまで執筆者一同を丁寧にフォローして頂いたことは感謝に堪えない。末尾ながら，記して御礼を申し上げたい。

　2016年3月

執筆者を代表して　亀井源太郎

iii

目　　次

はしがき

イントロダクション ……………………………………………………………1

第1節 刑事訴訟法の意義と目的──刑事訴訟法とは何か（1）
趣旨 1 意　　義（1）
基本 2 刑事訴訟法の目的（1）

第2節 刑訴法の法源　趣旨（4）
基本 1 憲　　法（4）
　　 2 刑事訴訟法（4）
　　 3 刑事訴訟規則（5）
　　 4 その他（6）

第3節 刑事手続の関与者（6）
趣旨 1 総　　説（6）
基本 2 裁判所・裁判官（7）
　　 3 検察官，司法警察職員（9）
　　 4 被疑者・被告人，弁護人（12）
　　 5 被害者（14）

第1部 捜　査

第1章　捜査の意義および強制捜査・任意捜査 ……………………………15

第1節 捜査の意義と原理（15）
　　 1 捜査の意義（15）
　　趣旨 (1) はじめに──捜査による真相の究明と法益の侵害（15）
　　基本 (2) 捜査とは何なのか── 189条2項などを手がかりに（16）
　コラム 将来の犯罪に対する捜査（19）
　　　　 (3) 法の定めに反する捜査──その効果（20）
　　趣旨 2 捜査に対する規制──捜査を統制する原理（21）

第2節 強制捜査──総説（24）
基本 1 強制処分法定主義──その趣旨および帰結（24）
展開 2 強制捜査と任意捜査の区別（25）
　　 3 強制捜査の権限（28）

基本 第3節 任意捜査──総説（30）
　　 1 任意捜査の意義（30）
　　 2 任意捜査に対する規制（31）

iv　　　　　　　　　　　　　　　目　次

第2章　捜査の端緒とさまざまな任意捜査……………………………………33

第1節　捜査の端緒 (33)

趣旨　1　捜査の端緒——その意義および種類 (33)

基本　2　捜査機関でない者による捜査の端緒 (34)

　　　3　捜査機関による捜査の端緒 (36)

趣旨　(1)　端緒を探索するという活動の性質——職務質問を中心に (36)

基本　(2)　捜査と行政警察上の活動 (36)

　　　(3)　職務質問——処分の内容および要件 (37)

展開　(4)　職務質問にともなう行為の限界①
　　　　　　——停止・留置きの措置など (37)

基本　(5)　職務質問にともなう行為の限界②——所持品検査 (39)

展開　(6)　職務質問にともなう所持品検査は許されるのか (40)

基本　(7)　検問——自動車検問を中心に (41)

　　　(8)　検　視 (42)

第2節　さまざまな任意捜査 (43)

　　　1　任意捜査の適否 (43)

基本　(1)　任意捜査の適否
　　　　　　——どのように判断するのか (43)

展開　(2)　任意捜査の適否に関する判断の枠組 (44)

　　　2　さまざまな任意捜査〈その1〉
　　　　　　——任意出頭・任意同行とその後の取調べ (45)

趣旨　(1)　任意出頭・任意同行とその後の取調べ——その意義 (45)

基本　(2)　帯同・留置きと〈実質的な逮捕〉(46)

展開　(3)　〈実質的な逮捕〉と評価すべきなのか否か (46)

　　　(4)　任意取調べの適否 (47)

　　　3　さまざまな任意捜査〈その2〉——容姿・行動の撮影 (48)

趣旨　(1)　写真撮影やビデオカメラによる撮影——その多様性 (48)

基本　(2)　任意捜査としての容姿・行動の撮影 (49)

展開　(3)　容姿・行動の撮影の適否 (49)

コラム　容姿・行動の撮影に対する規制についてさらに考える (50)

　　　4　さまざまな任意捜査〈その3〉——おとり捜査など (51)

趣旨　(1)　おとり捜査の意義 (51)

基本　(2)　おとり捜査の適否 (52)

展開　(3)　おとり捜査の適否に関する判断の枠組 (52)

　　　(4)　コントロールド・デリバリー (53)

　　　5　さまざまな任意捜査〈その4〉——各種の任意捜査 (54)

基本　(1)　当事者録音と同意傍受 (54)

展開　(2)　行動の監視——尾行やGPSの利用など (54)

目　次　　　v

第3章　強制捜査と令状主義 ……………………………………………56

第1節　令状主義の意義 (56)

趣旨　1　はじめに (56)

基本　2　令状主義における原則 (57)

　　　3　令状主義における例外 (59)

第2節　令状主義の全体像 (60)

　　　1　令状主義の本質 (60)

基本　(1)　令状主義の趣旨 (60)

展開　(2)　令状主義と強制処分法定主義の比較 (60)

基本　2　正当な理由 (61)

　　　3　令状主義の規制が及ぶ範囲 (62)

基本　(1)　行政手続と令状主義 (62)

展開　(2)　憲法 35 条による保護の射程 (63)

第3節　令状の役割・機能——個人の自由・権利の保護 (64)

　　　1　特定性の要請 (64)

基本　(1)　特定性の要請——その意義 (64)

展開　(2)　特定性の要請に関する検討

　　　　　　——通信・会話の傍受・聴取を素材として (64)

　　　2　令状の呈示 (65)

第4章　被疑者の身柄確保(1) 逮捕・勾留の要件 ………………………69

第1節　令状による身柄拘束——総論 (69)

趣旨　1　意義と目的 (69)

基本　2　逮捕・勾留に対する法的規制 (69)

　　　3　逮捕・勾留に対する防御　趣旨 (70)

基本　(1)　逮捕に対する防御 (70)

趣旨　(2)　勾留に対する防御 (71)

第2節　逮　捕 (71)

　　　1　通常逮捕 (71)

趣旨　(1)　逮捕状による逮捕 (71)

基本　(2)　実体的要件 (71)

　　　(3)　手続的要件 (72)

　　　2　現行犯逮捕 (74)

趣旨　(1)　令状主義の例外 (74)

　　　(2)　実体的要件 (75)

　　　　(i)　現行犯人 (75)

基本　(ア)　意　義 (75)

展開　(イ)　現行犯性の判断 (75)

　　　　(ii)　準現行犯人 (76)

基本　(ア)　意　義 (76)

vi   目　　次

　　　　　　展開 (イ) 準現行犯性の判断（76）
　　　　基本 (3) 手続的要件（77）
　　　　3　緊急逮捕（77）
　　　　趣旨 (1) 令状主義の例外（77）
　　　　基本 (2) 実体的要件（78）
　　　　　　(3) 手続的要件（78）
　　　　4　逮捕後の手続（79）

　　第3節 勾　留（80）
　　　　1　勾留の要件（80）
　　　　趣旨 (1) 意　義（80）
　　　　基本 (2) 理由と必要性（81）
　　　　2　勾留の手続（82）
　　コラム 代用刑事施設（85）

第5章　被疑者の身柄確保(2) 逮捕・勾留の諸問題 ……………………………………86

　　第1節 逮捕と勾留の関係　趣旨（86）
　　基本 1　逮捕前置主義（86）
　　展開 2　違法な逮捕が先行する場合（87）

　　第2節 逮捕・勾留の効力の及ぶ範囲　趣旨（88）
　　基本 1　事件単位の原則（88）
　　　　2　逮捕・勾留の一回性（89）

　　第3節 別件逮捕・勾留（90）
　　趣旨 1　問題の所在（90）
　　基本 2　本件基準説と別件基準説（91）
　　展開 3　新しい判断枠組（92）
　　　　4　別件逮捕・勾留後の再逮捕・再勾留（93）

第6章　証拠の収集(1) 捜索・差押え ………………………………………………………94

　　第1節 物的証拠の収集──総論（94）
　　趣旨 1　物的証拠の収集と令状主義（94）
　　基本 2　捜索・押収の意義（95）
　　コラム 承諾捜索の可否（96）
　　　　3　捜索・押収に対する防御　趣旨（96）
　　　　基本 (1) 押収等に対する不服申立て（96）
　　　　　　(2) 押収拒絶権（97）

　　第2節 令状請求と実体的要件　趣旨（98）
　　　　1　実体的要件（98）
　　　　基本 (1) 捜索・差押えの理由（98）
　　　　　　(2) 捜索・差押えの必要性（99）

　　　　　　　（i）裁判官の審査権限（99）

　　　展開 （ii）差押えの「相当性」（100）

　　2　捜索差押許可状の発付（102）

　　基本 （1）令状の記載事項（102）

　　展開 （2）対象の特定と明示（103）

第7章　証拠の収集⑵ 令状による差押え …………………………………… 105

第1節 捜索差押許可状の執行　趣旨（105）

　　1　令状の呈示（105）

　　基本 （1）執行の方式（105）

　　展開 （2）事前呈示の原則（106）

　基本 2　責任者の立会い（106）

　　3　夜間執行の制限（107）

　　4　必要な処分等（107）

　　　（1）捜索・差押えに付随する処分（107）

　　展開 （2）「必要な処分」の限界（107）

　コラム 令状の効力と「必要な処分」（108）

　基本 5　捜索・差押えの際の写真撮影（109）

第2節 捜索・差押えの範囲（109）

　　1　捜索の範囲（109）

　　基本 （1）令状に記載された場所・身体・物（110）

　　展開 （2）捜索場所に居合わせた第三者の所持品（111）

　　2　差押えの範囲（111）

　　基本 （1）差し押さえるべき物（111）

　　展開 （2）判例の検討（112）

　コラム 別件捜索・差押え（113）

第3節 電磁的記録物（113）

　趣旨 1　証拠としての電磁的記録（113）

　　2　差押えの対象（114）

　　基本 （1）電磁的記録物の関連性（114）

　　展開 （2）電磁的記録物の包括的差押え（115）

　基本 3　差押えの手段（115）

　　4　通信履歴の保全要請（117）

第8章　証拠の収集⑶ 逮捕にともなう捜索・差押え ………………………… 118

第1節 令状によらない捜索・差押え——総説（118）

　趣旨 1　令状によらない捜索・差押え——その意義（118）

　基本 2　逮捕にともなう捜索・差押え——要件および理論上の根拠（119）

　展開 第2節 令状によらない捜索・差押え——議論の展開（121）

viii 目 次

1 逮捕にともなう捜索・差押えの時間的限界・場所的限界（121）
2 その他の問題（124）

第9章 証拠の収集(4)
検証・鑑定・身体検査ならびに電気通信の傍受 ………………………… 126

第1節 検証・鑑定（126）
1 検 証（126）
趣旨 (1) 検証の意義（126）
基本 (2)「検証」と実況見分——その違い（127）
　　 (3) 検証に対する規制（127）
　　 (4) 検証としての身体検査（128）
2 鑑 定（128）
趣旨 (1) 鑑定の意義（128）
基本 (2) 鑑定留置および鑑定処分（129）

第2節 身体検査（130）
1 身体検査——概説（130）
趣旨 (1) 人の身体を対象とした証拠の収集・保全
　　　　——さまざまな手法・技術（130）
基本 (2) 身体検査（広義）——その分類（130）
2 強制採尿その他（132）
趣旨 (1) いわゆる強制採尿——強制による尿の採取（132）
基本 (2) 強制採尿に関する判例（132）
展開 (3) 判例の意義と問題点（133）
　　 (4) 強制採尿のための連行（134）
　　 (5) その他の採取（135）

第3節 電気通信の傍受（136）
1 電気通信の傍受——その背景と意義（136）
趣旨 (1) はじめに（136）
基本 (2) いずれの当事者も同意（承諾）していないときの傍受・聴
　　　　取（136）
展開 (3) 傍受・聴取の合憲性と適法性（137）
　　 (4) 通信傍受法の意義（138）
基本 2 電気通信の傍受——要件および手続（138）
　　 (1) 処分の要件および処分の対象（138）
　　 (2) 処分の手続など（139）

第10章 被疑者の取調べ，被疑者の防御 ……………………………………… 140

第1節 被疑者取調べ（140）
1 取調べの意義（140）
趣旨 (1) 被疑者取調べ（140）

目　次　　　ix

　　　　基本 (2) 被疑者以外の者の取調べ（141）
　　　　2 被疑者の出頭と滞留（141）
　　　　3 被疑者取調べの実施（143）
　　　　　　(1) 黙秘権の告知（143）
　　　　　　(2) 取調べの方法（143）
　　　　　　(3) 供述の録取（144）
　　　　展開 (4) 余罪取調べ（144）

　第2節 被疑者の防御権　趣旨（145）
　　　　1 黙秘権（146）
　　　　基本 (1) 黙秘権の意義（146）
　　　　展開 (2) 黙秘権保障の範囲（147）
　　　　2 弁護人の援助を受ける権利（147）
　　　　趣旨 (1) 捜査段階における弁護活動の意義（147）
　　　　基本 (2) 弁護人依頼権の保障（148）
　　コラム 当番弁護士制度（149）
　　　　3 接見交通権（150）
　　　　趣旨 (1) 接見交通権の意義（150）
　　コラム 弁護人との接見のための設備（150）
　　　　基本 (2) 接見交通権の制限（151）
　　コラム 接見指定の方式（151）
　　　　展開 (3) 接見指定（152）
　　基本 4 被疑者による証拠の収集（154）

　第3節 違法捜査に対する救済　趣旨（154）
　　基本 1 手続外の救済（154）
　　　　2 手続内部の救済（155）

第2部　公訴・訴因

第11章　公訴の提起 ……………………………………………………… 157

　第1節 総　説（157）
　趣旨 1 意　義（157）
　基本 2 国家訴追主義・起訴独占主義（157）
　　　　3 起訴便宜主義（裁量訴追主義）（158）
　展開 4 一罪の一部起訴（158）
　　　　5 訴追裁量のコントロール（160）
　　　　趣旨 (1) 総　説（160）
　　　　基本 (2) 不当な不起訴（160）
　　　　展開 (3) 不当な起訴（162）
　　コラム チッソ川本事件と公訴権濫用論（164）

x 目　次

第2節 公訴の提起（165）
基本　1　公訴提起の手続（165）
　　　2　起訴状の記載事項（166）
　　　　　⑴　総　説（166）
　　　　　⑵　起訴状一本主義（166）
　　　　　　⒤　総　説（166）
　　　　　　⒦　引　用（166）
展開　　　⒧　余事記載（167）
基本　　⑶　起訴状に記載すべき事項（168）
　　　3　公訴提起の効果（169）

第12章　訴因の機能 ……………………………………………………… 171

第1節　訴因と公訴事実（171）
基本　1　「訴因」・「公訴事実」に言及する規定（171）
展開　2　「公訴事実」と「訴因」をめぐる混乱（171）
　　　3　審判対象論（172）

第2節　訴因の特定（173）
趣旨　1　概　説（173）
基本　2　幅のある記載を許容した例（174）
展開　3　訴因の機能と訴因の特定（175）
　　　4　共謀共同正犯における訴因の特定（176）
　　　5　覚せい剤使用罪における訴因の特定（177）
　　　6　実体法上の罪数と訴因の特定（178）

第13章　訴因の変更，その要否と可否 ……………………………… 180

趣旨　### 第1節　概　説（180）
　　　1　訴訟の浮動性（180）
　　　2　齟齬に対する対処（180）

第2節　312条（181）
趣旨　1　訴因変更の意義（181）
基本　2　訴因変更の手続（182）
　　　3　訴因変更命令（182）

第3節　訴因変更の要否（185）
基本　1　問題の所在（185）
　　　2　基本的な考え方（185）
展開　3　「重要な事実の変化」の判断（186）

第4節　訴因変更の可否（189）
趣旨　1　概　説（189）
基本　2　狭義の同一性（189）

目　次　　xi

基本 第5節 訴因変更の許否（192）
　　　　1 問題の所在（192）
　　　　2 訴因変更の時期的限界（192）
　　　　3 現訴因につき有罪の心証が得られる場合（192）

第3部　公　判

第14章　公判手続 ……………………………………………………… 193

第1節 総　説（193）
趣旨 1 公判とは（193）
基本 2 公判の諸原則（193）
展開 3 被告人（195）

第2節 公判の準備（196）
基本 1 第1回公判期日前の公判準備（196）
　　　2 被告人の出頭確保（197）
コラム 勾留・保釈の運用（200）
　　　3 弁護人の選任（200）
　　　　(1) 弁護人依頼権（200）
　　　　(2) 国選弁護（201）
展開 (3) 弁護人の権利と義務（201）

第3節 公判手続（202）
基本 1 公判期日の手続（202）
展開 2 必要的弁護（205）
　　　3 迅速な裁判（206）
基本 4 簡易な手続（208）

第15章　公判前整理手続⑴ 手続の概要 ……………………………… 210

第1節 公判前整理手続（210）
趣旨 1 制度趣旨（210）
基本 2 手続の進行（211）
展開 3 公判前整理手続の問題点（214）
コラム 公判「前」中心主義??（215）

第2節 公判手続における特例（216）
基本 1 必要的弁護・冒頭陳述・結果の顕出（216）
展開 2 証拠調べ請求の制限（217）

基本 第3節 期日間整理手続（218）

第16章　公判前整理手続⑵ 証拠開示の諸問題 ……………………… 219

第1節 総　説（219）

xii 目　次

趣旨 1 証拠開示とは何か（219）
基本 2 証拠開示と当事者主義（220）
　　 3 公判前整理・期日間整理手続以外での証拠開示（220）

第2節 公判前整理手続における証拠開示（222）
基本 1 意義と内容（222）
　　 2 検察官請求証拠の開示（222）
　　 3 類型証拠の開示（223）
　　 4 被告人・弁護人請求証拠の開示（224）
　　 5 主張関連証拠の開示（225）
　　 6 裁判所による裁定（225）
展開 7 証拠開示命令の対象（227）
コラム 公判前整理手続の改革（229）

第4部 証　拠

第17章　証拠法総説(1) ·· 230

基本 **第1節 証拠法とは何か**（230）
　　 1 証拠の意義と種類（230）
　　 2 証拠能力と証明力（232）
　　 3 証拠裁判主義（233）

基本 **第2節 自由心証主義**（236）
　　 1 自由心証主義（236）
　　 2 疫学的証明（236）
　　 3 証明の程度（238）

基本 **第3節 挙証責任**（239）
　　 1 挙証責任とは何か（239）
　　 2 無罪推定の原則（240）
　　 3 挙証責任の転換（241）
　　 4 推　定（241）

基本 **第4節 証拠調べ手続の概要**（242）
　　 1 証拠調べ手続の概要（242）
　　 2 冒頭陳述（242）
　　 3 証拠調べ請求（243）
　　 4 証拠決定（245）
　　 5 証拠調べの実施（246）
　　 6 証拠調べに関する異議（256）
　　 7 証拠の証明力を争う機会の付与（256）

目　次　　xiii

第18章　証拠法総説(2)················· 257

第1節 証拠の関連性 (257)
基本 　1　自然的関連性と法律的関連性 (257)
展開 　2　類似事実による事実認定 (257)

基本 ### 第2節 情況証拠による事実認定 (259)
　　　1　情況証拠の意義 (259)
　　　2　情況証拠による事実認定 (260)

展開 ### 第3節 科学的証拠の証拠能力 (261)
　　　1　はじめに (261)
　　　2　DNA 型鑑定 (262)
　　　3　声紋鑑定，筆跡鑑定，警察犬による臭気選別 (264)
　　　4　ポリグラフ検査 (268)

第19章　排除法則 ···················· 272

趣旨 ### 第1節 排除法則の意義 (272)
基本 ### 第2節 排除法則の根拠 (273)
　　　1　学説の理論状況 (273)
　　　2　判例の立場 (274)

展開 ### 第3節 排除の基準 (274)
　　　1　違法の重大性 (274)
　　　2　排除相当性 (275)
　　　3　違法の重大性と排除相当性との関係 (275)

展開 ### 第4節 排除法則の展開 (276)
　　　1　違法承継論 (276)
　　　2　毒樹の果実法理 (279)

展開 ### 第5節 例外法理 (281)
　　　1　独立入手源法理 (281)
　　　2　稀釈法理 (281)
　　　3　不可避的発見の法理 (282)
　　　4　善意の例外法理 (282)

基本 ### 第6節 その他 (282)
　　　1　排除申立適格 (282)
　　　2　私人による違法収集証拠の扱い (282)
　　　3　被告人の同意がある場合 (283)

第20章　自白法則(1) 自白の排除·············· 284

第1節 自白法則とは何か (284)
趣旨 　1　自白法則の意義 (284)

xiv 目　次

基本 2 自白法則の根拠（284）

展開 第2節 自白の証拠能力の限界（286）
　　1 強制，拷問，脅迫による自白（286）
　　2 不当に長い抑留・拘禁後の自白（286）
　　3 その他任意性に疑いのある自白（286）

展開 第3節 自白法則と排除法則の関係（289）
　　1 総　説（289）
　　2 取調べ手続の違法と自白（290）
　　3 接見指定と自白（291）
　　4 不任意自白に基づいて発見された証拠物の証拠能力（292）
　　5 反復自白（293）

基本 第4節 自白の任意性立証（294）

第21章　自白法則(2) 補強法則，共犯者・共同被告人の供述 …………………… 295

第1節 補強法則（295）
基本 1 補強法則の意義と根拠（295）
展開 2 公判廷における自白と補強法則（296）
基本 3 補強の範囲（297）
　　4 補強証拠の証明力（299）
　　5 補強証拠の適格性（300）

展開 第2節 共犯者・共同被告人の供述（301）
　　1 共犯者と共同被告人の異同（301）
　　2 共同被告人の公判（301）
　　3 共同被告人の供述が問題となる場面（302）
　　4 共同被告人の供述の証拠能力（302）
　　5 共犯者の供述の証明力（303）
　　6 共犯者の供述は補強証拠になり得るか（303）
　　7 共同被告人に関するその他の問題（304）

第22章　伝聞法則(1) 伝聞証拠の性質 ……………………………………………… 306

第1節 伝聞証拠と伝聞法則（306）
基本 1 はじめに（306）
　　2 供述証拠の特殊性（306）
　　3 伝聞証拠の意義（307）
趣旨 4 伝聞法則の根拠（309）
基本 5 伝聞証拠と要証事実の関係（310）

第2節 伝聞と非伝聞の区別（311）
基本 1 はじめに（311）
　　2 供述の存在自体が要証事実となる場合（311）

目　次　　xv

　　　3　行為の言語的部分に当たる場合（312）
　　　4　原供述者の供述当時の精神状態が要証事実となる場合（312）
　展開　5　共謀成立過程における共謀者の発言など（313）
　　　6　犯行計画メモ（314）
　　　7　とっさになされた自然的供述（316）
　　　8　被害直後における幼児の説明（316）
　　　9　領収書等（318）

第23章　伝聞法則(2)　伝聞例外①……………………………………321

　趣旨　第1節　伝聞例外の根拠（321）
　展開　第2節　被告人以外の者の供述代用書面（321条）（321）
　　　1　はじめに（321）
　　　2　裁判官面前調書（321条1項1号）（324）
　　　3　検察官面前調書（321条1項2号）（325）
　　　4　被告人以外の者のその他の供述書・供述録取書（321条1項3号）
　　　　（330）
　　　5　公判準備調書，公判調書，裁判所・裁判官の検証調書（321条2項）
　　　　（332）
　　　6　捜査機関作成の検証調書（321条3項）（333）
　　　7　鑑定書（321条4項）（338）
　　　8　ビデオリンク方式による証人尋問調書（321条の2）（339）

　展開　第3節　被告人の供述代用書面（322条）（340）
　　　1　供述書，供述録取書（340）
　　　2　被告人の公判準備，公判期日における供述録取書（341）

第24章　伝聞法則(3)　伝聞例外②……………………………………342

　第1節　特信文書（323条）（342）
　基本　1　はじめに（342）
　展開　2　公務文書（342）
　　　3　業務文書（342）
　　　4　その他の特信文書（343）
　　　5　特信性の判断基準（344）
　　　6　メモの理論（345）

　第2節　伝聞供述（324条）（345）
　基本　1　はじめに（345）
　展開　2　被告人の供述を内容とするもの（346）
　　　3　被告人以外の者の供述を内容とするもの（346）
　　　4　被告人の供述中の被告人以外の者の供述（346）

　展開　第3節　再伝聞（347）

xvi　　目　次

基本 第4節 任意性に関する調査（325条）(347)

展開 第5節 同意書面（326条）(348)
- 1 同意の意義 (348)
- 2 同意の性質 (349)
- 3 同意の手続 (350)
- 4 相当性 (352)
- 5 同意の効力 (352)
- 6 擬制同意 (353)

基本 第6節 合意書面（327条）(353)

展開 第7節 供述の証明力を争う書面・供述（328条）(354)
- 1 328条で許容される証拠は自己矛盾供述に限られるか (354)
- 2 321条から324条の規定により証拠とすることができない書面・供述 (356)
- 3 「証明力を争う」の意義 (357)

展開 第8節 その他 (358)
- 1 写真の証拠能力 (358)
- 2 録音テープの証拠能力 (359)
- 3 録画媒体の証拠能力 (360)
- 4 謄本・抄本・写しの証拠能力 (360)

第5部　裁　判

第25章　裁　判(1) 裁判の意義・手続・構成 ……………………………… 362

第1節 総　説 (362)
- 趣旨 1 裁判の意義 (362)
- 基本 2 裁判の種類 (362)
- 3 裁判の成立と手続 (365)

第2節 裁判の構成 (366)
- 1 有罪判決 (367)
- 基本 (1) 有罪判決の構成 (367)
- コラム 量刑と余罪 (367)
- 展開 (2) 択一的認定・概括的認定 (368)
- 2 無罪判決 (370)
- 基本 (1) 無罪判決の構成 (370)
- 展開 (2) 無罪判決後の勾留 (371)

第26章　裁　判(2) 裁判の効力 ……………………………………………… 373

第1節 裁判の効力　趣旨 (373)
- 基本 1 裁判の確定 (373)

目　次　　　xvii

　　　2　裁判の確定にともなう効力の根拠（374）
　　　3　内容的確定力（375）
　　　　　(1)　実体裁判の内容的確定力（375）
　　展開　(2)　形式裁判の内容的確定力（375）

　第2節　一事不再理効（377）
　基本　1　意　義（377）
　　　2　一事不再理効の根拠（377）
　展開　3　一事不再理効の及ぶ範囲（378）

第6部　上訴・非常救済手段

第27章　上訴・非常救済手段…………………………………………… 383

　第1節　上　訴（383）
　　　1　総　説（383）
　　趣旨　(1)　上訴の意義（383）
　　基本　(2)　上訴権（384）
　　　　　(3)　上訴の利益（384）
　　　　　(4)　一部上訴（384）
　　展開　(5)　不利益変更の禁止（385）
　　　2　控　訴（385）
　　趣旨　(1)　意義・構造（385）
　　基本　(2)　控訴の申立て（386）
　　展開　(3)　控訴理由（387）
　　基本　(4)　控訴審の審理（388）
　　　　　(5)　控訴審の裁判（388）
　基本　3　上　告（390）
　　　4　抗告・準抗告（393）
　基本　第2節　非常救済手続（395）
　　　1　再　審（395）
　　　2　非常上告（397）

第7部　新しい問題

第28章　新しい問題…………………………………………………… 399

　第1節　裁判員制度（399）
　趣旨　1　制度趣旨（399）
　コラム　裁判員制度の合憲性（399）
　基本　2　制度の概要（400）
　展開　3　今後の課題（402）

xviii 目　次

第2節　犯罪被害者　趣旨 (403)

　　1　被害者および証人の保護 (403)

　　基本 (1) 氏名等の秘匿 (404)

　　趣旨 (2) 証人尋問時の配慮 (406)

基本 2　被害者の損害回復 (406)

　　3　被害者の手続参加 (407)

第3節　取調べの適正化　趣旨 (408)

基本 1　取調べ監督制度 (408)

　　2　取調べの録音・録画制度 (409)

　　趣旨 (1) 意　義 (409)

　　基本 (2) 制度の概要 (409)

　　展開 (3) 制度をめぐる議論 (410)

第4節　協議・合意と刑事免責　趣旨 (411)

　　1　協議・合意制度 (411)

　　　　(1) 意　義 (411)

　　基本 (2) 制度の概要 (412)

　　展開 (3) 制度をめぐる議論 (413)

　　2　刑事免責制度 (414)

　　趣旨 (1) 意　義 (414)

コラム 刑事免責による証言強制の可否 (414)

　　基本 (2) 制度の概要 (415)

プロセス講義刑事訴訟法

執筆者紹介
（執筆順）

亀井源太郎（かめい・げんたろう）

慶應義塾大学法学部教授

1998 年　東京都立大学大学院社会科学研究科基礎法学専攻博士課程中退

〈主要著作〉『ロースクール演習刑事訴訟法〔第 2 版〕』（2014 年，法学書院），『刑事立法と刑事法学』（2010 年，弘文堂），『正犯と共犯を区別するということ』（2005 年，弘文堂）。

　執筆：イントロダクション，第 11 章，第 12 章，第 13 章，第 25 章，第 26 章，第 27 章

岩下雅充（いわした・ともみつ）

筑波大学ビジネスサイエンス系准教授

2004 年　筑波大学大学院博士課程社会科学研究科法学専攻単位取得退学

〈主要著作〉「将来の犯罪に対する捜査の本質とその規制(1)～(4)」筑波法政 35 号 83 頁・37 号 221 頁・38 号 253 頁・39 号 123 頁（2003～2005 年），「捜索令状・差押え令状の呈示：事前呈示の原則とその例外との関係」京都学園法学 2010 年 3 号 31 頁（2011 年），『刑事訴訟法教室』（共著）（2013 年，法律文化社）。

執筆：第 1 章，第 2 章，第 3 章，第 8 章，第 9 章

堀田周吾（ほった・しゅうご）

首都大学東京 都市教養学部法学系准教授

2003 年　東京都立大学大学院社会科学研究科基礎法学専攻博士前期課程修了・修士（法学）

〈主要著作〉『ケースブック刑事訴訟法〔第 3 版〕』（共著）（2012 年，弘文堂），「ミランダ・ルールと任意性テスト(1)～（3・完）」法学会雑誌 54 巻 1 号 425 頁・同 2 号 105 頁・56 巻 2 号 193 頁（2013～2016 年），「多様な捜査手段と被疑者取調べの今後」警察政策 15 巻 173 頁（2013 年），「取調べの録音・録画と合衆国裁判所の監督権」法学会雑誌 53 巻 1 号 231 頁（2012 年），「取調べの録音・録画と被疑者の権利」法学会雑誌 52 巻 2 号 235 頁（2012 年）。

執筆：第 4 章，第 5 章，第 6 章，第 7 章，第 10 章，第 28 章

中 島　宏（なかじま・ひろし）

鹿児島大学大学院司法政策研究科教授

1998 年　立教大学大学院法学研究科博士後期課程民刑事法専攻満期退学

〈主要著作〉『刑事訴訟法講義』（共著）（2007 年，八千代出版），『刑事訴訟法教室』（共著）（2013 年，法律文化社），「自白法則における違法排除説再論」法律時報 83 巻 2 号 34 頁（2011 年），「被害者等の意見陳述に関する一考察」『田宮裕博士追悼論集・下巻』133 頁（2003 年，信山社）。

執筆：第 14 章，第 15 章，第 16 章

安 井 哲 章（やすい・てっしょう）

中央大学法学部教授

2005 年　中央大学大学院法学研究科博士後期課程修了・博士（法学）

〈主要著作〉「公判前整理手続における証拠開示」法学新報 117 巻 9・10 号 103 頁（2011 年），「自己負罪拒否特権の性質と機能(1)」比較法雑誌 46 巻 2 号 1 頁（2012 年）。

執筆：第 17 章，第 18 章，第 19 章，第 20 章，第 21 章，第 22 章，第 23 章，第 24 章

凡　　例

〈法令名略語〉

　刑事訴訟法（昭和 23 年法律 131 号）は，原則として条数のみとし，必要に応じ「刑訴法」「刑訴」などと表記した。

　刑事訴訟規則（昭和 32 年最高裁規則 23 号）はかっこ内では「規」とし，必要に応じて「刑訴規則」「規則」「刑訴規」などと表記した。

　その他の法令は，かっこ内では下記のように略記したほか，通常の例によった。

刑	刑法	警	警察法
憲	日本国憲法	警職	警察官職務執行法
刑事収容	刑事収容施設及び被収容者等の処遇に関する法律	弁護	弁護士法
		少	少年法
検察	検察庁法	民	民法
検審	検察審査会法	独禁	私的独占の禁止及び公正取引の確保に関する法律
裁	裁判所法		
裁判員	裁判員の参加する刑事裁判に関する法律	覚せい剤	覚せい剤取締法
		国賠	国家賠償法
捜査規範	犯罪捜査規範	法律支援	総合法律支援法
通信傍受	犯罪捜査のための通信傍受に関する法律	航空	航空法
		銃刀所持	銃砲刀剣類所持等取締法
犯罪被害保護	犯罪被害者等の権利利益の保護を図るための刑事手続に付随する措置に関する法律	盗犯	盗犯等ノ防止及処分ニ関スル法律

〈判例，判例集，文献略語〉

・判例略語

最大判(決)	最高裁判所大法廷判決（決定）	地判(決)	地方裁判所判決（決定）
		支判(決)	支部判決（決定）
最判(決)	最高裁判所小法廷判決（決定）	簡判(決)	簡易裁判所判決（決定）
高判(決)	高等裁判所判決（決定）		

・判例集略語

刑(民)集	最高裁判所刑(民)事判例集	下刑(民)集	下級裁判所刑(民)事裁判例集
高刑(民)集	高等裁判所刑(民)事判例集		

集刑	最高裁判所裁判集刑事	東高刑時報	東京高等裁判所刑事判決時報
判時	判例時報		
判タ	判例タイムズ	TKC	TKC 法律情報データベース
刑月	刑事裁判月報		LEX/DB インターネット

・文献略語

警研	警察研究	曹時	法曹時報
刑雑	刑法雑誌	法協	法学協会雑誌
刑ジャ	刑事法ジャーナル	法教	法学教室
警論	警察学論集	論究ジュリ	論究ジュリスト
現刑	現代刑事法	百選〇版	「刑事訴訟法判例百選」(9

最判解刑事篇平成〇年度 『最高裁判所 版・2011年, 8版・2005年, 7版・
　判例解説刑事篇平成〇年度』 1998年, 6版・1992年)(別冊ジュ
ジュリ　ジュリスト リスト)
新争点／争点 「刑事訴訟法の争点」(新 平成〇年度重判解 『平成〇年度重要判
　争点・2013年, 争点3版・2002年, 例解説』(ジュリスト臨時増刊)
　争点新版・1991年, 初版・1979 法セ　法学セミナー
　年)(ジュリスト増刊)

渥美　　　　渥美東洋『全訂 刑事訴訟法〔第2版〕』(2009年, 有斐閣)
池田＝前田　　池田修＝前田雅英『刑事訴訟法講義〔第5版〕』(2014年, 東京大学
　出版会)
石井　　　　石井一正『刑事実務証拠法〔第5版〕』(2011年, 判例タイムズ社)
宇藤ほか　　宇藤崇＝松田岳士＝堀江慎司『刑事訴訟法』(2012年, 有斐閣)
上口　　　　上口裕『刑事訴訟法〔第4版〕』(2015年, 成文堂)
小林　　　　小林充『刑事訴訟法〔第5版〕』(2015年, 立花書房)
白取　　　　白取祐司『刑事訴訟法〔第8版〕』(2015年, 日本評論社)
鈴木　　　　鈴木茂嗣『刑事訴訟法〔改訂版〕』(1990年, 青林書院)
高田　　　　高田卓爾『刑事訴訟法〔2訂版〕』(1984年, 青林書院)
田口　　　　田口守一『刑事訴訟法〔第6版〕』(2012年, 弘文堂)
田宮　　　　田宮裕『刑事訴訟法〔新版〕』(1996年, 有斐閣)
平野　　　　平野龍一『刑事訴訟法』(1958年, 有斐閣)
松尾上・下　松尾浩也『刑事訴訟法』(上〔新版〕, 下〔新版補正第2版〕・1999年,
　有斐閣)
三井Ⅱ・Ⅲ　三井誠『刑事手続法』(Ⅱ・2003年, Ⅲ・2004年, 有斐閣)
三井(1)新版　三井誠『刑事手続法(1)〔新版〕』(1997年, 有斐閣)

実例Ⅰ・Ⅱ・Ⅲ　　松尾浩也＝岩瀬徹編『実例刑事訴訟法Ⅰ・Ⅱ・Ⅲ』（2012年，青林書院）

条解　　　　松尾浩也監修『条解刑事訴訟法〔第4版〕』（2009年，弘文堂）

新実例Ⅰ・Ⅱ・Ⅲ　　平野龍一＝松尾浩也編『新実例刑事訴訟法Ⅰ・Ⅱ・Ⅲ』（1998年，青林書院）

新コンメ2版　　後藤昭＝白取祐司編『新・コンメンタール刑事訴訟法〔第2版〕』（2013年，日本評論社）

大コンメ2版○巻　　河上和雄＝中山善房＝古田佑紀＝原田國男＝河村博＝渡辺咲子編『大コンメンタール刑事訴訟法〔第2版〕』（第2巻・2010年，第5巻・2013年，第7巻・2012年，第9巻・2011年，青林書院）

大コンメ刑法2版5巻　　大塚仁＝河上和雄＝佐藤文哉＝古田佑紀編『大コンメンタール刑法〔第2版〕』（第5巻・1999年，青林書院）

大コンメ警職法　　田宮裕＝河上和雄編『大コンメンタール警察官職務執行法』（1993年，青林書院）

令状基本問題(上)・(下)　　新関雅夫ほか『増補　令状基本問題』（1996年，一粒社〔判例時報社〕）

イントロダクション

第1節　刑事訴訟法の意義と目的
──刑事訴訟法とは何か

➡ **趣旨説明**

1　意　義

　刑事訴訟法は，刑法を実現するための法である。

　憲法31条が「何人も，法律の定める手続によらなければ，その生命若しくは自由を奪はれ，又はその他の刑罰を科せられない。」と**適正手続の保障**を定めているので，刑罰を科すためには「法律の定める手続」が不可欠である。この「刑法を実現するための手続」を定めた**手続法**が，刑事訴訟法である[1]。

　なお，「刑事訴訟法」という語は，いくつかの意義で使用される。広義では，捜査手続・公判手続・執行手続（刑の執行），狭義では，捜査手続・公判手続，最狭義では公判手続を指す言葉として用いられるのである。

　本書では，狭義の意味での，すなわち，捜査手続・公判手続に関する法制度を中心として講ずる。

➡➡ **基本説明**

2　刑事訴訟法の目的

(1)　「実体的真実の発見」と「適正手続の保障」

　刑訴法1条は，「この法律は，刑事事件につき，公共の福祉の維持と個人の基本的人権の保障とを全うしつつ，事案の真相を明らかにし，刑罰法令を適正且つ迅速に適用実現することを目的とする」と定める。

---

[1]　これに対し，**実体法**である刑法は，適正手続の要請の下で，「どういう要件で，どういう刑罰を加えるか」を定める。

このような文言や沿革[2]から，一般に，刑事訴訟法の目的は，①**実体的真実の発見**と，②**適正手続の保障**である，とされる。

以下，それぞれについて敷衍する。

(2) 実体的真実主義

裁判所の事実認定が真実に合致しなければならないとする考え方を**実体的真実主義**という。このような実体的真実主義の採用には，民事事件（民事訴訟）と違った刑事事件（刑事訴訟）の性格が現れている。

民事事件においては，当事者の私的利益が問題となる。このため，当事者さえ納得してれば，真実と異なった事実に基づいて法が適用されてもよい（**形式的真実主義**）。例えば，返済すべき借金の額について，真実とは異なる額で両当事者が合意し，この金額の支払いをもって完済されたこととすることも，民事事件の解決としては問題がない。

しかし，刑事事件においては，事案の真相に基づいて判断がなされなければならない。刑事事件においては，真実に基づかないで法が適用されること（身代わり犯人の処罰等）は不正義であると考えられるからである。

ただ，「真実」に基づいて法を適用する，といっても限界がある。

その限界の第1は，当該真実は，**訴訟法的真実**にすぎない，ということである。すなわち，刑事訴訟での事実の認定は証拠によって行われるから（317条），過去の出来事である事件につき証拠に基づき認定できた事実が真実として扱われることとなるという限界があるのである。

その限界の第2は，**消極的実体的真実主義**，という考え方である。

事案の真相の解明だけを強調しすぎると，「真実を必ず発見して処罰に漏れがないようにしよう」という傾向が強くなりかねない（**積極的実体的真実主義**）。真実発見を強調すると，無理な捜査を行ってまで真実を発見しようということにもなりかねない。後述する適正手続とのバランスを考えれば，「罪のある者を必ず処罰する」積極的実体的真実主義ではなく，「罪のない者を処罰しない」という意味での消極的実体的真実主義を採らざるを得ないのである。

---

(2) 現行刑事訴訟法の立案過程では，「この法律の目的は，事案の真相を明らかにして，刑罰法令の公正な適用を完うするにある。」という規定と，「刑事手続に関与する者は，公共の福祉と個人の基本的人権とを慎重に考慮して，公平且つ迅速にこの法律の目的を達成することに努めなければならない。」という規定がそれぞれ設けられることとされていた。この2か条が1か条にまとめられたものが現行の1条である。

(3) 適正手続の保障（デュー・プロセス）

憲法31条は，**適正手続の保障**が憲法上の原理であることを示す。そして，適正手続の保障は，単に，刑罰を科す手続が形式的に法律に則っているだけでは足りず，その法律の内容が実質的にも適正なものでなければならないとする（**実体的デュー・プロセス**）。言い換えれば，刑罰を科すためには，内容が実質的に適正な法律に基づき，適正な手続を経ることが要求されるのである。

適正な手続とは，具体的には，法律に根拠を有しているのみならず，公平・公正な裁判所[3]による，告知・聴聞・防御の機会[4]が保障された手続をいう。

適正手続の保障は捜査，公判を通じて妥当する（最大判昭45・11・25刑集24・12・1670）。

(4) 真実発見と適正手続の調和

さきに述べたように，刑事訴訟法は，裁判所の事実認定と，事件の真相である真実が一致していなければならないという実体的真実主義を採る。このため，刑事訴訟法において真実の発見も重要な要請のひとつである。

真実発見と適正手続は，どちらもが両立されることが理想である。また，多くの場合，両者は対立せず，調和する。「公平な裁判のための手続的諸制度は真実発見そのもののために必要[5]」だからである。

しかし，両者が矛盾，対立してしまう場合も存在する。例えば，違法な捜査によって事件の真相が明らかになる場合がそれである。このような対立が生じた場合に，どのようにほどよく真実発見と適正手続のバランスを取るかが，刑事手続を考えるうえで，常に問題となる。

---

[3] 「公平な裁判所」とは，偏頗や不公平のおそれのない組織と構成を持った裁判所による裁判をいう（後掲最大判昭23・5・5。憲37条1項参照）。刑訴法上，公平な裁判所実現のため設けられている制度として，除斥，忌避（20条～），起訴状一本主義（256条6項），訴因制度（256条3項，312条）等の当事者主義構造，予断排除（296条ただし書，規198条2項）等がある。

[4] 最大判昭37・11・28刑集16・11・1593参照。

[5] 田宮5頁。また，「実際上は多くの場合，両者は矛盾対立をきたすこともなく，訴訟目的はスムーズに達成されているといえる。例えば，公平な裁判のための手続的諸制度は真実発見そのもののために必要だし，関連性のある証拠を順序だてて取り調べてこそ，真実は明らかになる」（同5頁）。

第2節　刑訴法の法源

➡ **趣旨説明**

実質的意味での刑事訴訟法の法源として，憲法（日本国憲法），（形式的意味での）刑事訴訟法（刑事訴訟法典），刑事訴訟規則，その他が挙げられる。

➡➡ **基本説明**

1　憲　法

憲法は，刑事手続についての最低限の基準を規定している。例えば，憲法31条は，「何人も，法律の定める手続によらなければ，その生命若しくは自由を奪はれ，又はその他の刑罰を科せられない」と適正手続の保障を定める（→本章第1節2(3)）。

この意味で，憲法と刑事訴訟法は一体の関係にある（実際に，本書においても憲法は，何度も参照されることとなる）。

日本国憲法は，「31条以下において，諸外国の憲法に例をみないほど詳細な規定を置いている」[6]。31条で適正手続を，33～35条で被疑者の諸権利を，37～39条で主として被告人の権利を，40条で刑事補償を，それぞれ規定しているのである。

2　刑事訴訟法

刑事訴訟法の法源として，次に，刑事訴訟法典（形式的意味での刑事訴訟法）が挙げられる。

(1)　沿　革

わが国の刑事訴訟法は，明治期以降，フランス法，ドイツ法，英米法を順次継受した[7]。

すなわち，まず，1880（明治13）年にフランス法の影響を**治罪法**が制定され（1882〔明治15〕年施行），1890（明治23）年に同じくフランス法の影響を受けた**旧々刑事訴訟法**（いわゆる**明治刑事訴訟法**）が制定された（明治23年施行）。

さらに，1922（大正11）年には，ドイツ法を母法とする**旧刑事訴訟法**（いわゆる**大正刑事訴訟法**）が制定された（1922〔大正13〕年施行）。

治罪法，旧々刑事訴訟法，旧刑事訴訟法を通じて予審制度が採用されており，

---

(6)　芦部信喜『憲法〔第6版〕』(2015) 242頁。

(7)　このため，各法の影響が残るとされる。

検察官と予審判事が手続の中心機関であり，公判の裁判はそれに誤りがないかどうかの確認であった。

(2) 現行刑事訴訟法の成立と特色

現行刑事訴訟法は，第二次大戦後，GHQ の指導の下，アメリカ法の影響を受け抜本的に改革されたかたちで 1948（昭和 23）年に成立した[8]。ここでは，現行法の特色として，以下の 3 点を指摘しておく。

その第 1 は，**予審制度**[9]**の廃止**である。予審制度は，捜査における強制処分の権限を捜査機関から奪うとともに，公判を開くまでもない事件については早期に被告人を解放する利点があった。しかし，予審の段階で有罪宣告がほとんど完全に準備されてしまうという面もあった。現行法は，捜査機関に強制処分をする権限が与えられたこと（予審は無用な手続の重複になる），公判中心主義が主張されたことから，予審制度を廃止した。これによって，裁判所は捜査を行わないこととなり，捜査機関との役割分担がはっきりすることとなった。

その第 2 は，**起訴状一本主義**（256 条 6 項）である（→第 11 章第 2 節 2 (2)）。旧法では，起訴と同時に一切の証拠が公判裁判所に引き継がれ，裁判官はその中から，有罪・無罪を判定するのに必要な証拠を選び出して証拠調べをしていた。これに対し，現行法では，公訴提起の段階では，公判が開かれるまで，裁判官は一切の証拠に接しない（公判前整理手続に付された場合を除く）。裁判官が事件について不当な予断を持つことを防止しようとしているのである。

その第 3 は，**訴因制度**（256 条 3 項）である。裁判所は，起訴状に記載された事実（この事実が訴因と呼ばれる。→第 12 章）についてのみ審判し，起訴状記載の事実を超えた事実は，いかに証拠上明らかだと思っても判断してはならない，とする考え方である。

3 刑事訴訟規則

憲法 77 条 1 項は，最高裁に，訴訟に関する手続についての規則を定める権限を与えている。書面に関する細かい規定等は，刑事訴訟法ではなく，この権限によって最高裁判所が定める刑事訴訟規則に規定されている[10]。

---

(8) ただし，旧刑訴法を改正するという形で立法された。このため，捜査に関する条文編成の配置がややわかり難いものになってしまっていたり（総則の規定を捜査に準用するよう規定されている），旧法以来の概念と現行法で導入した概念の関係が複雑になっている部分が見られたりする（訴因と公訴事実等）。

(9) 検察官が請求した事件について，予審判事と呼ばれる裁判官が，公判前にこれを審理する制度。

4 その他

その他，刑事訴訟法の法源に含まれるものとして，例えば，裁判所法，検察庁法，弁護士法，裁判員の参加する刑事裁判に関する法律，警察法，警察官職務執行法，検察審査会法，犯罪捜査のための通信傍受に関する法律，総合法律支援法，少年法等がある。

第3節　刑事手続の関与者

→ 趣旨説明

1　総説

弾劾主義と糾問主義，当事者主義と職権主義の概念はさまざまな意味で用いられているが，本書では，弾劾主義・糾問主義を訴訟の構造に関するモデル，当事者主義と職権主義を「誰が訴訟のイニシアチヴを持つのか」についてのモデルと整理しておく。

(1) **弾劾主義と糾問主義**

糾問[11]主義の下では，訴える者と判断する者が分化していない。裁判機関が自ら捜査し，被疑者を検挙し，取り調べ，判決を言い渡すのである[12]。

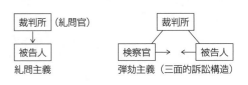

これに対し，**弾劾主義**の下では，訴える者と判断する者が分化し，訴訟は，両当事者（わが国の現在の制度でいえば，検察官・被告人）間での攻撃防御を中心に進められ，裁定者（裁判所）が判断することとなる。

わが国では，治罪法以来，一貫して弾劾主義が採られている。

(2) **当事者（追行）主義と職権（追行）主義**

弾劾主義の下で三面的訴訟構造を採ったとしても，訴訟の実際の進行（すなわち，事案の解明や証拠の提出）について，誰がイニシアチヴをとり，責任を持

---

[10] 同様に最高裁が制定した規則として，犯罪捜査のための通信傍受に関する規則，裁判員の参加する刑事裁判に関する規則等がある。

[11] 糾問とは，真実の発見に当たることを意味する。

[12] 糾問主義の下でも，裁判機関と別に捜査機関が置かれる場合があるが，捜査官は糾問官たる裁判官の補助をする存在にすぎない。

つのかにはヴァリエーションがありうる。

当事者（追行）主義の下では，当事者（検察官・被告人）が訴訟進行を主導する。これに対し，**職権（追行）主義**の下では，裁判所がこれを主導する。

現行法は，原則として当事者主義を採り，訴訟進行のイニシアチヴを当事者である検察官と被告人が持ち，当事者が主張した事実についてのみ，裁判所は判断をする。

➤➤ 基本説明

2 裁判所・裁判官
(1) 裁判所の意義

裁判所という語は，いくつかの意味で用いられる。

裁判所法上は，裁判所という語が，司法行政上の単位としての裁判所，官署としての裁判所の意味で用いられる場合が多い。

①**司法行政上の単位としての裁判所（国法上の意味の裁判所**とも）を裁判所と称する場合がある。この意味での裁判所は，**裁判官の集合体**を意味する（例えば，この意味で「東京地方裁判所」といえば，「東京地裁を構成している相応な員数の判事および判事補」を意味する。裁 23 条参照）。

裁判所という語が司法行政上の単位として用いられる場合，②「裁判官のほかに，書記官，事務官，速記官らの職員を含めた**官署（役所）としての裁判所**」を意味するものとして用いられる場合もある。

裁判所という語が，③審理・裁判の単位としての裁判所（**訴訟法上の意味の裁判所**）として用いられる場合もある。この意味での裁判所は，①の意味での裁判所に属する裁判官で構成される**裁判権を実行する機関**を意味する。刑事訴訟法上は，裁判所という語が，この意味で用いられる場合が多い。

③の意味での裁判所は，事件の審判を担当する裁判機関を意味するのであって，事件の性質により，1 名の裁判官によって構成される場合（**単独体**）と，複数の裁判官によって構成される場合（**合議体**）がある[13]。また，**裁判員裁判**対

---

[13] この意味での裁判所は，以下のように構成される。
　　最高裁判所　常に合議体（裁 9 条）で構成（大法廷 15 人，小法廷 5 人）
　　高等裁判所　常に 3 人の合議体（裁 18 条 2 項）
　　地方裁判所　原則として単独体（裁 26 条）
　　家庭裁判所　原則として単独体（裁 31 条の 4）
　　簡易裁判所　常に単独体（裁 35 条）

象事件においては，裁判体は，原則として，裁判官3人，裁判員6人により構成される合議体である（裁判員2条2項本文）。

(2) 裁判所の管轄

管轄とは，**裁判所の分配**をいう。裁判所法は，事件の軽重・審判の難易・審判の便宜・裁判所の負担の公平・被告人の便宜等を考慮してどの裁判所が個別の事件を担当するかを定めている。

事物管轄とは，第1審の事件の軽重による分配をいう（下表参照）。

簡裁	罰金以下の刑に当たる罪……………………(a) 選択刑として罰金が定められている罪＊ その他（常習賭博罪，窃盗罪等）	裁33 I ②，同II
高裁	内乱に関する罪（刑77〜79） その他 ｝………(b)	裁16 ④，裁17
地裁	上記(a)(b)以外のすべての事件	裁24

＊簡裁は禁錮以上の刑を原則として科しえない（裁33 II）。ただし例外あり（窃盗罪等については3年以下の懲役を科しうる。同条ただし書）。また，選択刑として罰金が定められている罪については簡裁と地裁がどちらも競合して事物管轄を持つ。

土地管轄とは，第1審の事件の土地的関係をいう。裁判所の土地管轄は，犯罪地または被告人の住所，居所もしくは現在地による（2条1項）[14]。

審級管轄とは，上訴手続に関する分配をいう（下表参照）。

上告 特別抗告	最高裁	裁7 ①・②
控訴 抗告	高裁	裁16 ①・②

(3) 公平な裁判所──除斥・忌避・回避

憲法37条1項は，すべての刑事被告人に，公平な裁判を受ける権利を保障している。**公平な裁判所**とは，判例（最大判昭23・5・5刑集2・5・447）によれば，「組織構成等において不公平なおそれのない裁判所」を意味する。

そこで，特定の事情があって，個別の事件について不公平な裁判をするおそれのあると認められる裁判官に，その事件を取り扱わせないようにする制度がある。それが除斥・忌避・回避である。

---

[14] 具体的な区割りは，下級裁判所の設立および管轄区域に関する法律による。

除斥とは，ある裁判官がその事件の被害者であるとき等，当該裁判官が法律上当然に除外される場合（類型的・機械的排除）である（20条）。20条が列挙する事由は，大別すると，裁判官がその事件と人的につながりのある場合（1〜3号）と，裁判官がその事件につき一定の職務を行った場合（4〜7号）である。

忌避とは，当該裁判官が当事者の申立てにより除外される場合である（21条）。裁判官が職務の執行から除斥されるべきとき，または不公平な裁判をするおそれがあるとき[15]は，検察官または被告人[16]は，これを忌避することができる（21条1項）。

回避とは，裁判官自身の判断で除外される場合をいう（規13条1項）。自分に忌避されるべき理由があると思う裁判官が自ら進んで，所属裁判所にその旨を申し立て，所属裁判所の決定により職務の執行から除外される制度である（裁判官と当事者が友人である，裁判官と当事者との間に金の貸し借りがある，等）。

(4) 裁判官の身分保障

裁判官は，憲法上，強く身分保障されている（憲78条，79条6項，80条2項）。「すべて裁判官は，その良心に従ひ独立してその職権を行ひ，この憲法及び法律にのみ拘束される。」（憲76条3項）とする司法権の独立を担保するためである。

3 検察官，司法警察職員

刑事訴訟で当事者の立場にあるのは検察官と被告人である。このうち，検察官は原告の地位にある。

また，検察官・司法警察職員の両者は，捜査を行う立場にある。

(1) 司法警察職員

189条2項は，「司法警察職員は，犯罪があると思料するときは，犯人及び証拠を捜査するものとする。」と規定し，**司法警察職員**を捜査の第1次的な機関と位置づけている[17]。

---

[15] 不公平な裁判をするおそれがあるときとは，客観的に見て偏頗な裁判をするおそれ（最決昭48・10・8刑集27・9・1415）をいう。

[16] 弁護人は，被告人のため忌避の申立てをすることができる。ただし，被告人の明示した意思に反することはできない（21条2項）。

[17] これに対し，191条は，「検察官は，必要と認めるときは，自ら犯罪を捜査することができる。」（傍点筆者）と規定し，検察官を第2次的な捜査機関と位置づけている。

司法警察職員は，横の関係では，一般司法警察職員（189条1項）と特別司法警察職員（190条）に，縦の関係では，司法警察員と司法巡査に分かれる。

(i) 一般司法警察職員と特別司法警察職員

これらの区分は，職務の範囲，場所による分類である。**一般司法警察職員**とは，警察庁および都道府県警察の警察官の総称である（警察官は「司法警察職員」という資格で刑事訴訟法上の権限を行使する）。

これに対し，**特別司法警察職員**とは，190条が規定するように，森林，鉄道その他特別の事項について司法警察職員として職務を行うべき者であり，どのような者がそれに当たるかおよびその職務の範囲は，別に法律でこれを定めることとされている（例えば，麻薬取締法54条にいう麻薬取締官・麻薬取締員や，自衛隊法96条による自衛隊の警務官および警務官補，労働基準法102条による労働基準監督官等）。特別司法警察職員制度は，その職務上，犯罪を発見する機会が多く，その犯罪に関する知識・経験があることから捜査を行うのに適しているという理由から設けられている。

(ii) 司法警察員と司法巡査

これらの区分は，階級による区別である。**司法警察員**と**司法巡査**は，刑訴法上区別され，与えられている権限を異にする（司法巡査は，原則として令状請求を行い得ない，等。→第4章第2節1(3)(i)）。

警察官については，どのような者が司法警察員か，どのような者が司法巡査かは，公安委員会が定める（189条）[18]。特別司法警察職員については，それぞれに関係する特別法（麻薬取締法，自衛隊法，労働基準法等）がこの区別を定めている。

(2) 検 察 官

検察官は，**検察権**[19]を行使する行政官[20]である。しかし，その職務は，司法権の行使に密着しているため，通常の行政官とは異なり，行政官と司法官との

---

[18] 警察庁については国家公安委員会が，各都道府県警察については各都道府県公安委員会が定める。

[19] 検察官は，刑事手続においては，捜査を行う権限，公訴を行う権限，裁判所に法の正当な適用を請求する権限，裁判の執行を指揮監督する権限を有している。

[20] 憲法33条，35条にいう「司法官憲」ではないため，令状を発する立場にない。憲法の起草課程では検察官も「司法官憲」に含まれるという見解もあり議論が分かれていたが，憲法公布の頃までには憲法にいう「司法官憲」とは裁判官のことであるということで議論が落ち着いた（松尾上9頁参照）。このような解釈の変遷は，緊急逮捕の合憲性をめぐる議論に影響する。

両方の特徴を持っている。

司法官的側面としては，まず，**職務の独立性**が挙げられる。通常の行政官は，各省の大臣を頂点としてピラミッドを構成している。しかし，検察権の行使が，時の政治権力など，他の勢力からの不当な影響を受けないようにしなければならない。このため，検察官は，一般の官庁とは違い，個々人で，官庁としての検察権を行使する権限を持つ（このことを指して「検察官は**独任制の官庁である**」ということがある）。

また，単に，独任制であるだけでは，公正さは担保できないから，——つまり，内閣や法務大臣が，不都合な検察官を自由にクビにしたり不利益な処分をできるようでは独立性は担保できないから——裁判官並みの身分保障が規定されている。検察官が，意思に反して，その官を失い，職務を停止され，または俸給を減額されることがあるのは，一定の場合に限定されているのである（検察25条）。

他方，個々の検察権行使の過ちを防止しなければならないし，効率的，効果的に検察権が運用されなければならない。また，統一的な国家の意思が検察権の行使に反映されなければならない。ここから，**検察官同一体の原則**[21]，および，法務大臣の指揮監督権が認められている（**行政官的側面**）。

また，検察権が行政権に属すること，その行使は，内閣が国会に対して責任を負うべき事項であることから，法務大臣は，検察官の行う事務に関し，検察官を一般に指揮監督することができる（**法務大臣の指揮監督権**）。

ただし，法務大臣が個々の事件の取調べまたは処分について指揮できるのは，検事総長に対してのみである（検察14条）。このため，個々の検察官は，個別の事件については，検事総長の指揮のみに従うこととなる。この方法で，法務大臣の指揮監督権を保障しつつ（したがって，内閣が国会に対し検察権の行使について責任を負いつつ），時の政治権力が個別の事件について不当に介入できないようになっているのである[22]。

(3) 捜査における検察官と司法警察職員の関係

両者は，独立の捜査機関ではあるが，それぞれに協力して，能率的，合理的

---

[21] 検察官が全国的に統一的・階層的な組織をなし，上命下服の関係において一体として検察事務を行うとする考え方。上司は部下に対し，指揮監督権（検察7～10条），事務引取権・事務移転権（検察12条）を有する。

な捜査をすることが期待されている（**協力義務**。192 条）。

　また，事件は原則としてすべて検察官に送られるうえ，事件について起訴するかどうかを決定するのも，起訴した場合に公訴の維持について責任を負うのも検察官である。そのため，検察官が，事件処理が適正なものになるように捜査手続をコントロールする立場にある。ここから，検察官に一定の**指示権・指揮権**が与えられている（193 条 1 ～ 3 項）。

　司法警察職員はこれらの指示・指揮に従わねばならない（193 条 4 項）[23]。

4　被疑者・被告人，弁護人

(1)　被疑者・被告人

　被疑者とは捜査の対象となっているが未だ公訴を提起されていない者をいい，**被告人**とは検察官により公訴を提起された者をいう。

　被疑者・被告人は，刑事手続において，身柄保全の対象や取調べの対象となる等，捜査・訴追機関による処分の対象となる地位（**消極的地位**）を与えられているのみならず，対等な当事者としての地位を与えられている（**積極的地位**）。

　もっとも，対等な地位にあると形式的に述べたところで，実際には，証拠の収集能力等において，検察官と全く同じ立場にあるとは言い難い。そこで，憲法・刑事訴訟法は，被疑者・被告人に黙秘権（憲 38 条 1 項），弁護人依頼権（憲 34 条，37 条 3 項）等の諸権利を保障することで，両当事者が実質的に対等になるようにしている（→第 10 章第 2 節）。

➡➡➡ 展開説明

(2)　当事者能力・訴訟能力

　当事者能力とは，訴訟において一般に当事者となり得る能力をいう。すべての自然人・法人は当事者たりうる（339 条 1 項 4 号反対解釈）。

　訴訟能力とは，被告人としての重要な利害を弁別し，それに従って相当な防御をすることのできる能力をいう（最決平 7・2・28 刑集 49・2・481）。

　被告人が訴訟能力を欠く場合は，裁判所は，決定で，その状態の続いている

---

[22]　個別の事件について法務大臣の指揮権が発動された例として，**造船疑獄**（1954〔昭和 29〕年）に際しての指揮権発動がある。造船疑獄は，海運・造船に関する政府助成をめぐって，大規模な贈収賄が摘発された事件である。捜査の過程で東京地検は与党幹事長の逮捕を求めたが，法務大臣が任意捜査で行うように指示し，事件は核心に触れられずに終わった。この指揮権発動は，世論の強い反発を招き，結局，内閣の命取りになってしまったのであった。

[23]　これに従わない場合，懲戒・罷免の訴追の対象となる（194 条。さらに，刑事訴訟法第 194 条に基づく懲戒処分に関する法律参照）。

間公判手続を停止しなければならない（314条1項本文）。

このように，刑事訴訟法は，被疑者の訴訟能力が欠けた場合，公判を停止して，回復を待ち，回復すれば公判手続を再開する，ということを予定している。

もっとも，被告人が訴訟能力を欠いた理由によっては，回復の見込みが乏しい場合がある。このような場合につき，公訴棄却等により手続を打ち切るべきであるとする指摘が見られたところ（例えば，前掲最決平7・2・28における千種秀夫裁判官補足意見），近時，約17年間，被告人の精神疾患のため公判手続停止となっていた事案において，被告人に訴訟能力はなく，その回復の見込みが認められないことは明らかであるとして，公訴棄却の判決を言い渡した下級審裁判例も存する（名古屋地岡崎支判平26・3・20判時2222・130。ただし，控訴審である名古屋高判平27・11・16〔TKC25541868〕は，原判決を破棄した）。

(3) 弁護人・弁護士

弁護士の使命は，基本的人権を擁護し，社会正義を実現することにある（弁護1条）。弁護士の仕事の内容は多岐にわたるが，弁護士が刑事手続において果たす主たる役割が，被疑者・被告人の弁護である[24]。

弁護士[25]は，**弁護人**という資格で，弁護を行う。

弁護人は，被疑者・被告人その他一定の者（30条2項）が選任することにより被疑者に付される場合（**私選弁護**）と，国によって付される場合（**国選弁護**）がある。

憲法37条3項後段は，「被告人が」自ら弁護人を依頼することができないときは，国でこれを付することとしている。2004（平成16）年改正前の刑事訴訟法は，この憲法の規定を文字通りに理解し，被疑者についての国選弁護制度を規定していなかった[26]。現在では，被疑者段階からの国選弁護制度が整備されている（37条の2以下。→第10章第2節**2**(2)）[27]。

---

[24] くわしくは，第10章第2節**2**以下参照。

[25] このほかに弁護人になり得るものとして，特別弁護人制度がある（31条2項。ただし，公訴提起前は認められない。最決平5・10・19刑集47・8・67）。

[26] **当番弁護士制度**（→第10章（コラム）当番弁護士制度）が，被疑者段階での弁護につき，重要な役割を果たした。

[27] もっとも，被疑者国選の対象は，①死刑または無期もしくは3年を超える懲役もしくは禁錮に当たる事件で，②勾留状が発付されたか，勾留請求された場合（被疑者以外の者が選任した弁護人がある場合または被疑者が釈放された場合を除く）に限定されている。

5 被害者

19世紀以後，刑事法と民事法を厳格に分けるべきだとの考えが徹底された。そのため，被害者の損害回復は民事手続で求めるべきだと考えられてきた。その結果，刑事手続においては，被害者の地位は低下した。

また，刑事司法においては，有罪と認定された者には刑罰という不利益が科されるため，事実認定に万が一でも過ちがないように，被告人にさまざまな権利が保障されねばならない。この反映として，被害者の権利が相対的に軽視されてしまった面もないではなかった。

近年では，犯罪被害者等のための施策に関し，基本理念を定め，ならびに国，地方公共団体および国民の責務を明らかにするとともに，犯罪被害者等のための施策の基本となる事項を定めること等により，犯罪被害者等のための施策を総合的かつ計画的に推進し，もって犯罪被害者等の権利利益の保護を図ることを目的とする犯罪被害者等基本法が制定された。さらに，被害者等のための種々の制度が，刑事手続においても導入されている（犯罪被害者保護関連2法〔2000（平成12）年〕，被害者参加制度，損害賠償命令制度〔2007（平成19）年〕等。→第28章第2節）。

●第1部　捜　査●

第1章

捜査の意義および強制捜査・任意捜査

第1節　捜査の意義と原理

1　捜査の意義

➔ 趣旨説明

(1)　はじめに——捜査による真相の究明と法益の侵害

　刑事手続の過程では，個人に対する干渉がたびたび生じる。例えば，捜査のために警察が街角の歩行者をビデオカメラで撮影・録画すれば，歩行者の容姿・行動に関する情報が得られて，これは捜査の進展に役立つのかもしれない。もっとも，撮影・録画が個人の肖像権やプライバシーに対して及ぼす影響も，けっして無視できない。歩行者が告知を受けずに撮影・録画されるという事情も考え合わせれば，なおさらである。要するに，この活動は，真相が究明される可能性という利益と裏腹に，肖像権・プライバシーの侵害ないしその侵害の危険をもたらすのである。さらに，活動の種類によっては，個人に対して深刻な干渉を及ぼすものもある。例えば，逮捕によって個人は身体・行動の自由を奪われる。また，住居の捜索によって住居の平穏・プライバシーが侵害される。

　これらの活動によって現実の侵害ないし侵害の危険をこうむるのは，個人が有する自由や価値である。いずれも，憲法や法律が保護する権利・利益であって，法益と呼ばれるものの代表格である。捜査は概して法益を侵害する危険と背中合わせの活動であるから，いかなる種類の活動も無限定に許すことはできない。どのような活動を適正なものとして許すのかや，逸脱した活動を防止するためにどのような規制が必要なのかといった課題は，捜査をめぐる最大の関心事である。

さまざまな捜査の手段

任意捜査	明文の あるもの	[供述証拠の 収集・保全]	被疑者の取調べ（198条）
			参考人の取調べ（223条）
		出頭の求め（198条・223条） 公務所などに対する照会（197条2項） 鑑定・通訳・翻訳の嘱託（223条）	など
	明文の ないもの	聞込み，尾行，張込み，実況見分，任意同行， おとり捜査，人の容姿・行動の撮影	など
強制捜査	人の身柄を 確保する ためのもの	逮捕（199条・210条・213条），勾留（207条） 鑑定留置（224条）	など
	証拠を収集・ 保全する ためのもの	捜索（218条），差押え（218条） 検証・身体検査（218条） 鑑定処分（225条） 電気通信の傍受（222条の2）	など
	[供述証拠の 収集・保全]	証人尋問（228条）	

➤➤ 基本説明

(2) 捜査とは何なのか——189条2項などを手がかりに

刑事訴訟法（典）は，「捜査」の章の冒頭に，「司法警察職員は，犯罪がある と思料するときは，犯人及び証拠を捜査するものとする」（189条2項）という 条文を置いている。さしあたって，この条文を手がかりに，「捜査」とは〈何 を〉・〈誰が〉・〈いつ〉・〈どこで〉・〈どのように〉・〈なぜ〉行うのかという問い に答えるかたちで，**捜査**の意義を明確にしたい。

（i）捜査の内容——「犯人及び証拠を捜査する」ということの意味

〈何を〉行うことが捜査となるのかは，最初に知っておいたほうがよい。189 条2項によれば，「犯罪」について，その「証拠」となる資料を得ることも， 「犯人」と疑われる者を明らかにしたうえで所在の確保につとめることも，い ずれも「捜査」である。捜査と呼ばれる活動の内容・性質は，①犯罪に関する 資料の収集・保全と②被疑者の身柄の確保である。

例えば，税務調査が捜査でないことは，調査の性質が納税額の正誤に関連し た資料の収集・保全であるという点からも説明できる[1]。また，例えば，触法

少年・ぐ犯少年（少2条1項）を補導して交番などに連れていくことも，捜査ではない。これらの少年による非行は犯罪に当たらないため，少年が被疑者として扱われることもないからである。

(ii)　捜査の主体——捜査機関

〈誰が〉捜査の職務を担当するのか。法に定められているのは，「**司法警察職員**」（189条・190条）のほかに，「**検察官**」と「**検察事務官**」である（191条）。これらはまとめて**捜査機関**と呼ばれる（→イントロダクション第3節**3**）。また，捜査機関に属する個々の公務員は，しばしば捜査官と呼ばれる。

189条1項は，警察官を「司法警察職員」と呼んで，捜査機関の筆頭に挙げている。この名称の起源は，捜査に当たって警察を検察官の補助に付けたという戦前の制度にある（戦前の制度は，捜査を公判手続の下準備と位置づけて司法の所管としたうえで，検察官を司法の一翼に置いて捜査の主宰者にすえたため，捜査を警察の本務に組み込まなかったのである）。しかしながら，戦後に制度が一新されて，警察官をはじめとした司法警察職員は，検察官と同じように，固有の責任と権限を有した独立の捜査機関となった。また，検察官は，「必要と認めるときは，自ら犯罪を捜査……できる」という規定（191条1項）が設けられたことにともなって，司法警察職員による捜査を補充・補正する立場に置かれたものと考えられる。実際にも，大規模な脱税のような経済犯罪や政治にからんだ贈収賄などであれば地方検察庁の特別捜査部（いわゆる特捜部）や特別刑事部が独自に捜査を開始してすすめるとはいえ，大半の事件は，司法警察職員によって開始された捜査が一定の進展をみた段階で検察官に送致されるというながれになっている。事件の送致を受けた検察官は，公訴の遂行ないし起訴・不起訴の決定を視野に入れて，詰めの捜査に取り組むということになる。

もっとも，司法警察職員が検察官を無視して活動すれば，公訴に向けての足並みは揃わずに，捜査の効率も悪くなってしまう。それゆえ，司法警察職員と検察官との間に一定の関係が保たれなければならない（→イントロダクション

---

(1)　もっとも，令状主義（憲33条・35条）や自己負罪拒否特権の保障（憲38条1項）などが刑事手続を念頭に置いた規制であるからといって，捜査でなければ一連の規制が全く及ばないという結論にはならない。最高裁も，例えば自己負罪拒否特権の保障に関して，「純然たる刑事手続においてばかりではなく，それ以外の手続においても，実質上，刑事責任追及のための資料の取得収集に直接結びつく作用を一般的に有する手続には，ひとしく及ぶ」という判断を示している（最大判昭47・11・22刑集26・9・554―川崎民商事件）（→第3章第2節**3**）。

第3節**3**)。両者は，捜査に当たって相互に協力しなければならない（192条）。そのうえで，「捜査を適正にし，その他公訴の遂行を全うするために必要な事項」に関しては，検察官が司法警察職員に対してあらかじめ「一般的指示をすることができる」（193条1項）。また，検察官は，個々の事件について自ら捜査するという場合に，司法警察職員を統率すること（＝一般的指揮）や個々の司法警察職員に指図して補助させること（＝具体的指揮）ができる（193条2項・同3項）。

(iii) 捜査の理由——「犯罪があると思料するときは……捜査する」という規定の意味

捜査が行われるのは〈いつ〉なのかという問いを立てることも，間違いではない。しかしながら，問題の本質を踏まえれば，捜査を行うために必要となる理由は何なのかという問いに転換すべきであろう。「犯罪があると思料するとき」とは，捜査を行うことが可能となるとき（かつ求められるとき）という意味に理解しなければならないからである。

〈街角で警察官に呼び止められた不審な男性が職務質問によって前日の強盗事件の被疑者と確認された〉という事例を用いて説明したい。警察官が開始した職務質問は，捜査のきっかけ・手がかりであって捜査でないものと一般に考えられている（→第2章第1節**3**）。もっとも，質問のすえに男性から名前を聞き出したため被疑者と同定できた警察官は，引き続いて前日の行動なども聴取するかもしれない。この段階で行われる聴取は，「犯罪があると思料するとき」の活動と評価することもできる。この評価に従えば，聴取は捜査と呼べる活動であろう。要するに，警察官職務執行法2条1項に定められた職務質問は「何らかの犯罪」が疑われる段階で実施できるのに対して，189条2項にいう捜査は，特定の犯罪が疑われるときに限って許される。

特定の犯罪に関する疑いは**嫌疑**と呼ばれる。嫌疑は，個人に対する干渉を捜査として適法に行うための基礎となる条件である。ビデオカメラで渉猟するように方々を撮影したことの結果としてはじめて嫌疑が得られたという場合に，それまでの撮影を捜査として正当化する余地はない。

嫌疑の程度，すなわち，「犯罪があると思料する」という語に相当する疑いの程度は，一概に表現できない。もちろん，その程度は，嫌疑を支える資料の信頼性・客観性や重要性に応じて変化する。そして，出頭の求め（198条1項）に比べれば逮捕（199条1項など）の方が高度の嫌疑を要するといったように，

活動の種類によって要求される程度に差があることも忘れてはならない。

　なお，嫌疑を生じさせるきっかけ・手がかりには，事例のような職務質問のほかにも，さまざまな事象がある。これらの事象を捜査の端緒と呼ぶ。捜査の端緒についての解説は，捜査そのものとの関連も含めて，第2章にゆずる（→第2章第1節）。

（コラム）将来の犯罪に対する捜査

　発生が予想される犯罪について，未だに発生していない段階でこれを捜査の対象とすることは，果たして許されるのか。学説では，肯定する見解と否定する見解に分かれている。裁判例（東京高判昭63・4・1東高刑時報39・1～4・8）で争点となったように，犯罪の発生に備えて事前にビデオカメラを回すといった活動が議論の材料となる。もちろん，犯罪が発生すれば「証拠」と化すような資料を収集していることはまぎれもない事実であって，学説も，こうした事実上の目的・はたらきの有無を問題としているわけではない。

　「犯罪があると思料するとき」という189条2項の文言に依拠して決着をつけることは簡単でないため，問題の実質を意識した検討が必要となる[2]。将来の犯罪に対する捜査の余地を否定する見解によれば，犯罪の発生が予想されるのであれば犯罪の予防に取り組むべきなのに，これを差し置いて「犯人及び証拠を捜査する」ことは許されないというのである。また，捜索・差押えや電気通信の傍受に関して，犯罪が発生する蓋然性のような確然としない理由は「正当な理由」（憲35条1項）になりえないという論拠をもとに，将来の犯罪を対象とした手段の合憲性がしばしば疑われている。

(iv) 捜査の場所

　〈どこで〉捜査が行われるのか。日本の領域であれば，捜査機関の活動に場所の制限はない。もっとも，一般司法警察職員と検察官・検察事務官については，管轄する区域において活動することが原則となっている（警64条，195条）。また，特別司法警察職員についても，個別の法令には，職務の範囲に応じた一定の制限が定められている。

　日本の捜査機関は外国の領域で捜査を行えるのかという問題がある。薬物の密輸や多国籍企業による法人犯罪などを思い浮かべれば，犯罪に関する資料や被疑者が国外に存在するという事態は，容易に想像できることであろう。もっとも，日本の捜査機関が外国で活動すれば，その国の主権を侵害することにな

---

[2] 議論の全体像については，田口守一「捜査の概念」法セ561号87-89頁および村井敏邦＝田口守一＝白取祐司「対談・捜査の概念」法セ562号96頁以下を参照。

る。それゆえ，通常であれば，代わりに外国の捜査機関・裁判機関に協力を要請して，その成果を待つしかない（外国の捜査機関が日本での活動を望むときも同じ障壁に突き当たるため，日本に協力を要請するということになる）。このように外国に要請して捜査を嘱託することは，**国際捜査共助**と呼ばれる。要請は，外交ルートや国際刑事警察機構（ICPO）を通じて行われる（なお，韓国や中国との間では共助に関する条約が締結されているため，この取決めに沿って嘱託されている）。

　(ⅴ)　捜査の手段——「捜査……の目的を達するため必要な」手段（197条1項本文）

　〈どのように〉捜査は行われるのか。冒頭に紹介したように，犯罪に関する資料の収集・保全も，また，被疑者の身柄の確保も，さまざまな手段の成果が積み重なって実現される。もっとも，捜査の手段を構成する行為のほとんどは，法益を侵害するものまたは法益を侵害する可能性があるものと考えなければならない。

　197条1項本文によれば，「捜査については，その目的を達するため必要な取調をすることができる」という[3]。すなわち，私人または捜査機関に属さない公務員が法益を侵害すれば，これが犯罪あるいは損害賠償の原因（不法行為）となりえるのに，同じ行為であれ捜査機関によるものであれば，「捜査……の目的を達するため必要な」場合には，法令に基づいた正当な行為として許されるという意味である。それゆえ，論じなければならない問題のほとんどは，ある場面で用いられる手段について，これを法に定められた権限の行使と認めて許すことができるのか否か，すなわち，〈これこれの手段が許されてよいのか〉や〈どのような場合に限ってこれこれの手段が許されるのか〉などである。テレビ番組のドラマやドキュメンタリーと違って，学問としての刑事訴訟法が捜査機関の華々しい活躍にスポットライトを当てることは，めったにないのである。

　(3)　法の定めに反する捜査——その効果

　捜査機関が法の定めに反して活動すれば，このような適法でない行為に対しては，相応に法律上の効果が生じる。特に，裁判所を通じて実現される是正・

---

(3)　197条1項は，「取調をすることができる」という文言を用いる。ここにいう「取調」とは，捜査のために用いられる手段ないし処分を総じて指した語である。質問して供述を求めるという意味での取調べ（→第2章第2節2）も，もちろん，ここにいう「取調」の一種であって，この語に含まれる。

第1章　捜査の意義および強制捜査・任意捜査　　21

回復や制裁は，法益の侵害に対する救済および活動の逸脱に対する抑止という観点から重要である。以下では，主要な効果の概要を列挙する。

　(ア)　拘束された被疑者の釈放や押収された物の返還など

　逮捕・勾留や差押えなどに関しては，捜査機関による違法な行為があれば，これを原因とした身柄の釈放や物の返還などがありえる（捜査機関に釈放や返還の意思がないときは，不服のある者が裁判所に申し立てれば，釈放や返還を実現できる）（→第4章第3節2(2)，第5章第1節2，第6章第1節3(1)）。

　(イ)　証拠能力の否定

　違法な手続によって収集された資料は，一定の要件を充たすとき，公判手続において証拠能力を否定される。すなわち，いわゆる違法収集証拠を事実認定の基礎とすることは許されないのである（→第10章第3節2，第19章第2節）。

　(ウ)　公務執行妨害罪の不成立

　被疑者などが捜査に抵抗する過程で行った暴行・脅迫について，これが公務執行妨害の罪にならないこともある。刑法95条は「職務」の適法性が認められるときに限って暴行・脅迫を犯罪としたものと解釈されるからである。

　(エ)　捜査官の刑事責任

　捜査官による行為が職権濫用にかかる罪（刑193条以下）といった刑罰規定の構成要件に該当すれば，捜査官は刑事責任を負う（→第10章第3節1，第11章第1節5(2)(ii)）。

　(オ)　国・都道府県の賠償責任

　捜査官による行為が不法行為に当たるときは，国家賠償法1条1項に基づいて，「国又は公共団体」に損害賠償の責任が生じる。

➡ 趣旨説明

2　捜査に対する規制——捜査を統制する原理

(1)　強制捜査と任意捜査

　強制捜査という語は，世間一般に知られている。197条1項ただし書も，捜査において「強制の処分」というカテゴリーがあるものと定めている。**強制捜査**とは，「強制の処分」を用いた捜査のことである。

　197条1項は，「強制の処分」に属さない行為すなわち非強制の行為があるということも示唆する。非強制の行為で構成される手段には，任意手段ないし任意処分という呼称が当てられている。任意手段ないし任意処分を用いた捜査は，**任意捜査**と呼ばれる（任意捜査という語は，捜査規範99条などにある）。

前掲の表「さまざまな捜査の手段」に列挙された手段のうち，一般に，上段のものは任意捜査と理解されている。これに対して，下段のものは強制捜査と位置づけられている。これらのほとんどは法益を侵害するものまたは法益を侵害する可能性があるものと考えられている。特に，下段に並んでいるのは，逮捕——すなわち，身体・行動の自由を継続して奪うという処分——や，差押え——すなわち，財産の占有を強いて取り上げるという処分——のように，個人に対する干渉が深刻なものばかりである。ゆえに，強制捜査についてはもちろんのこと，任意捜査についても，法による相応の統制（コントロール）が非常に重要となる。

以下では，捜査を統制する原理と呼べるものについて概説する。

(2) 197条1項——捜査比例の原則および強制処分法定主義

(i) 捜査比例の原則（197条1項本文）

197条1項本文によれば，「捜査……の目的を達するため必要な」手段は，捜査の権限を行使するものとして許される。もっとも，この文言は抽象性が高い。そのため，真相の究明に資する手段であれば法は手段の適否（適法・違法）にもはや関知しないという解釈もありえた。しかしながら，およそ目的にかないさえすれば手段の選択が完全に捜査機関の自由となるように解釈することは，法治主義の観点から是認されていない。すなわち，197条1項本文に由来する権限には限界があって，さらに，この限界を超えれば裁判所が違法な捜査と判断すべきものと考えられている。ここにいう限界を画するのは，明文で示されていない原理ないし基本原則である。その主軸として挙げられるのは，捜査比例の原則である。

〈捜査において目的の達成に必要な限度を超えた手段は許されない〉というのが**捜査比例の原則**である。「雀を撃つのに大砲を使ってはならない」というドイツの法諺（ことわざ）が当てはまる。捜査比例の原則は，行政法における比例原則とあい照らすように形成されたものであって，「国民の権利について……立法その他の国政の上で，最大の尊重を必要とする」という憲法13条の規定にも親しむ。そして，捜査比例の原則は，何らかの法益を侵害する可能性が生じれば適用されるという意味で，捜査に対する規制として普遍性が高いものであろう。捜査比例の原則については，第2章でさらに解説する（→第2章第2節1(1)）。

(ii) 強制処分法定主義（197条1項ただし書）

強制捜査に対しては特別な規制が設けられている。197条1項ただし書によれば、「強制の処分は、この法律に特別の定<ruby>定<rt>さだめ</rt></ruby>のある場合でなければ、これをすることができない」という。この要請は、**強制処分法定主義**と呼ばれる。

強制処分法定主義によれば、「強制の処分」は、立法機関である国

```
《レジュメ》
○捜査を統制する原理
  ◇任意捜査に対するもの
    ＊捜査比例の原則
      ……（司法による事後の統制）
      （→本章第3節2(1)）
  ◇強制捜査に対するもの
    ＊捜査比例の原則
    ＊強制処分法定主義
      …… 立法による事前の統制
    ＊令状主義 …… 司法による事前の統制
```

会が制定する法律（刑事訴訟法典）に定められたうえで、この「特別の定」に従うときに限って、行うことが許されるというのである。要するに、強制処分法定主義の大意は、「強制の処分」に対して〈立法による事前の統制〉を効かせるということにある。現に、刑事訴訟法（典）は、「逮捕」（199条1項など）や「捜索」（218条1項など）といった例のように、明文で定めた処分の類型（タイプ）について多数の規定を設けている（前掲の表「さまざまな捜査の手段」、第3章末の「憲法の規制と刑事訴訟法に定められている『強制の処分』との対応関係」表I・II参照）。

(3) 憲法33条・35条──令状主義

強制捜査に対する特別な規制には、憲法に直接の根拠を置いたものがある。すなわち、憲法33条が「逮捕」について、また、憲法35条が「住居、書類及び所持品」に対する「侵入、捜索及び押収」について、それぞれ、「権限を有する司法官憲が発〔する〕……令状」に基づかなければ実施は許されないという原則を定めている。また、令状に基づかない実施を所定の場合に許すという例外も、それぞれの条項に明記されている。これらの要請は、**令状主義**と呼ばれる。

令状主義の大意は、「逮捕」や「侵入」・「捜索」・「押収」に当たる強制捜査の実施を〈司法による事前の統制〉に服させるということにある。令状主義についての解説は、第3章にゆずる。

第1部　捜　査

第2節　強制捜査——総説

→→ 基本説明

1　強制処分法定主義——その趣旨および帰結

⑴　強制処分法定主義の趣旨

　強制処分法定主義は，「強制の処分」の内容と要件・手続が法律に定められていなければならないという原理である。その趣旨は，国民の代表によって構成される議会が活動のあり方を討論・決定して法律にあらわすこと，あるいは，国家機関の活動から法益を保護するために，どのような活動をどのような前提条件・手順のもとで許すのかについて事前に明示すること，または，その両者にあるという。

　この趣旨は，「法律の定める手続」を保障した憲法31条に由来するものと考えられている。

⑵　強制処分法定主義の帰結

　強制処分法定主義によれば，「強制の処分」を行うことが許されるのか否かは，以下のように決まる。

　「捜索」や「差押え」あるいは「逮捕」のように，㋐「特別の定」に示された「強制の処分」，すなわち，法定されている処分の類型について，これに該当する行為は，法定の要件・手続に従って行われなければならない。法定の要件・手続に従わずに行われた処分は，もちろん違法となる。

　また，強制処分法定主義の趣旨を踏まえれば，法の解釈によって自由・権利の保護を弱めるような方向に法定の要件・手続が緩められることは，裁判所・裁判官や捜査機関が処分の権限を拡張するのにひとしいため，容認できないはずである。すなわち，㋑-1）条項の類推・準用によって法定の要件・手続を緩和させたうえで，この要件・手続に従って処分を行うことも，197条1項ただし書は許さないであろう⑷。電気通信の傍受を例に挙げて説明すれば，通信傍受法3条1項に列挙された犯罪に類似するものを傍受の目標に加えるような解釈は，㋑-1）の意味で許されない。このような解釈に基づいて行われた処分も違法と評価すべきである。

　さらに，通説によれば，㋑-2）ある種の「強制の処分」は「特別の定」に

⑷　類推・準用の余地を否定しない見解もある。例えば，渥美124頁。

示されていないのに――すなわち，法定されている処分の類型でないのに――，これを「特別の定」に示された「強制の処分」の一種と解釈したうえで，この解釈に基づいて処分を行うことも，およそ容認できないという。法に予定されていない処分の類型を創出するのにひとしい営みであって強制処分法定主義の趣旨にもとるからであろう。いわゆる電話検証に関する判例（最決平11・12・16刑集53・9・1327）や強制採尿に関する判例（最決昭55・10・23刑集34・5・300）は，(イ)-2の文脈で批判されてきたように思われる。この問題についての解説は第9章にゆずる（→第9章第3節1(3)，第9章第2節2(3)）。

　以上のように，裁判所・裁判官や捜査機関は，「強制の処分」について解釈したうえでこれを実際に行うとき，(ア)〈法定の要件・手続を遵守する〉ことに加えて，(イ)〈処分の類型を法定する〉という要請から導かれる統制を受けなければならないのである[5]。

➔➔➔　展開説明

2　強制捜査と任意捜査の区別

(1)　「強制の処分」とは何なのか

　第1節2の《レジュメ》から読みとれるように，強制捜査と任意捜査の間には，法による規制に大きな違いがある。それゆえ，両者の区別は非常に重要である。区別のためには，何が「強制の処分」なのかという問題に答えなければならない。もっとも，197条1項ただし書にいう「強制の処分」の定義は明文で示されていない。

　捜査の手段について，法は，「捜索」や「差押え」あるいは「逮捕」といった処分の類型を明文で定めている。このような伝統のある強制捜査のほかに，最近になって，「通信の当事者のいずれの同意も得ないで電気通信の傍受を行う強制の処分」（222条の2）や，記録命令付差押え（99条の2・218条1項）なども，明文で定められた。いずれの類型も，「特別の定」に示された「強制の処分」と呼ぶことができる。もっとも，「公務所又は公私の団体」に対する照会（197条2項）のように，そもそも「強制の処分」であるのか否かをめぐって見解の対立が生じるような類型も，明文で定められている。また，学説の大勢によれば，室内で交わされる会話のひそかな聴取は，住居などに侵入して行

---

[5]　強制処分法定主義の帰結については，後藤昭「強制処分法定主義と令状主義」法教245号11-13頁などを参照。

われるのか否かを問わずに,「特別の定」に示されていない「強制の処分」と位置づけられている。いずれの議論でも,「強制の処分」とは何なのかが問われている。

　個々に実施される行為を判別する場面でも,「強制の処分」という語の意味が問われる。身柄の確保を例に挙げれば,手錠や腰縄で束縛するといったように「逮捕」の様式を帯びた行為は,まさに逮捕そのものであって,当然に「強制の処分」に該当する。もっとも,執拗に説得して対象者を交番に留め置くといった行為が実質において「逮捕」と同じ作用（＝事実上の効果）を有するものと評価できるときは,これも「強制の処分」に該当する行為と認めるべきであろう（→第2章第2節2⑵）。また,最決平21・9・28（刑集63・7・868）のように,配送の途中で宅配業者から借り受けた宅配物の中身をエックス線の照射によって観察したことが「強制の処分」に該当するというのであれば,なぜ任意捜査にとどまらないのかを明らかにしなければならない。

　以上のように,そもそも類型として「強制の処分」であるのか否かを把握するためには,また,個々の行為ごとに「強制の処分」に該当するのか否かについて判断するためには,「強制の処分」と呼ばれるものの属性を拾い上げたうえで,任意捜査と区別するための基準を明らかにしなければならないのである。

⑵　強制捜査と任意捜査の区別──その基準

　伝統のある強制捜査には,目的の実現に当たって物理的・有形的な力の行使を予定しているという点で,ある種の共通性が見られる。それゆえ,旧来の学説は,⒜有形力を用いるのか否かという基準によって,強制捜査と任意捜査を区別してきた（これに加えて,法令に基づいた義務を負わせているのか否かという基準も併用された）。

　しかしながら,有形力の行使や法令による義務づけといった態様を「強制の処分」の属性とすることに対しては,早くから疑問が投げかけられていた。すなわち,第1に,呼び止めるために腕や肩に手をかけるような行為も「強制の処分」に該当するものと評価するのは適切なのかという疑問である[6]。また,第2に,通信・会話の傍受・聴取や特殊技術による住居の監視のように,有形

---

[6]　初期の判例も,警察官が職務質問の際に対象者の腕に手をかけたという事案について,質問を継続するために停止させる手段として許されるものと判断していた（最決昭29・7・15刑集8・7・1137）。

力の行使とは無関係に通信の秘密やプライバシーなどを侵害する活動が存在するのに，この種の活動が任意捜査と位置づけられてしまうため特別な規制のもとに置かれないことになれば，憲法に定められた自由・権利を十分に保護できないという点で疑問である。

やがて，最決昭51・3・16（刑集30・2・187。以下では「昭和51年決定」という）は，第1の疑問に対する答えとして(a)の見解を明確に否定したうえで，「強制手段」の意味に言及した。すなわち，「捜査において強制手段を用いることは，法律の根拠規定がある場合に限り許容されるものである。しかしながら，ここにいう強制手段とは，有形力の行使を伴う手段を意味するものではなく，個人の意思を制圧し，身体，住居，財産等に制約を加えて強制的に捜査目的を実現する行為など，特別の根拠規定がなければ許容することが相当でない手段を意味する」。

このうち「強制的に捜査目的を実現する行為など，特別の根拠規定がなければ許容することが相当でない手段」という部分は，197条1項ただし書の同語反復にすぎないものと一般に考えられている。それゆえ，問題は，「個人の意思を制圧し，身体，住居，財産等に制約を加え」るという文言をどのように理解すべきなのかである。

すでに，第2の疑問を提起した側から，(b)およそ個人の権利・利益を侵害するのか否かという基準が提案されていた[7]。また，近年になって，(c)個人の重要な権利・利益を侵害するのか否かという基準が学説の多数に支持されるようになった。いずれの基準も「強制の処分」の属性とするのは，権利・利益の主体である個人の意思に反してその権利・利益を侵害するという点である。その後の判例も，「電話傍受は，通信の秘密を侵害し，ひいては，個人のプライバシーを侵害する強制処分」であるという判断（前掲最決平11・12・16）などを通じて，権利・利益の侵害を「強制の処分」の属性に組み込んだものと考えられる[8]。

---

(7) 田宮裕編著『刑事訴訟法Ⅰ』(1975) 129-130頁［田宮裕］。ただし，この時の提案は，通信・会話の傍受・聴取や容姿・行動の撮影などを〈新しいタイプの強制処分〉──すなわち，強制処分法定主義の統制に服さない処分の類型──と呼んで既存の「強制の処分」──すなわち，すでに法定されている処分の類型──と区別するという考え方に基づくものであった。この考え方が197条1項ただし書について通説と異なる解釈を加えているという点には，注意を要する。後藤・前掲注(5) 11頁を参照。

もっとも，(c)の基準は，「法定の厳格な要件・手続によって保護する必要の
あるほど**重要な権利・利益**に対する**実質的な侵害**ないし制約を伴う場合[9]」に
限って「強制の処分」と位置づけるため，(b)の基準に比べて「強制の処分」の
領域を狭めたものとなっている。近時の判例は，(c)の基準との親和性が高いよ
うに読める（→第2章第2節3(2)，第9章第1節1(2)）。

3 強制捜査の権限

(1) 「強制の処分」として許される措置

強制処分法定主義における関心の中核は，法律に置かれた「特別の定」によ
って強制捜査の権限をいかに統制するのかという問題にある。ここで視点を変
えて，「特別の定」あるいは昭和51年決定にいう「特別の根拠規定」はどこ
までの行為を捜査機関に許すのか——すなわち，「特別の定」から導き出せる
権限の範囲で何ができるのか——という問題についても考えることにしたい。

問題の意義を明らかにするために，差押えと捜索を例に挙げる。適法に差し
押さえられたカメラについて，メモリーに記録されたデータを出力・画像化し
なければ証拠としての価値が確認できないという場合に，差押えそのもの——
すなわち，物の占有を取得するという行為——しか許可されていないため出
力・画像化が許されないものと考えるのは，道理に合わないはずである。撮影
された被写体の存在・状態を把握するためにカメラの「差押え」が許されるの
であれば，この場合には，差押えそのものとあわせて出力・画像化も許される
というのが常識に沿った結論であろう[10]。これに対して，捜索を受けている住
宅にたまたま遊びに来た者の身体や所持品が探索されるというのは，いかに令
状に記載された場所で行われているからといって，よほどの事情がなければ合
理性・正当性を有するものと認めえないはずである。

もっとも，学問としての刑事訴訟法は，同類の問題が生じる各種の事例も含
めて，どこまでの行為がどのような論理をもって許されるのかという疑問に答

---

(8) 昭和51年決定が——〈個人の意思に反して〉でなくて——「個人の意思を制圧し……て」と
いう表現を用いたことに着目する立場もある。この立場は，意思の制圧と呼べるほどの強いはた
らきかけがあるのか否かという指標，あるいは，意思を制圧したものと評価されるのか否かとい
う指標を区別の基準に取り込む（設定される基準のいかんについては，複数の見解がある）。

(9) 井上正仁「強制捜査と任意捜査の区別」新争点56頁。

(10) 適法に差し押さえられたフィルムカメラの写真フィルムを薬品で処理して現像するという行為
について，東京高判昭45・10・21（高刑集23・4・749）は，これが111条2項にいう「必要な
処分」として許されるものと判示した。

えなければならない。各種の事例や関連する判例については，章を代えてくわしく紹介・解説する。さしあたって本章では，考え方の基本を示したい。

(2) 本体の処分に付随する措置

例えば，「差押状……又は捜索状の執行中……その場所に出入りすることを禁止」して「禁止に従わない者……を退去させ」るという措置（112条）は，一般に，捜索・差押えを完遂するうえで，その支障となる妨害・抵抗を防止・排除するために認められた「強制の処分」の一種と理解されている（118条にも同じ趣旨に基づいた規定がある）。また，「差押状……又は捜索状の執行については，錠をはずし，封を開き，その他必要な処分をすることができる」（111条1項）。これも，捜索・差押えの完遂に必要な場合には「強制の処分」の属性を持つ行為が許されるという規定である（111条の2も同種の規定である）。

捜索そのもの——すなわち，差押えの対象となる物を探索するという行為——や差押えそのものを本体の「強制の処分」ないし本体の処分と呼ぶとき，112条や111条に定められた措置は，本体の「強制の処分」に付随した「強制の処分」と位置づけられるように思われる。メモリーに記録されたデータの出力・画像化は，差押えに付随した措置（111条2項）の一例である。要するに，これらの措置は，本体の処分を予定のとおりに遂げるために付随して行われるから，その範囲で本体の処分の権限に織り込まれたものとして国家機関に許されているというのである[11]。

第7章・第8章・第9章では，関連する判例を紹介したうえで，強制処分法定主義に対する理解を深めるために，さらなる解説を加えたい（→第7章第1節4，第8章第2節1(3)，第9章第2節2(4)，第9章第3節1(3)）。

---

[11] この論点については，さしあたって，川出敏裕「強制処分の効力について」『三井誠先生古稀祝賀論文集』（2012）517頁以下を参照。なお，比較の材料として，緑大輔『刑事訴訟法入門』（2012）81頁以下も参照。

→→ 基本説明

第3節　任意捜査──総説

1　任意捜査の意義

(1)　任意捜査とは何なのか

　任意捜査は，「強制の処分」に属さない行為の集合体である。「強制の処分」に属さない行為すなわち非強制の行為とは何なのかを明らかにしなければならない。

　現在の判例・学説が「強制の処分」の属性としているのは，権利・利益の主体である個人の意思に反してその権利・利益を侵害するという点である。また，学説の多数は，(c)の基準（→本章第2節**2**(2)）を用いるため，重要な権利・利益の侵害に限って「強制の処分」と位置づける。それゆえ，①およそ個人の権利・利益を侵害しないときも，また，②個人の同意（承諾）があるものと認められるときも，さらには，③「強制の処分」に至らないような権利・利益の侵害があるときも，いずれも強制捜査でないという結論に帰着する。

　③の行為で構成される手段は，権利・利益の主体である個人の意思に反して用いられる。それゆえ，これも任意と呼ぶのは，日常の語感と合わないように感じられるのかもしれない。しかしながら，学問としての刑事訴訟法における任意とは非強制を意味する語にすぎないのであって，このことを忘れるべきでない。

(2)　任意捜査の分類

　任意捜査の意義についてさらに理解するためには，①から③までのグループごとに全体の特徴や手段の代表例を知ることが必要であろう。

　①の典型としては，公道における実況見分（捜査規範104〜106条を参照）が挙げられる（→第9章第1節**1**(2)）。聞込みや尾行・張込みなど（捜査規範101条を参照）も，個人の生活に対する見過ごせないほどの介入をともなわなければ，①に含まれるであろう。

　②について付言すれば，**同意**（**承諾**）は，権利・利益の主体である個人がその権利・利益を放棄したものとみなすという意味で，任意捜査の十分条件となる。ただし，同意（承諾）の主体は誰なのかという点に注意を払わなければならないことがある。例えば，捜査機関が配送の途中にある宅配便の荷物にエックス線を照射して検査するという場合に，検査に対する宅配業者の同意（承諾）を「荷送人や荷受人の内容物に対するプライバシー等」の放棄とみなすこ

とはできないはずである[12]。また，同意（承諾）の有効性も問題となる。すなわち，強いられずに自由な意思決定に基づいた同意（承諾）でなければならないことは，当然の前提である（捜査規範100条も参照）。所持品の内側を捜索するときや住居に立ち入るときの承諾が問題となりやすい。承諾捜索と呼ばれるものについては，そもそも許されるのか否かが議論となっている（→第6章 (コラム) 承諾捜索の可否）。

③は，侵害される権利・利益が重要なものでないという場合であって，個人の容姿・行動の撮影などが議論の対象となる。第2章第2節で個別にくわしく紹介・解説したい。

2　任意捜査に対する規制

(1)　任意捜査の統制

任意捜査は，強制処分法定主義と無縁である。任意捜査の権限は，「捜査……の目的を達するため必要な取調をすることができる」という規定（197条1項本文）が一括して捜査機関に与えているものと考えられる。197条1項本文は，いわば〈一般の根拠規定〉である。また，任意捜査に対しては令状主義の規制も及ばない。それゆえ，いかなる手段をどのような前提条件のもとで実施するのかといった判断は，まずもって捜査機関に委ねられている。

もっとも，およそ任意捜査であれば直ちに許されるというわけではない。任意捜査に対しても相応の統制が設けられている。すなわち，捜査比例の原則（→本章第1節2(2)(i)）を中核とした権限の限界がある。さらに，出頭の求めおよび取調べ（198条・223条）に代表される一部の手段については，被疑者の地位や捜査機関の権限・義務を明確化するために，履践すべき手続などが法律に個別に定められている。そして，これらの原理や規定のほとんどは，もっぱら捜査機関における自己統制の判断準則にとどまるというものでもない。すなわち，違反があったときは，裁判所を通じた是正・回復や制裁が行われることもありえる[13]（→本章第1節1(3)）。手段の実施に関する第1次の判断が捜査機関

---

(12)　前掲最決平21・9・28を参照。

(13)　例えば，東京高判平14・9・4（判時1808・144）は，「事実上の身柄拘束に近い状態で違法な任意取調べを受けた」被疑者の自白について，その証拠能力を否定した（→第20章第3節2）。また，任意捜査そのものの事案でないが，大阪高判平2・2・6（判タ741・238）は，機動隊員による検問に抵抗して暴行した者を公務執行妨害の罪に問わなかった。さらに，任意捜査によって被疑者その他に違法に損害を加えたときも，国家賠償法に基づいた損害賠償の責任は生じる。

に委ねられるからといって，このような〈司法による事後の統制〉は任意捜査にも及ぶのである。

任意捜査の統制については，捜査比例の原則を中心に，第2章第2節で解説したい。

⑵　任意捜査の原則

197条1項が強制捜査に関する規定をただし書の位置にすえているため，しばしば，同項は任意手段を用いた捜査が基本であるという立場も宣言したものと解釈されている。これは**任意捜査の原則**と呼ばれる（捜査規範99条も参照）。もっとも，特定の目的が任意捜査を通じて達成できるような状況であれば，そもそも重要な権利・利益の侵害をともなう手段にたよらなければならないこともないから，この状況では任意捜査によるというのが順当な選択であろう。要するに，任意捜査の原則は捜査比例の原則を手段の選択における基本姿勢に反映させたものと理解できそうである。

ただし，任意捜査における②のグループに関しては，注意しなければならないことがある。すなわち，実際の捜査では現場の可視性が低いため，真摯な同意（承諾）を得たのか否かについて疑念が生じやすいのとともに，活動が行き過ぎて適正な範囲を逸脱してしまうといった事態も懸念される。それゆえ，同意（承諾）の有無・内容が厳しく問われなければならない場面では，疑念や逸脱を生じさせないために，厳格な規制のもとに置かれた「強制の処分」の形式を用いることが求められる。住居その他に対する捜索が必要な状況で「住居主又は看守者の任意の承諾が得られると認められる場合に……も，捜索許可状の発付を受けて捜索をしなければならない」という規定（捜査規範108条）は，疑念や逸脱を生じさせないための制約と考えれば意義が理解できるように思われる（→第6章 コラム 承諾捜索の可否）。

第2章

捜査の端緒とさまざまな任意捜査

第1節　捜査の端緒

→ 趣旨説明

1　捜査の端緒——その意義および種類

(1)　捜査の端緒とは何なのか

捜査は，犯罪に関する情報の一端が捜査機関の手もとに集まるところから始まる。法によれば，得られた情報から「犯罪があると思料するとき」（189条2項），すなわち，捜査機関が特定の犯罪の嫌疑を抱いたとき，捜査は行われる。「犯罪があると思料」したことのきっかけないし手がかりは，**捜査の端緒**と呼ばれる。捜査の端緒は，「捜査する」ための理由となりえるものである（→第1章第1節1(2)(iii)）。

捜査機関に嫌疑を抱かせるような情報であれば捜査の理由として十分であって，捜査の端緒となる事象には法律上の制限がない。それゆえ，捜査の端緒という語は，さまざまな事象を雑多に含んでいる。さしあたって，捜査の端緒は，警察が被害者から受けた110番通報のように①捜査機関でない者の申告・届出によるものと，職務質問のように②警察をはじめとした捜査機関の活動によるものに大別できる。

(2)　捜査の端緒——その種類および性質

捜査の端緒に関する統計において端緒の大半を占めるのは，被害者やその関係者による申告・届出である。これを代表格とする①のグループには，被害者やその関係者あるいは第三者による申告・届出[(1)]のほかに，「告訴」・「告発」・

---

(1)　第三者による申告・届出には，警備会社や目撃者などによる通報に加えて，——救急車の出動要請にともなう通報の転送や防犯協会などから受けた連絡のように——行政機関や公的団体によるものも含まれる。

「請求」や「自首」のように法律に定められているものや，私人によって逮捕された現行犯人の引渡し（213条・214条）などが含まれる。

　もっとも，この種の端緒を捜査機関が漫然と待ち受けるばかりでは，いわゆる〈被害者なき犯罪〉や組織化された犯罪などの情報を捕捉することが非常に困難となる。そのため，「警察官は，新聞紙その他の出版物の記事，インターネットを利用して提供される情報，匿名の申告，風説その他広く社会の事象に注意するとともに，警ら，職務質問等の励行により，進んで捜査の端緒を得ることに努めなければならない」という規定（捜査規範59条）が設けられている。要するに，警察をはじめとした捜査機関には，端緒の把握に当たって能動性を発揮することが求められている。このように捜査機関が動いて捜査の端緒を把握するという活動は，②のグループに分類される端緒の探索であって，しばしば，捜査と同じように，個人との間で鋭い緊張関係を生むような干渉もともなう。したがって，この種の活動に対する相応の規制を設けることは不可欠である。

　ただし，捜査の端緒を探索するという活動は，捜査そのものでない。それゆえ，一方で，端緒の探索に対しては，捜査に対する規制と分けて別個の規制を用意すべきものと考えられている。他方で，張込みや尾行あるいは聞込みといった手段が端緒を探索するためにも捜査の場面でも用いられるように，情報の収集に向けた取組みという点で端緒の探索と捜査はしばしば共通するため，規制の中身に共通する部分があることにも注目すべきであろう。

➡➡ ⬤ 基本説明

2　捜査機関でない者による捜査の端緒

(1)　告訴および告発・請求

　「**告訴**」も，また，「**告発**」・「**請求**」も，ともに，犯罪事実を申告したうえで，犯人の処罰を求めるという意思表示である。それぞれは，意思表示の主体によって区別される。

　「**告訴**」は，「犯罪により害を被った者」すなわち被害者による意思表示である（230条）。被害者のほかにも，被害者と特定の関係にある者が告訴権者として定められている（231〜233条）。処罰の意思を示さないものは，単なる被害の申告であって，告訴にならない。この申告は，一般に，**被害届**と呼ばれる（捜査規範61条によれば，申告が口頭でなされたときは，「被害届」という書面が作成される）。

告訴およびその取消しの手続は，検察官または司法警察員に対して，書面または口頭で行う（241条）。代理人による手続も許される（240条）。

検察官は，告訴した者に対して，起訴・不起訴の処分を――さらに，不起訴の場合に，告訴した者の求めがあれば，処分の理由も――通知しなければならない（260条・261条）。告訴が親告罪（→第11章第1節**4**）に対して行われたときは，法律上の効果として，公訴を有効なものにするという重要な帰結がもたらされる。

「告発」については，「何人でも」これを行うことが許される（239条1項）。ただし，「犯罪があると思料する」ことは必要である。公務員が職務に当たって「思料する」とき，この公務員は捜査機関に対して告発する義務を負う（239条2項）。「請求」は，特定の機関が特定の犯罪について行う。請求については，その権限が関係の法令に定められている（刑92条など）。請求ならびに一部の犯罪についての告発は訴訟条件となる（独禁96条・刑92条など）。

(2) **自　首**

「罪を犯した者」は，「捜査機関に発覚する前に」，自己の犯罪事実を捜査機関に申告したうえで，その処分に服するという意思を表示すれば，「**自首**」したものと認められる（刑42条1項）。被疑者として疑われる前にすすんで申し出なければ，自首とは認められない。

自首であれ，自首に当たらないような出頭であれ，いずれも被疑者による捜査の端緒としてはたらくことには違いがない。

(3) **その他の端緒**

捜査の端緒となる事象が制限されていないため，110番通報や被害届の作成のような申告・届出はもちろんのこと，匿名の投書や密告も，捜査の端緒となる。

なお，「交通事故に係る車両等の運転者」などが事故に関して警察官に報告しなければならないという道路交通法72条1項の規定や，いわゆる異状死体についてこれを検案した医師が警察署に届け出なければならないという医師法21条の規定のように，特定の資格を有する者や特定の業務に従事する者においては，刑事責任の追及につながりうる事項を警察に知らせることが法律上の義務となっている。いずれの報告・届出も捜査の端緒となりえる。もっとも，報告・届出の義務に違反した者は刑罰を科されるため，自己負罪拒否特権の保障（憲38条1項）（→第10章第2節**1**(1)）に反しないのかという問題が生じる。

3　捜査機関による捜査の端緒

→ 趣旨説明

⑴　端緒を探索するという活動の性質——職務質問を中心に

　捜査機関による捜査の端緒のほとんどは，警察官によるものである。その中核は，**警察官職務執行法**（以下では「警職法」という）に定められた**職務質問**であろう。そして，職務質問は，端緒の探索という活動の特徴を考察するための材料として最適なものである。

　最高裁によれば，職務質問は，捜査と異なる活動，すなわち，「犯罪の予防，鎮圧等を目的とする行政警察上の作用」に位置づけられるという（最判昭53・6・20刑集32・4・670—米子銀行強盗事件。以下では「昭和53年判決」という）。この判示は，警察法2条1項が「捜査，被疑者の逮捕」とともに「犯罪の予防，鎮圧」や「交通の取締」などを警察の責務と定めていることに対応する。「犯罪の予防，鎮圧」などは，法における性質が「捜査，被疑者の逮捕」と異なるものである。

→→ 基本説明

⑵　捜査と行政警察上の活動

　法における性質を異にするがゆえに，捜査と「犯罪の予防，鎮圧」などとの間には，制度においても学問の領域でも線引きがなされている。すなわち，司法警察職員の身分で取り組まれる捜査が刑事訴訟法の規制に服するのに対して，職務質問のように「行政警察上の作用」と位置づけられる活動は，行政法の体系に組み込まれて別個の規制を受ける。例えば，197条1項ただし書にいう強制処分法定主義が行政警察上の活動に適用される余地はない。

　もっとも，パトロールすなわち警らが——防犯活動という呼称と裏腹に——空き巣や置引きなどの発見・検挙をねらった探索も兼ねているように，行政警察上の活動は，その実態において，犯罪の予防・鎮圧あるいは自傷行為の防止や被害者の救護といった観点から捉えきれない性格を持つ。もちろん，このような事実上の性格は職務質問にも内在する。警察による活動の大半は，行政警察上の活動と捜査との緊密な関係を無視して語ることができない。

　また，警職法に関しては，警察の権限が濫用されたという戦前の歴史を踏まえて成立した法律であることに留意しなければならない。警職法1条2項が明言するように，警察の責務の全うという目的を達成するために警職法に設けられた手段は，「目的のため必要な最小の限度において用いるべきものであつて，

いやしくもその濫用にわたるようなことがあつてはならない」のである[2]。

(3) 職務質問——処分の内容および要件

警職法2条1項によれば，警察官は，同項に定められた者を対象として，この者を「停止させて質問することができる」。

同項に定められた者（以下では，単に「対象者」という）とは，職務質問の要件が表現されたものにほかならない。第1に，不審事由のある者，すなわち，「何らかの犯罪を犯し，若しくは犯そうとしていると疑うに足りる相当な理由のある者」が対象者となる。不審事由は，「異常な挙動その他周囲の事情から合理的に判断して」認定されなければならない。第2に，「既に行われた犯罪について，若しくは犯罪が行われようとしていることについて知つていると認められる者」も対象者となる。警職法に基づいた職務質問は，「警察官」が「何らかの犯罪」と関連する可能性を認めた者に対して簡潔に「質問する」という行為である。「司法警察職員」が特定の犯罪について「被疑者」や「被疑者以外の者」に説明を求めること——すなわち，捜査の一環として「取り調べる」こと（198条1項・223条1項）——とは区別しなければならない（→第1章第1節1(2)(iii)）。

また，警職法2条2項によれば，警察官は，「その場で前項の質問をすることが本人に対して不利であり，又は交通の妨害になると認められる場合」に，この要件のもとで，「質問するため，その者に附近の警察署，派出所又は駐在所に同行することを求めることができる」。すなわち，警職法に基づいた任意同行と呼ばれるものであって，法律上の根拠という点で，捜査としての任意同行とは区別される。

➡➡➡ 展開説明

(4) 職務質問にともなう行為の限界①——停止・留置きの措置など

対象者が停止にも同行の求めにも応じないとき，警察官は，この者の立ち去る姿を見送るしかないのであろうか。法の定めを度外視して考えれば，対象者をパトカーに閉じ込めて質問の終了まで開放しないといった策が思い浮かぶ。

しかしながら，警職法2条3項によれば，対象者は，「刑事訴訟に関する法律の規定によらない限り，身柄を拘束され，又はその意に反して警察署，派出

---

[2] 警職法1条の意義および職務質問の性格については，渡辺修・大コンメ警職法18頁以下を参照。

所若しくは駐在所に連行され，若しくは答弁を強要され……ない」。すなわち，職務質問の一環として行われているのに，「停止させ」る手段が実質において「身柄を拘束」するのにひとしいものであれば，または，「同行」が「意に反して……連行」するという実質を有していれば，あるいは，「質問」するうちに「答弁を強要」するような状況になれば，当然に，いずれも違法な行為と判断される。要するに，さきに挙げた昭和53年判決が「任意手段である職務質問」という前提を明言したのにならって，警職法2条3項は「強制にわたらない限り」で職務質問にともなう行為を許したものと読むべきであろう。もちろん，現行犯人の逮捕（213条）などが実施できるときは，そのように「刑事訴訟に関する法律の規定」に従った強制捜査に移行すればよい。

ひるがえって，職務質問の途中で急に逃げ出した者の腕に手をかけたという行為(3)や，──自動車の運転席に座って質問を受けていた者がエンジンの空ぶかしなどの挙動に出たため──窓から差し入れた手でエンジンキーを引き抜いて取り上げたという行為(4)は，判例において，有形力を適法に行使したものと認められてきた。このような停止・留置きの措置を最高裁が許したのは，これらの措置に対してⅠ〈「強制にわたらない」行為である〉という評価を与えたうえで，さらに，Ⅱ〈「必要な最小の限度」（警職1条2項）で実施される〉手段に該当するものと判断できたからであろう。措置の適否は，〔Ⅰ⇒Ⅱ〕という判断の枠組によって明らかになる。なお，任意同行の際にとられる措置の適否も同じはずである。

Ⅱの判断に用いる基準について最高裁が挙げるのは，「停止させる方法として必要かつ相当」なのか否かといった簡潔なものにとどまる(5)。もっとも，最高裁は，措置の性質や警職法1条2項の趣旨を踏まえて，移動の自由といった法益の侵害の程度も，また，緊急に必要な措置であるのか否かなども，基準を用いる段階で勘案すべきものと考えているはずである。Ⅱの判断がこのような方法となるのは，──警職法1条2項の文言から読みとれるように──行政法における比例原則が措置に適用されなければならないからであろう。比例原則

---

(3) 最決昭29・7・15刑集8・7・1137の事案。
(4) 最決平6・9・16刑集48・6・420の事案。
(5) 最決昭53・9・22（刑集32・6・1174）および前掲最決平6・9・16を参照。もっとも，最高裁は，エンジンキーの引抜きや取上げについて，これらの行為が道路交通法67条4項（当時は同3項）にいう「交通の危険を防止するため必要な応急の措置」に当たることも指摘する。

は，捜査比例の原則と通底するものであって（→第1章第1節2(2)(i)），判断の方法という点で基本部分が共通している（→本章第2節1(2)）。

→→ 基本説明

(5) 職務質問にともなう行為の限界②——所持品検査

警察官は，不審事由を解明するために，しばしば，対象者の手荷物・着衣に注目して，目視で観察するのにとどまらない活動を意図する。職務質問の際に対象者の所持品を調べて確認するという行為は，総じて**所持品検査**と呼ばれる。

質問によって手荷物・着衣に関する情報の提供を対象者に求めることや，警察官の求めに応じて提示された手荷物を開披・点検することには，特に問題が生じない。このことは，任意手段の意味からも明らかである（→第1章第3節1(1)）。議論を呼ぶのは，対象者の同意（承諾）を得ずに実施される行為である。行為のありように応じて分類・整理すれば，①手荷物や着衣の外側に触れること，また，②手荷物や着衣の口の部分を開披してのぞくこと，さらには，③手荷物や着衣の内側から物を取り出すことである。

所持品検査に関する議論に正面から応じた判例として実務・学説に多大な影響を及ぼしたのは，昭和53年判決である。昭和53年判決は，所持品検査を「任意手段である職務質問の附随行為として許容される」ものと位置づけて，職務質問の一環と認めえない検査を排除したのとともに，「所持人の承諾を得て……行うのが原則である」という基本姿勢を明確にした。そして，Ⓐ「所持人の承諾のない限り所持品検査は一切許容されないと解するのは相当でなく，捜索に至らない程度の行為は，強制にわたらない限り……許容される場合がある」という前提に立ったうえで，さらに，Ⓑ「限定的な場合において，所持品検査の必要性，緊急性，これによつて害される個人の法益と保護されるべき公共の利益との権衡などを考慮し，具体的状況のもとで相当と認められる限度においてのみ，許容される」ものと判示した。ⒶおよびⒷの限界線によって所持品検査の適否を明らかにするという考え方は，判断の枠組として，停止・留置きの措置を限界づけるためのものと同じであろう。

昭和53年判決は，限定された範囲で不審事由の解明に向けた所持品検査を許す。もっとも，以下で解説するとおり，このような法の解釈はただしく成り立つのかという疑問も，学説から提起されている。

→→→ 展開説明

(6) 職務質問にともなう所持品検査は許されるのか

所持品検査については，「所持品」（憲35条1項）に認められるプライバシーの侵害が問題となる[6]。昭和53年判決は，「携行中の所持品であるバッグの施錠されていないチャックを開披し内部を一べつした……行為」を適法と結論づけたから，これが「捜索」に該当しないという前提に立って事案を解決したものと考えられている[7]。これに対して，昭和53年判決は，施錠されたアタッシュケースをドライバーでこじ開けて調べれば「捜索」に至るものと評価したようである[8]。しかしながら，②に当たる前者の行為を後者の行為と区別して非「捜索」と評価することには，令状主義によって規制されるべき行為[9]の範囲が狭すぎるといった疑問を覚える研究者も多い。加えて，宅配便の荷物にエックス線を照射して検査するのは「強制の処分」に該当するため令状によらなければならないという判断[10]が近時に示されたことから，この判断と昭和53年判決などとの整合性も議論の対象になりそうである。

また，そもそも所持品検査をひろく「職務質問の附随行為」と位置づけて許すことには無理があるという批判も，学説から投げかけられている。所持品検査について明文で定めた条項が警職法に存在しないのとともに，捜査と違って，そもそも行政警察上の活動には197条1項本文のような一般の根拠規定（→第1章第3節2(1)）も設けられていない。それゆえ，昭和53年判決は，所持品検査の権限に関する法律上の根拠を警職法2条1項に見いだしたものと考えられる。職務質問に付随する措置という位置づけの意味は，まさにここにある。たしかに，「質問を継続し得る状況を確保するため」の措置であれば，これはまさに質問そのものを遂げるための手段であって，質問という行為の権限に織り

---

[6] 昭和53年判決は，「所持品について捜索及び押収を受け……ない権利……の保障」に言及したうえで，「捜索に至らない程度の行為であっても……権利を害する」ものと判示している。

[7] 「テーブル上に置いておいた財布について，二つ折りの部分を開いた上ファスナーの開いていた小銭入れの部分からビニール袋入りの白色結晶を発見して抜き出した」という行為に対する最決平15・5・26（刑集57・5・620）の判断も同じであろう。

[8] 判例における「捜索に至らない」行為と「捜索」との区別については，金谷利廣・令状基本問題(下)290頁以下を参照。

[9] 刑事手続でないからといって，令状主義の規制に服さないというものではない（最大判昭47・11・22刑集26・9・554―川崎民商事件など）（→第3章第2節3(1)）。職務質問のように捜査に密接・類似する活動であれば，規制を及ぼすべきなのは当然であろう。

[10] 最決平21・9・28刑集63・7・868を参照。

込まれたものと容易に認められるため，付随する措置として正当化できそうである[11]。しかしながら，学説の多数によれば，所持品検査が「口頭による質問と密接に関連」することや質問の成果を上げるための行為であることは，付随する措置と位置づけるための論拠として十分でないというのである[12]。

警職法2条1項を所持品検査の権限に関する法律上の根拠とすることは必要でないという見解もある。もっとも，行政法の理論に従って説明すれば，警職法に置かれた規定は警察官の権限に法律上の根拠を与える〈根拠規範〉であって，それゆえ，停止・留置きであれ所持品検査であれ，いずれも法益の侵害またはその可能性を内包するからには，警職法2条1項の規定を法律上の根拠としなければ正当化しえないものと考えるべきであろう。

なお，以上の疑問・批判は当たらない行為の類型として，警職法2条4項の規定（→第8章第2節2(2)）や「銃砲刀剣類等であると疑われる物を提示させ，又は……開示させ」るという規定（銃刀所持24条の2）があることに注意すべきである。

➙➙ 基本説明

(7) 検問——自動車検問を中心に

検問とは，特定の場所を通行する者に対して警察官が行う質問や観察・点検のことである。自動車検問が代表例であろう。もっとも，検問について明文で定めた法律は存在しない。そのため，自動車検問が実務や学問の場で論じられるときは，①交通違反を予防・検挙するための交通検問と，②およそ犯罪一般を予防・検挙するための警戒検問と，③特定の犯罪が発生した段階で行う緊急配備検問（捜査規範93条・95条を参照）に分類するのが通例となっている。

自動車検問は，対象となる車両の停止を前提として成り立つ活動である。不可解な積荷や蛇行運転のように，走行する車両の外観や挙動に異常な点が認められるという場合には，運転者や同乗者を不審事由のある者と認定して，その車両を「停止させて質問することができる」（警職2条1項）。また，③の場合

---

(11) 例えば，前掲最決平15・5・26が判示するように，ホテルの宿泊客に対する職務質問の際に，「質問を継続し得る状況を確保するため，内ドアを押し開け，内玄関と客室の境の敷居上辺りに足を踏み入れ，内ドアが閉められるのを防止したことは，警察官職務執行法2条1項に基づく職務質問に付随する……適法な措置」となりえるであろう。

(12) 昭和53年判決の論理に対する疑問については，さしあたって，酒巻匡「行政警察活動と捜査(2)」法教286号58頁以下を参照。

に被疑者の検挙や情報の収集をねらって実施される検問には，任意捜査として実施できるものがある（197条1項本文）。それぞれの規定に基づけば，不審事由のある者を乗せた車両や被疑者の乗車が疑われる車両などに対しては，停車を求めて合図できるのはもちろんのこと，パトカーで並走して減速させるといった一定の措置が許されるときもある。

これらの場合と違って，検問所に差しかかる車両のすべてを無差別・一斉に検問の対象とすることも許されるのか否かは，別個に検討しなければならない。このような一斉検問の適否は，根拠規定の有無という観点を交えて議論となる。①や②の検問がまさに問題となる。①の適否に関する判断を示した最決昭55・9・22（刑集34・5・272）によれば，「警察法2条1項が『交通の取締』を警察の責務として定めていることに照らすと」，「交通違反の多発する地域等の適当な場所において，……同所を通過する自動車に……短時分の停止を求め……ることは，それが相手方の任意の協力を求める形で行われ，自動車の利用者の自由を不当に制約することにならない方法，態様で行われる限り，適法」であるという。最高裁の判示は，──検問が「短時分の停止」をともなうだけのものであって，かつ，もっぱら「任意の協力を求める形で……行われる限り」──警職法2条1項ないし197条1項本文と同じ種類の法律上の根拠を要求していないように読める[13]。

(8) 検 視

「変死者又は変死の疑のある死体」が発見されたとき，「検察官は，検視をしなければならない」（229条1項）。ここにいう「**検視**」とは，死体の外表を検査して，犯罪死すなわち犯罪に起因した死亡に当たるのか否かを見分することである。令状は要しない。

犯罪死に当たるものと見極められたときは捜査が開始されるというながれになる。それゆえ，ここにいう「検視」すなわち司法検視は，捜査の端緒に分類される。開始された捜査の過程では，一般に，鑑定としての解剖（→第9章第1節2(2)）が実施されることになる。

もっとも，死亡が犯罪に起因するものと直ちに認められるときは，「検視」

---

[13] 判示の読み方に関する解説として，渡辺咲子・大コンメ警職法152頁以下を参照。なお，集会の参加者に対する検問を違法な行為と判断した大阪高判平2・2・6（判タ741・238）も参考となる。

を経ずに捜査が開始されて，解剖などが実施される。また，犯罪死でないものと直ちに認められる死体について，自殺や災害による死亡の可能性があるときは，警察官による行政検視や監察医などによる行政解剖が行われる。

なお，検察官は，検察事務官または司法警察員に「検視」を代行させることができる（229条2項）。これは代行検視と呼ばれる。

第2節　さまざまな任意捜査

1　任意捜査の適否

→→ 　基本説明

(1)　任意捜査の適否——どのように判断するのか

端緒を得た捜査機関によって捜査が開始されてから終結するまでには，そのつどの状況に応じて種々の手段が駆使される。その大半は，任意捜査として行われる。もっとも，第1章で説明したとおり（→第1章第3節2(1)），197条1項本文に根拠を置く任意捜査の権限も，無限定に行使できるものではない。

本節では，任意捜査の適否について遠近それぞれの視点から理解するために，適法なのか否かという判断の方法に立ち入って解説する。まずは，任意捜査における①〜③のグループのうち③に属するものをクローズアップしたい。

最決昭51・3・16（刑集30・2・187。以下では「昭和51年決定」という）は，「強制の処分」（197条1項ただし書）の意味に関する判示（→第1章第2節2(2)）に続けて，「右の程度に至らない有形力の行使は，任意捜査においても許容される場合がある……。ただ，強制手段にあたらない有形力の行使であっても，何らかの法益を侵害し又は侵害するおそれがあるのであるから，……常に許容されるもの……でな」いという判断を示した。この判断は，呼気検査に応じない酒酔い運転の被疑者が——取調べの途中で「出入口の方へ小走りに行きかけた」ため——警察官に両手で左手首をつかまれたという事案にさしあてて，法益の侵害ないしその侵害のおそれゆえに任意捜査において許されない場合もあることを示唆する。学説の多数（→第1章第2節2(2)）によれば，昭和51年決定は③「強制の処分」に至らないような権利・利益の侵害があるときの「許容される場合」について論じたものと考えられる。

昭和51年決定によれば，「強制手段にあたらない有形力の行使」は，「必要性，緊急性なども考慮したうえ，具体的状況のもとで相当と認められる限度に

44　　第1部　捜　査

《レジュメ》③のグループに属する任意捜査の適否に関して：〔Ⅰ⇒Ⅱ〕という判断の枠組

Ⅰ「強制」に至らないのか	Ⅱ捜査における目的の達成に必要な限度なのか
【任意捜査の適否に関する判断の第1段階】＝問題となっている手段（処分）は「強制の処分」に該当しないのか否か（→第1章第2節2） ⇒	【任意捜査の適否に関する判断の第2段階】 ○ この手段は捜査の必要に見合った相当な（＝「具体的状況のもとで相当」な）ものである　⇒適法 ○ この手段には捜査の必要に見合う限度を超えた相当でない権利・利益の侵害がある　⇒違法

⇒　「強制の処分」に該当する手段は，「特別の定」に従っていれば，かつ，令状主義の規制に沿っていれば，適法なものと結論づけられる（→第1章第1節2(2)）

＊①または②のグループに属する任意捜査の適否は，Ⅱの判断によらない。

おいて許容される」という。「具体的状況のもとで相当」な限度で許すというスタンスは，捜査における目的の達成に必要な限度で許すという捜査比例の原則（197条1項本文）（→第1章第1節2(2)(i)）と同じものと理解できる。そして，昭和51年決定のようなスタンスは，本節で明らかになるとおり，任意捜査の適否に関する判断の基本部分をなすものとして，——手段の種類に応じて具体的な基準を異にするとはいえ——さまざまな判例で顔を出す。

➡➡➡ 展開説明

(2)　任意捜査の適否に関する判断の枠組

　③のグループに属する任意捜査の適否を決定づけるのは，Ⅱ問題となっている手段ないし処分が捜査における目的の達成に必要な限度なのか否かである。まさに捜査比例の原則が個別の事案で実質的にはたらかなければならない。

　Ⅱの判断に用いる基準が問題となる。この基準において主たる要素となるのは，手段の必要性（広義）であろう。これは，特定の手段に期待される真相の究明という利益の内容・度合いを意味する語であって，昭和51年決定にいう必要性（狭義）あるいは緊急性などの下位要素を内容とする。そして，手段によって侵害される法益の内容・度合いという要素と手段の必要性（広義）との間に適度な釣り合い（権衡）がとれていなければ，その手段は，捜査の必要に見合った相当なものと結論づけられないため，違法な捜査と判断される[14]。

---

(14)　さらに，捜査比例の原則を厳格に適用するのであれば，一定の目的を達成するための手段として複数のものが想定できるときは，そのうちの最も穏当な手段が選択されているのか否かという基準も加えて判断しなければならない。

Ⅱの判断は，任意捜査の適否に関して，Ⅰ問題となっている手段ないし処分が「強制の処分」に至らない（該当しない）のか否かという判断（→第1章第2節2(1)）と明確に区別されなければならないであろう。手段の必要性（広義）は，もっぱらⅡの判断において個別に考慮される要素であって，Ⅰの判断に影響するものでない。

2 さまざまな任意捜査〈その1〉——任意出頭・任意同行とその後の取調べ

→ 趣旨説明

(1) 任意出頭・任意同行とその後の取調べ——その意義

捜査の過程では，被疑者から供述を得るために，ほとんどの場合に取調べが実施される（→第10章第1節1(1)）。また，例えば，覚せい剤の自己使用が疑われる者は，取調べに合わせて捜査官から尿の提出を求められる。いずれも警察署などで実施されるものであるから，逮捕・勾留による身柄の拘束を受けていない被疑者すなわち在宅被疑者が対象となるときは，この者が警察署などに来ていなければならない。

それゆえ，捜査機関は，「犯罪の捜査をするについて必要があるときは，被疑者の出頭を求め，これを取り調べることができる」（198条1項本文）。「被疑者以外の者」すなわち参考人についても，同じ規定（223条1項）がある（→第10章第1節1(2)）。また，来署を確実にするために，捜査機関が在宅被疑者や参考人に同行を求めることもある。同行の求めも出頭を求めるときの方法の1つと考えれば，198条1項にいう出頭の求めと同じものとして許されるであろう。

「但し，被疑者は，逮捕又は勾留されている場合を除いては，出頭を拒み，又は出頭後，何時でも退去することができる」（198条1項ただし書）。すなわち，出頭・同行の拒否も退去も在宅被疑者の自由であって，出頭・同行の求めや取調べは，警察署などに出頭・同行する義務や滞留して取調べに応じる義務を課すものでない（→第10章第1節2(1)）。すなわち，取調べの適否に関する判例の表現を借りれば，「任意捜査の一環としての被疑者に対する取調べは，……強制手段によることができない」（最決昭59・2・29刑集38・3・479—高輪グリーン・マンション事件。以下では「昭和59年決定」という）。もちろん，参考人についても同じである（223条2項・198条1項ただし書）。**任意出頭・任意同行**あるいは**任意取調べ**と呼ばれることのゆえんである。

46　　　　　　　　　　　　　第1部　捜　査

→　→　基本説明

(2)　帯同・留置きと〈実質的な逮捕〉

　任意出頭・任意同行やその後の取調べに当たって「強制の処分」に該当する
行為がおよそ許されないのは当然である。しかしながら，捜査官が取調べなど
のために被疑者を警察署・交番に帯同するときや取調室に留め置くときは，帯
同や留置きが実質において「逮捕」と同じ作用を有することも考えられる[15]。
帯同や留置きをこのように〈実質的な逮捕〉と評価するのは，Ⅰの判断そのも
のである。それゆえ，昭和51年決定にならって，捜査官が被疑者の「意思を
制圧し，身体……等に制約を加え」たものと認められるとき（→第1章第2節
2(2)）は，違法な強制捜査があったという結論にたどり着かなければならない。

　違法な強制捜査としての〈実質的な逮捕〉があったときは，以下のような法
律上の効果が生じる。第1に，取調べによって獲得された自白については，
「任意にされたものでない疑のある自白」（319条1項）として，あるいは，い
わゆる違法収集証拠として，その証拠能力が否定される（→第20章第3節2）。
第2に，この自白に基づいた逮捕状の請求や，その後の逮捕に引き続いた勾留
状の請求については，これを却下しなければならないという場合がある（→第
5章第1節2）。

→　→　→　展開説明

(3)　〈実質的な逮捕〉と評価すべきなのか否か

　被疑者に対する強度の有形力が行使されていないからといって，あるいは，
被疑者が明確な抵抗や拒否の意思を示していないからといって，帯同や留置き
を〈実質的な逮捕〉と評価する可能性が消滅するわけではない。すなわち，同
行・滞留するほかに選択肢がないという状況に被疑者を追い込んでいないのか
否かも，Ⅰの判断に含まれる。この判断に当たっては，同行の求めやその後の
取調べの時刻・場所・方法に加えて，被疑者の対応および監視の状況なども考
慮しなければならない[16]。

　宿泊をともなう取調べや徹夜の取調べなどについては，夜になれば帰宅を希
望するのが通常であるから，〈実質的な逮捕〉に相当しないものと安易に判断

---

　[15]　例えば，「同行……の場所・方法・態様・時刻・同行後の状況等からして，逮捕と同一視できる
　　程度の強制力を加えられていたもので，実質的には逮捕行為にあたる違法なものといわざるをえ
　　ない」という判断を示した裁判例（東京高判昭54・8・14判時973・130）がある。

　[16]　例えば，富山地決昭54・7・26判時946・137を参照。

すべきでない。もっとも，昭和59年決定は，在宅被疑者がホテルの連泊をはさんで5日間にわたる取調べに付き合ったという事案について，明確な理由を交えずに，任意捜査にとどまるものと判示した[17]。

〈実質的な逮捕〉と評価されないときも，同行の説得や取調べのための留置きに当たって移動手段・連絡手段の利用といった被疑者の行動を押し止めれば，その適否を **II** の判断によって明らかにしなければならない。その基準は，職務質問にともなう停止・留置きの適否に関する判断と同類であろう（→本章第1節3(4)）。

(4) 任意取調べの適否

取調べに当たっては，黙秘権の侵害という観点から「強制の処分」と評価できる手段を用いることも，当然に許されない（→第10章第2節1(1)）。もっとも，それほどに苛酷な取調べでないときも，取調室で対面する被疑者と捜査官との間には，鋭い緊張が生じる。また，通常であれば，捜査官は，被疑者の逃亡といった不測の事態をおそれて，その行動の制限につながりかねない態勢・措置をとる。このような状況を踏まえて，判例・学説のいずれも，帯同・留置きや取調べそれ自体が「強制の処分」に該当しないからといって取調べは無限定に許されるものでないという見地に立つ。

取調べについて，昭和59年決定は，「社会通念上相当と認められる方法ないし態様及び限度」で許されるものと判示する。「社会通念上相当と認められる」のか否かは，「事案の性質，被疑者に対する容疑の程度，被疑者の態度等諸般の事情を勘案して」判断されるという。この基準に従って導いた結論は，5日間にわたる取調べが「任意捜査として許容される限界を越えた違法なものであったとまでは断じ難い」という内容であった[18]。

昭和59年決定については，昭和51年決定と同じように取調べを③のグル

---

(17) 最決平元・7・4（刑集43・7・581）も，夜を徹した長時間の取調べについて，明確な理由を交えずに任意捜査にとどまるものと判示した。

(18) 昭和59年決定の多数意見によれば，一方で，被疑者に対する殺人の嫌疑を強く抱いた捜査機関が連日にわたって取り調べたことは，深夜に帰宅できないような特段の事情がないのに，被疑者をホテルに送迎したうえで同室や張込みによる監視のもとに置いて宿泊させたため，「方法として必ずしも妥当とはいい難い」という。しかしながら，他方で，この取調べについては，被疑者が「取調べにせよ宿泊にせよ……その意思によりこれを容認し応じていたものと認められ」たのに加えて，「速やかに……詳細な事情及び弁解を聴取する必要性があった」ため，「本件における具体的状況を総合すると，結局，社会通念上やむを得なかった」というのである。

ープに属する任意捜査と位置づけたのか，それとも，取調べを②のグループに
分類したうえで「社会通念上相当」なのか否かという別異の規制にも服させた
のか，いずれなのかが議論されている。後者の理解によれば，しぶしぶであれ，
被疑者が出頭・同行して取調べを受けることに同意（承諾）しているときは，
自由な意思決定に基づいて取調べに応じているのであって，個人の意思に反す
る権利・利益の侵害を見いだせないから，前者の理解と違って，Ⅲの判断——
すなわち，侵害される法益の内容・度合いと手段の必要性（広義）との間に適
度な釣り合い（権衡）がとれているのか否かという判断——がなされない[19]。

3　さまざまな任意捜査〈その2〉——容姿・行動の撮影

→ 趣旨説明

(1)　写真撮影やビデオカメラによる撮影——その多様性

　捜査の過程では，被疑事件に関する資料を収集・保全するために，さまざま
な場面で写真の撮影やビデオカメラによる撮影が行われている。

　さしあたって，撮影の場面を対象の違いという観点からながめたとき，その
違いに応じた検討をせまられる問題は，撮影が任意捜査と位置づけられるのか
否かである。憲法35条1項にいう「住居」の内部や「書類及び所持品」など
の内容を撮影の対象におさめることは「強制の処分」であろう。それゆえ，こ
の種の撮影は本節で議論しなければならない類型でない（→第7章第1節**5**，
第9章第1節1(2)）。ひるがえって，個人の容姿さらには公道などにおける個人
の行動を撮影の対象におさめることも，「強制の処分」と位置づけられるので
あろうか。最大判昭44・12・24（刑集23・12・1625。以下では「昭和44年判決」
という）は，憲法13条の趣旨に照らして，「何人も，その承諾なしに，みだり
にその容ぼう・姿態……を撮影されない自由を有する」ものと認めたから，こ
の自由を侵害する行為の位置づけが検討されなければならない。

　容姿・行動の撮影を時期に応じて分類すれば，すなわち，①現行犯人の撮影
と②犯罪の発生が予想される時の撮影と③すでに発生した犯罪に対する捜査と
しての撮影に分類すれば，撮影の目的や態様は多彩であるという事実が明らか
になる。この多彩さは，撮影の適否に関する判断に影響するはずである。

---

[19]　昭和59年決定に対する理解の違いについては，さしあたって，堀江慎司・百選9版16-17頁
を参照。

→→→ 基本説明

(2) 任意捜査としての容姿・行動の撮影

最決平20・4・15（刑集62・5・1398。以下では「平成20年決定」という）は，令状によらずにビデオカメラで被疑者を撮影した行為について，「捜査目的を達成するため，必要な範囲において，かつ，相当な方法によって行われた」ため適法なものと判示した。この判示からは，II の判断を通じて結論に達したことが読みとれる。I の判断は明確に示されていない。もっとも，平成20年決定は，そもそも容姿・行動の撮影が任意捜査であるという位置づけを前提とした判例と考えられる。

容姿・行動の撮影は，どのような意味で任意捜査となるのか。平成20年決定は，公道にいる被疑者あるいはパチンコ店で遊ぶ被疑者にレンズを向けたという本件の撮影について，「いずれも，通常，人が他人から容ぼう等を観察されること自体は受忍せざるを得ない場所におけるもの」とわざわざことわっている。これは，侵害される法益の内容という点で「住居」（憲35条1項）の内部に対する撮影と違うことを強調したのであろう。学説の多数（→第1章第2節2(2)）も，「みだりにその容ぼう・姿態……を撮影されない自由」は重要な権利・利益でないものと考えるため，判例と同じように，容姿・行動の撮影を任意捜査と位置づける。

→→→ 展開説明

(3) 容姿・行動の撮影の適否

昭和44年判決は，許可の条件に違反するデモ行進を写真におさめたという事案について，「現に犯罪が行なわれもしくは行なわれたのち間がないと認められる場合」に，「証拠保全の必要性および緊急性があ」って，かつ，「その撮影が一般的に許容される限度をこえない相当な方法をもって行なわれ」たので，適法に実施されたものと判断した。このような①現行犯人の撮影は，犯罪を現認した捜査官によって[20]，犯行の状況と犯人の容ぼうを記録するために実施されるから，一般に，手段の必要性（広義）を基礎づける必要性（狭義）および緊急性が十分に認められるものであろう。

さらにすすんで，犯行・犯人を記録するために，②犯罪の発生が予想される

---

[20] 正確に作動する装置が〈現認〉した犯行・犯人を撮影することも，捜査官による撮影と同視できる。自動速度監視装置の使用に関する判例（最判昭61・2・14刑集40・1・48）を参照。

時の撮影に取り組むことも許されるのであろうか。この種の撮影は，発生する前から個人の容姿・行動をビデオカメラで継続して監視するのにひとしいため，たとえ将来の犯罪に対する捜査（→第1章 コラム 将来の犯罪に対する捜査）を肯定する見解に立ったからといって，安易に許せるものでない。「当該現場において犯罪が発生する相当高度の蓋然性が認められる場合」にビデオカメラの設置・録画を許した裁判例[21]は，「証拠保全の……必要性及び緊急性」が十分に認められたため，昭和44年判決のような犯罪の現認を要求しなかったというだけであって，長時間・広範囲にわたる撮影をひろく許したものと理解すべきでない。特に，デモ行進のように表現の自由を行使する集団などに対しては，①に当たらない撮影を実施すべきでないように思われる。

③すでに発生した犯罪に対する捜査としての撮影は，情況証拠（→第17章第1節1(2)(ii)）となる資料の収集・保全をねらいとする。捜査を開始して間もない段階で撮影の実施が発案されることも多いであろう。平成20年決定において適否が争われたのは，強盗致死の被疑者を対象とした撮影であって，すでに入手していた犯人の映像と照合するという「犯人の特定のための重要な判断に必要な証拠資料を入手するため」に実施されたものである。このように被疑事件が重大であって目的の具体性もあれば，「証拠資料を入手するため……に必要な限度」で実施した撮影が適法と結論づけられることは，Ⅲの判断として不合理でないはずである。すなわち，事案に即して考えれば，手段の必要性（広義）は，その支えのひとつとなる嫌疑の程度が「犯人である疑いを持つ合理的な理由」というくらいにとどまっているからといって，また，緊急性が考慮される場面でないからといって，けっして低いわけでない。したがって，これと侵害される法益との釣り合い（権衡）が保たれないものではないのである。

コラム 容姿・行動の撮影に対する規制についてさらに考える

学説の多数は，第1章で解説したとおり（→第1章第2節2(2)），強制捜査と任意捜査の区別に関して(c)の基準を用いるため，容姿・行動の撮影が任意捜査であるという結論にたどり着く。(a)の基準に従うときも結論は同じになる。これに対して，(b)の基準を支持する立場によれば，撮影が強制捜査であるという結論になるため，撮影を許すのは，強制処分法定主義の要請と令状主義の要請に抵触しないときに限定される。それぞれの要請との抵触を避けるために，

---

(21) 東京高判昭63・4・1東高刑時報39・1〜4・8。対立する集団の衝突によって傷害などの重大な犯罪が発生する「相当高度の蓋然性」も認められたという事案である。

①に当たる撮影に限って——逮捕にともなう検証（220条1項2号）（→第9章第1節1(3)）に準じて——許すという見解や，容姿・行動の撮影を〈新しい強制処分〉（→第1章第2節2(2)）と位置づけたうえで無令状の例外（→第3章第1節3(1)）に当たるものに限って許すという見解が唱えられた[22]。

(c)の基準を支持する学説も，容姿・行動の撮影に対する規制のあり方を技術の発展という観点から常に見直さなければならないであろう。第1に，対象の情報を補足する手段としての撮影は——走査（スキャン）と呼ばれる手段も含めて——にわかに性能の向上や技法の多様化に直面しているため，容姿・行動の補足に限定される撮影と「住居，書類及び所持品」に対する「侵入，捜索及び押収」（憲35条1項）にひとしい実質を併せ持つ撮影との境界線が流動化するという問題に留意すべきである。第2に，撮影された画像・映像のデジタルデータを国家機関が大量に蓄積できるような状況では，データの結合と分析によって個人の行動を網羅的に把握することが可能となるため，行動の監視という視点から撮影に対する規制を見つめ直す余地もある（→本章第2節5(2)）。

4　さまざまな任意捜査〈その3〉——おとり捜査など

→ 趣旨説明

(1)　おとり捜査の意義

おとり捜査とは，最決平16・7・12（刑集58・5・333。以下では「平成16年決定」という）の定義によれば，「捜査機関又はその依頼を受けた捜査協力者が，その身分や意図を相手方に秘して犯罪を実行するように働き掛け，相手方がこれに応じて犯罪の実行に出たところで現行犯逮捕等により検挙するもの」である。例えば，おとり役の捜査官・捜査協力者が覚せい剤の買い手を装って，売り手すなわち対象者に取引の日時・場所を指定したうえで，取引の場にやって来た対象者を覚せい剤取締法違反（覚せい剤の所持）の現行犯人として逮捕するといったながれになる。

おとり捜査は，密行性の高い犯罪や組織化された犯罪に対する有効な捜査の手段と考えられている。しかしながら，おとり捜査には，国家が——犯罪を防止せずに，むしろ——「相手方」すなわち対象者を〈わな〉にかけて犯罪の実行に誘い込むという性質もある。そもそも，「犯罪を実行するように働き掛け」

---

[22]　前者の見解については，光藤景皎『刑事訴訟法Ⅰ』（2007）169頁などを参照。後者の見解については，田宮121頁。これらに対して，「現段階では……撮影につき立法的手立てを講じるしかない」という三井(1)新版116頁のような見解もある。

52　　　　　　　　　　　　　第1部　捜　査

るのは，犯罪の教唆である。そのため，どのような場合に許されるのかが議論
となる。

→→ ● 基本説明

(2)　おとり捜査の適否

　麻薬やけん銃といった禁制品に関する捜査の過程で捜査官がこれらの品を売
り手などから適法に受け取れることは，麻薬及び向精神薬取締法58条や銃砲
刀剣類所持等取締法27条の3などに明記されている。これらの条項は，特定
の犯罪を対象とするおとり捜査の実施の可能性について定めたものにすぎない。
もっとも，平成16年決定が明言するとおり，おとり捜査がさまざまな場面で
「刑訴法197条1項に基づく任意捜査として許容される」ことは，判例・学説
によって認められている。

　「任意捜査として許容される」余地について，従来の判例・学説は，おとり
捜査を犯意誘発型と機会提供型に二分したうえで，機会提供型であれば許され
るという見解に立ってきた。すなわち，機会提供型は犯行の意思をもともと有
する者が対象者であって，この者に実行の機会を与えるのにすぎないから許さ
れるというのである。しかしながら，対象者の主観に着目して分類するのは容
易でないことに加えて，客観的な事情を考慮しなければおとり捜査に対する適
切な規制が実現できないという問題もあるため，単純な二分法に見直しをせま
る見解が近年の主流となっている。

　なお，違法なおとり捜査から生じる法律上の効果については，適法でない捜
査に一般に生じうる効果（→第1章第1節1(3)）のほかに，対象者が起訴され
たのであれば訴訟手続を打ち切らなければならないという効果（→第11章第1
節5(3)(iii)）も学説から提案されている。

→→→ ● 展開説明

(3)　おとり捜査の適否に関する判断の枠組

　おとり捜査を任意捜査と位置づけることは，対象者が自己の意思に基づいて
犯罪の実行を決定するという前提に立たなければ成り立たない。対象者あるい
は捜査協力者が捜査機関の脅迫・強要を受けて捜査機関のシナリオに関与させ
られたという事案では，関与させられた者から意思決定の自由を奪っているた
め，Ⅰの判断を通じて「強制の処分」に該当する行為があったものと認めたう
えで，これを違法と評価しなければならない。これに加えて，犯罪に誘い込ま
れる個人の尊厳ないし人格的自律権を侵害するような場合にはおよそ許されな

いという見解もある。

平成 16 年決定によれば，「少なくとも，直接の被害者がいない薬物犯罪等の捜査において，通常の捜査方法のみでは当該犯罪の摘発が困難である場合に，機会があれば犯罪を行う意思があると疑われる者を対象におとり捜査を行うことは，……任意捜査として許容される」という。対象者として「機会があれば犯罪を行う意思があると疑われる者」に着目したことから，機会提供型であれば許すという二分法は平成 16 年決定に引き継がれているのかもしれない。もっとも，罪種の限定や摘発の困難性などのように手段の必要性（広義）を支える客観的な事情も考慮したという点では，Ⅱの判断に用いる基準を最高裁が採用したようにも読める[23]。

(4)　コントロールド・デリバリー

コントロールド・デリバリーないし監視つき移転とは，禁制品の輸入・配送や運搬を把握した捜査機関がその品の流通をひそかに監視して，流通に関与する者を特定したうえで検挙するという手法である。ＣＤと略される。ＣＤは，対象者の意思に働きかけて犯罪の実行に誘い込むような性質を有しないため，また，――流通に関与する者の所在・動静が流通の監視にともなって捜査機関に把握されるという点に――プライバシーの権利に対する侵害を見いだせるため，おとり捜査と区別されなければならない。

ＣＤは，業者によって輸送される品の追跡や自動車で運搬する者の追尾などにとどまるのであれば，任意捜査と位置づけられる。それゆえ，被疑事件が重大であって摘発の困難性も高いような事案では，Ⅱの判断の結果として，適法な捜査と結論づけられることであろう。なお，麻薬特例法 3 条・4 条や，銃砲刀剣類所持等取締法 31 条の 17 および麻薬特例法 8 条は，いずれもＣＤの実施を念頭に置いた規定である[24]。

---

[23]　平成 16 年決定の読み方については，多和田隆史・最判解刑事篇平成 16 年度 284 頁以下や後藤昭・百選 9 版 27 頁を参照。

[24]　前二者の条項は，禁制品を抜き取らずに流通させる〈ライブＣＤ〉について，また，後二者の条項は，禁制品を無害な物品とすり替えて流通させる〈クリーンＣＤ〉について，それぞれ定める。

5 さまざまな任意捜査〈その4〉──各種の任意捜査

→→ 基本説明

(1) 当事者録音と同意傍受

被疑者や被疑事件の関係者が交わす通信や会話も，犯罪に関連するものであれば証拠となる。もちろん，電話・電子メッセージなどの傍受・記録や住居で交わされる会話の聴取・録音を通信・会話の当事者に知られずに行うことは許されるのかという問題が立ちふさがる。もっとも，大きな問題を抱えるのは，いずれの当事者も同意（承諾）していないときの傍受・聴取である。この問題については，第9章で解説する（→第9章第3節1）。以下では，一方の当事者が他方に知らせずに通信・会話を記録・録音するという**当事者録音**と，一方の当事者から同意（承諾）を得たうえで捜査機関が傍受・聴取するという**同意傍受**について，それぞれ簡単に解説する。

千葉地判平3・3・29（判時1384・141）は，捜査機関による当事者録音について，通信・会話の内容における秘密性ないしプライバシーが他方の当事者に対して放棄されるという理解を明らかにしたのと裏腹に，「相手方のプライバシーないし人格権を多かれ少なかれ侵害する」ものと述べた。判決は，自由な通信・会話を阻害するという点に着目したため，強制捜査と位置づけられないからといって無限定に許されるものでないこと──すなわち，「具体的状況のもとで相当と認められる限度」で許されること──を明示したのであろう。現在の学説も，大勢として，この判決と同じように，この種の手段を任意捜査と位置づけたうえで，事案ごとに II の判断を下すことが必要になるという見解に立っている。

→→→ 展開説明

(2) 行動の監視──尾行やGPSの利用など

例えば，常習窃盗の被疑者を監視して立ち回り先の把握に取り組めば，ときに共犯者の身元や活動の拠点などが突き止められるのとともに，新たな犯行の捕捉に至る可能性も生じる。行動の監視には，尾行や張込みをはじめとした多様な手法が用いられる。近年では，GPS位置情報の取得・収集による監視（以下では「GPS監視」という）も実施されるようになった。もっとも，GPS位置情報を送信する装置が被疑者や関係者の自動車・バイクにひそかに取り付けられて監視・追尾されるという事案については，しばしば，その適否が裁判所で争われている。主な争点は I の判断にある。すなわち，用いられた手段

が「強制の処分」に該当するのか否か——それゆえ，令状によらずに実施された違法な捜査となるのか否か——である。

通例の尾行・張込みは，公道のように他人に観察されることを受忍しなければならない場所にいる者の監視，あるいは，そういった場所からなされる監視であるため，任意捜査の一種にすぎないものと考えられてきた。それゆえ，公道を走行する自動車のＧＰＳ位置情報の取得・収集も，尾行の補助手段ないし捜査官の能力を補強するだけの手段と捉える見解によれば，通例の尾行・張込みと同じ扱いを受ける。

しかしながら，ＧＰＳ監視は，技術の発展とともに長期間にわたって継続的かつ精確に所在・動静を把握することが可能・容易な手法となっている。それゆえ，その特性ゆえに尾行・張込みとは質を異にする「強制の処分」に該当しうるという見解も，最近になって唱えられるようになった。学説では，この見解の後押しとして，蓄積した位置情報のデータを結合・分析すれば個人の生活実態が網羅的に把握されて人物像の浮き彫りにつながるという問題点も指摘される。見解の対立軸は，——裁判例の表現を借りれば——個々に実施されるＧＰＳ監視が「プライバシー等を大きく侵害する」のか否かという論点にありそうである[25]。

---

[25] ＧＰＳ監視に関する問題の所在や最近の裁判例・学説を通覧したいのであれば，さしあたって，指宿信「ＧＰＳ利用捜査とその法的性質」法時 87 巻 10 号 58 頁以下（後者の見解に立った論説である）や亀井源太郎＝尾崎愛美「車両にＧＰＳを装着して位置情報を取得する捜査の適法性」刑ジャ 47 号 42 頁以下を参照。

第3章

強制捜査と令状主義

第1節　令状主義の意義

➡ 趣旨説明

1　はじめに

(1)　令状主義の規制——憲法 33 条・35 条

　本章では，各種の強制捜査について第 4 章から解説するのに先だって，令状主義の意義や令状の役割・機能を明らかにしたい。令状主義は，第 1 章で触れたとおり（→第 1 章第 1 節 2 (2) (ii)），強制処分法定主義と並んで，強制捜査に対する特別な規制をなしている。

　憲法 33 条・35 条は，「逮捕されない」権利や「住居，書類及び所持品について，侵入，捜索及び押収を受けることのない権利」を「何人」にも保障する。そのうえで，この 2 つの条項は，「逮捕」ならびに「侵入，捜索及び押収」（本章では，これらを一括して「処分」という語を用いる）の実施に当たって「令状」を要求するという原則に立つのとともに，「令状」に基づかない処分の実施を所定の場合に許すという例外も設けている。

　このような原理を**令状主義**と呼ぶのは，価値の高い自由・権利を保護するうえで，「令状」が非常に重要な意味を持つからである。すなわち，強制捜査の実施を〈司法による事前の統制〉に服させるという令状主義の本質は，令状の役割ないし機能によるところが大きいのである[1]。

---

[1]　令状主義の意義について総合的に説明した文献として，井上正仁「令状主義の意義」新争点 74 頁以下がある。

第 3 章　強制捜査と令状主義　　57

➔➔ 基本説明

2　令状主義における原則

(1)　令状の要求——事前の司法審査

　令状主義における原則の意義を事前の司法審査と表現するのであれば，**令状**は，まさに事前の司法審査がかたちとなってあらわれたものである。すなわち，「逮捕」のための令状については，①「理由となつてゐる犯罪を明示」して発付することが必要である。また，「侵入，捜索及び押収」のための令状については，①「正当な理由に基いて発せられ」ることのほかに，②‐1「捜索する場所及び押収する物を明示する」こと（＝特定性）や，②‐2「捜索又は押収」の場合に「各別の令状」となっていることが必要である。そして，これらの令状は，③「権限を有する司法官憲」すなわち裁判官が発付する(2)。

　このような令状の内容・形式は，憲法を承けた法律によって具体化されている。すなわち，199条1項によれば，捜査機関は，「被疑者が罪を犯したことを疑うに足りる相当な理由があるときは，裁判官のあらかじめ発する逮捕状により，これを逮捕することができる」。この「逮捕状には，被疑者の氏名及び住居，罪名，被疑事実の要旨」などが記載されていなければならない（200条1項）。また，被疑者でない者に向けられた捜索を例に挙げれば，捜査機関は，「裁判官の発する令状により……捜索することができる」（218条1項）。もっとも，被疑者以外の者の「身体，物又は住居その他の場所については，押収すべき物の存在を認めるに足りる状況のある場合に限り」捜索できるものと定められているため（102条2項・222条1項），所定の状況を裁判官が認定したときに限って，令状すなわち「捜索状」が発付される。そして，この令状には「罪名，……捜索すべき場所，身体若しくは物」などが記載されていなければならない（219条1項）。

(2)　令状を要求することのねらい

　要するに，令状の要素は，①処分を許すための理由（＝正当な理由）の審査，②処分の対象となる身体・場所・物の明示（＝特定性），そして，③裁判官による令状の発付である。これら3つの要素について定めた条項を一覧すれば，いずれも白紙委任にはほど遠い性質の書面を要求した規定であるということが

---

(2)　憲法の制定から間もない時期には，検察官も「司法官憲」に含まれるという見解があった。しかしながら，現在では，法律の規定も含めて，この見解に立つものを見つけることはできない。

わかる。もともと憲法 33 条・35 条は，不合理な捜索・押収を許さないアメリカ合衆国憲法修正 4 条にならって定められたものである。私たちは，この修正 4 条が一般令状（general warrant）の禁止に向けて対象の特定（particular description）を要件としたという点に着目しなければ，①～③の要素が何をねらいとするのかについて知りえないのである。

　一般令状とは，令状主義が確立する前のイギリスやアメリカでしばしば発付されていたものであって，捜索・押収を例に挙げれば，捜索場所や押収物が指定されていないため，令状という呼称も有名無実の書面である。この書面を得た行政機関は，犯罪との結びつきがあるように思えば，そのような物件や文書を自己の判断に基づいてすべて押収できたのとともに，それらの物件や文書がありそうに思える場所もくまなく捜索できたのである。この状況を踏まえて合衆国憲法修正 4 条の規定に取り入れられた一般令状の禁止には，渉猟・網羅するような捜索・押収や理由に乏しい逮捕を防止して，不合理な処分から個人を護ろうというねらいが込められている。そして，修正 4 条を手本とした憲法 33 条・35 条も，同じねらいのもとに，逮捕の対象や捜索・押収の対象を令状に特定して記載しなければならないものと定めたのである[3]。

　処分の合理性を確保するために，専門性と中立性を有した裁判官には，処分の対象にふさわしい人や身体・場所・物を吟味したうえで特定することが求められる。例えば，いわゆる振り込め詐欺の嫌疑がたしかに認められる被疑者について，この者が日ごろから所持・使用する携帯電話は，通話の履歴を記録しているがゆえに証拠となりえるため，押収の対象として適格なものと評価できるはずである。処分の対象としての適格さとは，憲法 33 条にいう逮捕の理由や憲法 35 条 1 項にいう「正当な理由」のことであって，併せて**正当な理由**と呼ばれる。裁判官は，正当な理由を認定できた人や身体・場所・物に限って令状に記載しなければならない。

　要するに，事前の司法審査のねらいは，裁判官が処分の対象を特定して令状に明示することで，捜査機関による処分の範囲を正当な理由の認定がなされた人や身体・場所・物に限定させて，個人の自由・権利に対する不合理な侵害の

---

　(3)　憲法 33 条の文言は，令状に「理由となつてゐる犯罪を明示」すれば足りるものとしているようにも読める。しかしながら，一般令状の禁止おいては，逮捕の理由が誰に認められるのかも重要である。それゆえ，②にいう処分の対象の明示――すなわち，この場合には逮捕される人の明示――も，①および③と併せて同条が要求するものと考えられる。

余地を事前に封じるという点にある。令状によらずに処分が実施されたときはもちろん，処分を受けたものが令状に明示された人や身体・場所・物に該当しないときは，憲法の規定に反した違法な処分と評価すべきである。

3　令状主義における例外

(1)　無令状の例外

憲法33条・35条は，捜査機関が令状によらない処分を実施することも許している。すなわち，憲法33条は，「令状によらなければ，逮捕」が許されないという制約を明らかにしたうえで，この制約から「現行犯として逮捕される場合を除いて」いる。また，憲法35条1項も，「侵入，捜索及び押収を受けることのない権利は……令状がなければ，侵されない」という保障において，憲法「第33条の場合を除いて」いる。このように，それぞれの条項は，令状の要求という原則に対して例外を設けている。

無令状の例外も，憲法の規定を承けて，法律に具体化されている。すなわち，212条にいう「現行犯人」は，「何人でも，逮捕状なくして……逮捕することができる」（213条）。また，「被疑者を逮捕する場合」（220条1項）の捜索・差押え・検証であれば「令状は……必要としない」（220条3項）ことが定められている。

(2)　無令状の例外のねらい

例外として令状を要求しないことのねらいは，原則との関係で明らかにできそうである。令状主義は，正当な理由を認めえない人や身体・場所・物に対する処分が許されないという前提に立ったうえで，このように許容できない処分の実施を防止するために，原則として令状を要求する。ひるがえって，許容できない処分が実施されるおそれも些細ないし若干の程度にとどまるようであれば，事前の司法審査は不可欠というほどのものでもないはずである。そのうえで，憲法33条・35条は，裁判官による正当な理由の認定および対象の特定を省略できるような事情が一般に認められるときに限って，令状によらない処分を特に許したものと理解できそうである。

要するに，無令状の例外とは，処分の対象となる人や身体・場所・物に正当な理由が認められなければならないという前提を変えずに，事前の司法審査だけを処分の要件から外したものと考えられる。もっとも，どのような場合になぜ事前の司法審査を外すことが是認されるのかという問題に関しては，「逮捕」と「侵入，捜索及び押収」の違いに応じた検討が必要である。この問題につい

ての解説は，第4章および第8章にゆずる（→第4章第2節**2**(1)，第8章第1節**2**(2)）。

第2節　令状主義の全体像

1　令状主義の本質

→→ 基本説明

(1)　令状主義の趣旨

これまでの説明をまとめれば，令状主義の趣旨は，裁判官による正当な理由の認定と処分の対象の特定を基本属性とした令状が事案ごとに不合理な侵害の余地を封じるのとともに，事前の司法審査を省略できるような場合に限って令状によらない処分を許すということにある。

令状主義の趣旨の背景にあるのは，個々の事案で処分の権限が実際に行使されるとき，その権限に関する第1次の判断を捜査機関に委ねないという観点である。すなわち，価値の高い自由・権利に対する侵害が問題となる場面では，処分の権限の逸脱・濫用に至る危険を前もって除去することが強力に要請されるから，真相の究明に猪突猛進しがちな捜査機関に正当な理由の認定をまかせるべきでないというのである。これに対して，憲法33条・35条1項がともに無令状の例外を設けたのは，第1次の判断を捜査機関に委ねたときの危険が所定の場合に限って十分に減少するものと考えられたからであろう。

→→→ 展開説明

(2)　令状主義と強制処分法定主義の比較

令状主義は，強制処分法定主義とともに，強制捜査に対する特別な規制の双璧をなす。両者は，強制捜査に対して事前の統制を及ぼすという点で，共通した性格を有する。しかしながら，令状主義の本質についてくわしく理解するためには，むしろ強制処分法定主義による統制との違いを明確にすることが有益である。通説によれば，両者の違いは以下のように説明できる(4)。

統制する側に目を向ければ，統制の主体と手法に違いが見いだせる。強制処分法定主義によれば，立法機関である国会は，法律という一般性を有する手法

(4)　令状主義と強制処分法定主義との違いについては，後藤昭「強制処分法定主義と令状主義」法教245号10頁および酒巻匡『刑事訴訟法』（2015）23-26頁を参照。

によって，強制捜査の権限を事前に統制する。これに対して，〈司法による事前の統制〉の原理である令状主義のもとでは，令状という個別性を有する手法によって，裁判官が個々の処分をそのつど事前に統制しなければならない。

　統制される側に目を転じれば，強制処分法定主義は，捜査機関であれ裁判所・裁判官であれ強制捜査のあり方に関する国会の判断に従うことを要求した原理であるのに対して，令状主義は，処分の実施に関する捜査機関の判断を裁判官によって縛るという原理である。裁判所・裁判官が強制処分法定主義に違背した解釈によって処分の類型を創出するようなことは，令状に工夫をこらせば——捜査機関の判断を適切に統制できるため——令状主義の規制に沿って実施するように捜査機関を仕向けられるという場合にも，やはり許されないのである（→第1章第2節1(2)，第9章第2節2(3)）。

→→ ■基本説明■

2　正当な理由

(1)　正当な理由の意義

　憲法33条・35条によれば，処分の権限が行使されるのは，処分の対象として適格なものに限られる。このような正当な理由とは，処分の権限を基礎づける合理的な事情のことである。例えば，証拠となりそうにない物を押収することや，証拠があるかもしれないといった漠然とした疑いに基づいて個人の住居を捜索することには，「正当な理由」（憲35条1項）を認めえないため，各種の財産権や住居の平穏・プライバシーなどに対する不合理な侵害という評価を与えなければならない。要するに，正当な理由が認められるのは，相当な資料に基づいて，具体的な犯罪事実の嫌疑が肯定できるのと同時に，この犯罪事実と処分の対象——すなわち，「逮捕」の対象となる人や「侵入」・「捜索」・「押収」の対象となる身体・場所・物——との結びつきが見いだせるときである。

　正当な理由を認めえない人や身体・場所・物に対しては国家機関も手出しが許されないという前提に立ってはじめて，個人の自由・権利に対する侵害が合理性を有するようになる。すなわち，正当な理由の存在は，個人の自由・権利に対する侵害を是認するうえで欠かせない要素である。それゆえ，憲法33条にいう逮捕の理由も，また，憲法35条1項にいう「正当な理由」も，処分が令状によるときであれ令状によらないときであれ，常に「逮捕」の対象あるいは「侵入，捜索及び押収」の対象に認められなければならない[5]。

(2) 正当な理由と法律の規定——捜索・差押えの理由・必要性を例に挙げて

法律や規則に目を向ければ，憲法に従って正当な理由を具体化した規定がところどころに見つかる。

捜査機関による差押えを例に挙げれば，222条1項によって準用される99条1項の規定は，差押えの対象を「証拠物又は没収すべき物と思料するもの」に限定している。捜査機関による捜索の対象についても，すでに説明したとおり，「押収すべき物の存在を認めるに足りる状況のある場合に限り，捜索することができる」という規定（102条2項）がある。また，差押えであれ捜索であれ，「必要があるとき」に限って実施することが許される（218条1項・220条1項・規156条1項）。これらの法律・規則に定められた要件が捜索・差押えの理由・必要性と呼ばれることについては，第6章および第8章でくわしく解説する（→第6章第2節1，第8章第1節2(1)）。そして，令状による捜索や差押えを実施するためには，捜査機関が裁判官に令状を請求して，捜索や差押えの理由・必要性がたしかにあるという認定を受けなければならない（→第6章第2節2(1)）。

ちなみに，逮捕についても，逮捕の理由・必要性と一括して呼べるものが法律・規則に定められている。もっとも，その内容は，現行犯人を令状なしに逮捕するときの要件（212条）と令状による逮捕すなわち通常逮捕の要件（199条）との違いからわかるように，逮捕の種類に応じて当然に異なっている（→第4章第2節3(1)）。

3　令状主義の規制が及ぶ範囲

➡➡ 基本説明

(1) 行政手続と令状主義

令状主義の規制は，刑事手続における処分をねらって設けられたものである。もっとも，憲法35条の規定に限れば，犯則調査をはじめとした行政手続にも目的・性質に即した規制が及ぶことは，判例・学説によって肯定されている（最大判昭47・11・22刑集26・9・554—川崎民商事件など）（→第1章第1節1(2)(i)）。これに対して，憲法33条の規定に関する判例の立場は明らかでない（最

---

(5) 現に，222条1項は，令状による捜索・差押えと令状によらない捜索・差押えを区別せずに，102条2項や99条1項の規定を準用する。くわしい説明は，第6章および第8章にゆずる（→第6章第2節1(1)，第8章第1節2(1)）。

決昭49・4・30集刑192・407)。

　なお，本章では，もっぱら捜査における処分を念頭に置いて解説している。

➡➡➡➡ 　展開説明

(2)　憲法35条による保護の射程

　本章の冒頭で示唆したように，令状主義という厳格な規制について定めた憲法33条・35条は，価値の高い自由・権利を刑事手続における侵害から保護するために特別に設けられた条項である。例えば，憲法33条は，「逮捕」によって人身の自由ないし身体・行動の自由を奪われることから保護するための規定と考えられる。これに対して，憲法35条については，保護の射程を一義に確定することが難しい。

　例えば，通信・会話の傍受・聴取に関しては，「住居」に立ち入ることなしに実施されるため令状主義の規制が直接に及ばないといった解釈や，「書類及び所持品」の占有を奪わないため——要するに「押収」でないため——傍受・聴取の対象となる通信・会話の特定が絶対の要件にならないといった解釈も，ときに唱えられてきた。意訳すれば，憲法35条はもともと住居の平穏や各種の財産権を刑事手続における侵害から保護するための規定であって，もっぱら物理力・有形力の行使をともなう活動だけが令状主義の厳格な規制に服するのにすぎないというのである。

　住居の平穏や各種の財産権を保護することの重要性が失われていないのは，もちろんである。しかしながら，現代の社会においては，「住居」をはじめとした私領域に見いだされるプライバシーも，特別な規制による保護の必要に強く迫られている。そして，物理力・有形力の行使をともなわない活動であれ，プライバシーの侵害という観点から「住居」・「書類」・「所持品」に対して「侵入」・「捜索」・「押収」を受けたのにひとしいものと評価できるときは，この活動にも憲法35条を適用すべきであろう。それゆえ，同条に準じた規制を通信・会話の傍受・聴取に及ぼせば十分であるといった解釈[6]は，現状にそぐわないため適切でないはずである。判例も，いわゆる電話検証に令状主義の規制が直接に及ぶことは前提としている（→第9章第3節1(3)）。

---

　(6)　田宮122-123頁。

第3節　令状の役割・機能──個人の自由・権利の保護

1　特定性の要請

➙➙ 基本説明

(1)　特定性の要請──その意義

憲法 35 条 1 項によれば，裁判官は，「正当な理由」があるものと認定した身体・場所・物について，これを令状に明示しなければならない。すでに解説したとおり，これは処分の対象の特定すなわち**特定性**という要請を意味する。

特定性の要請を満たすのか否かが問題となる場面は少なくない。例えば，捜索差押許可状（→第 6 章第 2 節）を発付して実施される捜索・差押えでは，往々にして，捜索場所に存在する物を事前に逐一把握できないため，探し求めている物件や文書の個性を詳細に予測することが難しい。それゆえ，常に差押えの目的物を完全に特定して令状に示すことまで要求するのは，不可能を強いるのにひとしい。「差し押さえるべき物」（218 条 1 項・107 条 1 項）を抽象的・概括的に記載することはどこまで許せるのかという問題が生じる。この問題については，判例の積み重ねがある。くわしい解説は，第 6 章にゆずる（→第 6 章第 2 節**2**(2)）。

➙➙➙ 展開説明

(2)　特定性の要請に関する検討──通信・会話の傍受・聴取を素材として

特定性の要請を満たすのか否かが激しく議論されてきたのは，通信の内容をひそかに傍受するための令状についてである[7]。いわゆる電話検証に関する判例を通じて議論にアプローチすれば理解しやすいであろう。通信傍受法の制定に前後して，検証として通話を聴取・録音したことの合憲性が裁判所で争われた。この事案で令状に記載された「検証すべき内容」は，暴力団事務所に設置された 2 台の電話機に「発着信される……覚せい剤取引に関する通話内容」であった（さらに，2 日間のそれぞれ一定の時間帯が「検証の期間」として記載されていた）。何月何日の何時何分になされる通話といったように傍受の対象となる通話を限定できれば問題が生じないのかもしれないが，現実には事案のよう

---

[7]　通信傍受法の制定をめぐって交わされた議論は，特定性の要請に関する理論と問題を把握するのに有意義である。さしあたって，井上正仁『捜査手段としての通信・会話の傍受』(1997) および小田中聰樹ほか『盗聴立法批判』(1997) の各論説を参照。

な記載にならざるを得ない。それゆえ，この事案で実際に大きな争点となったように，対象の特定という要請を満たすのか否かについて疑問が生じてしまうのである。

最決平 11・12・16（刑集 53・9・1327）は，「『検証すべき場所若しくは物』（219 条 1 項）の記載に当たり，傍受すべき通話，傍受の対象となる電話回線，傍受実施の方法及び場所，傍受ができる期間をできる限り限定することにより，傍受対象の特定という要請を相当程度満たすことができる」という判断を示したうえで，本件の処分を適法なものと認めた。

「傍受対象の特定という要請」に反しないものと結論づけた最高裁の判断をめぐって，学説は，おおむね，以下に挙げる 2 つの懸念を示したうえで，これらの懸念に対する見方の違いを軸に対立する（通信傍受法をめぐる対立も同じ構図である）。第 1 に，通話を聴取する段階で「覚せい剤取引に関する通話内容」に該当するのか否かという判断が捜査機関に委ねられるため，この判断に誤りや恣意が混じる危険は否定できないのとともに，判断のために際限のない聴取を行う危険もぬぐい去れない。第 2 に，令状審査の段階で未だ傍受の対象となる会話が存在していないため，「正当な理由」を正しく認定しなければならないはずの裁判官は，ともすれば，「覚せい剤取引に関する通話内容」の実体をつかめていないのに，これを安易に令状に記載しかねない。

実施の段階で捜査機関の判断に混入しやすい誤り・恣意を適切に防止することや，令状審査の段階で「正当な理由」を裁判官につぶさに認定させることは，いずれも，令状に与えられた重要な役割である。「捜索する場所」や「押収する物」の記載が両者の役割を果たせないほどに抽象的・概括的なものであれば，特定性の要請は満たしえない[8]。要するに，令状が特定性の要請を満たすのか否かは，それぞれの役割を果たせるのか否かという観点から実質的に検討しなければならないのである。

2 令状の呈示

(1) 令状の呈示——令状主義の要請に含まれるのか

正当な理由の審査および「捜索する場所」・「押収する物」の特定性に加えて，令状にさらなる意義を見いだす見解がある。この見解によれば，捜索や差押え

---

[8] 「各別の令状」を要求する憲法 35 条 2 項も，同条 1 項によって令状に与えられる役割の実現を期しているものと考えられる。

などの実施に当たって「処分を受ける者」に令状を呈示しなければならないものと定めた110条は，令状主義の要請の一端を具体化した条項であるという。これは，令状の呈示を受ける権利も憲法35条によって保障されるという見解である。これに対して，令状の呈示は憲法によって保障されるものでないという見解もある。

　憲法35条が保障するのか否かはともかくとして，少なくとも，令状の呈示という手続をとれば，処分を受忍しなければならない者に対して不利益の内容が予告されるため，その者が適切な異議を申し立てられるようになるのは間違いない。これは，憲法31条にいう告知と聴聞の機会を与えることにもつながる。

　令状の呈示による予告が処分の行き過ぎを防止・是正するための手だてとなりえることは，110条が令状に期待する機能のひとつであろう。判例も，「110条による捜索差押許可状の呈示は，手続の公正を担保するとともに，処分を受ける者の人権に配慮する趣旨に出たもの」と理解する（最決平14・10・4刑集56・8・507）。もっとも，判例・学説は総じて，個々の事案で一定の事情が生じれば呈示しないということも是認している（→第7章第1節1⑵）。

第3章 強制捜査と令状主義　　67

憲法の規制と刑事訴訟法に定められている「強制の処分」との対応関係

I．人の身柄を確保するための「強制の処分」と憲法33条・34条

憲法33条にいう 逮捕 ● 処分の理由 　⓪ 逮捕の理由の存在 ● 令状の要素 　① 逮捕の理由に関する審査と 　　逮捕の「理由となつてゐる 　　犯罪を明示する令状」 　③ 裁判官による令状の発付 **憲法34条にいう** 抑留・拘禁 ● 処分の理由 　⓪ 抑留・拘禁の理由の存在 ● 処分の手続 　④ 抑留・拘禁の理由の告知 　⑤ 弁護人依頼権の保障 　⑥ 拘禁の理由の開示	**刑事訴訟法に定められている 処分** （＝「特別の定」に示された「強制の処分」） 逮捕／勾引／勾留など	**刑事 訴訟法 にいう** 逮捕 と 勾留

逮捕	〈①・③〉	**令状による逮捕** 通常逮捕（199条）	逮捕
	〈例外〉	**令状によらない逮捕** 現行犯人・準現行犯人逮捕（212・213条） 緊急逮捕（210条）	
	〈①・③〉	勾引（58・68・135・152条など）	
抑留	〈④・⑤〉	逮捕後の留置（203-206条）	
		勾引後の留置（59・74条など）	
拘禁	〈④・⑤・⑥〉	鑑定留置（224・167条）	勾留
		被疑者の勾留 （207-208条の2・〈60条〉）	
		被告人の勾留（60条）	

＊このほかに，召喚（57・152条など）や出頭命令・同行命令（68条）がある。

Ⅱ．証拠（供述証拠を除く）を収集・保全するための「強制の処分」と憲法35条

憲法35条にいう 侵入・捜索 と 押収 ● 処分の理由 ⓪「正当な理由」の存在 ● 令状の要素 ①「正当な理由」の審査 ② 対象の「明示」（＝特定性）と「各別の令状」の要請 ③ 裁判官による令状の発付	刑事訴訟法に定められている処分 （＝「特別の定」に示された「強制の処分」） 捜索（102条）／差押え（99条1項）／検証（128条）／鑑定処分（168条）／電気通信の傍受（222条の2） など	刑事訴訟法にいう 押収

侵入・捜索	①・③ ②「捜索する場所」の「明示」	捜索	捜索（218条1項前段・106条） 被疑者の身体・物・場所（102条1項・〈222条1項〉） 被疑者以外の者の〜（102条2項・〈222条1項〉）
	〈例外〉		令状によらない捜索（220条1項・3項） 被疑者などの捜索（220条1項1号など） 差押え対象物の捜索（220条1項2号）

			領置（221・101条） 提出命令（99条3項・100条）	押収 （参照：222条1項・420条2項・429条1項・430条）
押収	①・③ ②「押収する物」の「明示」	差押え	差押え（218条1項前段・106条） 記録命令付差押え／電子計算機差押え（218条1項前段・106条／218条2項・106条） 郵便物の差押え （100条・〈222条1項〉）：「搜索」の亜種と考える余地がある	
	〈例外〉		令状によらない差押え（220条1項・3項）	

（ 侵入・押収 に 対する規制が及ぶ）		鑑定処分（225条1項・168条1項）
	検証	検証（218条1項前段） 身体検査（検証としての身体検査）（218条1項後段）
〈例外〉		令状によらない身体検査 （220条1項・3項）：不可とする見解もある 令状によらない検証 （220条1項・3項／218条3項）

（ 侵入・捜索・押収 に対する規制が及ぶ）	電気通信の傍受（222条の2・通信傍受法）

第4章

被疑者の身柄確保(1)
逮捕・勾留の要件

第1節　令状による身柄拘束——総論

→ 趣旨説明

1　意義と目的

　捜査の第一義的な目的は公判の準備のため証拠の収集を行うことであるから，捜査の過程で常に被疑者の身柄を拘束するわけではない[1]。それでも，刑訴法が，被疑者の身柄を拘束する手段として，**逮捕**と**勾留**という2つの強制処分を許容しているのは，被疑者の逃亡や罪証隠滅を防ぎ捜査を実効的に行う必要があるからである。また，被告人に対しても勾留によりその身柄を拘束することができる（本章で「勾留」とは**被疑者勾留**を指す）。

　逮捕・勾留の目的が被疑者の逃亡と罪証隠滅の防止にあることは，刑訴法の規定から明らかである（逮捕については規143条の3，勾留については207条1項・60条1項）。被疑者の取調べを行うことも逮捕・勾留の目的のひとつに挙げられるとの考え方もかつては存在したが，現行法の規定になじまないだけでなく，たとえ身柄拘束中の被疑者に対して行われる取調べであっても，被疑者の身柄を拘束する処分とは切り離して考えるべきである[2]。

→→ 基本説明

2　逮捕・勾留に対する法的規制

　逮捕・勾留により制約される身体行動の自由は，個人に保障されるべき最も基本的な人権のひとつであるから，これを制約するためには一定の正当性が必要である。この正当性は，身柄拘束という重大な権利の制約にともない被疑者

---

(1)　2014（平成26）年の検察庁既済事件のうち，被疑者が逮捕された事件の比率は，全体の33.9%であった（法務総合研究所『平成27年版犯罪白書』より）。

(2)　平野83-84頁参照。

が負う不利益を上回る捜査上の利益が認められること，および，適正な手続の下で処分が行われることに裏付けられる。

そこで，憲法33条は「何人も，現行犯として逮捕される場合を除いては，権限を有する司法官憲が発し，且つ理由となつてゐる犯罪を明示する令状によらなければ，逮捕されない。」と定めて，身柄拘束における令状主義の原則を明らかにした。また，刑訴法は，強制処分法定主義（197条1項ただし書）に従い，逮捕および勾留を行うための実体的な要件を明文で規定した（199条以下）。

これらの要件を満たす場合には，被疑者に対する身柄拘束が許容されるだけの捜査上の利益が存在するということになろう。

3　逮捕・勾留に対する防御

→ 趣旨説明

被疑者は捜査の対象である一方，捜査に対して自らを防御する諸権利を保障されている。被疑者の防御権一般については他の章に委ねるが（→第10章第2節），以下では，逮捕と勾留にかかわるものを概観する。

→→ 基本説明

(1)　逮捕に対する防御

捜査機関が行った逮捕に対して被疑者や弁護人が不服申立てをすることはできない。裁判官がした「勾留……に関する裁判」に対しては準抗告ができるが（429条1項2号），逮捕に関する裁判およびこれに基づく処分は，429条1項各号所定の準抗告の対象となる裁判に含まれない（最決昭57・8・27刑集36・6・726）。逮捕は短時間のみの拘束を内容とする処分であるから準抗告による不服申立てになじまないことや，勾留に先行する逮捕の違法は勾留の可否を判断する段階で審査の対象になるため，独立して不服申立てを認める実益がないことが，その実質的な理由である[3]。

そうすると，逮捕により身柄を拘束された被疑者が防御のためとりうる現実的な手立てとしては，捜査機関に釈放を申し入れる等の弁護活動を弁護人に委ねるほかない。このために，被疑者には弁護人等との接見交通権が保障されている（39条1項。→第10章第2節3）。

---

(3)　古田佑紀＝河村博・大コンメ2版9巻741-742頁。

第4章　被疑者の身柄確保(1)　　71

→ **趣旨説明**

(2) 勾留に対する防御

勾留は長期間にわたり被疑者の身柄を拘束する処分であるから，刑訴法は，後述の厳格な要件と手続を定めるとともに，被疑者がこれに対して防御する機会を保障している（詳細については，本章第3節を参照）。

勾留の裁判に対しては，勾留の要件や手続に不備があったことを理由として，**準抗告**を申し立て，勾留の取消し・変更を求めることができる。このとき，**勾留理由開示**の制度は，準抗告の申立てのための資料を得る手段として位置づけられる[4]。

また，勾留後に勾留の理由または勾留の必要がなくなった場合には，**勾留の取消し**を裁判所に請求することができる。

第2節　逮　捕

1　通常逮捕

→ **趣旨説明**

(1) 逮捕状による逮捕

通常逮捕は，裁判官のあらかじめ発する逮捕状に基づいて行われる（199条）。憲法33条が定める令状主義の原則に従った方式である。

→→ **基本説明**

(2) 実体的要件

通常逮捕を行うためには，当該事件と被疑者に関して「逮捕の理由」と「逮捕の必要性」が認められなければならない。これら逮捕の実体的要件が満たされる場合に，裁判官により逮捕状が発付される。

逮捕の理由とは，被疑者が真犯人である蓋然性すなわち嫌疑のことであり，通常逮捕の場合，「被疑者が罪を犯したことを疑うに足りる**相当な理由**（199条1項本文）」があるといえる程度の嫌疑が要求される。有罪の心証を得たり公訴を提起したりするに足りるほどに高い嫌疑は必要とされないが，捜査機関の

---

(4) 勾留理由開示の制度は，勾留の取消しに直ちに結びつくものではないため，実際に利用されることは少ない。2014（平成26）年の勾留開示請求件数は704件であり，請求による勾留状発付件数の1％以下である（『平成26年司法統計年報』より）。

主観ではなく客観的かつ合理的な根拠に基づくものでなければならない。

逮捕の必要性について，199条2項は「明らかに逮捕の必要がないと認めるときは」たとえ逮捕の理由があると認めるときでも裁判官は逮捕状を発付しない旨を定めるにとどまるが，規則143条の3が「被疑者が逃亡し，または罪証を隠滅するおそれ」を挙げる。**逃亡または罪証隠滅のおそれ**は，被疑者の年齢および境遇ならびに犯罪の軽重および態様その他諸般の事情に照らして判断されるが，「明らかに逮捕の必要がない」場合に逮捕状請求を却下できるとする文言からは，捜査機関の判断を尊重するという建前があるといえよう。

なお，30万円以下の罰金，拘留または科料に当たる罪については，被疑者が定まった住居を有しない場合または正当な理由がなく198条1項の規定による出頭の求めに応じない場合に限って，逮捕ができる（199条1項ただし書）。軽微な犯罪を理由として逮捕する場合には，「逃亡または罪証隠滅のおそれ」に加えてより高い必要性を求めたのである。

(3) **手続的要件**

(i) 逮捕状の請求

逮捕状を請求できるのは，検察官と司法警察員である（199条2項）。逮捕状の執行は検察事務官および司法巡査もできること（199条1項本文参照）に比べると，請求権者が限定されていることがわかる。これは，逮捕という重大な処分を行う手続に着手するに当たり慎重を期すよう捜査機関に対して求める趣旨である。

逮捕状の請求は書面によって行われる（規139条1項）。逮捕状請求書には，被疑者の氏名等，罪名および被疑事実の要旨，被疑者の逮捕を必要とする事由等が記載される（規142条）。また，逮捕の理由および逮捕の必要性があることを認めるべき資料（**疎明資料**）を提供しなければならない（規143条）。

裁判官は，逮捕状請求書および資料を審査し，その記載や内容に形式的な不備その他疑問がある場合には，請求者に対して出頭を求めてその陳述を聴き，または書類その他の物の提示を求めることができる（規143条の2）。審査の結果，逮捕の理由と必要があると認めれば逮捕状を発付しなければならない。逮捕状には，被疑者の氏名および住居，罪名，被疑事実の要旨，引致すべき場所，有効期間等が記載される（200条）。

逮　捕　状　（通常逮捕）	
被 疑 者 の 氏 名	別所一郎
被 疑 者 の 年 齢 住 居， 職 業 逮捕を許可する罪名 被 疑 事 実 の 要 旨 被疑者を引致すべき場所 請 求 者 の 官 公 職 氏 名	別紙逮捕状請求書のとおり
有 効 期 間	平成 28 年 4 月 26 日まで
有効期間経過後は，この令状により逮捕に着手することができない。この場合には，これを当裁判所に返還しなければならない。 　有効期間内であっても，逮捕の必要がなくなったときは，直ちにこれを当裁判所に返還しなければならない。	
上記の被疑事実により，被疑者を逮捕することを許可する。 　　　　平成 28 年 4 月 19 日 　　　　　東 京 地 方 裁 判 所 立 川 支 部 　　　　　　裁判官　　北 野 二 郎　㊞	
逮 捕 者 の 官 公 職 氏 名 印	警視庁北大沢警察署司法警察員巡査部長　柚木三郎㊞
逮 捕 の 年 月 日 時 及 　 び 　 場 　 所	平成 28 年 4 月 20 日午前 6 時 00 分 東京都八王子市北大沢 6 丁目 5 番 4 号北大沢警察署で逮捕
引 致 の 年 月 日 時 及 　 び 　 場 　 所	平成 28 年 4 月 20 日午前 6 時 05 分 北大沢警察署
記 　 名 　 押 　 印	警視庁北大沢警察署司法警察員巡査部長　柚木三郎㊞
送 致 す る 手 続 を し た 年 　 月 　 日 　 時	平成 28 年 4 月 21 日午後 5 時 00 分
記 　 名 　 押 　 印	警視庁北大沢警察署司法警察員警部補　鶴巻四郎㊞
送 致 を 受 け た 年 月 日 時	平成 28 年 4 月 21 日午後 6 時 00 分
記 　 名 　 押 　 印	東京地方検察庁立川支部　検察事務官　松木五郎㊞

(ii)　逮捕状の執行

　被疑者を通常逮捕する場合には，逮捕状を被疑者に呈示しなければならない（201 条 1 項）。当該逮捕が，理由となっている被疑事実を明示する令状に基づくものであることを被疑者に対して告知するためである。もっとも，逮捕状を所持しないためこれを示すことができない場合において，急速を要するときは，被疑者に対して被疑事実の要旨および令状が発せられている旨を告げて，その逮捕することができる（201 条 2 項・73 条 3 項）。これを逮捕状の緊急執行という。

　被疑者が逃走した場合には，これを追跡または捜索しなければならない。被疑者の所在を発見するために人の住居等に立ち入ることは，捜索令状なくして行うことが許されている（220 条 1 項 1 号。→第 8 章第 1 節 2）。

　被疑者が抵抗した場合には，これを排除するための有形力行使が可能である。

第1部 捜 査

逮捕状請求書（甲）

平成 28 年 4 月 19 日

東京地方裁判所立川支部
　　　　裁判官　殿
　　　警視庁　北大沢　警察署
　　　　刑事訴訟法第 199 条 2 項による指定を受けた司法警察員

　　　　　　　　　　　　　　　　　警部　　　長池　六郎　㊞

　下記被疑者に対し，　　　傷　害　　　被疑事件につき，逮捕状の発付を請求する。

記

1　被疑者
　　氏　　名　　八　雲　松　男
　　年　　齢　　昭和 57 年 3 月 3 日生（34 歳）
　　職　　業　　無　職
　　住　　居　　東京都八王子市北大沢 4 丁目 5 番 6 号
2　7 日を超える有効期間を必要とするときは，その期間及び事由
　　　　　　　　　　　　　　　　　㊞
3　引致すべき官公署又はその他の場所
　　　　　警視庁北大沢警察署又は逮捕地を管轄する警察署
4　逮捕状を数通必要とするときは，その数及び事由
　　　　　　　　　　　　　　　　　㊞
5　被疑者が罪を犯したことを疑うに足りる相当な理由
　　　1　被害者九条竹雄の供述調書　　2　診断書（九条竹雄の診断結果）
　　　3　司法巡査七尾梅太郎の捜査報告書　　4　現場写真撮影報告書
6　被疑者の逮捕を必要とする事由
　　被疑者は，同種前科 1 犯，前歴 3 回を有する単身者であり，かつ本件犯行後所在不明となっていることから，逃走及び罪証隠滅のおそれがあるため。
7　被疑者に対し，同一の犯罪事実又は現に捜査中である他の犯罪事実について，前に逮捕状の請求又はその発付があったときは，その旨及びその犯罪事実並びに同一の犯罪事実につき更に逮捕状を請求する理由
　　　　　　　　　　　　　　　　　㊞
8　30 万円（刑法，暴力行為等処罰に関する法律及び経済関係罰則の整備に関する法律の罪以外の罪については，2 万円）以下の罰金，拘留又は科料に当たる罪については，刑事訴訟法第 199 条 1 項ただし書に定める事由
　　　　　　　　　　　　　　　　　㊞
9　被疑事実の要旨
　　被疑者は，平成 28 年 4 月 16 日午後 8 時ころ，八王子市東大沢 3 丁目 2 番 1 号南川公園内において，九条竹雄（当時 31 歳）に対し，竹刀で同人の頭部及び背中部分を数回殴りつけ，よって，同人に対し全治 7 日間を要する後頭部打撲傷及び背部打撲傷の傷害を負わせたものである。

どの程度の行為が許されるかは事案ごとの判断であり，事件の重大性や抵抗の程度と，有形力行使にともなう不利益の程度との比較衡量となる。

2　現行犯逮捕

→ 趣旨説明

(1)　令状主義の例外

　憲法 33 条が「現行犯として逮捕される場合」を逮捕における令状主義の例外として定めたことを受けて，刑訴法は，「現に罪を行い，又は現に罪を行い終つた者」を**現行犯人**とし（212 条 1 項），「現行犯人は，何人でも，逮捕状な

第4章 被疑者の身柄確保(1)　　75

くしてこれを逮捕することができる」とした（213条）。これを **現行犯逮捕** という。通常逮捕と緊急逮捕は捜査機関でなければ行えないのに対して，私人でも行えるのが現行犯逮捕の特色である。

　現行犯逮捕が令状主義の例外とされるのは，犯人であることが明らかであり誤認逮捕のおそれがないからである。通常逮捕の場合は相当な理由で足りるのに対して，現行犯状況において認められる嫌疑の程度は非常に高いといえる。また，犯罪を行った直後の犯人を即時に確保しその逃亡および罪証隠滅を防ぐべき急迫性が認められることも，事前の令状審査が不要とされる根拠である。

　(2)　**実体的要件**

　(i)　現行犯人

➙➙　**基本説明**

　(ア)　意　義

　現行犯逮捕に令状が不要とされる理由は上記のとおりであるから，現行犯人とされるためには，逮捕者から見て，その者が犯罪を行ったことが明白でなければならない（**犯人の明白性**）。また，「現に罪を行いまたは現に罪を行い終わつた」といえなければならないので，犯罪の実行行為と逮捕とが時間的に接着していることが要求される（**時間的接着性**）。

➙➙➙　**展開説明**

　(イ)　現行犯性の判断

　犯人の明白性は逮捕者の判断によるものであるから，基本的には逮捕者自身が被逮捕者による犯罪の実行行為ないしその終了を現認しなければならない（京都地決昭44・11・5判時629・103参照）。この場合，犯行と逮捕行為との間には時間的な連続性が認められる。他方，犯行が終了した後であっても，現場の状況や被逮捕者の挙動などから合理的に判断して犯人の明白性が肯定される場合には，犯行の終了と逮捕行為とが時間的に接着している限り，現行犯逮捕が可能である。

　なお，現行犯逮捕をする場合にも，通常逮捕と同様に「逮捕の必要性」が要件となる（大阪高判昭60・12・18判時1201・93参照）。現行犯状況においては，犯人が現場から逃亡することが予測されるため，逮捕の必要性は一般的に推定されよう。ただし，30万円以下の罰金，拘留または科料に当たる罪の現行犯については，犯人の住居もしくは氏名が明らかでない場合または犯人が逃亡するおそれがある場合に限って，現行犯逮捕が許される（217条）。軽微な犯罪に

ついては，逮捕の必要性の要件を加重し，特に逃亡のおそれについては具体的な可能性を要求する趣旨である。

(ii) 準現行犯人

→→ 基本説明

(ア) 意　義

　現に罪を行いまたは現に罪を行い終わった者（現行犯人）でなくとも，①犯人として追呼されているとき（212条2項1号），臓物（ぞうぶつ）または明らかに犯罪の用に供したと思われる凶器その他の物を所持しているとき（同2号），身体または被服に犯罪の顕著な証跡があるとき（同3号），誰何（すいか）されて逃走しようとするとき（同4号），のいずれかに当たる者が，罪を行い終わってから間がないと明らかに認められるときは，現行犯人とみなされる（212条2項本文）。これを**準現行犯人**といい，準現行犯人を逮捕する場合を**準現行犯逮捕**という。

　現行犯逮捕との違いは，犯行と逮捕との間に時間的な隔たりが生じており，逮捕者が犯行ないしその終了を現認していない点である。それでも令状によらない逮捕が許される（現行犯人とみなされる）のは，「罪を行い終つてから間がない」といえる程度の**時間的接着性**が認められ，さらに，上記各号の事由が**犯人の明白性**を補完するからである。

→→→ 展開説明

(イ) 準現行犯性の判断

　条文の構造上，各号のいずれに該当するかがまず検討されなければならない。ただし，例えば212条2項1号の事由は，それ自体が犯人の明白性を強く裏付けるものであるのに対して，同4号の事由が存在しても，そのことをもって直ちに，具体的な犯罪の犯人であると判断することは難しい。各号の事由は，犯人の明白性を根拠づける事情としての強弱に差があることに注意が必要である。したがって，各号のいずれに該当するか（また，複数に該当するか）は，犯行との時間的接着性をどこまで緩和してよいかという判断に影響する。

　最決平8・1・29（刑集50・1・1—和光大学内ゲバ事件）では，大学構内で発生した傷害事件の犯人3名が，犯行から約1時間ないし約1時間40分経過した後に，犯行場所からいずれも約4キロメートル離れた地点で行った準現行犯逮捕が適法とされた。その際，小雨のなかで傘もささずに着衣をぬらし靴も泥で汚れていたこと，職務質問の求めに対して逃げ出したこと，腕に籠手（こて）を装着していたこと，顔面に新しい傷跡があって血の混じったつばを吐いていたこ

第4章　被疑者の身柄確保(1)　　77

となどの事情から，212 条 2 項 2 号ないし 4 号に当たる者が罪を行い終わって
から間がないと明らかに認められるとされた。

→→ ● 基本説明

(3)　手続的要件

　現行犯逮捕（準現行犯逮捕を含む）は，逮捕状なくして行うことができる
（213 条）。相手方を明らかに犯人であると認識した本人が逮捕をするのが原則
だが，第三者に対して補助ないし代行させることも可能である。例えば，犯行
時との時間的接着性が認められる限り，目撃者の通報を受けて現場に駆けつけ
た警察官が，犯行を現認した者に代わって現行犯逮捕することもできる。

　逮捕時に一定の有形力行使が許されることは，通常逮捕と同様である。ただ
し，逮捕者が私人である場合，私人には逮捕術の心得がないことや，被疑者に
対する恐怖感や憎悪の感情を制御することが困難であるなどの事情に照らせば，
司法警察職員には許されない程度の有形力行使であっても，私人による現行犯
逮捕の場合には許容される余地がある。

　現行犯逮捕をした場合の手続は，通常手続の規定によることとされている
（216 条）。ただし，私人が現行犯逮捕を行った場合には，直ちに被逮捕者を地
方検察庁もしくは区検察庁の検察官または司法警察職員に引き渡さなければな
らない（214 条）。そして，私人から司法巡査が現行犯人を受け取ったときは，
速やかにこれを司法警察員に引致しなければならない（215 条）。

3　緊急逮捕

→ ● 趣旨説明

(1)　令状主義の例外

　憲法上，令状逮捕の例外として認められているのは現行犯逮捕のみである。
しかし，現実には，現行犯以外でも，逮捕状の発付を受けるための手続が完了
するのを待っていては被疑者が逃亡してしまうため，その場で速やかに身柄を
確保すべき緊急の必要が認められる場合がある。そこで，刑訴法 210 条は，
所定の要件を満たす場合には，事後の令状審査で足りるとする逮捕手続を設け
た。これが**緊急逮捕**である[5]。

　ここで，(a)実体的要件と(b)手続的要件の観点から，逮捕の 3 類型を比較して

---

(5)　緊急逮捕を規定した刑訴法 210 条をめぐっては，その合憲性がかつては議論されたが，最大判
　昭 30・12・14（刑集 9・13・2760）は，憲法 33 条に違反しないとした。

みよう。通常逮捕は，(a)要求される嫌疑の程度が「相当な理由」と低いのに対して，(b)事前の令状審査という厳しい手続が課される。現行犯逮捕はその対極にあり，(a)「犯人の明白性」という非常に高い嫌疑の存在が要件とされる代わりに，(b)令状審査の手続は不要である。緊急逮捕は，図のとおり，通常逮捕

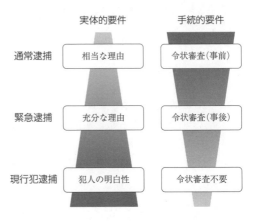

と現行犯逮捕の中間類型と見ることができる。すなわち，(a)「充分な理由」は，「相当な理由」よりは高度な嫌疑であり，(b)令状審査は事後的に必要とされるのである。こうして，緊急逮捕は，実体的要件と手続的要件のバランスにおいて，その合理性が裏付けられているといえよう。

→→ 基本説明

(2) 実体的要件

　緊急逮捕は，死刑または無期もしくは長期3年以上の懲役もしくは禁錮に当たる罪という，特に重大な犯罪を対象とする場合にのみ許される（210条1項）。対象犯罪を定めることで，令状主義の例外的運用がなされる場面を限定する趣旨である。

　逮捕の理由として要求される嫌疑の程度は，「罪を犯したことを疑うに足りる充分な理由」である。現行犯逮捕の場合のように犯人の明白性は要求されないが，他方で，通常逮捕で要求される「相当な理由」よりも，被逮捕者が犯人であることの蓋然性が高くなければならない。

　逮捕の必要性について明文の規定はないが，通常逮捕および現行犯逮捕と同様，逃亡または罪証隠滅のおそれが認められなければならない。

　さらに，急速を要し，裁判官の逮捕状を求めることができない緊急状況が必要である（210条1項）。その場で被疑者の身柄を拘束しなければ逃亡または罪証隠滅の危険が高まる場合がこれに当たる。

(3) 手続的要件

　緊急逮捕をすることができるのは，検察官，検察事務官または司法警察職員である（210条1項）。逮捕権者が上記の要件を満たすと判断したとき，相手方

にその理由を告げて被疑者を逮捕することができる。ここにいう「理由」とは，特定の被疑事実について嫌疑の「充分な理由」があることと，急速を要する事情が認められること，である。

逮捕後，逮捕者は直ちに裁判官の逮捕状を求める手続をしなければならなず，逮捕状が発せられないときは，直ちに被疑者を釈放しなければならない（210条1項）。

4　逮捕後の手続

いずれの方式で被疑者を逮捕した場合も，その後の手続については刑訴法203条から206条に規定されている（緊急逮捕について211条，現行犯逮捕について216条参照）。このうち，203条および205条は司法警察職員が被疑者を逮捕した場合の規定であり，204条は検察官または検察事務官が被疑者を逮捕した場合の規定である。なお，検察事務官または司法巡査が逮捕状により被疑者を逮捕したときは，直ちに，検察事務官はこれを検察官に，司法巡査はこれを司法警察員に引致しなければならない（202条）。

逮捕後の手続は，①犯罪事実の要旨および弁護人を選任することができる旨の告知，②弁解の機会の付与，③留置の要否の判断，という各段階を経ながら進められる（81頁・図を参照）。

司法警察員が被疑者を逮捕し，または逮捕された被疑者を受け取ったときは，まず，①犯罪事実の要旨および弁護人を選任することができる旨を告げなければならない（203条1項）。なお，被疑者に対して弁護人の有無を尋ね，すでに弁護人が選任されているときは，弁護人選任権の告知は不要である（203条2項）。また，被疑者国選弁護（37条の2）の対象となる事件である場合は，勾留請求された場合に国選弁護人を請求できる旨等を告知しなければならない（203条3項）。

これらの告知をした後に，②被疑者には弁解の機会が与えられる（203条1項）。被疑者が弁解を述べた場合は弁解録取書が作成される。弁解の機会の付与（弁解の録取）と，取調べとは，手続上区別されている（→第10章第1節3(3)）。

被疑者の弁解を踏まえて，③留置の要否が判断される。留置の必要がないと思料する場合は，直ちに被疑者を釈放しなければならない（203条1項）。一方，留置の必要があると思料する場合は，被疑者が身体を拘束された時から48時間以内に書類および証拠物とともに被疑者の身柄を検察官に送致する手続をし

なければならない（203条1項）。48時間の制限時間内に検察官に送致できなければ，被疑者を釈放しなければならない（203条4項）。

　被疑者を受け取った検察官は，再び被疑者に弁解の機会を与え，留置の必要がないと思料するときは被疑者を釈放し，留置の必要があると思料するときは，勾留の請求または公訴の提起をしなければならない（205条1項，同3項）。このときの制限時間は，被疑者を受け取ったときから24時間以内（205条1項），被疑者の身柄を拘束したときから72時間以内である（205条2項）。制限時間内に勾留請求と公訴提起のいずれもしないときは，被疑者を釈放しなければならない（205条4項）。

　検察官が被疑者を逮捕し，または逮捕された被疑者を受け取ったときも，①犯罪事実の要旨および弁護人を選任することができる旨を告知した後に，②弁解の機会を与えなければならない（204条1項，同2項）。そして，③留置の必要がないと思料するときは直ちにこれを釈放し，留置の必要があると思料するときは被疑者が身体を拘束された時から48時間以内に裁判官に被疑者の勾留を請求しなければならない（204条1項）。制限時間内に勾留請求と公訴提起のいずれもしないときは，被疑者を釈放しなければならない（204条3項）。

　このように，逮捕後の手続は厳格な時間制限の下で進められるが，検察官または司法警察員がやむを得ない事情によって時間制限に従うことができなかったときは，検察官は，裁判官にその事由を疎明して，被疑者の勾留を請求することができる（206条1項）。

第3節　勾　留

1　勾留の要件

→ 趣旨説明

⑴　意　義

　勾留とは，被疑者または被告人を拘禁（刑事施設で拘束）するための裁判とその執行である。起訴前の勾留（被疑者勾留）と起訴後の勾留（被告人勾留）があるが，本節で扱う**被疑者勾留**は，逮捕された被疑者の身柄をさらに継続して拘束し，被疑者の逃亡または罪証隠滅を防止するために行われる処分である。憲法34条後段は，「何人も，正当な理由がなければ，拘禁され」ないとしており，刑訴法はこれを受けて，被疑者を勾留するための要件を定めている。

第 4 章　被疑者の身柄確保(1)　　　　　　　81

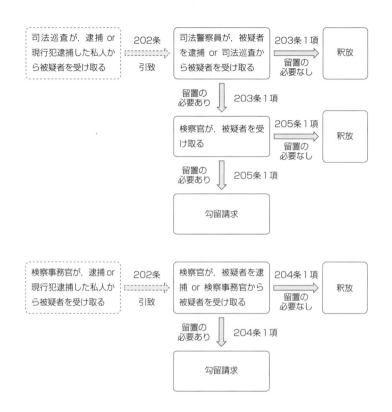

→→　基本説明

(2) 理由と必要性

207条1項本文は「前3条の規定による勾留の請求を受けた裁判官は，その処分に関し裁判所又は裁判長と同一の権限を有する。」と規定する。検察官から被疑者勾留の請求（204〜206条）を受けた裁判官は，被告人の勾留に関して裁判所または裁判長が有する権限（60条以下）と同一のものを与えられるとして，被疑者勾留について被告人勾留の規定を準用するという趣旨である。

207条1項が準用する87条1項は，「勾留の理由又は勾留の必要がなくなつたとき」には勾留を取り消さなければならないと規定している。そこで，勾留の実体的要件も，勾留の理由と必要性とに分けることができる（「逮捕の理由」「逮捕の必要性」とは言葉の用法が異なることに注意されたい）。

勾留の理由は，60条1項に定められた要件を指す。すなわち，勾留をするためには，被疑者が罪を犯したことを疑うに足りる相当な理由が認められなけれ

ばならない（207条1項・60条1項柱書）。さらに，①定まった住居を有しない
とき，②罪証を隠滅すると疑うに足りる相当な理由があるとき，③逃亡しまた
は逃亡すると疑うに足りる相当な理由があるとき，のいずれかに該当すること
を要する（60条1項各号）。なお，30万円以下の罰金，拘留または科料に当た
る罪については，被疑者が定まった住居を有しない場合に限って勾留が認めら
れる（207条1項・60条3項）。

　一方，**勾留の必要性**については，その中身を示す明文の規定はないが，例え
ば，住居不定の被疑者に確実な身柄引受人が現れた場合や，軽微な事案におい
て示談の成立や被害者の宥恕等で明らかに起訴価値がなくなった場合には，勾
留の必要性が消滅するとされる[6]。長期間の身柄拘束を認める勾留の処分は，
それによって制約される個人の利益を上回るだけの捜査上の利益が存在してこ
そ許容されるというべきであり，比較衡量による判断を要する場面である。

2　勾留の手続

(1)　勾留の請求

　被疑者の勾留を請求できるのは，検察官のみであり，被疑者の氏名等，罪名
および被疑事実の要旨，60条1項各号に定める事由等が記載された書面を提
出することで行われる（規147条）。併せて，先行する逮捕の手続に関係する
資料や勾留の理由が存在することを認めるべき資料（疎明資料）を提供しなけ
ればならない（規148条）。

　勾留の請求をするに当たっては，逮捕後または検察官送致後の時間制限
（204～206条参照）を遵守したものでなければならない（→本章第2節**4**）。ま
た，先行する逮捕手続が適法なものでなければならない（→第5章第1節**1**）。

(2)　勾留の裁判

　勾留の請求を受けた裁判官は，まず被疑者に対して被疑事実の要旨を告げ，
これに関する陳述を聞かなければならない（207条1項・61条本文）。これを勾
留質問という。勾留質問は非公開で行われ，検察官および弁護人は立ち会うこ
とはできない[7]。

　裁判官は，勾留質問で被疑者が行った陳述や，提出された疎明資料を踏まえ
て，勾留の要件（理由と必要性）が備わっているか否かを検討する。勾留請求
が適法に行われており，勾留の理由と必要性があると認められるときは，裁判

---

(6)　川上拓一・大コンメ2版2巻154頁。

第4章　被疑者の身柄確保(1)　　　　　　83

<table>
<tr><td colspan="3" align="center">勾　留　状</td><td colspan="2">指揮印</td></tr>
<tr><td rowspan="4">被　疑　者</td><td>氏　　　名</td><td>八　雲　松　男</td><td rowspan="2" colspan="2" align="center">㊞</td></tr>
<tr><td>年　　　齢</td><td>34歳　　昭和57年3月3日生</td></tr>
<tr><td>住　　　居</td><td>東京都八王子市北大沢4丁目5番6号</td><td colspan="2" align="center">延長</td></tr>
<tr><td>職　　　業</td><td>無職</td><td rowspan="3" colspan="2" align="center">㊞

延長</td></tr>
<tr><td colspan="2">被疑者に対する傷害被疑事件
について，同人を東京都土野警察署留置施設に勾留する。</td></tr>
<tr><td>被疑事実の要旨</td><td>別紙記載のとおり（省略）</td></tr>
<tr><td colspan="3">刑事訴訟法60条1項
各号に定める事由　　裏面のとおり</td><td colspan="2"></td></tr>
<tr><td colspan="3">有　効　期　間　　平成28年4月29日まで</td><td colspan="2"></td></tr>
<tr><td colspan="3">　この令状は，有効期間経過後は，その執行に着手することができない。
この場合には，これを当裁判所に返還しなければならない。</td><td colspan="2"></td></tr>
<tr><td colspan="3">　平成28年4月22日
　　　東京地方裁判所立川支部
　　　　　裁判官　長沼花平　㊞</td><td colspan="2"></td></tr>
<tr><td colspan="3">勾留請求の年月日　　平成28年4月22日</td><td colspan="2"></td></tr>
<tr><td colspan="3">執行した年月日時　　平成28年4月22日午後4時30分
及　　び　　場　　所　　東京地方検察庁立川支部　鳥谷安子</td><td colspan="2"></td></tr>
<tr><td colspan="3">記　名　押　印　　平成28年4月22日
　　　　　　　　　　土野警察署　司法巡査　大和田風太郎　㊞</td><td colspan="2"></td></tr>
<tr><td colspan="3">執行することができな
かったときはその事由</td><td colspan="2"></td></tr>
<tr><td colspan="3">記　名　押　印　　平成　年　月　日</td><td colspan="2"></td></tr>
<tr><td colspan="3">勾留した年月日時　　平成28年4月22日午後5時10分
及　び　取　扱　者　　土野警察署　司法警察員巡査部長　打越月子　㊞</td><td colspan="2"></td></tr>
</table>

（勾留状の裏面）

<table>
<tr><td colspan="2">刑事訴訟法60条1項各号に定める事由</td></tr>
<tr><td colspan="2">下記の　2，3　号に当たる。

1　被疑者が定まった住居を有しない。
2　被疑者が罪証を隠滅すると疑うに足りる相当な理由がある。
3　被疑者が逃亡し又は逃亡すると疑うに足りる相当な理由がある。</td></tr>
<tr><td colspan="2" align="center">勾　留　期　間　の　延　長</td></tr>
<tr><td>延長期間
　平成28年5月11日まで</td><td>延長期間
　平成　年　月　日まで</td></tr>
<tr><td>理　由
　被疑者取調べ未了
　引き当て捜査未了</td><td>理　由</td></tr>
<tr><td>平成28年5月2日
　東京地方裁判所立川支部
　　裁判官　片倉草一　㊞</td><td></td></tr>
<tr><td>勾留状を検察官に交付した年月日</td><td>勾留状を検察官に交付した年月日</td></tr>
<tr><td>平成28年5月1日
　裁判所書記官　相原芽子　㊞</td><td></td></tr>
<tr><td>勾留状を被疑者に示した年月日時</td><td>勾留状を被疑者に示した年月日時</td></tr>
<tr><td>平成28年5月1日午後6時20分
　留置施設管理者　土野警察署
　　　　　　司法警察員警部補
　　　　　　平山葉一　㊞</td><td></td></tr>
</table>

官は勾留状を検察官に発付する（207条4項）。勾留状にも，逮捕状と同様に，被疑者の氏名および住居，罪名，被疑事実の要旨，勾留すべき刑事施設，有効期間等が記載される（207条1項・64条1項）。反対に，勾留請求が不適法であるときや，勾留の理由と必要性がないときは，勾留請求は却下され，被疑者の釈放が命ぜられる（207条4項）。

勾留の裁判に対して，被疑者は勾留の理由の開示を裁判官に請求することができる（207条1項・82条1項）。この**勾留理由開示**は，「要求があれば，〔拘禁の〕理由は，直ちに本人及びその弁護人の出席する公開の法廷で示されなければならない。」と定めた憲法34条後段の要請によるもので，手続の公開の観点から設けられた制度である。勾留理由開示を請求することができるのは，被疑者および弁護人のほか，法定代理人等の利害関係人であり（207条1項・82条2項），勾留理由の開示は，裁判官・裁判所書記が列席し，被疑者および弁護人が出頭した公開の法廷で行われる（207条1項・83条1項）。

勾留の裁判に不服がある者は，**準抗告**を申し立てることができる（429条1項2号）。準抗告とは，裁判官の命令や捜査機関の処分の取消し・変更を求める不服申立制度であり，勾留に対する準抗告の請求は，当該裁判官が所属する裁判所に対して行われ，合議体で決定される（429条3項）。もっとも，通説は，犯罪の嫌疑がないことを理由とする申立てはできないとする。「犯罪の嫌疑がないことを理由として抗告をすることはできない」と定めた420条3項を429条2項が準用していることがその理由である[8]。

(3) 勾留の執行

勾留の期間は，原則として10日間である。検察官は，勾留請求をした日から起算して10日以内に公訴を提起しないときは，直ちに被疑者を釈放しなければならない（208条1項）。勾留状を発する段階で裁判官が10日よりも短い期間を設定することはできないが，勾留の理由・必要がなくなれば，検察官の判断で10日の期間内に釈放できると解されている[9]。

裁判官は，やむを得ない事由があると認めるときは，検察官の請求により，

---

(7) 裁判官の裁量によって立ち会わせることは可能である上，立法により弁護人の立会いを認めるべきであるとする見解もある。田口79頁。

(8) なお，勾留請求却下の裁判に対して検察官が準抗告を申し立てた場合，被疑者に対する釈放命令の執行は停止されるというのが実務の取扱いである（432条・424条）。石丸俊彦ほか編『刑事訴訟の実務(上)〔三訂版〕』(2011) 344頁。

通じて 10 日間を超えない限度で，勾留期間を延長することができる（208 条 2項）。「やむを得ない事由」とは，事件の複雑・困難や証拠収集の遅延・困難等，勾留期間を延長してさらに取調べをするのでなければ起訴もしくは不起訴の決定をすることが困難な場合をいう（最判昭 37・7・3 民集 16・7・1408）。

被疑者を勾留する場所は，法務省が所管する刑務所や拘置所等の**刑事施設**である。ただし，刑事収容施設及び被収容者等の処遇に関する法律（刑事収容施設法）15 条 1 項は「刑事施設に収容することに代えて，留置施設に留置することができる」と規定し，都道府県警察が設置する留置施設を刑事施設に代用することができるとされている。

（コラム）**代用刑事施設**

1908（明治 41）年制定の監獄法 1 条 3 項も「留置場（現在の留置施設）」を「監獄（現在の刑事施設）」に代用することを認めていた。「代用監獄」と呼ばれたこの制度は，2006（平成 18）年に施行された刑事収容施設法にも引き継がれた。施設数が多い警察署の方が利便性が高いことから，勾留中の被疑者の多くが留置施設に収容されている[10]。

旧監獄法の時代から，代用監獄に対しては，被疑者の身柄が捜査機関の管理下に置かれるため，長時間・深夜の取調べによる自白の強要につながるという批判が向けられてきた[11]。そこで，現行の刑事収容施設法は，留置担当官がその留置施設に留置されている被留置者にかかる犯罪の捜査に従事してはならない（16 条 3 項）として，「捜留分離」を定めている。また，現在は，取調べの適正化についても種々の規定が置かれている（→第 28 章第 3 節）。

勾留の理由または勾留の必要がなくなったときは，裁判所は，検察官，勾留されている被疑者，もしくはその弁護人，法定代理人，保佐人，配偶者，直系の親族もしくは兄弟姉妹の請求により，または職権で，勾留を取り消さなければならない（207 条 1 項・87 条 1 項）。勾留による拘禁が不当に長くなったときも，同様である（207 条 1 項・91 条 1 項）。これを**勾留の取消し**という。

また，裁判所は，適当と認めるときは，勾留されている被疑者を親族，保護団体その他の者に委託し，または被告人の住居を制限して，**勾留の執行停止**を決定することができる（207 条 1 項・95 条）。

---

(9)　同上 346 頁。
(10)　2013（平成 26）年度に留置施設に代替収容された者の 1 日平均収容人員は，8871 人である（法務総合研究所『平成 26 年版犯罪白書』より）。
(11)　渕野貴生「代用監獄の存続と取調べの『適正化』」季刊刑事弁護 47 号 47 頁以下参照。

第5章

被疑者の身柄確保(2)
逮捕・勾留の諸問題

第1節 逮捕と勾留の関係

→ 趣旨説明

第4章では，逮捕と勾留について，それぞれの要件と手続を概観した。逮捕と勾留はいずれも，被疑者の身柄を拘束する強制処分だが，両者の関係はどのように捉えればよいだろうか。また，違法な逮捕がなされた場合，その後の勾留請求は認められるか。以下では，これらの点を見ていく。

→→ 基本説明

1 逮捕前置主義

被疑者の勾留を検察官が請求する場合について定めた204条〜206条は，いずれも，検察官が被疑者を逮捕し，または，逮捕された被疑者を受け取り，あるいは，司法警察員が逮捕した被疑者の送致を受けたことを前提としている。207条1項が「前三条の規定による勾留の請求を受けた裁判官は」と規定するのは，被疑者の勾留に先行して逮捕がなされていなければならないことを示す趣旨である。これを**逮捕前置主義**（逮捕前置の原則）という。

法がこのような原則を定めた趣旨は，長期の身柄拘束をともなう処分である勾留を認めるに当たり一定の制約を課すことで，被疑者の人身保護を図るというものである。すなわち，短時間の拘束である逮捕を先行させ，その間に弁解録取や取調べを行うことで，嫌疑の程度や身柄拘束を継続する必要性をあらためて見極めて，不必要な勾留を避けることが期待されるのである[1]。このほかに，逮捕・勾留の各段階で令状主義に基づく二重の司法審査を経ることにより，勾留に対する司法的抑制を十分に働かせるという趣旨であることが指摘される

---

(1) 金谷利廣・令状基本問題(上)261頁。

が，現行犯逮捕については，令状主義の例外として司法審査を要求されていないため，「二重の司法審査」という点のみでは逮捕前置主義の趣旨を説明しきれない，との批判がある[2]。

逮捕前置主義を採用することの帰結として，勾留とこれに先行する逮捕は，いずれも同一の事実に基づいたものでなければならない。例えば，Aという事実を理由に逮捕した後，Bという事実のみを理由に勾留することは許されない。他方，A事実で逮捕後，A事実を理由に勾留する際に，勾留の理由にB事実を付加することは許される。少なくともA事実に関しては逮捕手続が先行しているため，不必要な勾留が行われているということはないし，また，B事実を理由とする身柄拘束を同一期間に重複させることは，別の期間にB事実により身柄拘束される場合と比較して，被疑者にとって利益になるからである。

→→→ 展開説明

2 違法な逮捕が先行する場合

違法な逮捕に引き続いて勾留請求が行われた場合，原則としてこれを却下すべきである，という結論に争いはないが，その理由は，逮捕前置主義からは必ずしも自明のものではない。というのも，逮捕期間中に捜査を尽くさせて勾留による長期の身柄拘束を最小限度に留めるという前述の趣旨からは，たとえ逮捕が違法であっても，逮捕による身柄拘束中に捜査が行われ，勾留請求時までにその必要性を減じる判断がなされたならば，逮捕を先行させる意義は全うされたことになるからである。逮捕手続の違法が後の手続に影響を及ぼすことの実質的根拠は，勾留請求の段階で，これに先行する逮捕手続の適否をも一括して事後的に審査することが予定されているからである[3]。このように考えることで，逮捕に対して準抗告が許されないこととの均衡も図れるし（→第4章第1節3(1)），逮捕と勾留を一連の身柄拘束処分と見る逮捕前置主義の趣旨とも整合するといえよう。

ただ，先行する手続の瑕疵（違法）が後の手続に承継されるのは，違法の程度が以後の手続の正当性を失わせるほど重大な場合に限られる，と考えるべきである。被疑者を勾留すべき理由と必要性が認められる限り，勾留の要件は満

---

(2) ただ，逮捕後の捜査によって解明された事情変更を考慮して2度目の審査を求める点に意義があると考えれば，これらの見解に実質的な差異はないともいえよう。宮木康博「逮捕前置主義の意義」新争点68頁参照。

(3) 木谷明・令状基本問題(上) 274頁。

たされるのであり，逮捕手続に軽微な瑕疵があったにすぎない場合にまで，勾留請求を却下する必要はない。

裁判例には，逮捕前に行われた任意同行が実質的逮捕に当たるとされた場合の勾留請求の可否が問題となったものがある。富山地決昭54・7・26（判時946・137）は，朝に被疑者を警察署へ任意同行した後，深夜に至るまで取調べを断続的に続けた事案で，ある時点以降の取調べは実質的には逮捕状によらない違法な逮捕であり，たとえ実質的逮捕の時点から起算した場合にも勾留請求までの制限時間（205条1項参照）が遵守されているとしても，制限時間遵守によりその違法性が治癒されるものではないとして，これに続く勾留請求を却下した。これに対して，東京高判昭54・8・14（判時973・130）は，被疑者を警察車両に乗せるなどして警察署へ同行した事案で，逮捕と同一視できる程度の強制力が加えられており，実質的には逮捕行為に当たる違法なものであるとしつつ，実質的逮捕の開始時点で緊急逮捕の要件が存在していたことや制限時間が遵守されていることを理由に，「実質的逮捕の違法性の程度はその後になされた勾留を違法ならしめるほど重大なものではない」と判示した。

第2節　逮捕・勾留の効力の及ぶ範囲

→ 趣旨説明

> ①　Xは窃盗事件で逮捕され，現在勾留中である。その後発覚した暴行事件を理由として，Xをさらに勾留することは許されるか。
> ②　Yは，Aが暴行により金品を強取された事件につき，強盗の疑いで逮捕された。Aに対する暴行の事実でYをさらに逮捕することは許されるか。
> ③　Zは，Bを殺害した疑いで逮捕・勾留されたが，嫌疑不十分のため起訴には至らず，勾留期間満了とともに釈放された。Bに対する殺人の被疑事実でさらに捜査するため，Zを再び逮捕・勾留することは許されるか。

これらの事例は，1回の逮捕・勾留の効力がどのような範囲に及ぶのか，という問題にかかわっている。

→→ 基本説明

1　事件単位の原則

事例①は，勾留中の被疑者を別の事実によりさらに勾留することができるか

第5章　被疑者の身柄確保(2)　　89

という二重勾留の可否の問題であり，逮捕・勾留の効力が何について生じるの
かを検討しなければならない。

　この点について，逮捕・勾留の効力は被疑者単位で生じるとする人単位説や，
単一の手続について生じるとする手続単位説も主張されてきた。こうした見解
が意図していたのは，被疑者に対する身柄拘束期間を限定するということであ
った。しかし，199条1項や60条1項（207条1項準用）の規定が「罪を犯し
たことを疑うに足りる相当な理由」として，個別の「罪」に関する逮捕・勾留
の理由を要件としていることや，203条1項や61条（同上）が「事実（事件）」
の告知に関する規定を置いていることから，現行法は，個々の被疑事実（事
件）ごとに逮捕・勾留が行われることを前提にしていると見るべきである。

　逮捕・勾留の効力は被疑事実（事件）単位で生じるとする事件単位説が現在
の通説・判例であり，この立場がそのまま**事件単位の原則**と呼ばれている。

2　逮捕・勾留の一回性

　逮捕された被疑者は一定時間内に釈放するか勾留を請求するかしなければな
らず，勾留された被疑者は一定期間経過後に釈放される。そのような規定を法
が置いたことの意味を失わせないためには，1個の事件についてすることので
きる逮捕・勾留を1回に制限する必要があり，同一の事実を二重に評価して同
時に2個以上の逮捕・勾留を行うことは許されない。これを**一罪一逮捕一勾留
の原則**という。したがって，事例②では，すでに身柄拘束が行われた強盗罪の
一部を構成する暴行の事実を理由にさらに逮捕・勾留することはできない。

　同原則にいう「一罪」とは，**実体法上の一罪**を意味すると考えられている[4]。
行使される刑罰権を1個である場合には，そのための逮捕・勾留の手続も原則
として1回に限られるべきだからである。

　また，逮捕・勾留に関する期間制限の趣旨からは，ある事件について逮捕・
勾留された被疑者の釈放後，再び同一の犯罪事実を理由に逮捕・勾留すること
も許されない。これを**再逮捕・再勾留の禁止**という。事例③のような場合に再
逮捕・再勾留を認めることは，捜査の不当な蒸し返しにつながってしまうから
である。もっとも，裏を返せば，捜査の不当な蒸し返しとはいえないような場
合であれば，再逮捕・再勾留も許される。例えば，釈放後に新証拠が発見され
たという事情変更が生じた場合が考えられるが，このような事情の有無や，前

---

(4)　これには科刑上一罪も含まれる。渡辺咲子・大コンメ2版4巻366頁。

90　　　　　　　　　　第1部　捜　査

の身柄拘束の期間の長短なども考慮して，再逮捕・再勾留の必要性の度合いが
吟味されなければならない。

第3節　別件逮捕・勾留

→ 趣旨説明

1　問題の所在

　6月1日，警察官Kは，軽微な窃盗罪でXを逮捕した。Kが，取調べの冒頭で
窃盗の事実について確認した後，Aが刺殺された殺人事件について取調べを開始
したところ，Xは殺人事件への関与をほのめかす供述を始めた。6月3日，Xの
身柄を受け取った検察官Pは，窃盗の事実により勾留請求し，その後の勾留期間
中，殺人事件に関する取調べを続け，6月10日にXの自白を得た。Pは，Xの自
白に基づき捜査を進めたのち，6月12日，殺人の事実によりXをあらためて逮捕
した。

　別件逮捕・勾留とは，ある事件について，被疑者を逮捕・勾留するための嫌
疑が十分でないため，その取調べのために，逮捕・勾留の要件を満たす別の事
件について被疑者の身柄を拘束する，というものである。例えば，事例におい
ては，「**本件**」である殺人事件の捜査のために，「**別件**」である窃盗の事実で逮
捕・勾留した，ということになる。

　このような捜査方法については，いくつかの問題が指摘されている。まず，
逮捕・勾留できるだけの証拠が揃っていないにもかかわらず，被疑者の身柄を
長期にわたって拘束し取り調べることは，見込み捜査を許すことになってしま
い，虚偽自白の強要にもつながりかねない。また，別件で逮捕・勾留した後に，
本件でさらに逮捕・勾留することは，事件単位の身柄拘束期間について厳格な
制限を定めた法の趣旨を没却するおそれがある（身柄拘束期間の脱法的延長）。
上記の事例では，すでに6月1日から同月12日まで身柄を拘束されているX
は，さらに長期の身柄拘束に服することになってしまうのである[5]。

　最決昭52・8・9（刑集31・5・821─狭山事件）も，「専ら，いまだ証拠の

---

(5)　さらに，事件単位の原則が取調べにも及ぶという立場からは，身柄拘束の前提となっていない
　　本件（余罪）についての取調べは，令状主義を潜脱するものとして許されないことになろう（→
　　第10章第1節**3**(4)）。

揃っていない『本件』について被告人を取調べる目的で，証拠の揃っている『別件』の逮捕・勾留に名を借り，その身柄の拘束を利用して，『本件』について逮捕・勾留して取調べるのと同様な効果を得ることをねらいとした」場合には違法となる旨を示唆している。

　もっとも，被疑者を別件に関して適法な令状をもって逮捕・勾留し，その間に取調べを実施するという一連の手続は，表面的には問題がないため，違法とすべき手続とそうでないものを選別しなければならない。そのための判断基準が問題となるが，上記の狭山事件決定は具体的な判示をしていないため，学説が多岐にわたるとともに，下級審の判断も分かれてきた。

→→ 基本説明

2　本件基準説と別件基準説

　伝統的な**本件基準説**は，別件についての逮捕・勾留が，本件を取り調べる目的で行われたと認められる場合には，当該逮捕・勾留の要件（理由と必要性）は，請求のあった別件ではなく，本件を基準に判断すべきだとする。身柄拘束の口実として別件を利用しているにすぎず，実質的には，要件を満たさない本件で逮捕・勾留しているものと評価するのである[6]。結果，当該逮捕・勾留は違法とされる。

　しかし，令状を請求してきた捜査官に，本件を取り調べようという意図があることや，別件について捜査する意思のないことを令状審査に当たる裁判官が見抜くというのは現実的ではない。これらの主観面を判断するためにいかなる資料の提出を求めて，いかなる基準によって判断すればよいのかが，不明確だからである[7]。

　そこで，**別件基準説**は，逮捕・勾留の可否は，その請求があった別件について逮捕・勾留の理由と必要性があるかを基準に判断すべきであるとする。そのため，たとえ本件を取り調べる目的が背後にあろうと，少なくとも当該逮捕・勾留は適法とされる[8]。とはいえ，別件基準説も，別件逮捕・勾留に関する上

---

(6)　本件基準説によったと見られる裁判例として，金沢地七尾支判昭44・6・3（判時563・14―蛸島事件）。

(7)　鹿野伸二「別件逮捕・勾留」髙麗邦彦＝芦澤政治編『令状に関する理論と実務Ⅰ』（2012）38頁参照。

(8)　無論，例えば被害額があまりに軽微なために逮捕の必要性さえも否定されるような場合には，違法となる。

述のような問題を軽視するわけではない。身柄拘束自体は適法としつつ，その後に行われる本件に関する取調べは**余罪取調べ**の問題として対処するのである（→第10章第1節3(4)）。

　富士高校放火事件決定（東京地決昭49・12・9判時763・16）は，「①本件についての捜査の意図を伴った別件による被疑者の身柄拘束の許否の問題と，②別件による身柄拘束中の被疑者について，本件の取調べをすることの許否及びその限度という問題とを，区別して考える必要がある。」と判示して，上記の趣旨を端的に表している。また，神戸まつり事件判決（大阪高判昭59・4・19高刑集37・1・98）は，別件の逮捕・勾留についてその理由または必要性が欠けているとまではいえないときでも，本件の取調べの状況次第で，違法な余罪取調べとなる旨を判示している。

➤➤➤ 展開説明

3　新しい判断枠組

　平成以降の下級審裁判例の中には，以上にみたような別件基準説と本件基準説の枠組には収まらないものがある。また，新しい学説も主張されている。

　まず，浦和地判平2・10・12（判時1376・24）は，別件による逮捕・勾留について，「逮捕・勾留の理由や必要性を全く欠く，それ自体で違法・不当なものであったとまでは認められない」としつつ，しかし，逮捕までの捜査経過やその後の取調べの状況に照らせば，未だ逮捕・勾留の理由と必要性の認められない本件（放火）に対する取調べを主たる目的として，本件が存在しなければ通常立件されることがないと思われる軽微な別件（不法残留）の嫌疑を持ち出して被疑者を逮捕・勾留したものと認められ，それは「令状主義を実質的に潜脱し，一種の逮捕権の濫用にあたる」ため違法であるとした。本判決は，以上の検討を別件による逮捕・勾留の必要性の有無という観点から行ったものと見られ，その意味では別件基準説の枠組を維持したものである。反面，主たる目的が本件の取調べにあったか否かをその判断材料としている点で，本件基準説的な視点を取り込んだものといえる。

　また，東京地決平12・11・13（判タ1067・283）は，別件（旅券不携帯等）について，逮捕・勾留の理由および必要性が認められるとしたうえで，身柄拘束中に行われた本件（強盗致傷）の取調べ状況に鑑み，「本来主眼となるべき旅券不携帯事件ないし不法入国事件の捜査は，ほとんど行われない状況」になった勾留期間延長後は，「旅券不携帯事件による勾留としての実体を失い，実質

上，〔本件〕を取り調べるための身柄拘束となったとみるほかはない。したがって，その間の身柄拘束は，令状によらない**違法な身柄拘束**」であるとした。

この東京地裁決定は，いわゆる**実体喪失説**の判断枠組に類似するものである。この見解は論者によって若干の違いがあるが[9]，本件に関する取調べの状況を踏まえて，別件による身柄拘束の実体が失われていないかという実質的な観点から逮捕・勾留の適法性を吟味するというものである[10]。

4　別件逮捕・勾留後の再逮捕・再勾留

別件を理由として行われた第1次逮捕・勾留が違法である場合，本件による第2次逮捕・勾留は原則として許されない。第1次逮捕・勾留が，要件を満たさない本件で逮捕・勾留しているものと評価されるとしても（本件基準説），あるいは，別件による身柄拘束としての実体を失ったものと見られるとしても（実体喪失説），第2次逮捕・勾留は，実質的には，再逮捕・再勾留に当たるからである[11]。

第1次逮捕・勾留それ自体が適法である場合には，別の事実（本件）による第2次逮捕・勾留は再逮捕・再勾留の禁止に抵触しない。もっとも，その期間中に本件についての取調べが行われた場合，本件の取調べに費やされた期間は，その後本件で勾留が行われた場合にその勾留期間の一部に計上されるべきとする見解がある[12]。

---

(9)　亀井源太郎「別件逮捕・勾留管見」都法 48 巻 2 号 252 頁以下を参照。

(10)　川出敏裕『別件逮捕・勾留の研究』（1998），三井誠ほか編『新刑事手続 I 』（2002）314 頁以下〔中谷雄二郎〕。

(11)　この点，前掲東京地決平 12・11・13 は，「旅券不携帯事件による逮捕勾留が，専ら〔本件〕を取り調べる目的で，旅券不携帯事件の勾留に名を借りその身柄拘束を利用して，〔本件〕につき勾留して取り調べるのと同様の効果を狙ったもの，すなわち，積極的に令状主義を潜脱しようとしたものとまでは認められない」とし，さらに，この事案の第 2 次逮捕勾留が，客観証拠が順次収集され固められていったことや違法勾留期間中の取調べの影響が希薄化していたこと等の事情を挙げて，「〔本件〕による逮捕勾留については，逮捕勾留の蒸し返しに当たるとまではいえない」と判示した。

(12)　小林充・令状基本問題(上) 224 頁。なお，前掲浦和地判平 2・10・12 は，「本件第 1 次逮捕・勾留中になされた本件放火に関する取調べは，明らかに許される余罪取調べの限界を逸脱した違法なものであり，これによって作成された被告人の自白調書は，証拠能力を欠き，また，その後の第 2 次逮捕・勾留は，右証拠能力のない自白調書を資料として請求された逮捕状・勾留状に基づく身柄拘束であって，違法であ」ると判示している。

第6章

証拠の収集(1)
捜索・差押え

第1節　物的証拠の収集──総論

→ 趣旨説明

1　物的証拠の収集と令状主義

　公判における事実認定は証拠によらなければならないが（317条），証拠の収集は公訴提起後ではなく犯罪発生後速やかに行うことが，証拠の散逸を防止する観点からも，望ましい。**物的証拠**を収集するための手段として，憲法が定めているのは，捜索および押収である。一方，刑訴法は，捜索，差押え，検証等の処分について規定を置いている。

　憲法35条1項は「何人も，その住居，書類及び所持品について，侵入，捜索及び押収を受けることのない権利は，第33条の場合を除いては，正当な理由に基いて発せられ，且つ捜索する場所及び押収する物を明示する令状がなければ，侵されない」，同2項は「捜索又は押収は，権限を有する司法官憲が発する各別の令状により，これを行ふ」として，個人の私的領域に対する不可侵の趣旨を明らかにするとともに，捜索・押収に関する令状主義を定めた。

　捜索・押収のための令状が「正当な理由」に基づいて発せられなければならないのは，被処分者のプライバシーや財産権が侵害されることの不利益を上回る正当性が必要だからである。また，捜索する場所および押収する物を明示することを要するのは，捜索・押収にともなう権利侵害の範囲を限定するためである。これらの趣旨を踏まえて，刑訴法は，捜索・押収にかかる強制処分について，裁判官が発付する令状によらなければならない旨とともに，その具体的な要件を規定した（218条以下）。これは強制処分法定主義（197条1項ただし書）からの要請でもある。なお，憲法35条1項が「第33条の場合を除いては」として例外を認めたことを受けて，刑訴法220条は，逮捕にともなう捜

索・差押え・検証は令状なくして行えることを定めている。

→→ 基本説明

2　捜索・押収の意義

捜索とは，場所，物，または人について，人または物を発見するために行われる強制処分である。捜査機関が行う捜索として，刑訴法は，証拠物等を発見するため場所・物・人を捜索する場合（218条1項）と，被疑者を発見するため人の住居等に入り捜索する場合（220条1項1号）とを規定する。以下，「捜索」とは前者の意である。

押収とは，強制的に物の占有を取得する処分である。刑訴法が捜査機関に対して認

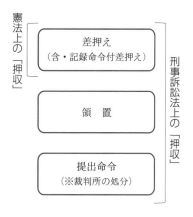

めている押収には，差押え，記録命令付差押え，領置がある。これらのうち，**差押え**とは，証拠物または没収すべき物と思料されるものの占有を取得する強制処分をいう（222条・99条1項参照）。

他方，憲法上の「押収」は，占有取得の過程で強制力が行使される場合を指すため，**領置**に令状は不要である（221条）。領置とは，被疑者その他の者が遺留した物，または所有者，所持者もしくは保管者が任意に提出した物の占有を取得し継続する処分である。例えば，公道上のごみ集積所に排出されたごみの中身を確認するためごみ袋を回収する場合がこれに当たる（最決平20・4・15刑集62・5・1398）。領置は，証拠物の占有を取得する段階を見れば令状が不要な任意処分であるといえるが，その後の占有の継続は強制的に行われるため，刑訴法上は「押収」の一類型である[1]。

また，差押物の所有者，所持者または保管者に提出を命ずる提出命令（99条3項）も刑訴法上の「押収」に含まれるが，これは公訴提起後に裁判所がすることのできる処分であり，捜査段階では行われない。

刑訴法は，その他の対物的強制処分として，検証（218条1項）と通信傍受（222条の2）を用意している。物・場所・人の状態等を五官の作用によって認

---

(1) 上記最決平20・4・15の事案では，公道上に排出されたごみ袋を「遺留物（221条）」として領置した後，証拠物を発見するためその中身が確認された。このような選別行為は，押収物に対して行う必要な処分（222条1項・111条2項）として許される。

識する処分である検証も，また，電気通信の内容を傍受する処分である通信傍
受も，憲法35条にいう「押収」の本来的な意味には含まれない。しかし，個
人のプライバシー等の権利を保護する憲法35条の趣旨に鑑み，これらの処分
も令状主義および強制処分法定主義の規制に服する。

> コラム **承諾捜索の可否**
>
> 　強制捜査として行われる捜索には令状が必要とされるが，そのような規制は
> プライバシー等の個人の権利を保護するためである以上，相手方の承諾があれ
> ば，任意捜査の一環として行うことも許されるものと考えることができる。実
> 際，相手方が被害者的立場にある場合や身の潔白を証明しようとしている場合，
> 真に罪を認めて反省している場合などには，積極的に捜索を承諾することがあ
> り得る[2]。
>
> 　承諾捜索が認められるためには，相手方の真摯な承諾が必要である。したが
> って，捜索をしたい旨の捜査官からの申し出に対して，これを拒めることを理
> 解したうえで，承諾を与えるものでなければならない。もっとも，住居等につ
> いては，このような承諾がなされるとは考えにくいため，承諾に基づく捜索の
> 対象は，着衣や所持品，身体等に限定されることとなろう。

3　捜索・押収に対する防御

➔　趣旨説明

　押収（差押え，領置）された証拠物等は，捜査機関がその占有を強制的に継
続するため，当該物の所有者・所持者・保管者は，その物に対する使用等を制
約されてしまう。また，公務上・業務上の秘密に関する物が押収された場合，
秘密保護等との関係で問題を生じる。こうした事態に対応するため，所有者等
は，押収もしくは還付に関する処分に対する準抗告をすることができるほか，
一定の場合に押収拒絶権が認められている。

➔➔　基本説明

(1)　押収等に対する不服申立て

　捜査機関が押収した証拠物等は，その後の公判手続において証拠として提出
することが可能となるが，押収物について留置の必要がないものについては，
被疑事件の終結を待たないで，これを**還付**しなければならない（222条1項・
123条）。例えば，押収した物が証拠物または没収すべき物に当たらないこと
が判明したり，後述のとおり差押えの必要性がないと認められたりした場合で

---

(2)　村瀬均・令状基本問題(下)284頁参照。

第6章　証拠の収集(1)　　97

ある。なお，押収した物が贓物（盗品等）で，留置の必要がないものであるときは，捜査の終結を待たないで，これを被害者に還付しなければならない（222条1項・124条）。還付をするか否かの判断は捜査機関に委ねられるが，所有者等が**仮還付**を請求することは可能である（222条1項・123条）。仮還付とは，留置の必要がある押収物について，一時的に所有者等の下へ返還する処分である。

　捜査機関が行った押収の処分，もしくは上記の還付・仮還付に関する処分に対して不服がある場合には，被処分者は準抗告を申し立てることができる（430条）。準抗告の請求を受けた裁判所は，押収手続の適法性や，押収物の被疑事件との関連性などを審査し，これを認容する場合には，当該押収の処分は取り消される。

(2)　押収拒絶権

　公務上の秘密にかかる物については，これが押収され公訴提起後に証拠物として公開の法廷に提出された場合，秘密を保持すべき国の利益が害されてしまうおそれがある。そこで，刑訴法は，公務上の秘密の保護を真実発見の要請に優先させる趣旨で，一定の場合に押収拒絶権を認めた。すなわち，公務員または公務員であった者が保管しまたは所持する物について，本人または当該公務所から職務上の秘密に関するものであることを申し立てたときは，当該監督官庁の承諾が必要とされる（222条1項・103条）。また，衆議院もしくは参議院の議員またはその職にあった者，内閣総理大臣その他の国務大臣またはその職にあった者が同様の申立てをしたときも，院・内閣の承諾がなければ，押収をすることはできない（222条1項・104条1項）。

　また，医師等，弁護士，弁理士，公証人，宗教の職にある者またはこれらの職にあった者が，業務上委託を受けて保管または所持する物で，他人の秘密に関するものについても，押収を拒むことができる（222条1項・105条本文）。これは，他人の秘密を取り扱うこれらの業務に対する信頼を保護する趣旨である。したがって，本人が承諾した場合や，押収の拒絶が権利の濫用に当たる場合等には，拒むことはできない（同ただし書）。

第2節　令状請求と実体的要件

→ 趣旨説明

　憲法35条2項は，捜索および押収が「各別の令状」によらなければならないとするが，差し押さえるべき物を発見するための手段として行われる捜索は，差押えに先行する一連の手続と見られるため，**捜索差押許可状**という一通の令状が発付されるのが実務上の通例である。

　憲法35条1項は，「正当な理由に基いて発せられ，且つ捜索する場所及び押収する物を明示する令状」によることを要求する。したがって，捜索・差押えの実施に当たっては，「正当な理由」を根拠づける実体的要件を課すとともに，令状の記載において捜索と差押えの対象がそれぞれ明示されていなければならない。なお，捜索・差押えについては，裁判所が行う差押えに関する規定を準用しているので（222条），それらも参照する必要がある。

1　実体的要件

→→ 基本説明

(1)　捜索・差押えの理由

　捜索・差押えは捜査の一環として行われるものであるから，まずは具体的な犯罪が存在し，被疑者に一定の嫌疑が生じていることが必要である。もっとも，通常逮捕の要件である「相当な理由」と比較して，低い嫌疑で足りるとされる。捜索・差押えが，対物的な処分にすぎず，捜査の初期段階で行われるためである。

　差押えの目的物は，令状には「差し押さえるべき物（219条1項）」と記載されるが，これは「証拠物又は没収すべき物と思料するもの（222条1項・99条1項）」として，嫌疑が生じている特定の犯罪と関連を有する物でなければならない（**被疑事実との関連性**）[3]。

　差し押さえるべき物を発見することを目的とする**捜索の対象**は，過度の権利

---

(3)　なお，憲法21条2項が通信の秘密を保障していることから，未開封の郵便物等が「証拠物または没収すべきと思料するもの」に当たるか否かの判断をすることは困難である。そこで，刑訴法は，法令の規定に基づき通信事務を取り扱う者が保管・所持する郵便物等については，要件を緩和している。すなわち，郵便物等が被疑者から発し，または被疑者に対して発せられたものである場合は，そのことのみをもって差し押さえることを認め（222条1項・100条1項），それ以外の郵便物等についても，被疑事件に関係があると認めるに足りる状況があれば，差押えができる（222条1項・100条2項）。

第6章　証拠の収集(1)　　99

侵害を防ぐため，捜索の目的を達成するために必要な範囲に限定する必要がある。そこで，被疑者以外の者の身体・物・住居等の捜索は，押収すべき物の存在を認めるに足りる状況のある場合に限られる（222条1項・102条2項）（**押収すべき物が存在する蓋然性**）。一方，被疑者の身体・物・住居等については，押収すべき物の存在が推定されるので，「必要があるとき（222条1項・102条1項）」に捜索ができる。

(2)　捜索・差押えの必要性

(i)　裁判官の審査権限

令状による捜索・差押えは「犯罪の捜査をするについて必要があるとき」にすることができる旨を定めた218条1項があるのみで，例えば逮捕に関する199条2項ただし書のように，明らかに必要がない場合に令状請求を却下すべきことを定めた規定があるわけではない。

そのため，捜索・差押えについては**「必要性」**の要件を不要と考える余地もある。しかし，捜索・差押えが「正当な理由（憲35条1項）」に基づくものといえるためには，上記でいう「捜索の理由（押収すべき物が存在する蓋然性）」や「差押えの理由（被疑事実との関連性）」があるというのみでは足りず，捜索・差押えによってもたらされるプライバシーや財産権に対する侵害を正当化できるだけの事由が必要である。この点にかかわる「必要性」の要件は不可欠といえる。

差押えの必要性に言及した判例として，國學院大學映研フィルム事件（最決昭44・3・18刑集23・3・153）がある。新宿駅で発生した騒擾事件に参加した被疑者が，自身が大学の映画研究会の構成員であること，騒擾事件の状況を撮影した16ミリ映画フィルム等が大学内の映画研究会室に存在するはずであることを供述したため，司法警察員は捜索差押許可状に基づきこれを差し押さえたという事案で，最高裁は，「犯罪の態様，軽重，差押物の証拠としての価値，重要性，差押物が隠滅毀損されるおそれの有無，差押によって受ける被差押者の不利益の程度その他諸般の事情に照らし明らかに差押の必要がないと認められるときにまで，差押を是認しなければならない理由はない。」として，明らかに差押えの必要がない場合には，準抗告の申立てを受けた裁判所が，捜査機関による差押えの処分を取り消すことができる旨判示したのである。

本決定は，差押えの必要性に対する準抗告裁判所の審査権を肯定したものだが，捜索についても，また，令状請求を受けた裁判官の審査権についても，そ

の趣旨が及ぶと考えられている。したがって，捜索と差押えについては，それぞれ必要性が要件とされ，令状請求を受けた裁判官は，必要性がないと判断した場合には，令状請求を却下することができる。

→→→ 展開説明

(ii) 差押えの「相当性」

捜索差押許可状により，差押えに先行する形で捜索が行われる限り，捜索の必要性については，特段問題となることはない。差押えの理由と必要性が認められ，押収すべき物が存在する蓋然性（捜索の理由）が認められる身体・物・住居等を捜索の対象とする限り，捜索の範囲は合理的に限定されているといえるからである。

他方，差押えの必要性があるか否かを判断するに当たっては，上記國學院大學映研フィルム事件決定で示されているように，差押えにともなう不利益を上回る利益が認められるかという，いわゆる「**相当性**」にかかる観点が重要になる[4]。この要件が実質的な意味を持つのは，差押えにともなう不利益として本来想定されるのは被処分者自身の財産権であるのに対して，それ以外の権利・利益が侵害されるおそれがある場合である。例えば，被処分者以外の第三者のプライバシーや，被処分者の報道の自由などである。

裁判例には，インターネット接続会社の会員がわいせつ画像を掲載するホームページを開設したというわいせつ図画公然陳列の被疑事実により，同社が保有する 428 人分の顧客管理データが記録されたフロッピーディスクを差し押さえたという事案で，「利用者のプライバシー保護を十分に考慮する必要がある」としつつ，被疑者以外の顧客データについては被疑事実との関連性および差押えの必要性（相当性）が認められないとして，当該差押え処分を取り消したものがある（東京地決平 10・2・27 判時 1637・152）[5]。

差押えの必要性（相当性）の問題が最も先鋭化しやすいのは，当該物の差押えが報道の自由・取材の自由（憲 21 条 1 項）にかかわってくる場合である。報道機関が保有する取材テープや映像などの資料は，捜査あるいは公判において

---

(4) 本件の第 1 審は，「本件被疑者の被疑事実との関係で考える限り，第三者が適法に撮影し所持している右フィルムを押収する必要性はさほど強いものとは言えず，右フィルムを押収されることの，その所持者たる映画研究会に与える不利益（そのひとつとして，彼らはこれを期日の迫った学園祭に上映する目的を有すること等）とを比較衡量してみた場合には，右フィルムの強制的な差押までは許されない」として，この点をより明確に示している。

有用な証拠としての価値を有することがある。他方，これらの資料が報道以外の目的で利用されることで，取材源の秘匿が脅かされ，将来の取材が困難になるなどの不利益が生じるおそれがある[6]。

憲法で保障される取材・報道の自由を最大限に保障するならば，報道資料を証拠として差し押さえることは許されないことになろう。しかし，最大決昭44・11・26（刑集23・11・1490―博多駅事件）が判示するように，「取材の自由といっても，もとより何らの制約を受けないものではなく，例えば公正な裁判の実現というような憲法上の要請があるときは，ある程度の制約を受けることのあることも否定することができ」ず，「公正な刑事裁判の実現を保障するために，報道機関の取材活動によって得られたものが，証拠として必要と認められるような場合には，取材の自由がある程度の制約を蒙ることとなってもやむを得ない」のである。

博多駅事件決定で最高裁は，「審判の対象とされている犯罪の性質，態様，軽重および取材したものの証拠としての価値，ひいては，公正な刑事裁判を実現するに当たっての必要性の有無を考慮するとともに，他面において取材したものを証拠として提出させられることによって報道機関の取材の自由が妨げられる程度およびこれが報道の自由に及ぼす影響の度合その他諸般の事情を比較衡量」し，「刑事裁判の証拠として使用することがやむを得ないと認められる場合においても，それによって受ける報道機関の不利益が必要な限度をこえないように配慮されなければならない」とした。

同様に差押えの必要性（相当性）の有無を判断した事例として，最決平2・7・9（刑集44・5・421―TBS事件）がある。事案は次のようなものである。放映されたテレビ番組中に，暴力団組長であるXらが債権を取り立てるシーンがあり，それが被害者に対する脅迫をともなうものであったため，暴力行為等処罰法違反および傷害事件として捜査が開始された。警察が，差押許可状に基づいて，保管中のビデオテープ（マザーテープ）29本を差し押さえたため，これを不服としたテレビ局は準抗告したが，東京地裁がこれを棄却したので，特

---

(5) 本決定では，被処分者が「利用者のプライバシー保護が強く要請される……電気通信事業者」であることと，被疑者以外の顧客（アダルトのジャンルを選択したホームページ開設希望者）のプライバシー保護の必要性が高いことが重視された。なお，本決定に対する批判として，高崎秀雄・百選9版57頁参照。

(6) この問題についてさらに学習したい場合は，池田公博『報道の自由と刑事手続』(2008)を参照。

別抗告が申し立てられた。

　最高裁は，(i)本件差押えが，暴力団事務所で行われた，軽視することのできない悪質な事件の捜査として行われたこと，(ii)本件ビデオテープが，被疑者，共犯者等の供述からは明らかとならなかった犯行状況を収録したものであり，事案の全容を解明して犯罪の成否を判断するうえで重要な証拠価値を持つものであったこと，(iii)差押え当時，すでに放映のためマザーテープの編集が終了しており，編集されたテープが放映済みであったため，申立人の受ける不利益は，本件ビデオテープの放映が不可能となって報道の機会が奪われるというものではなかったこと，(iv)本件の撮影に協力した暴力団組長等は，本件ビデオテープが放映されることを了承していたのであるから，報道機関たる申立人が取材協力者のためその身元を秘匿するなど擁護しなければならない利益は，ほとんど存在しないこと，(v)犯罪者の協力により犯行現場を撮影収録するという取材方法を報道のための取材の自由の一態様として保護しなければならない必要性は疑わしいこと，といった事情を指摘して，抗告を棄却した。ここでは，当該事案の具体的な事実に則して，本件ビデオテープの証拠としての価値やこれを差し押さえる必要性の程度と，本件で行われた取材および報道に対する要保護性の程度とが，比較されたといえよう[7]。

2　捜索差押許可状の発付

➛➛ 基本説明

(1)　令状の記載事項

　捜索差押許可状を請求できるのは，検察官，検察事務官または司法警察員である（218条4項）。逮捕状の請求と同様，捜索差押許可状の請求も書面で行われる（規139条1項）。請求書には，差し押さえるべき物，捜索すべき場所・身体・物，被疑者の氏名，罪名および被疑事実の要旨等が記載される（規155条）。また，被疑者が罪を犯したと思料されるべき資料のほか，被処分者が被疑者以外の者である場合には，差し押さえるべき物の存在を認めるに足りる状況があることを認めるべき資料を提供しなければならない（規156条）。

　捜索差押許可状の請求を受けた裁判官は，捜索・差押えの理由と必要性があるか否かを審査する。審査の結果，要件を満たしていると認められれば，捜索差押許可状が発付される。捜索差押許可状には，被疑者の氏名，罪名，差し押

---

(7)　同種の判例として，最決平元・1・30（刑集43・1・19—日本テレビ事件）がある。

捜 索 差 押 許 可 状

被 疑 者 の 氏 名 及 び 年 齢	宮 古 太 郎 昭和 51 年 3 月 15 日生
罪 名	殺人
捜 索 す べ き 場 所, 身 体 又 は 物	東京都八王子市北大沢 2 丁目 3 番 4 号 　被疑者方自宅
差 し 押 さ え る べ き 物	本件犯行に使用された包丁　1 本
請求者の官公職氏名	司法警察員警部　鑓 水 絹 子
有 効 期 間	平成 28 年 5 月 15 日まで

　有効期間経過後は，この令状により許可された捜索又は差押えに着手することができない。この場合には，これを当裁判所に返還しなければならない。
　有効期間内であっても，捜索又は差押えの必要がなくなったときは，直ちにこれを当裁判所に返還しなければならない。

　被疑者に対する上記被疑事件について，上記のとおり捜索及び差押えをすることを許可する。

　　　　平成 28 年 5 月 8 日
　　　　　　東 京 地 方 裁 判 所 立 川 支 部
　　　　　　　　裁判官　南 野 安 平 ㊞

さえるべき物，捜索すべき場所・身体・物等が記載される（219 条 1 項）。ここで罪名のみが記載され，被疑事実が記載されないのは，被処分者が被疑者以外の者である場合に，被疑者等の名誉・プライバシーを保護し，また，捜査の秘密を保持するためである。

➤➤➤ 展開説明

(2)　対象の特定と明示

　令状に捜索する場所等および押収する物を明示するのは，憲法 35 条 1 項の要請である。捜索場所や差し押さえるべき物を明示しない**一般令状**は，十分な根拠を持たずに特定の個人に対する見込み捜査をするといった捜査権限の濫用につながるおそれがあるため，許されない。

　そのような観点から，捜索の対象となる場所・身体・物の記載は，その空間的位置が具体的に明示されたものでなければならない。したがって，場所に対する捜索については，市町村名だけでは足りず，所番地の記載が必要である。また，捜索対象が物である場合は，その物が存在する場所も同様に特定されていなければならない。なお，人の身体や，自動車のように移動する物を捜索する場合は，場所の特定は困難であるから，氏名や車両番号などの方法で特定することになる。

捜索する空間的位置が同じでも，捜索対象の記載は，単一の管理権に属する範囲に限定される。管理権が異なれば，差し押さえるべき物の存在を認めるに足りる状況（102条2項参照）も変わるからである。そのため，マンションやビル等のように，1棟の建物の中で複数の居住者・使用者がそれぞれ独立した区画を管理している場合は，いずれの者の管理に属する場所であるかを特定しなければならない。例えば，「○○県○○市○○1丁目1番地1号○○マンション101号○○方居室」などと記載される。

差押えの目的物についても，同様に明示しなければならない。しかし，捜索・差押えは捜査の初期段階で行うことが想定されるところ，その時点で事件の細部を捜査機関が把握し，差し押さえるべき物の品目をすべて具体的に特定することは困難である。令状の特定性を害しない限度で，一定の抽象的・概括的な記載も許されるべきであろう。

令状の概括的記載が適法とされた例として，最大決昭33・7・29（刑集12・12・2776）がある。地方公務員法違反事件（争議行為等の禁止）の捜査において，差し押さえるべき物として「会議議事録，斗争日誌，指令，通達類，連絡文書，報告書，メモその他本件に関係ありと思料せられる一切の文書及び物件」と記載された捜索差押許可状について，最高裁は「地方公務員法違反被疑事件に関係があり，且つ右例示の物件に準じられるような闘争関係の文書，物件を指すことが明らかであるから，同許可状が物の明示に欠くところ」はない，と判示した。被疑事実との関連性を有する証拠物件として想定されるものを例示列挙したうえで，本件のように「本件に関係ありと思料せられる一切の文書及び物件」という形で，これらに準ずる物件を概括的に記載する場合には，差押えの対象は十分に特定され，令状に明示されているといえよう。

第7章

証拠の収集(2)
令状による差押え

第1節　捜索差押許可状の執行

→ 　趣旨説明

　捜索差押許可状を執行できるのは，検察官，検察事務官，司法警察職員である（218条1項）。司法巡査は，令状の請求をすることはできないが（218条3項参照），執行の主体とはなり得るのである。

　強制処分である捜索・差押えは，令状の請求に対して，厳格な要件で裁判官が審査し，発付する令状の記載においても，捜索すべき場所等や差し押さえるべき物を明示することで，被処分者のプライバシーや財産権に対する侵害の範囲を限定するよう，配慮がなされている。このような法の趣旨は，令状を執行する段階でも徹底されなければならない。

1　令状の呈示

→→ 　基本説明

(1)　執行の方式

　捜索差押許可状を執行する際には，処分を受ける者に対してこれを呈示しなければならない（222条1項・110条）。令状に基づく捜索・差押えの対象と範囲を明確にすることで手続の公正を担保し，被処分者の権利を保護するためである。相手方が処分の存在と内容を理解することが目的であるから，文字を読めない者や外国人などに対しては，令状の記載を読み聞かせたり，通訳を付したりしなければならない。

　被処分者が不在である場合には，被処分者に対して呈示することは必要とされないが，上記の趣旨から，代わりの者（例えば，マンションの管理人）や，114条の規定による立会人に対して令状を示してから捜索・差押えに着手するべきである。他方，被処分者が，令状が発付されていることを知りながら，令

状の閲読を拒むなどして，その執行を妨害しようとしているときには，令状の呈示を受ける権利を放棄したものとみなすことができるため，他の者に対する呈示は不要である。

→→→ 展開説明

(2) 事前呈示の原則

手続の公正を担保するという趣旨に鑑みれば，住居等の場所に対する捜索に際しては，捜査機関がその来意を相手方に告げ令状を呈示したうえで，その場所に立ち入るのが原則である（**事前呈示の原則**）。しかし，捜査機関がその来意を被処分者に対して常に事前に告げ，令状を呈示しなければならないとすれば，捜索の開始前に被処分者が罪証隠滅や妨害等の行為に及ぶおそれが生じ，捜索・差押えの目的が達せられない。そこで，そのようなおそれが認められる場合には，呈示前であっても，捜索に着手することが許されよう。

最決平 14・10・4（刑集 56・8・507）では，覚せい剤取締法違反の被疑事実につき発付された捜索差押許可状の執行に当たり，被疑者が宿泊しているホテルの支配人から借り受けたマスターキーで客室内に立ち入った後に被疑者に令状を呈示したという事案で，マスターキーで客室の施錠を解いた措置の当否（→本章第 1 節 **4**(2)）とともに，令状の呈示前に，被疑者に来意を告げることなく客室内に立ち入りその執行に着手したことの当否が問題となった。

最高裁は，「令状の執行に着手する前の呈示を原則とすべきである」として，事前呈示の原則を確認しつつ，しかし，「捜索差押許可状執行の動きを察知されれば，覚せい剤事犯の前科もある被疑者において，直ちに覚せい剤を洗面所に流すなど短時間のうちに差押対象物件を破棄隠匿するおそれがあった」という事情の下においては，「警察官らが令状の執行に着手して入室した上その直後に呈示を行うことは，法意にもとるものではなく，捜索差押えの実効性を確保するためにやむを得ないところであって，適法というべきである。」と判示した。

破棄することが容易な証拠物を差押えの対象とする場合に常に，令状の事前呈示が不要とされるわけではなく，当該事案の具体的状況から，証拠隠滅等を防ぐ必要性が認められなければならない。

→→ 基本説明

2 責任者の立会い

同様に，手続の公正を担保する趣旨で，**責任者の立会い**が要求されている。

公務所（公務員がその職務を行う場所）内で捜索差押許可状を執行するときは，その公務所の長またはこれに代わるべき者に通知してその処分に立ち会わせなければならない（222条1項・114条1項）。また，人の住居等で執行する場合は，住居主もしくは看守者またはこれらの者に代わるべき者（それができない場合は隣人または地方公共団体の職員）に立ち会わせなければならない（222条1項・114条2項）。なお，222条1項は113条を準用していないため，被疑者および弁護人の立会権は認められていないが，捜査機関が必要と認めるときは被疑者を立ち会わせることができる（222条6項）。

3 夜間執行の制限

執行の時間帯についても，被処分者への配慮が必要である。令状に夜間でも執行することができる旨の記載がない限り，日出前・日没後に，捜索差押許可状の執行のため住居等に立ち入ることは許されない（222条3項・116条1項）。なお，夜間に捜索・差押えを執行することが許される場合として，昼間は住居の家族全員が不在であることや，昼間に執行したのでは妨害されるおそれがあることなどが考えられる。

4 必要な処分等

(1) 捜索・差押えに付随する処分

捜索差押許可状の執行を円滑に行うための付随的処分を行うことが認められている。すなわち，「執行については，錠をはずし，封を開き，その他**必要な処分**をすることができる」（222条1項・111条1項）（→コラム令状の効力と「必要な処分」）。また，執行中はその場所への出入りを禁止するとともに，これに従わない者を退去させる等の措置をとることもできる（222条1項・112条）。さらに，捜索差押許可状の執行を中止する場合において必要があるときは，執行が終わるまでその場所を閉鎖し，または看守者を置くことができる（222条1項・118条）。

→ → → 展開説明

(2) 「必要な処分」の限界

「必要な処分」として行うことが許される措置には，執行それ自体にかかわる場合だけでなく，例えば，捜索場所に立ち入るためのドアの錠を外す場合のように，その前提となる処分も含まれる。また，111条1項は，解錠と開封を例示的に列挙しているにすぎないので，捜索・差押えを実施するために必要な行為であればよい。どの程度の行為が許されるかについては，目的達成のため

の必要最小限度性を求める比例原則に従い，捜索・差押えを実施することの利益と，111条1項に基づく当該処分によって制約される利益との比較衡量により決せられる。

前掲最決平14・10・4は，令状の執行に際してマスターキーでホテル客室の施錠を解いた措置について，「捜索差押許可状の呈示に先立って警察官らがホテル客室のドアをマスターキーで開けて入室した措置は，捜索差押えの実効性を確保するために必要であり，社会通念上相当な態様で行われていると認められるから，刑訴法222条1項，111条1項に基づく処分として許容される」と判示した。

また，覚せい剤取締法違反の被疑事実で発付された捜索差押許可状を持参して被疑者宅に赴いた警察官らが，玄関扉が施錠されていたことから，チャイムを鳴らして屋内に向かって「宅急便です」と声をかけ，被疑者が玄関扉の錠をはずして開けたところで屋内に立ち入ったという事案で，大阪高判平6・4・20（高刑集47・1・1）は，「有形力を行使したものでも，玄関扉の錠ないし扉そのものの破壊のように，住居の所有者や居住者に財産的損害を与えるものでもなく，平和裡に行われた至極穏当なものであって，手段方法において，社会通念上相当性を欠くものとまではいえない。」と判示した。

> ⎛コラム⎞ **令状の効力と「必要な処分」**
>
> 　最決平6・9・16（刑集48・6・420）は，強制採尿許可状の効力として，採尿に適する場所まで被処分者を連行することができるとした。令状による強制採尿のための連行については，令状の効力として許されるとする見解と，「必要な処分」として許されるとする見解とが主張されてきたが，最高裁は前者の見解を採用したのである（→第9章第2節2(4)）。
>
> 　そうすると，「必要な処分」を規定した111条1項の趣旨は何であろうか。令状を発付する裁判官は，当該令状が対象とする本来的処分だけでなく，令状の目的を達成するための付随的な処分まで含めて許可したものと考えるならば，強制採尿のための連行はもとより，111条1項が例示する解錠・開封も，「令状の効力」として許されることになる。同項は確認規定にすぎないと解されるのである(1)。
>
> 　これに対して，令状の効力として認められる措置と「必要な処分」とを区別する立場は，次の理由から，111条1項に独自の意義を見出す。すなわち，当該令状の執行に当たり当然に付随するような処分は，裁判官がその当否も含め

---

(1) 酒巻匡『刑事訴訟法』（2015）53頁。

て事前に審査して令状を発付したと見られるのに対して，111条1項は令状の円滑な執行のために必要な処分を臨機応変に行うことを可能とする規定であり，令状発付の段階で裁判官が予定したものと見ることはできないという。また，令状の効力に基づく処分は被処分者に対するものであることが想定されるのに対して，「必要な処分」の対象は第三者にも及ぶとの指摘もある[2]。

→→ 基本説明

5 捜索・差押えの際の写真撮影

捜索差押許可状の執行に際して行われる写真撮影は，異なる趣旨や場面で行われることがあるので，場合分けして考えなければならない。

まず，手続の適法性を担保するため，あるいは事後に証明するために，令状の呈示や執行の状況を撮影する場合があるが，これは捜索・差押えの手続に当然に付随する行為として，令状無しに行うことが許される。

また，令状に記載された差押えの目的物が発見された場所や発見の状況について，証拠物としての証拠価値を保存するために撮影を行うこともある。このような場合の撮影を特段の令状無くして行うことも，捜索・差押えの付随行為として同様に適法とされる[3]。

これに対して，差押えの目的物以外の物を撮影することは，捜索・差押えに付随する行為とはいえないので，許されない。この場合の撮影は，物の存在や状態等を認識する検証処分に該当するので，検証許可状を別途取得する必要がある。（→第9章第1節1）

第2節 捜索・差押えの範囲

→→ 基本説明

1 捜索の範囲

令状に基づいて行われる捜索の対象は，令状に記載されたものに限られる。そうでなければ，捜索すべき場所等を令状に明示して，捜索にともなうプライ

---

(2) 渡辺咲子・大コンメ2版2巻395頁。

(3) 捜索・差押えの際の写真撮影について，被処分者がその違法を主張して，準抗告を申し立てることはできるかが問題となるが，最決平2・6・27（刑集44・4・385）は，差し押さえるべき物に該当しない物に対する「写真撮影は，それ自体としては検証としての性質を有すると解される」としつつ，刑訴法430条2項が準抗告の対象とする「押収に関する処分」に検証は含まれないとして，準抗告の申立ては不適法であるとの判断を示した。

バシー侵害の範囲を限定した意味が失われてしまうからである。単純な事例問題を手がかりに，令状による捜索がどの範囲まで及ぶかを検討しよう。

被疑者Ａが単身で住む「Ａ方居室」を捜索場所とする捜索令状に基づき，次の物を捜索することは許されるか。
　①室内に置かれている机や戸棚，鞄
　②Ａの物でないことが明らかな金庫
　③Ａや，その場に居合わせたＢの着衣・身体
　④その場に居合わせたＢの所持品

(1) 令状に記載された場所・身体・物

　令状の記載は，場所・人の身体・物で区別される（219条1項参照）。この点を厳格に理解すれば，捜索はこれらの区別に従って行われなければならず，場所に対する捜索令状で，人や物を捜索することは許されないことになろう。もっとも，捜索場所に存在する机や戸棚，鞄などの物（①）については，その場所の一部を構成するものとして，捜索の範囲に含まれると考えてよい。裁判官が，場所に対する捜索に「正当な理由」があるとして令状を発付するとき，当該場所に存在する物を捜索することも当然に予定しているといえるからである[4]。

　ただし，場所に対する捜索令状はあくまで場所の管理者等を被処分者とするものであり，その者に対するプライバシー侵害を許容するにすぎないから，「場所」に対する捜索令状により「物」に対する捜索が許されるのは，それらの物が場所と同一の管理権下にある場合に限られる。したがって，たとえ捜索場所に存在する物であっても，それが被処分者以外の第三者の物であること（被処分者の管理下にないこと）が明らかな場合（②）には，捜索することは原則として許されない。

　また，捜索場所に居合わせた被処分者やその他の者の身体・着衣（③）についても，捜索場所の一部を構成すると考えることはできず，捜索の範囲をそこまで拡げることを事前の令状審査の段階で予定していたとはいえないので，別

---

[4] 場所の一部を構成する物は，令状審査あるいは令状の執行に着手した時点で存在していなくてもよい。最決平19・2・8（刑集61・1・1）は，捜索場所をＡ方居室等，差し押さえるべき物を覚せい剤等とする捜索差押許可状に基づき捜索中に，Ａ方居室に配達された宅配便荷物を捜索することは適法であると判示した。

第 7 章　証拠の収集(2)　　　　111

の令状が必要である[5]。

➤➤➤ 展開説明

(2)　捜索場所に居合わせた第三者の所持品

　捜索場所に居合わせた第三者が所持している物（④）も捜索の対象に含まれるかという問題も，その所持品が捜索場所の一部を構成するものと見ることができるか否かにかかっている。前述のとおり，第三者の所有物であることが明らかな場合（②）には捜索は許されないが，そのように断定できないことも珍しくない。所有者が不明であったり，元々その場所にあった物を第三者が偶然携帯していたりする状況があり得るのである。

　判例には，Ｘの内妻Ｙに対する覚せい剤取締法違反の被疑事実で，ＸおよびＹが居住するマンション居室を警察官らが捜索した際に，立会人であるＸが持っていたボストンバッグの任意提出を拒み抱え込んだため，これを強制的に取り上げてその中を捜索したところ，バッグの中から覚せい剤を発見したという事案で，Ｘの所持品に対する捜索を適法としたものがある（最決平6・9・8刑集48・6・263）。最高裁は，「捜索差押許可状に基づき被告人が携帯する右ボストンバッグについても捜索できるものと解するのが相当である」と判示したのみで，令状による捜索との関係では第三者に当たるＸが，差し押さえるべき物を隠匿所持している可能性については言及しなかった。そのため，本件においては，Ｘが捜索場所の居住者であった点が重視されて，あくまで当該ボストンバッグが捜索場所の一部を構成すると判断されたものと考えられる[6]。したがって，本決定が，捜索場所に居合わせた第三者の所持品について，いかなる場合にも捜索できることを判示したものと理解することはできない。

2　差押えの範囲

➤➤ 基本説明

(1)　差し押さえるべき物

　捜索差押許可状に「差し押さえるべき物」を明示するのは，事前の令状審査で許可された範囲に差押えの対象を限定することで，被処分者の権利を保障するとともに，ひいては探索的捜索を防ぐためである。したがって，令状に記載

---

(5)　なお，その者が差し押さえるべき物をその着衣や身体に隠匿所持するなどして令状執行を妨害していると疑われる場合には，これを排除するためにその者の着衣・身体に対する捜索をすることは，必要な処分（222条1項・111条1項）として許されよう。

(6)　小川正持・最判解刑事篇平成6年度114-115頁。

されていない物を差し押さえることは，別件捜索・差押え（→コラム別件捜索・差押え）にもつながりかねないため，許されない。

　令状の執行において，その物件が差し押さえるべき物に含まれるか否かは，犯罪事実との関連性や，令状に記載された物件との類似性を考慮して判断されるが，この判断を厳格にしすぎると，差押えの目的が達成されないおそれがある。そもそも，差押えの目的物の詳細な品目等を事前に把握することは困難であり，令状に「その他本件に関係ありと思料せられる一切の文書及び物件」といった概括的な記載をすることもある程度許されているのである（最大決昭33・7・29刑集12・12・2776）。そこで，判例には，令状の記載物件に含まれるかどうかの判断を比較的緩やかにするものがある。

→→→ 展開説明

(2)　判例の検討

　最判昭51・11・18（判時837・104）は，捜索差押許可状に記載された差押えの目的物の範囲が問題となった事例である。警察官らは，暴力団幹部Xによる恐喝事件につき，捜索すべき場所を「O組事務所及び附属建物一切」，差し押さえるべき物を「本件に関係ある，一，暴力団を標章する状，バッチ，メモ等，二，拳銃，ハトロン紙包みの現金，三，銃砲刀剣類等」とする捜索差押許可状に基づき，O組事務所に捜索に入り，O連合名入りの腕章等のほか，賭博の状況を記録したメモ196枚を差し押さえた。その後，Xは，恐喝ではなく賭博開張図利および賭博の事実で起訴され，第1審で有罪を受けたが，控訴審は，本件メモの差押えは令状に記載されていない物に対してされた違法な差押えであるとして，Xを無罪とした。これに対して，最高裁は，本件令状の記載物件は，「右恐喝被疑事件が暴力団であるO連合O組に所属し又はこれと親交のある被疑者らによりその事実を背景として行われたというものであることを考慮するときは，O組の性格，被疑者らと同組との関係，事件の組織的背景などを解明するために必要な証拠として掲げられたものであることが，十分に認められる」としたうえで，本件メモには「O組の組員らによる常習的な賭博場開張の模様が克明に記録されており，これにより被疑者であるXと同組との関係を知りうるばかりでなく，O組の組織内容と暴力団的性格を知ることができ」るため，本件メモは恐喝を被疑事実とする本件令状記載の差押えの目的物に当たるとした。

第7章　証拠の収集(2)　　113

コラム　**別件捜索・差押え**

　捜索および差押えの対象を令状に明示することを求めている令状主義の趣旨からすれば，本件に関する証拠を収集することをもっぱらの目的として，要件を具備した別件の令状を用いて捜索・差押えをすることは許されない。広島高判昭56・11・26（判時1047・162）は，モーターボート競走法違反の事実で捜索中，業務上横領事件の証拠に当たる預金通帳等を領置したという事案で，「被告人方の捜索は警察当局において，本件業務上横領事件の証拠を発見するため，ことさら被告人方を捜索する必要性に乏しい別件の軽微なモーターボート競走法違反事件を利用して，捜索差押令状を得て右捜索をしたもので，違法の疑いが強い」と判示した。

　前掲最判昭51・11・18の事案も，このような別件捜索・差押えに該当する可能性があり，最高裁自身も「令状に明示されていない物の差押が禁止されるばかりでなく，捜査機関が専ら別罪の証拠に利用する目的で差押許可状に明示された物を差し押えることも禁止される」としているが，しかし，本件において「捜査機関が専ら別罪である賭博被疑事件の証拠に利用する目的でこれを差し押えたとみるべき証跡は，存在しない」と判示した。

　捜索中に別罪の証拠が発見された場合，それが覚せい剤等の禁制品であれば，所持罪の現行犯人として逮捕した後，220条1項2号に基づく差押えをすることで足りる。発見された物が禁制品ではなく，また，相手方による任意の提出が期待できない場合への対応について，捜索中偶然に発見された別罪の証拠に対する差押えを許容する「プレイン・ビューの法理」や，220条1項2号を準用した「緊急捜索・押収」を主張する学説もある[7]。しかし，令状主義に対する例外を厳格に定めている憲法および刑訴法との関係で，こうした見解を直ちに採用することは難しいだろう。

第3節　電磁的記録物

→　趣旨説明

1　証拠としての電磁的記録

　現行刑訴法が制定された1948（昭和23）年当時，捜索・差押えの客体としてもっぱら想定されていたのは有体物であり，それで足りていた。というのも，犯罪事実の立証にかかわる情報があっても，それらは可視性・可読性のある文書類に化体されていたからである（例えば，共謀メモ，わいせつ図画など）。し

---

(7)　田宮105頁，渥美130頁。

かし，技術が進歩し，文書以外のさまざまな媒体に情報を記録・保存することが可能となった現在，犯罪捜査においても，フロッピーディスク，ハードディスク，CD，DVD 等の媒体に記録・保存される**電磁的記録**（データ）の存在を突き止め，その内容を証拠として確保することが必要である。

もっとも，電磁的記録には可視性・可読性がなく，捜索・差押えの対象の特定が文書類に比べて困難というだけでなく，加工・消去などが容易にできるという性質上，そのような処理がなされる前に速やかに確保する必要もある。

こうした電磁的記録の特殊性に鑑み，従来の捜索差押許可状の執行に際して，別段の考慮が必要となる場合がある。また，捜索・差押えに関する従来の規定では対応しきれない事態に対応するため，2011（平成23）年の刑訴法改正で，電磁的記録の差押えに関連して新しい捜査手段等が設けられた[8]。

2　差押えの対象

➡➡ 基本説明

(1)　電磁的記録物の関連性

電磁的記録を証拠として差し押さえる場合の状況として最も典型的なものは，電磁的記録が，ハードディスクやフロッピーディスク，CD-ROM，DVD，サーバコンピュータなどの媒体に記録・保存されており，その媒体（電磁的記録物）を差押えの対象とする場合である。ただし，差押えの対象は，嫌疑が生じている特定の犯罪との関連性が認められなければならない（→第6章第2節1(1)）。電磁的記録物を差し押さえる場合も同様に，その際，電磁的記録物に記録・保存された情報が被疑事実と関連性を有するものであることを要するのである。

電磁的記録の性質上，関連性の有無を確認するためには，記録・保存された情報を可視化・可読化する必要があり，ディスプレイに表示させる・用紙にプリントアウトする等の方法をとることが考えられる。これらの手段は，差押えのための「必要な処分」（222条1項・111条1項）として行われる。

ただし，技術の進歩によりコンピュータ機器の構成や操作方法が複雑化したため，必要十分な専門知識や技術を捜査員が持ち合わせていない場合もあり，また，高度な操作を捜索・差押えの現場で行うことには限界もある。そこで，

---

(8)　改正法の概要を紹介したものとして，池田公博「電磁的記録を含む証拠の収集・保全に向けた手続の整備」ジュリ1431号78頁。

差し押さえるべき物が電磁的記録に係る記録媒体であるときは，被処分者に対して，電子計算機（コンピュータ）の操作その他の必要な協力を求めることができる（222条1項・111条の2）。2011（平成23）年改正で新設された規定である。

→→→ 展開説明

(2)　電磁的記録物の包括的差押え

上記の手段をとる際に，被処分者の協力が得られないばかりか，電磁的記録物に記録・保存された情報が損壊されるおそれが認められる場合がある。最決平10・5・1（刑集52・4・275）の事案がこれに当たり，電磁的公正証書原本不実記録等の被疑事件で，差し押さえるべき物として「組織的犯行であることを明らかにするための磁気記録テープ，光磁気ディスク，フロッピーディスク，パソコン一式」と記載された捜索差押許可状が執行された。このとき，捜索場所で発見されたパソコン1台とフロッピーディスク合計108枚等について，現場でそれぞれの内容を確認することなく包括的に差し押さえたのである。最高裁は，「令状により差し押さえようとするパソコン，フロッピーディスク等の中に被疑事実に関する情報が記録されている蓋然性が認められる場合において，そのような情報が実際に記録されているかをその場で確認していたのでは記録された情報を損壊される危険があるときは，内容を確認することなしに右パソコン，フロッピーディスク等を差し押さえることが許される」と判示した。

→→ 基本説明

3　差押えの手段

被疑事実と関連する情報が記録・保存された電磁的記録物それ自体を差し押さえるのが簡便な方法だが，問題もある。というのは，1つの媒体に大量の情報を記録・保存することが可能になった現在，差押えの目的物である当該電磁的記録物に被疑事実との関連性を有しない情報も含まれる場合も少なくなく，これを包括して差し押さえることで被処分者の当該媒体に対する利用可能性が過度に制約されてしまうのである。また，近年普及しているオンライン・ストレージ・サービス等を利用して電磁的記録が保管されている場合に，これを操作する個人の端末（電子計算機）を差し押さえても捜査目的は達成されない。

そこで，2011（平成23）年の改正を経た現行法は，次のような手段をとることを認めている。

まず，電磁的記録を記録・保存した媒体を差押えの対象とするときは，その記録媒体に記録された電磁的記録を他の記録媒体に複写し，印刷し（この場合は紙媒体を含む），または移転したうえで，当該他の記録媒体を差し押さえることができる（222条1項・110条の2第1号）。または，複写・印刷・移転の措置を被処分者

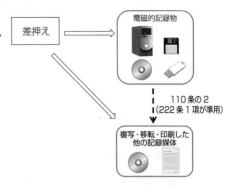

に行わせることもできる（同2号）。こうすることで，被疑事実と関連しない電磁的記録を記録・保存している元の記録媒体を被処分者の元に残すことが可能となる。

　また，捜査機関は，裁判官の発する令状により，**記録命令付差押え**をすることができる（218条1項）。記録命令付差押えとは，電磁的記録を保管する者その他電磁的記録を利用する権限を有する者に命じて必要な電磁的記録を記録媒体に記録させ，または印刷させた上，当該記録媒体を差し押さえる強制処分である（99条の2参照）。これは提出命令に類似した処分で，記録の義務を負う相手方（プロバイダ等の第三者が想定される）の協力的な対応が期待できることを前提とするものである。

　さらに，差し押さえるべき物が電子計算機（コンピュータ）であるときに，被疑事実と関連する電磁的記録が当該電子計算機ではなく，遠隔地にあるストレージサーバやメールサーバ等の記録媒体に保管されている場合がある。しかし，これらのサーバ等を差し押さえるのでは，大量に保管されている他のデータに対する利用を制約することになってしまう。そこで，当該コンピュータに電気通信回線で接続している記録媒体であって，当該コンピュータで作成・変更をした電磁的記録または当該コンピュータで変更・消去をすることができることとされている電磁的記

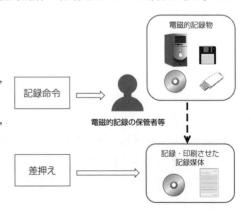

録を保管するために使用されていると認めるに足りる状況にあるものから，その電磁的記録を当該電子計算機または他の記録媒体に複写した上，当該電子計算機または当該他の記録媒体を差し押さえることができるとされた（218条2項）。

4　通信履歴の保全要請

近年増加しているサイバー犯罪（不正アクセス禁止法違反，ネットワーク利用犯罪等）の捜査においては，犯人等の特定のために，プロバイダ（ISP）等の通信事業者が管理する通信履歴を入手してこれを解析する必要がある。匿名性の高いサイバー空間においては，犯罪の痕跡として残されるIPアドレス等を特定することが重要だからである。

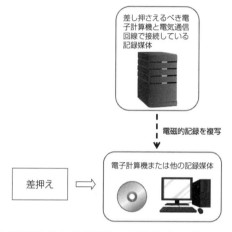

通信履歴の電磁的記録は差押えまたは記録命令付差押えの対象となるが，こうした通信履歴は通信事業者が業務上保有するものにすぎず，短期間で消去されてしまうことも少なくない。そのような事態に対応するため，捜査機関は，差押えまたは記録命令付差押えをするため必要があるときは，通信事業者等に対して，通信履歴の電磁的記録のうち必要なものを特定し，30日を超えない期間を定めて，これを消去しないよう，書面で求めることができる（197条3項）。なお，消去しないよう求める期間は，最長60日まで延長することができる（同4項）。

保全を要請すること自体は任意処分にとどまるものであるが，通信履歴もプライバシー情報のひとつであることや，通信履歴の保存にともなう通信事業者の負担が増加することに配慮して，2011（平成23）年の改正でその法律上の根拠を明確にしたのである。

第8章

証拠の収集(3)
逮捕にともなう捜索・差押え

第1節　令状によらない捜索・差押え──総説

➡ 趣旨説明

1　令状によらない捜索・差押え──その意義

(1)　憲法35条と刑訴法220条

　憲法35条1項によれば，「侵入，捜索及び押収」のための令状は，憲法「第33条の場合を除いて」要求される。すなわち，ここにいう「第33条の場合」とは，令状が要求されないという例外の場合を指す（→第3章第1節3(1)）。憲法33条が適法に逮捕するための要件について定めた条項であることから，憲法35条は，適法な逮捕の場合に令状によらない「侵入，捜索及び押収」が許されるという意味になる。そして，憲法35条の規定を承けて定められた220条1項・同3項は，逮捕にともなう「捜索」・「差押え」・「検証」について「令状……を必要としない」ものと定める（なお，「記録命令付差押え」は220条に定められていない）。

　本章では，**逮捕にともなう捜索・差押え**にしぼって解説する。逮捕にともなう検証に関しては第9章に，また，220条1項1号に定められた被疑者の捜索に関しては第4章に，それぞれ解説の場をゆずる（→第9章第1節1(3)，第4章第2節1(3)(ii)）。

(2)　220条の意義

　憲法35条における無令状の例外は，令状を要求するという原則と同じように，アメリカ合衆国憲法修正4条の影響を受けた制度である。もっとも，本家の制度が判例の積み重ねによる発展に支えられたものであって解釈の変遷をくり返してきたのとともに，憲法35条が「第33条の場合」という漠然とした文言によって例外を輪郭づけているため，220条の意義については，さまざま

に解釈する余地が生じる。

最大判昭36・6・7（刑集15・6・915。以下では「昭和36年判決」という）は，憲法35条における無令状の例外に関して，「令状によることなくその逮捕に関連して必要な捜索，押収等の強制処分を行なうことを認めても，人権の保障上格別の弊害もなく，且つ，捜査上の便益にも適なうことが考慮された」という背景の存在を指摘した。たしかに，令状主義の趣旨を踏まえれば，220条は，処分が「人権の保障上格別の弊害もなく」実施されるような方向に解釈を加えられなければならないであろう。

→→基本説明

2　逮捕にともなう捜索・差押え――要件および理論上の根拠

(1)　逮捕にともなう捜索・差押えの要件

220条1項・同3項は，令状によらない捜索・差押えの「特別の定」（197条ただし書）である。220条1項柱書・同項2号・同条3項によれば，捜査機関には，被疑者を①「**逮捕する場合**において」，②「**逮捕の現場**で」，「令状……を必要としない」捜索・差押えを実施することが許されている。①の要件が意味するのは，逮捕にともなう捜索・差押えの時間軸であって，時間的限界と呼べるものである。これに対して，②の要件は，逮捕にともなう捜索・差押えが許される場所について明らかにしたものであって，場所的限界と呼べばわかりやすい。

さらに，③捜索・差押えの理由・必要性も，令状によるときと同じように要件となるものであって，許される範囲を限界づける。「必要があるとき」に限って実施できるという220条1項柱書の文言とともに，222条1項が「第220条の……規定によ……る押収又は捜索」について99条1項や102条を準用することも考え合わせれば，③の要件は導かれるであろう。

令状による捜索・差押えの場合と違って，裁判官による正当な理由の認定も対象の特定もされていないため，①から③までの要件の有無に関しては，捜査機関に第1次の判断が委ねられる。

なお，逮捕の種類は問わない（220条1項柱書）。ただし，適法に逮捕できるという状況は不可欠である。例えば，差し押えられた資料によって現場の捜査官がはじめて被疑者を現行犯人と認定できたため逮捕したという場合に，先行した差押えが220条によって正当化されることはない。また，緊急逮捕について事後に「逮捕状が得られなかったときは，差押物は，直ちにこれを還付し

なければならない」（220 条 2 項）。

(2) 逮捕にともなう捜索・差押えの理論上の根拠

本来であれば令状が必要であるのに，令状主義における例外をあえて設けたというのであるから，①～③の要件は，例外として許される範囲を限界づけるのにふさわしい内容でなければならない。令状なしに許されることの理論上の根拠に立ち返って考えれば，逮捕にともなう捜索・差押えの限界をくわしく知るための手がかりが得られるであろう[1]。

逮捕にともなう捜索・差押えの理論上の根拠について考えるときは，まずもって，にわかに学説で一般化した理解を踏まえることが有益なのかもしれない。それは，「逮捕の現場」であれば一般に，証拠物等——すなわち，証拠となりえる物・痕跡や没収すべき物——の存在が高度に見込まれるという理解である。ここにいう証拠物等の存在の蓋然性は，どのような意味で一般的・類型的に認められるのかという問題が残るとはいえ，逮捕にともなう捜索・差押えを許すときの出発点となっている。たしかに，憲法 35 条も，憲法 33 条と同じように，「正当な理由」を認めえない身体・場所・物に対する捜索・押収のおそれが些細ないし若干の程度にとどまるからこそ，無令状の例外を設けたはずであって（→第 3 章第 1 節 3(2)），そうであれば，事前の司法審査をあえて省略するためには，証拠物等の存在の蓋然性を不可欠の前提としなければならないであろう。

そのうえで，逮捕にともなう捜索・差押えの合理性・正当性を説明づけるために，大別して 2 つの考え方が主張されている。

その 1 つは，証拠物等の存在の蓋然性ゆえに，捜索・差押えのための令状を裁判官に請求すれば発付されるような状況にあるため，わざわざ捜索・差押えについて事前の司法審査を経ることは要しないという考え方である。このように証拠物等の存在の蓋然性それ自体を根拠としたものは，相当説と一般に呼ばれる。

相当説と対比されるのは，証拠物等の隠滅を防止するための緊急の措置として捜索・差押えが許されるという考え方である。これは，逮捕される者すなわち被逮捕者が捜査官の行動に反応して証拠物等を隠滅しかねないので緊急に対

---

(1) 逮捕にともなう捜索・差押えの理論上の根拠とその帰結についてくわしく分析した文献として，井上正仁「逮捕に伴う無令状捜索・差押え」新争点 80 頁以下がある。

処しなければならないという論理である。この論理から構成される根拠は，しばしば，淵源であるアメリカの判例にならって，逮捕に対する抵抗・妨害を排除するために凶器や逃走具も捜索・差押えの対象にできるという根拠とセットで主張される。これらの根拠に基づいた緊急の措置としての捜索・差押えに限られるという考え方は，緊急処分説と呼ばれる。

→→→ ● 展開説明

第2節　令状によらない捜索・差押え──議論の展開

1　逮捕にともなう捜索・差押えの時間的限界・場所的限界

(1)　①時間的限界──「逮捕する場合において」という語の解釈

　逮捕にともなう捜索・差押えに関して，①時間的限界が問題となったのは，さきに挙げた昭和36年判決である。事案は，麻薬取締官らが麻薬取締法違反の被疑事実による緊急逮捕のために被疑者の自宅を訪ねたところ，たまたま被疑者が外出していたため，帰宅すれば逮捕する態勢のもとで自宅に対する捜索に着手して，差押えも行われたというものである。

　最高裁は，この捜索・差押えについて「違憲違法とする理由はない」ものと結論づけた。この事案で実施された捜索・差押えを許すという昭和36年判決の結論は，緊急処分説から導くことが困難である。被逮捕者がいなければ証拠物等の隠滅のおそれも逮捕に対する抵抗・妨害のおそれも生じないからである。

　もっとも，相当説に立脚したからといって，最高裁の結論には直ちに賛成できないはずである。事案では，捜索・差押えの途中に帰宅した被疑者を逮捕して，その後に直ちに請求した逮捕状も発付されていたため，「逮捕する場合において」実施された適法な捜索・差押えと評価することに支障をきたすような事情が存在しなかった。しかしながら，被疑者が帰宅しなかったため逮捕に至らなかったという仮定の事案に置きかえて考えたとき，これも同じように「逮捕する場合において」実施された適法な捜索・差押えと評価するのは，文言にそぐわないため無理があるように思われる。かといって，仮定の事案を逆に違法な捜索・差押えと評価するのは，捜索・差押えの途中で被疑者がたまたま帰宅すれば適法であるという成り行きまかせの論理を前提にすえてしまうことになる。このような難点があるため，学説の多数は，果たして昭和36年判決に先例としての高い価値が認められるのかという疑問を抱いている。

昭和36年判決によれば,「逮捕する場合において」の意義は,「単なる時点よりも幅のある逮捕する際をいうのであり,……逮捕との時間的接着を必要とするけれども,逮捕着手時の前後関係は,これを問わない」という[2]。ここにいう「逮捕との時間的接着」の意味は,相当説によれば,緩やかに解釈されるものと思われる。なぜならば,被疑者の自宅における証拠物等の存在の蓋然性は,一般に,逮捕の着手や完遂といった事情と無関係に認められるため,相当説にとって捜索・差押えを許すための事情に不足が生じないからである。

(2) ②場所的限界——「逮捕の現場で」という語の解釈(i):住居その他を対象とした捜索・差押え

②場所的限界に関する問題は,住居その他を対象とした捜索・差押えと被逮捕者の身体・所持品を対象とした捜索・差押えに分けて検討すれば理解しやすい。はじめに,住居その他を対象とした捜索・差押えから解説することにしたい。

山小屋に宿泊していた多数の被疑者を外に連れ出して山小屋の庭で逮捕した後に,宿泊に用いられていた部屋のすべてに対して捜索・差押えを実施したという事案について,いずれの部屋も「逮捕の現場」に該当するものと結論づけた裁判例がある[3]。この結論は,相当説に従えば容易に導き出せる。被疑者が宿泊していた部屋であれば証拠物等の存在の蓋然性は総じて認められるため,庭で逮捕されたのか部屋で逮捕されたのかという違いが結論を左右しないからである。そもそも相当説は,令状が発付されていたはずなので実際に発付されるのを待つこともないという論理に拠って立つから,逮捕の地点と同一の管理権に属するため令状による捜索・差押えが許されたはずの場所であれば,これを全体として「逮捕の現場」に含めるようである[4][5]。

---

(2) 所持品検査の適否に関する最判昭53・6・20(刑集32・4・670—米子銀行強盗事件)も,アタッシュケースのこじ開けが「緊急逮捕手続に先行して……時間的に接着してされた捜索手続と同一視しうる」ことに着目していて,違法収集証拠に関する判断の過程で示された見解とはいえ,判例に対する理解を深めるうえで参考になる。

(3) 東京高判昭53・5・31東高刑時報29・5・103。

(4) 小林充「逮捕に伴う捜索・差押に関する問題点」警研48巻5号24頁など。

(5) もっとも,相当説による説明が困難な裁判例もある。事案は,司法警察職員らがホテルの5階にある待合所で大麻取締法違反の現行犯人を逮捕した後に,この被疑者の申し出に応じて7階にある客室に被疑者を連行したうえで,客室に対する捜索に着手して,同宿する者の所持品から発見された大麻などを差し押さえたというものである。東京高判昭44・6・20(高刑集22・3・352)は,「直ちに……『逮捕の現場』から時間的・場所的且つ合理的な範囲を超えた違法なものであると断定し去ることはできない」という判示に基づいて,大麻などの証拠能力を肯定した。しかしながら,待合所と客室を管理権の観点から一括することには,両者の性質の違いゆえに無理があるように思われる。

これと比べて「逮捕の現場」をせまい範囲に限定するのが緊急処分説である。すなわち，捜索・差押えは，逮捕に当たって証拠物等の隠滅のおそれが生じた場所に限って許される。さきに挙げた裁判例のように山小屋の部屋のすべてを「逮捕の現場」という語でくくるのは，いずれの部屋にも「押収すべき物の存在を認めるに足りる状況」（222条1項・102条2項）があったからといって，多分に是認できないことであろう。

もっとも，どのような場所に証拠物等の隠滅のおそれが生じるのかという問題には，簡単に答えられない。もともと，隠滅のおそれを肯定できるのは，被逮捕者の手が届く領域ないし被逮捕者が直接に支配する領域に限局されるものと考えられてきた。しかしながら，隠滅のおそれや措置の緊急性といった語の内容・度合いを漠然と捉えるような解釈がときに提案されることもある。このような解釈のもとでは，捜索の範囲が拡大することも考えられる。さらに，被逮捕者の共犯と疑われる者や身内の者によって証拠物等を隠滅される可能性が生じれば捜索の範囲はその場所にまで拡張できるという解釈も，最近になって唱えられるようになった。あらためて緊急処分説の意義が問われているように思われる[6]。

(3) ②場所的限界——「逮捕の現場で」という語の解釈(ii)：**被逮捕者の身体・所持品を対象とした捜索・差押え**

被逮捕者の身体・所持品を対象とした捜索・差押えに関して議論を呼ぶのは，逮捕した地点から被疑者を別の場所に移動させたうえで捜索に着手することの適否である。

被逮捕者の身体や所持品については，一般に証拠物等の存在の蓋然性が認められる。また，この蓋然性は被逮捕者を移動させたからといって容易に変化しない。それゆえ，証拠物等の隠滅のおそれも通常は直ちに消滅しないものと考えるのであれば，緊急処分説であれ，移動させた後の捜索・差押えに合理性があるという結論にたどり着くはずである。

そのうえでさらに検討を要するのは，このような捜索・差押えを正当化するのに220条1項2号が「特別の定」となりえるのか否かという問題である。最高裁は，「逮捕現場付近の状況に照らし，被疑者の名誉等を害し，被疑者らの抵抗による混乱を生じ，又は現場付近の交通を妨げるおそれがあるといった事

---

[6] 緊急処分説をめぐる学説の展開とその課題については，井上正仁・新争点83-84頁を参照。

情のため，その場で直ちに捜索，差押えを実施することが適当でないときには，速やかに被疑者を捜索，差押えの実施に適する最寄りの場所まで連行した上，これらの処分を実施することも，……『逮捕の現場』における捜索，差押えと同視することができ」るという判断を示して[7]，220条1項2号に基づいて許される余地を肯定した。最高裁は，もっぱら「実施に適する最寄りの場所」に移動させたうえでの捜索・差押えを「『逮捕の現場』における捜索，差押えと同視」したのであって，被逮捕者の移動を無制限に許したわけでもなければ，移動させてたどり着いた場所が「逮捕の現場」になるという意味の判断を示したのでもない[8]（逮捕した後に捜査機関の判断によって「逮捕の現場」を設定できるようになってしまうのはおかしいからである）。

2　その他の問題

(1)　別罪の証拠と別件捜索・差押え

　逮捕にともなう捜索・差押えにも，令状によるときと同じように，③捜索・差押えの理由・必要性が認められなければならない。逮捕にともなう捜索・差押えの理由・必要性は，逮捕の理由となった被疑事実に関連する対象に限って肯定される。「逮捕の現場」に証拠物等の存在の蓋然性が生じるのは，逮捕できるほどに高い嫌疑が認められることによるのであって，それゆえ，逮捕の理由となった被疑事実に関連しない物にまで発見・確保の見通しが立つわけではない——すなわち，捜索・差押えの合理性・正当性を認めるための前提が成り立たない——からである。

　もっとも，逮捕にともなう捜索の過程で，逮捕の理由となった被疑事実とは異なる事件に関連する物が発見されることも少なくない。このとき，捜査官が発見された証拠物等を差し押さえたいのであれば，まさに別罪の差押えと位置づけて，対応を選択しなければならない（→第7章(コラム)別件捜索・差押え）。例えば，大麻取締法違反の被疑事実に基づく逮捕にともなって実施した捜索の過程で，逮捕された男性の所持品から大麻樹脂のほかに覚せい剤も見つかったときは，あらためて覚せい剤取締法違反（覚せい剤の所持）の現行犯人として男性を逮捕したうえで覚せい剤の差押えに着手するという手続が要求される（あるいは，被疑者が覚せい剤を任意に提出すれば領置できる）。仮に，捜査官が覚

---

(7)　最決平8・1・29刑集50・1・1—和光大学内ゲバ事件。

(8)　酒巻匡「逮捕に伴う令状を必要としない強制処分」法教297号62-63頁。

せい剤の発見を意図して，何らかの軽微な罪の被疑事実に基づく逮捕を実施したうえで捜索したというのであれば，いわゆる別件捜索・差押えの問題が生じる（→第7章 (コラム) 別件捜索・差押え）。

(2) 逮捕を完遂するための措置

すでに説明したとおり，凶器や逃走具は逮捕にともなう捜索・差押えの対象になるという見解がしばしば唱えられている。220条1項2号に基づいた捜索・差押えとして凶器・逃走具の探索・取上げが許されるという見解である。これに対して，そもそも逮捕が許されるのであれば凶器・逃走具の探索・取上げは当然に許されるという見解もある。すなわち，220条1項2号とは無関係に，本体の処分である逮捕に付随した措置（→第1章第2節 **3**(2)）として探索・取上げが許されるというのである。

たしかに，被逮捕者が隠し持っていた凶器や逃走具を使うようであれば逮捕の完遂はおぼつかないため，逮捕を完遂するために凶器・逃走具の探索・取上げが許されてしかるべきであろう。問題は，どちらの見解が法の解釈として妥当なのかという点にある。なお，警察官職務執行法2条4項は，「逮捕されている者……の身体について凶器を所持しているかどうかを調べることができる」という規定を置いている。

(3) 実施に当たっての措置や手順など

222条1項は，捜索・差押えに関する総則の規定の多くを「第218条，第220条……の規定によってする押収又は捜索」に準用するから，逮捕にともなう捜索・差押えも，原則として，令状によるときと同じ措置や手順をもって実施される。ただし，99条2項が準用されないため，差押えに当たって記録媒体にリモート・アクセスすることは許されない。116条・117条の規定が準用されないため，実施の時刻には制限がない（222条3項）のとともに，令状の呈示に関する規定（110条）の準用も当然にありえない。被疑者の立会いに関する規定（222条6項）は，逮捕にともなう捜索・差押えの場合に適用されない。

なお，検察事務官または司法警察職員による勾引状・勾留状の執行に関して，これにともなう捜索・差押えおよび検証が実施されるときも，令状は要しない（220条4項）。

第9章

証拠の収集(4)
検証・鑑定・身体検査ならびに電気通信の傍受

第1節　検証・鑑定

1　検　証

→ 趣旨説明

(1)　検証の意義

「**検証**」は，捜索・差押えと同じように，犯罪に関する資料の収集・保全を強制捜査として行うものである。もっとも，差押えの特徴が物の占有を確保するという行為に見いだせるのに対して，「検証」の特徴は，対象の性状を認識することにある。

性状の認識とは，遊園地に設置されたアトラクションの破損による死傷事故を事例に挙げて説明すれば，遊具の全体構造・稼働状況および破損箇所と被害者との位置関係などを目視して把握することや，破損の具合ないし発煙の状態などを目や鼻で把握するといったことである。機器を用いて測定・観測することも多い。もっとも，少なくとも捜査の場面であれば，検証の主体である捜査官が対象の性状を知覚・記憶するだけでは，得られた情報を確実に証拠として保全したことにならない。それゆえ，捜査官は，認識した情報を書面や電子媒体に記録する。判例も，検証について，「五官の作用によって対象の存否，性質，状態，内容等を認識，保全する」ものと定義する（後掲最決平11・12・16）。

通常であれば，検証の成果は検証調書と呼ばれる書面に取りまとめられて，証拠の保全が全うされたことになる（321条3項にいう「検証の結果を記載した書面」である。→第23章第2章**6**(1)）。実際に作成される調書には，対象となる場所や物を文章で記述するのに代えて図示したというものが多い。また，現場で撮影された写真やプリントアウトされたデータなどを添付した調書も，ひんぱんに作成されている。

第9章　証拠の収集(4)　　　127

→→　基本説明

(2)　「検証」と実況見分——その違い

　性状を認識・保全するという行為の対象はさまざまである。対象のありように応じて，資料の収集・保全が強制捜査にもなれば任意捜査にもなる。

　例えば，検証について「身体の検査，死体の解剖，墳墓の発掘，物の破壊その他必要な処分」（129条・222条1項）が予定されているのは，認識・保全を実現するための過程で，対象のありように応じて有形力を行使しなければならないからである。また，配送の途中にある宅配物の中身をエックス線の照射によって観察すれば「荷送人や荷受人の内容物に対するプライバシー等を大きく侵害する……から……強制処分に当たる」（最決平21・9・28刑集63・7・868）ことがあるように，対象を捉える行為それ自体の作用によっては，その作用ゆえに「強制の処分」という位置づけ・評価が与えられなければならない。いずれの場合も強制捜査であるため，「検証」として「特別の定」（197条1項ただし書）に従わなければ許されないのとともに，令状主義の規制にも服さなければならない。

　これに対して，性状の認識・保全という点で同じ行為なのに，もっぱら任意捜査として行われるものがある。これが**実況見分**と呼ばれる活動であって（→第1章第3節1(2)），捜査ではひろく行われている。なお，実況見分の成果を取りまとめたものは，実況見分調書と呼ばれる（→第23章第2節**6**(1)）。

(3)　**検証に対する規制**

　強制捜査の一種である検証は，「住居，書類及び所持品」に認められる自由・権利を侵害するものであって，それゆえ，原則として，「正当な理由に基いて発せられ」る令状によらなければ実施することが許されない（憲35条1項）（→第3章第1節1(1)）。

　捜査機関が「裁判官の発する令状」すなわち検証令状によって実施するときは，捜索・差押えと同じように，検証の理由および必要性に関する審査を経なければならない（218条1項・規155条・156条）のとともに，令状に「罪名，……検証すべき場所若しくは物」などを記載することが要求される（219条1項・規155条・156条）。また，逮捕にともなう検証は，逮捕にともなう捜索・差押えと同じ要件のもとで許される（220条1項2号・同3項）。捜査機関が行う検証の手続には，検証や捜索・差押えに関する総則の規定の多くが222条1項によって準用される（令状によるときは，222条4～6項も適用される）。

(4) 検証としての身体検査

人の身体を対象とする検証については、「**身体の検査**」という類型が定められている（129条・218条1項）。検証としての身体検査とも呼ばれる。「身体の検査」が検証における特別な類型として設けられたのは、身体の安全・自由や身体にまつわるプライバシー・感情といった特有の法益に配慮することの必要ゆえに、処分に対する規制を上乗せしなければならないからである。

上乗せされている規制は以下のとおりである。「身体の検査」を実施するための令状は、「検査すべき身体」を記載した「身体検査令状」でなければならない（218条1項後段・219条1項）。身体検査令状を発付する裁判官は、検査の対象となる者の特徴を考慮して、「適当と認める条件を附することができる」（218条6項・219条1項）。また、令状の請求に対する要件の加重（218条5項・規155条2項）や処分の実施に当たっての制約（222条1項・131条）も定められている。

検証としての身体検査を完遂するために、対象となる者の抵抗を排除することが個別の条項に基づいて許されている。強制の方法については、第2節1で解説する。

令状によらない「身体の検査」は、逮捕にともなう検証（220条1項2号）について129条を準用する規定（222条1項）の文言に従えば、実施できるという結論になる。これとは別に、被疑者が逮捕・勾留されていれば、裸にしないことを前提として、令状なしに、「指紋若しくは足型を採取し、身長若しくは体重を測定し、又は写真を撮影する」ことが許される（218条3項）。

2 鑑 定

➜ 趣旨説明

(1) 鑑定の意義

規制薬物の含有あるいは被疑者・被告人の責任能力などは、専門の知識・経験則や技術を活用しなければ解明できないような事項である。刑事手続では、この種の事項に関して判断を下すことが必要となったとき、医師や研究者のような「学識経験のある者」（165条）による薬物鑑定や精神鑑定などを通じて、判断のための資料が補充されなければならない。

「鑑定」とは、「学識経験のある者」が特別の知識・経験に基づいて一定の事項を報告することである（正確には、特別の知識・経験によって知りえた法則や事実の報告、または、この法則を個々の事実に適用して得られた判断の報告である）。

鑑定の成果は鑑定書として取りまとめられることが多い（321条4項にいう「鑑定の経過及び結果を記載した書面」である。→第23章第2節**7**(1)）。

捜査の場面であれば，捜査機関は，「犯罪の捜査をするについて必要があるときは，被疑者以外の者……に鑑定，通訳若しくは翻訳を嘱託することができる」(1)（223条1項）。鑑定の嘱託を引き受けた者は，鑑定受託者と呼ばれる。「鑑定人」（→第7章第4節**5**(4)）と違って，鑑定を受託する義務もなければ，鑑定受託者を対象とした義務づけもない。

→→ 基本説明

(2)　鑑定留置および鑑定処分

特別の知識・経験に基づいた報告も，さまざまなものを対象として行われる。それゆえ，「鑑定」に関しては，検証と同じように，強制捜査に必要な「特別の定」（197条1項ただし書）が用意されている。

1つは，精神鑑定などのために被疑者・被告人の身柄を拘束することであって，**鑑定留置**と呼ばれる。すなわち，裁判所または裁判官は，「心神又は身体に関する鑑定……について必要があるときは，……期間を定め，病院その他の相当な場所に……留置することができる」（167条1項・224条）。留置には「鑑定留置状」（167条2項）が必要となる。令状は，捜査の場面であれば，捜査機関による請求を受けた裁判官が発付する（224条1項）。鑑定留置の手続には，勾留に関する規定が準用される（224条2項・167条・167条の2）。

もう1つは，**鑑定処分**と一般に呼ばれる行為の一群であって，「人の住居若しくは人の看守する邸宅，建造物若しくは船舶内に入り，身体を検査し，死体を解剖し，墳墓を発掘し，又は物を破壊すること」（168条1項）である。いずれの処分も強制捜査を構成するものであるため，捜査の場面であれば，捜査機関による請求を受けた裁判官が許可するときに限って，鑑定受託者は処分を実施できる（225条1項・同2項）。許可に当たっては，鑑定処分許可状と呼ばれる令状が発付されなければならない（225条3項・168条2項）。

鑑定において「身体を検査」するときは，検証としての身体検査に近似した規制の上乗せがある（225条4項・168条3項・同6項・131条）。鑑定処分としての身体検査における強制の方法については，第2節**1**で解説する。

---

(1)　通訳・翻訳も，ひろい意味では鑑定の一種である。

第2節　身体検査

1　身体検査——概説

→ 趣旨説明

(1)　人の身体を対象とした証拠の収集・保全——さまざまな手法・技術

　人の身体から犯罪に関する資料を収集して保全するという活動には——被疑者・被告人を対象とするのであれ，被害者その他の者を対象とするのであれ——真相を究明するうえで有用なものが少なくない。実務では，目的に応じて，さまざまな手法・技術が用いられる。

　例えば，捜査あるいは行政警察上の活動では，尿・血液・呼気などの採取をともなう検査がひんぱんに行われている。酒気帯び運転の判定に必要なアルコール濃度の計測のために呼気を採取するという検査は，よく知られている。

　また，人物の同定に必要な情報を得るための検査も，さまざまな場面で用いられる。古くからの手法として，身体の測定や指紋の採取あるいは写真の撮影などがある。近年では，DNA型などの情報を得るために，細胞片を採取して検査することも多い。

　さらに，体内に取り込まれた物を発見するための検査が行われることもある。口・肛門といった体腔の検査や，エックス線などの照射による体内の検査は，隠伏・嚥下した証拠物等の収集・保全に向けて身体を調べるものである。

→→ 基本説明

(2)　身体検査（広義）——その分類

　強制捜査であれば，「特別の定」（197条1項ただし書）を要する（→第1章第1節2(2)(ii)）。法律には，人の身体を対象とした「強制の処分」として，①身体の捜索（102条）と②検証としての身体検査（129条）と③鑑定処分としての身体検査（168条1項）が設けられている。これら3つの類型は**身体検査（広義）**と総称できる。それぞれの類型について，実施の主体や令状の種類は，次頁に示した《身体検査（広義）の処分の類型》のとおりである。

　強制の方法も，処分の類型に応じて異なる。捜査の段階で行われる②および③については，強制の方法が以下のように定められている。すなわち，対象となる者は，正当な理由がないのに身体検査を拒否すれば，過料の賦課および費用賠償の命令を受けること，あるいは，10万円以下の罰金また拘留に処されることがある。このように制裁によるものは間接強制と呼ばれる。さらに，②

第9章　証拠の収集(4)　　　131

身体検査（広義）の処分の類型　　※条項は捜査に関するもの

	捜査における実施の主体	令状の種類	強制の方法	検査の範囲（学説の大勢による）
①身体の捜索	捜査機関	「捜索状」[人の身体を対象としたもの]（218条1項・219条1項）	直接強制（102条・〈222条1項〉）	(ｱ)着衣の状態で行う検査＝裸にすることは許されない
②検証としての身体検査	捜査機関	「身体検査令状」（218条1項後段・同5項・同6項・219条1項）	間接強制（137条・138条・〈222条1項〉）直接強制（139条・〈222条1項〉）	(ｲ)身体の外表の検査＝裸にしたうえで体腔を検査することまで許される(ｳ)体内への侵襲＝エックス線検査や嚥下物の採取も許される
③鑑定処分としての身体検査	専門家（「学識経験のある者」）	鑑定処分許可状（168条2項・〈225条4項〉）	間接強制＊（168条4項・〈225条4項〉）	◎見解の相違(a)②・③ともに(ｳ)まで許される(b)②は(ｲ)まで許されて，③は(ｳ)まで許される

＊ 225条4項が172条も139条も準用していないため，通説は，直接強制が許されないものと考えている。

については，過料や刑罰の賦課に効果がないものと認められるときは，捜索と同じように，捜査機関が「そのまま，身体の検査を行うこと」（139条）もできる。この方法は直接強制と呼ばれる。

上掲の表に示したように，学説の大勢は，処分の類型に応じて検査の範囲にも差異があるものと考えてきた（特に(b)の見解が多数を占める）。法律などに明記されていないのに検査の範囲を違えることの理由は，侵害の度合いに応じて類型が設定されたという解釈にある。すなわち，②に対する規制の上乗せ（本章第1節1(4)）があるのは，また，③を専門家の責任において実施させるのは，ともに，身体の安全やプライバシー・感情に対する侵害の度合いに応じて法が慎重な手続を要求したことに基づくというのである。

もっとも，身体検査（広義）の手法・技術は，多彩であるのに加えて，ひとつひとつの活動がしばしば多面性を持つため，いずれかの類型に容易にふり分

けられないこともある。このことをよく物語るのは，体液その他の採取である。いわゆる強制採尿が代表格であろう。引き続いて解説したい。

2 強制採尿その他

➡️ **趣旨説明**

(1) いわゆる強制採尿——強制による尿の採取

覚せい剤を使用すれば，10年以下の懲役に処される（覚せい剤41条の3第1項）。覚せい剤の自己使用を立証するためには，尿に含有する覚せい剤成分の検出が非常に重要な手段と考えられているため，尿の採取が欠かせないものとなる。

被疑者が任意に尿を提出しなければ，特に，提出の要求を頑として拒絶するような場合には，カテーテル（導尿管）を尿道に挿入して強いて採取するという選択肢が浮上する。これが**強制採尿**である。もっとも，強制採尿には，大別して2つの問題を見いだせる。第1に，その態様ゆえに羞恥・屈辱の感情を強くかき立てるような処分はそもそも許容できるのかという問題がある。第2に，身体検査（広義）に関して法定された手続のいずれに従えば——要するに，いずれの令状によれば——実施が許されるのかという問題もある。

➡️➡️ **基本説明**

(2) 強制採尿に関する判例

最決昭55・10・23（刑集34・5・300。以下では「昭和55年決定」という）は，第1の問題に関して，「被疑事件の重大性，嫌疑の存在，当該証拠の重要性とその取得の必要性，適当な代替手段の不存在等の事情に照らし，犯罪の捜査上真にやむをえないと認められる場合には，最終的手段として，適切な法律上の手続を経てこれを行うことも許されてしかるべきであり，ただ，……被疑者の身体の安全とその人格の保護のため十分な配慮が施されるべきもの」と述べた。

第2の問題すなわち「適切な法律上の手続」に関して，昭和55年決定は，Ⓐ「体内に存在する尿を……強制的に採取する行為」が「捜索・差押の性質を有する」ため「捜索差押令状を必要とする」ものと理解する。そして，そのうえで，Ⓑ「検証の方法としての身体検査と共通の性質を有している」がゆえに，「令状の記載要件として，強制採尿は医師をして医学的に相当と認められる方法により行わせなければならない旨の条件の記載が不可欠である」ことに論及したのである。

→→→　展開説明

(3)　判例の意義と問題点

　第1の問題に関する判示は，厳格な要件のもとで許容するという意味であろう。もっとも，現実として，高度の嫌疑を有する被疑者が尿の提出に応じなければ要件は充たされるから，「最終的手段」と呼べるほどに厳格なのかという疑問も残る。そもそも，昭和55年決定によれば，「強制採尿が被疑者に与える屈辱感等の精神的打撃は，検証の方法としての身体検査においても同程度の場合がありうるのであるから，……絶対に許されないとすべき理由はなく」なるという。しかしながら，「被疑者の人格の尊厳を著しく害し，……許される限度を越え，違法である」という原審の判断⑵に賛意を示す見解も少なくない。

　第2の問題に関する判断は，さらに多くの議論を呼ぶものである。判示のⒶは，尿の占有を取得する（および尿を探索する）という側面に着目したことの結果として，相応に「差押状」・「捜索状」を要求したのであろう。従前の実務では鑑定処分許可状と「身体検査令状」の発付を受けて併用するのが一般であったのに，昭和55年決定は，その後の実務を一変させたのである。

　2種類の令状を併用するという従前の方式は，(b)の見解に伏在する不都合を踏まえたものである。すなわち，――医師などの専門家が実施しなければならないため――強制採尿を③鑑定処分としての身体検査と位置づけて鑑定処分許可状によるものと考えたとき，鑑定受託者に直接強制が許されていないという通説の理解によれば，実力の行使はかなわない。そのため，従前の実務は，被疑者が尿の提出を頑として拒絶したときのために身体検査令状も用意して，必要な場合に被疑者の身体に対する直接強制が可能となるように腐心したのである。これに対して，昭和55年決定は，強制採尿に見いだせる目的・態様の一面に着目して，直接強制に関する法律上の根拠を簡潔に説明づけたものと理解できる。

　もっとも，最高裁であれ，体内に侵襲するという態様の特異性あるいは人の身体に対する作用の強さは無視できないのであって，それゆえ，学説の大勢と同じように，医師の手による採取を必須の要請としなければならなかった。判示のⒷは，この要請に応えたものである。ただし，218条1項に定められた「捜索」・「差押え」について，裁判官が条件を付加できるという条項は存在し

――――――――――――――

　⑵　名古屋高判昭54・2・14判時939・128。

ない。そのため，昭和55年決定は，218条6項（当時は同5項）の規定を準用するという解釈によって解決したのである。現在の実務では，昭和55年決定にならって，条件を付された捜索差押許可状が発付されるようになっている。

たしかに，裁判官が適切な内容の条件を付加すれば，強制採尿に関する権限の合理性が事前の司法審査によって確保されるため，強制採尿の実施は令状主義の規制に沿ったものとなりえる（→第3章第2節1(1)）。しかしながら，第2の問題に関する昭和55年決定の論理は，別の観点から根強い批判にさらされている。例えば，昭和55年決定の論理は，②や③の類型に定められた手続を〈条件付き捜索差押許可状〉による実施で代替できるように組み立てられていて，慎重な手続を特別に設けたことの意義が失われるため，法の解釈として正当でないというのである[3]。あるいは，わざわざ規定を準用しなければ要請に適合しないような令状は，要するに法が予定しない令状と同じ意味のものであるから，裁判所が強制処分法定主義に違背して「強制採尿令状」——すなわち，差押状・捜索状と身体検査令状の合成物——を創出したのにひとしいというのである[4]（→第1章第2節1(2)）。

(4) 強制採尿のための連行

強制採尿は，身体の安全や身体にまつわるプライバシー・感情に配慮することを要する手段であるため，適切な環境を整えた医療施設で実施しなければならない。そのため，実務で表面化したのは，逮捕・勾留されていない被疑者が任意同行を拒否するとき，強制採尿のために連行すなわち移動の強制も許されるのかという問題である。

この問題について，最決平6・9・16（刑集48・6・420。以下では「平成6年決定」という）は，「被疑者を採尿場所へ任意に同行することが事実上不可能であると認められる場合」に，「採尿に適する最寄りの場所まで……必要最小限度の有形力を行使」して連行できるものと判示した。その後の実務では一般に，平成6年決定を踏まえて，必要であれば最寄りの適切な場所まで被疑者を連行できるという趣旨の条件も捜索差押許可状に付記されている。

平成6年決定によれば，このような要件・手続に従った連行は，「強制採尿令状の効力として」正当化されるという。その論拠の1つとして，司法による

---

(3) 井上正仁『強制捜査と任意捜査〔新版〕』（2014）89頁を参照。
(4) 酒巻匡『刑事訴訟法』（2015）147-148頁。

事前の統制を受けているという点，すなわち，「強制採尿令状……を発付する裁判官は，連行の当否を含めて審査し……発付したものとみられる」という点が挙げられた。これは令状主義の観点から論じた論拠である（→第3章第2節1(1)）。もっとも，強制処分法定主義の観点から，「強制の処分」である連行について「特別の定」（197条1項ただし書）はあるのかという問題が残る。問題のポイントは，すなわち，——「連行……できるものと……解しないと，強制採尿令状の目的を達することができない」からといって——「逮捕」や「勾引」（135条）にひとしい行為を強制採尿に付随する措置と位置づけて許すという解釈が法の体系に適合するのか否かである[5]（→第1章第2節1(2)，第1章第2節3(2)）。

(5) その他の採取

〈条件付き捜索差押許可状〉を要求した昭和55年決定の論理については，体内に存在する物の占有を取得するという処分におしなべて当てはまるものなのか，もっぱら尿の特性に注目した判断であって一般に適用されないものなのか，あるいは，両者の合間に位置する射程を持つのか，いずれなのかも議論となっている。昭和55年決定の射程に関する議論は，例えば，強制採血に必要な令状の種類といった問題に影響する。

実務のすう勢によれば，耳たぶの切開や注射器の使用による強制採血に当たっては，鑑定処分許可状と身体検査令状が併用されるようである。もっとも，ケガなどのため流れ出た血液は，被疑者の占有を離れたものとして領置する余地がある[6]。

嚥下した物の取出しには，嚥下物の所在を確認したうえで吐剤・下剤を投与するという手順が踏まれる。鑑定処分許可状と捜索差押許可状を併用するという見解と，昭和55年決定と同じように〈条件付き捜索差押許可状〉によるという見解がある。

---

[5] 議論の全体像については，さしあたって，村瀬均・令状基本問題(下)316頁以下を参照。

[6] 福岡高判昭50・3・11刑月7・3・143を参照。

第3節　電気通信の傍受

1　電気通信の傍受──その背景と意義

→ 趣旨説明

(1)　はじめに

「通信の当事者のいずれの同意も得ないで電気通信の傍受を行う強制の処分」（222条の2）は，1999（平成11）年に法定された。この「**電気通信の傍受**」の要件・手続については，同じ年に制定された**通信傍受法**が定めている。もっとも，電話・電子メッセージなどの通信や住居で交わされる会話を傍受・聴取するという捜査の手段には，放縦さや後ろめたさがつきまとうため，通信傍受法に対しても，常に険しいまなざしが向けられる。傍受・聴取は，見方を変えれば盗聴にほかならないのである。

この事情を踏まえて，本節では，いずれの当事者も同意（承諾）していないときの傍受・聴取の問題に触れたうえで，「電気通信の傍受」について簡単な解説を加えることにしたい[7]。なお，当事者録音や同意傍受と呼ばれるものは，第2章で解説したとおり，一方の当事者が同意（承諾）しているため別異の問題となる（→第2章第2節**5**(1)）。

→→ 基本説明

(2)　いずれの当事者も同意（承諾）していないときの傍受・聴取

組織化された犯罪やいわゆる〈被害者なき犯罪〉などが捜査の対象となれば，捜査機関が重要な証拠として関心を寄せるのは，犯罪の準備・実行あるいは証拠の隠滅などに関する謀議・指示・連絡を内容とした通信（以下では「犯罪関連通信」という）や，そのような内容の会話であろう。いずれも，当事者の同意（承諾）を得て傍受・聴取することがおよそ考えられない通信・会話である。

しかしながら，通信の秘密を通信の当事者のために保障する規定として，憲法21条2項がある。また，憲法13条の解釈として，私領域における通信・会話を当事者でない者に捕捉されないという当事者の期待は，十分に保護に値するものと認められてきた。それゆえ，いずれの当事者も同意（承諾）していないのに，通信経路に機器を接続して，あるいは，いわゆる盗聴器を設置して，

---

[7]　通信・会話の傍受・聴取をめぐる議論については，井上正仁『捜査手段としての通信・会話の傍受』（1997）および小田中聰樹ほか『盗聴立法批判』（1997）の各論説を参照。

ひそかに通信・会話の内容を傍受・聴取するときは，通信の秘密や私領域における プライバシーの権利に対する直接の侵害となるため，令状主義の規制に服さなければならない。いわゆる電話検証に関する最決平11・12・16（刑集53・9・1327。以下では「平成11年決定」という）も，同じ見解に立つ（→第3章第2節**3**(2)，第3章第3節**1**(2)）。

→→→ 展開説明

(3) 傍受・聴取の合憲性と適法性

通信傍受法は，本節**2**で解説するとおり，捜索・差押えなどと比べてはるかに厳格かつ特異な要件・手続を設けている。この背景について理解するうえで参考となるのは，平成11年決定である。

平成11年決定は，通信傍受法の制定に先だって行われた電話の傍受について，合憲かつ適法となるための要件・手続を明らかにした。すなわち，「重大な犯罪……を犯したと疑うに足りる十分な理由」とともに，犯罪に関する通話の蓋然性やいわゆる手段の補充性があって，それゆえ「犯罪の捜査上真にやむを得ない」ときは，「法律の定める手続に従って」実施すれば，通話の内容を傍受するという処分が「憲法上許される」ものと判示したのである。

平成11年決定が特に厳しい要件のもとで「犯罪の捜査上真にやむを得ない」ときに限って許したのは，電話の傍受という処分の持つ特性が考慮されたからであろう。たしかに，個人の生活に対する介入の度合いが非常に大きいことや，犯罪関連通信に該当する通信なのか否かを判断するための傍受（以下では「該当性判断傍受」という）が不可欠であるため無関係な通話の捕捉も避けられないことなどは，ともに無視できない事情であるから，要件の厳格化も当然である。

「法律の定める手続」について，平成11年決定は，電話「検証」として検証令状によることを肯定した（→第3章第3節**1**(2)）。しかしながら，学説の多数は，「検証」という法定の類型におさまらない「強制の処分」を最高裁が「検証」の一種と解釈したものと理解するため，強制処分法定主義の観点から平成11年決定を批判している（→第1章第2節**1**(2)，第1章第2節**3**(2)）。例えば，該当性判断傍受の性質は「捜索」にひとしいから検証に「必要な処分」の範囲で許される行為——すなわち，検証に付随した措置——になりえないという批判や，通話の当事者に対して不服を申し立てる機会が与えられなければならないことから，この手続を用意していない法律のもとでは検証として傍受で

きないという批判である。いずれの問題も，傍受の実施が令状主義の規制に沿っているのか否かという問題（→第3章第2節1⑴，第3章第3節1⑵）とは別に論じなければならないものである。

⑷　通信傍受法の意義

222条の2および通信傍受法は，「電気通信の傍受」についての「特別の定」（197条1項ただし書）である。それゆえ，現在では，検証令状によって傍受することが許されないはずである。

もっとも，電気通信の傍受は，「現に行われている他人間の通信について，その内容を知るため」（通信傍受2条2項）のものと定められている。そのため，電話番号その他のIDや通信の日時といった通信の外形を把握することは，検証として許される余地がある。また，サーバに残された通信データの保全は，差押えまたは記録命令付差押えによって保全できる（→第7章第3節2⑴，第7章第3節3）。

→→ 基本説明

2　電気通信の傍受——要件および手続

⑴　処分の要件および処分の対象

通信傍受法[8]によれば，以下に挙げる①～③の要件のすべてを充たすときは，「裁判官の発する傍受令状」によって，所定の通信回線における犯罪関連通信を傍受することが許される（通信傍受3条1項）。①組織的な殺人や薬物に関連する罪といった特定の重大な犯罪を「疑うに足りる十分な理由」があって，かつ，「数人の共謀によるものであると疑うに足りる状況」にあること。②「犯罪関連通信……が行われると疑うに足りる状況」にあること。③補充性があること，すなわち，他の手段による事案の解明が著しく困難であること。

傍受の対象となる通信回線は，被疑者が契約しているもの，または，「犯人による犯罪関連通信に用いられると疑うに足りるもの」である。

---

(8)　なお，2015（平成27）年に国会に提出された「刑事訴訟法等の一部を改正する法律案」には，通信傍受法の改正も盛り込まれている。改正の内容は，傍受の対象となる犯罪の範囲を拡大することと，立会人を不要とした傍受の実施も可能とすることである。提案されている新たな実施の方法は，傍受する通信のすべてを暗号化・保存した後に，その復元・再生の段階で該当性判断傍受を行うことによって，通信事業者などによる傍受の立会いや記録媒体の封印といった手続を不要・簡略にしている。

(2) 処分の手続など

　発付される傍受令状には，被疑事実の要旨とともに，「傍受すべき通信」や，10日を上限とした「傍受ができる期間」などが記載されなければならない（通信傍受5条・6条）。「傍受ができる期間」の延長も許される。ただし，通算して30日を超えることはできない（通信傍受7条）。なお，傍受令状の請求・発付の主体は限定されている（通信傍受4条）。

　捜査機関は，通信事業者などに令状を呈示したうえで，この者または地方公共団体職員を立ち会わせて，傍受を実施する（通信傍受9条1項・12条）。通信事業者には実施に協力する義務がある（通信傍受11条）。捜査機関は，傍受した通信のすべてを記録媒体に記録しなければならない（通信傍受19条）。記録媒体は，立会人による封印を経て，傍受状況報告書とともに裁判官に提出される（通信傍受20条・21条）。捜査機関が利用できるのは，記録媒体から証拠とならない部分を消去して作成した「傍受記録」である（通信傍受22条）。作成の後に，捜査機関は，通信の当事者に対して，傍受に関する通知を行わなければならない（通信傍受23条）。通信の当事者には，記録を閲覧・聴取・複製することのほかに，異議の申立てが認められる（通信傍受24～26条）。

　実施の際に傍受できるのは，①傍受令状に記載された被疑事実の犯罪関連通信である。ただし，②該当性判断傍受も，判断に「必要な最小限度の範囲」に限って許されている（通信傍受13条1項）。さらに，③傍受令状に記載された被疑事実とは別の重大な犯罪に関連する通信も，これに該当するものと「明らかに認められる」ときは傍受が許される（通信傍受14条）。③の傍受を許すことに対しては，学説からとりわけ多くの疑問が投げかけられている。

　なお，傍受令状の請求・発付や実施の状況については，国会に対する報告や公表が政府に義務づけられている（通信傍受29条）。

第10章

被疑者の取調べ，被疑者の防御

第1節　被疑者取調べ

1　取調べの意義

➡ 趣旨説明

(1)　被疑者取調べ

取調べとは，相手方に対し質問をして供述を求める捜査をいう。被疑者・参考人から得られた供述は，その後の捜査の手がかりとされるだけでなく，証拠として**供述調書**に記録・保全され，公判廷における被告人質問や証人尋問の内容を補完する役割を果たすことになる。

わが国の捜査実務において被疑者取調べがとりわけ重視されてきた理由は，被疑者を取り調べることにより**自白**（自己の犯罪事実の全部または一部を認める供述）を得られる可能性があるからである。取調べを通じて自白を獲得することの意義については，故意・過失や犯行の動機等，犯罪の主観面の立証に自白が重要な役割を果たすことや，贈収賄・選挙違反・脱税などのいわゆる被害者なき犯罪の立証には自白が不可欠であること，自白が高い証拠価値を有すること，などが指摘される[1]。さらには，刑事政策的な意味もあるといわれる。被疑者が自らの行為を反省し後悔することは，検察官が起訴猶予の判断をする契機となり，犯人の改善更生と再犯防止という特別予防の効果が見込まれるというのである[2]。

もっとも，このような被疑者取調べも，真犯人の自発的な供述を引き出すのであれば格別，たとえ真犯人であってもその者の黙秘権等の人権を侵害するような方法によることは許されないし，無実の者から虚偽の自白を引きだしてし

---

(1)　田宮裕「被疑者の取調べ」法教78号35頁，三井(1)新版127頁。

(2)　宇藤崇「被疑者の取調べ」新争点64頁。

まっては，冤罪につながるおそれがある。現に，近年も，無実の者が自白に追い込まれた事例が発生している[3]。

捜査手段としての被疑者取調べの活用について考えるとき，その有用性に対して，「諸刃の剣」ともいえるこのような危険性と弊害を念頭に置く必要がある。

➜➜ 基本説明

(2) 被疑者以外の者の取調べ

取調べの対象は被疑者に限られない。被疑者以外の**参考人**に対しても，出頭を求め，これを取り調べることができる（223条1項）。例えば，被害者や目撃者等，事件に関する重要な情報を有している者に対して，事情を聞く場合がこれに当たる[4]。参考人は身柄を拘束されているわけではないので，検察官，検察事務官または司法警察職員による出頭の求めに対して，これを拒むことができるし，出頭後，何時でも退去することができる（223条2項・198条1項ただし書）。また，参考人の供述を調書に録取する場合の手順は，被疑者の場合と同様である（223条2項・198条3項以下）。

2 被疑者の出頭と滞留

被疑者取調べは，警察署内の取調室等で実施されるのが一般的である。そこで，被疑者を取り調べるに当たって，被疑者が取調室にいる状況をまずは作る必要がある。身柄を拘束されていない在宅被疑者の場合は，198条1項本文で「出頭を求め」ることができるとされている。これに対して，身柄を拘束されている被疑者については，同ただし書の解釈が問題になる。

(1) 在宅被疑者の場合

捜査機関は，在宅被疑者を取り調べるため，警察署等への**出頭要求**をすることができる。犯罪捜査規範102条1項によれば，電話，呼出状の送付その他の方法により，出頭すべき日時・場所・用件その他必要な事項を呼出人（被疑者）に伝達するという形で行われることとされている。一方，警察官等が被疑者の居場所まで赴き，**任意同行**を求めることもある。

---

(3) 例えば，森下元雄「富山事件及び志布志事件における警察捜査の問題点等について」警論61巻6号107頁以下を参照。

(4) 「取調べ」という言葉は「追及する」といった意味合いを含むことがあるため，世間一般では，参考人に関しては「事情聴取」という言葉が用いられる。なお，アメリカ合衆国でも，interrogation（取調べ）とinterview（聴取）という2つの用語を同様に使い分けることがある。

いずれの方法をとる場合も，在宅被疑者はこれに応じる義務はない。198条
1項ただし書は，「被疑者は，逮捕又は勾留されている場合を除いては，出頭
を拒み，又は出頭後，何時でも退去することができる」と定めており，逮捕ま
たは勾留されていない被疑者に**出頭拒否の自由**と**退去の自由**が保障されること
を明らかにしている。

　任意捜査として行われる被疑者の警察署等への同行に当たって，有形力を行
使することが絶対に禁止されるものではないとしても，被疑者の身体行動の自
由を過度に制約するものであってはならない（→第2章第2節**2**）。

⑵　身柄拘束下の被疑者の場合

　逮捕または勾留の処分によりすでにその身柄を拘束されている被疑者につい
ては，取調室への出頭・滞留義務が課される。これは198条1項ただし書の
反対解釈によるもので，逮捕または勾留されていない被疑者には出頭拒否と退
去の自由が保障されることの裏返しとして，身柄拘束下の被疑者にはこれらの
自由が与えられない。これが捜査実務上の取扱いである（**出頭・滞留義務肯定説**）。

　しかし，これには有力な反対論が提起されている。上記の解釈は，取調室へ
の出頭と滞留にとどまらず，被疑者に取調べ受忍義務を課し，その供述拒否権
（黙秘権）を奪うことになるというのである。**取調べ受忍義務否定説**によれば，
身柄拘束下の被疑者であっても，在宅の場合と同様，出頭拒否と退去の自由が
保障される。そして，198条1項ただし書は，そのような出頭拒否・退去を認
めることが，逮捕または勾留の効力自体を否定するものではない旨を注意的に
明らかにしたにとどまるとするのである[5]。

　2つの見解の実質的対立点は，取調室への出頭・滞留という，被疑者の身体
行動の自由に関する義務づけが，被疑者の供述の自由を脅かすか否かである。
この点，最大判平11・3・24（民集53・3・514）は，「身体の拘束を受けてい
る被疑者に取調べのために出頭し，滞留する義務があると解することが，直ち
に被疑者からその意思に反して供述することを拒否する自由を奪うことを意味
するものでないことは明らかである」として，両者の関連性を否定している。
出頭・滞留義務肯定説の立場からは，「取調べ受忍義務」という用語自体，や
やミスリーディングだと評価すべきことになろう。

　もっとも，198条1項ただし書の解釈として出頭・滞留義務を肯定しても，

---

(5)　平野106頁。

第 10 章　被疑者の取調べ，被疑者の防御　　143

現実に，留置施設等に留まることを希望する被疑者を無理に取調室に連行して
滞留を強制することには限界がある。そのような状況で取調べを続行しても，
そこで得られた供述の任意性に疑義が生じるからである。また，供述の自由を
脅かすような態様での取調べや，不適正な取調べによって虚偽自白が採取され
てしまうことが許容されるわけではない。以下のような現行刑訴法上の規制に
加えて，取調べ監督制度や録音・録画制度等，さまざまな方策が近年模索され
ている（→第 28 章第 3 節）

3　被疑者取調べの実施

(1)　黙秘権の告知

198 条 2 項は「取調に際しては，被疑者に対し，あらかじめ，自己の意思に
反して供述をする必要がない旨を告げなければならない」として，黙秘権を告
知すべきことを定める（→本章第 2 節 1(1)）。被疑者に対する黙秘権の保障を実
効的なものとするためには，その権利が存在することおよびこれを行使できる
ことを被疑者自身に認識させる必要があるからである。なお，弁解録取（203
条 1 項等）に際して告知が必要かについては争いがあるが，判例は不要とする
[6]。

黙秘権の告知は，自己負罪拒否特権を保障する憲法 38 条 1 項の直接の要請
とはいえないが[7]，取調べで得られた供述（とりわけ自白）の任意性を担保す
る意義を有する。したがって，黙秘権の告知を欠いた場合に常に証拠能力が否
定されることはないとしても，不告知の事実は，供述の任意性判断に影響を及
ぼす事情となる（→第 20 章第 2 節 3(4)）。

(2)　取調べの方法

取調べは，供述（特に自白）を被疑者に促すための説得を行い，そこで得ら
れた被疑者の供述を調書に録取する形で行われる。被疑者には，憲法 38 条 1
項で自己負罪拒否特権，刑訴法 198 条 2 項で黙秘権が保障されているため，
これを制約する強制の手段を用いることは許されないし，法が予定するところ
でもない。したがって，被疑者に対する身柄拘束の有無にかかわりなく，取調
べは任意捜査である。高輪グリーン・マンション事件決定（最決昭 59・2・29
刑集 38・3・479）は，198 条に基づく任意捜査の一環として行われる取調べに
ついて，「〔最高裁昭和 51 年決定にいう〕強制手段によることができないという

---

(6)　最判昭 27・3・27 刑集 6・3・520。

だけでなく，さらに，事案の性質，被疑者に対する容疑の程度，被疑者の態度等諸般の事情を勘案して，社会通念上相当と認められる方法ないし態様及び限度において，許容される」と判示している（→第2章第2節**2**(4)）。

(3) 供述の録取

被疑者の供述は，これを調書に録取することができる（198条3項）。弁解の機会を与えたときはその結果を弁解録取書に記載しなければならない（捜査規範130条1項3号参照）のに対して，供述録取書（いわゆる供述調書）の作成は，取調官の裁量に委ねられる。取調べの初期段階では被疑者の供述が変遷する場合があるため，すべての取調べの結果を調書に録取するわけではなく，ある程度供述内容が固まってから調書が作成されることが多い。

録取とは，被疑者の供述を書面に記録することである。録取する内容は取調官の判断によるから，供述が被疑者の意図するとおりに正確に記録されたかを確認する必要が生じる。そこで，作成した調書を被疑者に閲覧させ，または読み聞かせて，誤りがないかどうかを問い，被疑者が増減・変更の申立てをしたときは，その供述を調書に記載しなければならない（198条4項）。被疑者が，調書に誤りのないことを申し立てたときは，これに署名押印することを求めることができるが，被疑者がこれを拒むこともできる[8]（198条5項）。

→→→ 展開説明

(4) 余罪取調べ

余罪取調べとは，身柄を拘束された被疑者に対して，逮捕・勾留の理由となっている被疑事実（本罪）以外の事実（余罪）について取り調べることである。

身柄拘束下の被疑者が負うべき出頭・滞留義務（取調べ受忍義務）は余罪取調べにも及ぶ，というのが捜査実務における一般的な考え方である。そして，被疑者を取り調べること自体は任意捜査であるから，どのような事実を対象とするかは限定されない[9]。出頭・滞留義務によって制約されるのは身体行動の自由であり，被疑者の供述の自由と黙秘権には及ばないからである。

余罪取調べの適法性に疑義が生じるのは，もっぱら本件（余罪）を取り調べる目的で，証拠が揃っている別件（本罪）で被疑者の身柄を拘束するという違

---

(7) 最判昭25・11・21刑集4・11・2359参照。

(8) 同意がある場合を除き，作成された調書を公判で証拠として利用するためには，被疑者の署名押印が必要である（322条1項）。

第10章　被疑者の取調べ，被疑者の防御　　145

法な**別件逮捕・勾留**が行われた場合である。もっとも，本件基準説や実体喪失
説といった見解によれば，余罪取調べの状況は，先行する逮捕・勾留の適否に
反映されるので，余罪取調べそのものを違法とする必要性に乏しい。他方，別
件基準説をとる場合，身柄拘束自体は適法とされるため，余罪取調べの段階で，
別件逮捕・勾留という捜査方法全体の適否を判断しなければならない（第5章
第3節**2**）。

　神戸まつり事件判決（大阪高判昭59・4・19高刑集37・1・98）は，別件の
逮捕・勾留についてその理由または必要性が欠けているとまではいえない（し
たがって，逮捕・勾留自体が適法とされる）ときでも，本件（余罪）の取調べが
実質的に令状主義を潜脱するものであるときは違法とされる旨を判示した。同
判決によれば，実質的に令状主義の原則を潜脱するものであるか否かは，①本
罪と余罪との罪質および態様の相違，法定刑の軽重，捜査上の重点の置き方の
違いの程度，②余罪についての証拠（特に客観的な証拠）がどの程度揃ってい
たか，③本罪についての身柄拘束の必要性の程度，④本罪と余罪との関連性の
有無および程度，⑤余罪に関する捜査の重点が被疑者の供述（自白）を追求す
る点にあったか，客観的物的資料や被疑者以外の者の供述を得る点にあったか，
⑥取調担当者の主観的意図がどうであったか等の具体的状況を総合して判断さ
れる。

第2節　被疑者の防御権

→ 趣旨説明

　捜査の主体は捜査機関である（→第1章第1節1(2)(ii)）。有罪判決が確定して
いない「被疑者」が「犯人」であるとは限らず，捜査機関は，事案の真相解明
という観点から，被疑者にとって有利な証拠も広く収集し，無辜の者が捜査あ
るいは公訴提起の対象とならないよう努めなければならない。その意味では，
被疑者は**捜査の客体**あるいは対象者ということになろう。

---

(9)　これとは異なる立場をとる裁判例として，浦和地判平2・10・12（判時1376・24）がある。同
　　判決は，事件単位の原則に従い，出頭・滞留義務は本罪の取調べについてのみ生じるとしたうえ
　　で，余罪取調べに際しては，被疑者に退去の自由があることを告げ，被疑者が退去の希望を述べ
　　たときには直ちに取調べを中止しなければならないとする。しかし，事件単位原則は逮捕・勾留
　　の効力に関するものであり，取調べとは理論上分離して扱うべきである。田宮136頁。

146　　　　　　　　　　　第1部　捜　査

　他方で，被疑者は，捜査をただ受け入れるばかりの立場にはなく，以下に挙げるようなさまざまな権利が保障されている。これを総じて**防御権**という。

1　黙　秘　権

→→　基本説明

⑴　黙秘権の意義

　憲法 38 条 1 項は「何人も，自己に不利益な供述を強要されない」と定めている。「自己に不利益な供述」とは，自身が刑事上の責任を負うことになるような供述を意味しており，憲法は，かかる供述をする義務を誰も負わないことを明らかにしている。これを**自己負罪拒否特権**という。沿革的には，この特権は，刑罰による制裁や法律上の義務づけをもって供述を強制することを禁止する趣旨である。刑訴法は，憲法 38 条 1 項の規定を受けて，証人が宣誓と証言の義務を負う（160 条参照）ことにかかわらず，「自己が刑事訴追を受け，又は有罪判決を受ける虞のある証言を拒むことができる」と定めている（146 条。なお，147 条以下も参照）。

　一方，刑訴法は，憲法よりも拡充された権利を被疑者・被告人に保障している。311 条 1 項は，「被告人は，終始沈黙し，又は個々の質問に対し，供述を拒むことができる」として，自己負罪供述（自己に不利益な供述）に限定することなく，被告人に供述の義務がないことを明記している⑽。これを**黙秘権**（または**供述拒否権**）という。同様の権利が被疑者にも保障されていることは，198 条 2 項が，被疑者を取り調べるに際しては「あらかじめ，自己の意思に反して供述をする必要がない旨を告げなければならない」と定めていることから明らかである。

　被疑者に対する黙秘権の保障は，刑罰による制裁や法律上の義務づけによる強制だけでなく，事実上の強制が禁止されるという意味において重要である。すなわち，拷問や脅迫その他の不当な圧力によって，自白を得ようとすることは，虚偽自白の防止の観点から許されない。また，取調べを受ける被疑者に，供述を拒否して終始沈黙する権利を与えることには，自らの内心を表現するかしないか（供述するかしないか）の自己決定の自由を尊重する意味もある。そのため，黙秘権を侵害して得られた自白は排除される（→第 20 章第 2 節**3**）。

　なお，ポリグラフ（「うそ発見器」）を用いた検査が黙秘権を侵害するもので

⑽　したがって，現行刑訴法上，被告人に証人適格はない。

ないかが問題となる。ポリグラフ検査とは，血圧・心拍・呼吸・発汗等の生理機能を測定する装置で，質問に対する被検査者の反応を分析するというものである（→第18章第3節**4**）。自己の意思で制御できない生理反応を明らかにする点で，被疑事実等に関する質問に対して黙秘する被検査者の権利を侵害するとの指摘がある。しかし，ポリグラフ検査結果回答書は，心理状態に関する鑑定書としての性格を有するものにすぎず，被検査者の内心を強制的に探るものではないため，黙秘権侵害にはならない。

➤➤➤ 展開説明

(2) 黙秘権保障の範囲

黙秘権の保障を実効的なものとするため，黙秘権を行使した被疑者・被告人に対して不利益を課すことは原則として許されないというべきである。したがって，「やましいことがなければ黙秘しないはずだ」という前提の下，被疑者・被告人による黙秘の事実や態度から，犯罪事実の存否に関して不利益な推認（有罪の認定）をすることは禁止される。これを**不利益推認の禁止**という。

もっとも，黙秘権の行使に対していかなる不利益が課されることも否定されるというわけではない。量刑判断において，被疑者・被告人の自白や反省の態度は，刑事手続の負担軽減や被告人の更生可能性を裏付ける事情として，有利に考慮される。そのことの裏返しとして，被疑者・被告人の黙秘の態度を量刑上不利な事情とみなすことは避けられないのである。

また，被疑者・被告人が自らの氏名や住所等，個人を特定するための事項についても黙秘した場合，そのような態度が量刑上不利に扱われることは前述のとおりだが，これに加えて，弁護人の選任も有効に行えない可能性がある。氏名を黙秘した被告人が監房番号の自署・拇印等により自己を表示し弁護人が署名押印した弁護人選任届を不適法として却下し，結局自己の氏名を裁判所に開示しなければならないようにした第1審の訴訟手続は憲法38条1項に違反しないとした判例がある[11]。

2 弁護人の援助を受ける権利

➤ 趣旨説明

(1) 捜査段階における弁護活動の意義

弁護人が果たす役割として第1に思い浮かぶのは，公判において被告人を

---

[11] 最大判昭32・2・20刑集11・2・802。

補助し，被告人の訴訟行為を代理するほか，弁護人固有の立場から被告人の利益と権利を擁護するための活動を行うことであろう。このような公判弁護の一方で，捜査段階で被疑者のために行う弁護活動（**捜査弁護**）の重要性も認識されるようになってきている。弁護人の援助を必要とすることは，状況は違えど，被疑者でも被告人でも変わりないからである。

　捜査段階で行われる弁護活動は多岐にわたる。①勾留処分に対する準抗告（429条）や勾留理由開示（207条1項・82条1項），証拠保全（179条）等，被疑者の防御権にかかわる申立て・請求をすること，②身柄を拘束されている被疑者の外部交通を確保すること（後述），③公判における防御のための訴訟準備をすること，④（事件によっては）被疑者と示談するなどして，検察官の処分決定に向けて有利な材料を揃えること等が挙げられる。

　多様な捜査弁護活動の中で，いかに被疑者の利益にかなう弁護を行うかは，重要な課題である[12]。

→→ 　基本説明

(2) 弁護人依頼権の保障

　憲法34条前段は「何人も，理由を直ちに告げられ，且つ，直ちに弁護人に依頼する権利を与へられなければ，抑留又は拘禁されない。」と定め，身柄を拘束される被疑者・被告人に対して**弁護人依頼権**を保障している。最大判平11・3・24（民集53・3・514）によれば，この権利は，単に被疑者が弁護人を選任することを捜査機関等が妨害してはならないというだけでなく，弁護人に相談しその助言を受けるなど，弁護人から援助を受ける機会を持つことを実質的に保障するものである。

　憲法の上記規定を受けた刑訴法30条は，被疑者およびその法定代理人等が何時でも弁護人を選任することができる旨を定めており，身柄を拘束されていない被疑者も対象としている。被疑者等が自ら選任した弁護人を**私選弁護人**という。私選弁護人を選任する場合，弁護士会に対し，弁護人の選任の申出をすることができる（31条の2）。被疑者が身柄拘束下にあるときは，裁判官または刑事施設の長等に弁護士，弁護士法人または弁護士会を指定して弁護人の選任を申し出ることができる（207条1項・78条1項）。また，当番弁護士制度（→ コラム 当番弁護士制度）も，私選弁護人を選任するための契機となる。

---

　[12]　岡慎一＝神山啓史「弁護人の責務」新争点48頁以下を参照。

第 10 章　被疑者の取調べ，被疑者の防御　　　149

　これに対して，国が被疑者のために選任した弁護人を**国選弁護人**という。憲法 37 条 3 項は，刑事被告人が自ら弁護人を依頼することができないときに国でこれを付すると定めており，被疑者に対する国選弁護人を保障していない。この点が長らく問題視されてきたが，2004（平成 16）年の刑訴法改正で，被疑者のための国選弁護制度が新設された。被疑者に対して勾留状が発せられている場合において，被疑者が貧困その他の事由により弁護人を選任することができないときは，裁判官は，その請求により，被疑者のため弁護人を付さなければならないとするものである（37 条の 2）。

　被疑者国選弁護制度については，当初，対象となる事件が限定され，法定合議相当事件（死刑または無期もしくは短期 1 年以上の懲役もしくは禁錮に当たる事件。裁 26 条 2 項 2 号）とされていたが，裁判員制度が開始された 2009（平成 21）年 5 月以降は，必要的弁護相当事件（死刑または無期もしくは長期 3 年を超える懲役もしくは禁錮に当たる事件）に拡大された。そして，2015（平成 27）年に提出された刑訴法改正案には，被疑者が勾留された全事件を対象とする方針が盛り込まれた。

（コラム）**当番弁護士制度**

　　当番弁護士制度とは，全国の弁護士会が行っている取組みで，逮捕・勾留された被疑者やその関係者から連絡を受けた弁護士会が，その日の担当の（当番の）弁護士を派遣し，警察署等で留置されている被疑者と初回は無料で接見して助言・援助を与えるというものである。被疑者からの弁護士へのアクセスを拡大させ，弁護人の援助を充実させることに寄与している[13]。

　　この制度が全国的に拡がったのは，被疑者国選弁護制度が創設される以前の 1992（平成 4）年のことだが，被疑者段階の刑事弁護を充実させる重要性に鑑み，始められたものである。その後私選弁護人として受任することがあるとはいえ，初回に無料で行われる接見は，各弁護士会と所属弁護士のいわばボランティアで行われてきた。

　　被疑者国選弁護制度の開始後も，対象事件が限定されていることや，勾留された被疑者を対象としていることから，対象外事件や逮捕中の被疑者に対応するため，当番弁護士制度はなお意義を有している。

---

[13]　くわしくは，三井誠ほか編『新刑事手続 II』（2002）33 頁以下［丸島俊介］。

3　接見交通権

→ 趣旨説明

(1)　接見交通権の意義

　逮捕・勾留された被疑者は，外界との連絡を断たれた状況に置かれるため，被疑者としての防御活動を行うことが困難な場合がある。しかし，逮捕・勾留は，あくまで罪証隠滅または逃亡を防止する目的で行われる処分であるから，その目的を超えて自由を制限するのは望ましいといえない。そこで，刑訴法は，被疑者が外部の者と接見したり書類・物の授受を行ったりする機会を権利として保障している。これを**接見交通権**という。

　接見交通権の保障は，弁護人との関係においてとりわけ重要である。39条1項は，「身体の拘束を受けている被告人又は被疑者は，弁護人又は弁護人を選任することができる者……の依頼により弁護人となろうとする者と立会人なくして接見し，又は書類若しくは物の授受をすることができる。」と定め，弁護人（受任前の弁護士等を含む）の助言・援助を立会人のいない状況で受けられるという「**秘密交通**」を保障している。また，弁護人にとっても，被疑者と接見することは弁護活動を行うため必要不可欠であるから，接見交通権は弁護人の固有権としての側面も有している。

　勾留中の被疑者は，弁護人または弁護人となろうとする者以外の者とも，接見および書類・物の授受をすることができる（207条1項・80条）。例えば，家族等が衣服その他日用品を差し入れる場合などである。これを**一般接見**という。

> コラム **弁護人との接見のための設備**
>
> 　一般的な接見室は，被疑者と面会者の間を物理的に隔てるような造りになっている。被疑者の逃亡と罪証隠滅を防止でき戒護上の支障が生じないような部屋でこそ，警察官や刑事施設職員等の立会人を置かずに行う被疑者と弁護人等との接見が可能となる。
>
> 　それでは，被疑者が所在する施設にこのような専用の設備のある接見室が存在しない場合，どのように対処すべきだろうか。最判平17・4・19（民集59・3・563）は，このようなときは接見を拒否することも違法ではないとしつつ，それでも弁護人等が即時の接見を求め，即時に接見をする必要性が認められる場合には，立会人を置くなどにより秘密交通権が十分に保障されないような態様の短時間の「**面会接見**」でもよいかどうかという点につき，弁護人等の意向を確かめ，弁護人等がそのような面会接見であっても差し支えないとの意向を示したときは，面会接見ができるように特別の配慮をすべき義務がある

第 10 章　被疑者の取調べ，被疑者の防御　　151

とした。

➛➛　**基本説明**

(2)　接見交通権の制限

　弁護人または弁護人となろうとする者以外の者と行う一般接見には，法令による制限が加えられる（207条1項・80条）。まず，被疑者が逃亡しまたは罪証を隠滅すると疑うに足りる相当な理由があるときには，検察官の請求によりまたは職権で，**接見禁止**や，授受すべき書類その他の物の検閲・授受禁止・差押えの措置をとることができる（207条1項・81条）。また，刑事収容施設法の規定に基づく制限がある。具体的には，刑事施設職員の立会いまたは録音・録画（刑事収容116条）や面会の相手方の人数，面会の場所・日時・回数等（同118条），被疑者が発受する信書の検査（同135条）等である（留置施設の場合は同216条以下）。

　弁護人等との接見に当たっても，被疑者の逃亡，罪証の隠滅または戒護に支障のある物の授受を防ぐため，法令による制限が課される（39条2項）。具体的には，刑訴規則30条に基づき，被疑者が裁判所の構内にいる場合に，接見の日時・場所・時間を指定し，また，書類・物の授受を禁止することができるほか，刑事収容施設法の諸規定も適用される。

　さらに，捜査機関による接見の制限として，39条3項本文は，「検察官，検察事務官又は司法警察職員……は，捜査のため必要があるときは，公訴の提起前に限り，第1項の接見又は授受に関し，その日時，場所及び時間を指定することができる。」と定めている。これを**接見指定**という。

コラム　**接見指定の方式**

　刑訴法39条3項に基づく接見指定は，かつて，一般的指定と呼ばれる方式で行なわれることがあった。すなわち，①接見指定が必要であると認める事件について，「捜査のため必要があるので，弁護人又は弁護人を選任することができる者の依頼により弁護人となろうとする者との接見に関し，その日時，場所及び時間を別に発すべき指定書のとおり指定する」旨を記載した書面（**一般的指定書**）を検察官があらかじめ作成し，その謄本を被疑者および被疑者が収容されている刑事施設の長に交付しておく，②被疑者との接見を希望する弁護人等は，接見の具体的日時等を指定しこれを記載した書面（**具体的指定書**）を検察官から交付してもらい，それを持参することで被疑者との接見が認められる，というものである。

　しかし，このような運用は，いわば原則と例外を逆転させてしまうものであ

るとして，批判された。というのも，一般的指定書は，日時等を指定すべき必要のある具体的状況を前提とせずに，接見を事前に一律拒否し，具体的指定書の交付によってこれを許可する，という状況を生んでしまうからである。

そこで，1988（昭和63）年には，一般的指定の根拠となっていた事件事務規程が改正されて「捜査のため必要があるときは……指定することがあるので通知する」という旨の「接見等の指定に関する**通知書**」が用いられるようになった。この通知書は，弁護人等から接見等の申し出を受けた留置係官等が，検察官に対してその旨を連絡し，その具体的措置について指示を受ける必要があることを示す，内部的な事務連絡文書にとどまるものである（最判平16・9・7判時1878・88参照）。

通知書が発せられている場合，弁護人等は，あらかじめ検察官に連絡をとって，具体的な接見の日時等を協議するのが通常である。また，直接，刑事収容施設に赴いた場合も，留置係官等が弁護人等と検察官の連絡を取り次ぎ，同様の協議が行われる。

➤➤➤ 展開説明

(3) 接見指定

弁護人との接見交通は，被疑者に保障される弁護人依頼権との関係で重要であるところ，これを制限する接見指定制度はそもそも違憲ではないかとの疑義が長らく呈されてきた。この問題に答えたのが，最大判平11・3・24（民集53・3・514）である。39条3項の合憲性を認めた本判決は，接見交通権を保障した39条1項の規定が，弁護人の援助を受ける権利を定めた憲法34条の保障に由来するものであるとしつつ，しかし，これが刑罰権ないし捜査権に絶対的に優先するような性質のものではないとする。そのため，接見交通権の行使と捜査権の行使との間に合理的な調整を図らなければならないとした。そして，①39条3項本文による接見等の制限は日時の指定もしくは時間の短縮にとどまるものであること，②接見指定ができる場合は限定的であること，③接見指定できる場合でも，捜査機関が，弁護人等と協議してできる限り速やかな接見等のための日時等を指定し，被疑者が弁護人等と防御の準備をすることができるような措置を採らなければならないこと[14]，という3点を理由に，「39条3項本文の規定は，憲法34条前段の弁護人依頼権の保障の趣旨を実質的に

---

(14) 後掲最判平12・6・13は，③の点が39条3項ただし書にかかわるものであることを明示する。

損なうものではない」と判示したのである。

　本判決の上記②の点は，接見指定の要件である**「捜査のため必要があるとき」**を限定的に解することを前提としている。この文言の解釈をめぐっては，従来，罪証隠滅の防止等，捜査の遂行に刺傷が生じるおそれがある場合を広く意味するものと捉える非限定説の一方で，被疑者を取調べ中であったり実況見分等に立ち会わせていたりする等，被疑者の身柄を現に必要としている場合に限られるとする限定説があるが，本判決は，限定説よりもやや広い，準限定説と呼ばれる立場を支持した(15)。すなわち，「捜査のため必要があるとき」とは，「接見等を認めると取調べの中断等により捜査に顕著な支障が生ずる場合」に限られるとしたうえで，「捜査機関が現に被疑者を取調べ中である場合や実況見分，検証等に立ち会わせている場合，また，間近い時に右取調べ等をする確実な予定があって，弁護人等の申出に沿った接見等を認めたのでは，右取調べ等が予定どおり開始できなくなるおそれがある場合などは，原則として右にいう取調べの中断等により捜査に顕著な支障が生ずる場合に当たる」と判示したのである。

　また，③の点に関して，**初回の接見**については別の配慮を要することを最判平12・6・13（民集54・5・1635）が明らかにした。同判決は，逮捕直後の初回の接見は，弁護人の選任を目的とし，かつ，捜査機関の取調べを受けるに当たっての助言を得るための最初の機会であって，弁護人依頼権にかかる憲法上の保障の出発点をなすものであるとして，速やかに行うことが特に重要であるとした。したがって，初回の接見の申出を受けた捜査機関は，弁護人となろうとする者と協議の上，即時または近接した時点での接見を認めても接見の時間を指定すれば捜査に顕著な支障が生じるのを避けることが可能であるときは，原則として，被疑者の引致後に行われる所要の手続を終えた後に，比較的短時間であっても，即時または近接した時点での接見を認めるようにしなければならない旨を判示した。

---

(15)　最高裁は，最判昭53・7・10（民集32・5・820）では限定説を採用していたが，最判平3・5・10（民集45・5・919）で準限定説によることを明らかにした。平成11年判決もこの流れを汲むものである。

→→ 基本説明

4 被疑者による証拠の収集

被疑者は，公訴を提起される可能性のある立場にある以上，公判で訴追側と対等に争うことができるよう，あらかじめ防御の準備をする必要がある。その一環として，自己に有利な証拠を収集することが考えられる。

被疑者に弁護人がいる場合は，主に弁護人が，被疑者および事件関係者からの事情聴取や現場の調査などを通じて，情報や証拠の収集に当たることになる。弁護士資格を有する弁護人は，受任している事件について，所属弁護士会に対し，公務所または公私の団体に照会して必要な事項の報告を求めることを申し出ることができる（弁護 23 条の 2）。

また，被疑者または弁護人は，あらかじめ証拠を保全しておかなければその証拠を使用することが困難な事情があるときは，第 1 回の公判期日前に限り，裁判官に押収，捜索，検証，証人の尋問または鑑定の処分を請求することができる（179 条 1 項）。これを**証拠保全請求**という。

被疑者（被告人）は，捜査機関のように高度な情報・証拠収集能力を持ち合わせていないため，独自に証拠収集を行うことに限界はあるものの，被疑者・被告人が積極的な防御活動を行うことは，公判における当事者主義を充実させるため重要である。近年，**証拠開示**の制度が拡充されつつある（→第 16 章第 2 節）。

第3節 違法捜査に対する救済

→ 趣旨説明

前章までみたとおり，捜査には種々の法的規制が施されている。それでは，違法捜査が行われた場合，あるいは，捜査手続上の瑕疵が認められた場合，どのように対応すべきか。違法捜査への対応には，当該事件の手続の外で行われるものと内部で行われるものとがあるが，その多くは，違法捜査の客体となった被疑者・被告人を救済するためのものである。

→→ 基本説明

1 手続外の救済

被疑者・被告人に対する手続とは切り離されたところでの対応としては，違法捜査を行った者に対する制裁がまず考えられる。違法捜査が，職権濫用等

第10章　被疑者の取調べ，被疑者の防御　　155

（刑193条以下）や特別公務員暴行陵虐等（同195条以下）の犯罪を構成する場合には，刑事処分が科される可能性がある。あるいは，犯罪に当たらずとも，その者が所属する捜査機関（警察，検察等）において懲戒処分も課されることがあり得る。

　また，違法捜査によって損害を受けた者（被疑者・被告人に限定されない）は，国または地方公共団体に対する損害賠償請求（国賠1条1項）をすることができる。捜査官個人に対する損害賠償請求（民709条）もあり得るが，一般的ではない。

2　手続内部の救済

　被疑者・被告人に対する救済としてより直接的かつ重要性が高いのは，手続内部の対応である。これには，手続の進行にかかわるものと，実体審判と量刑にかかわるものがあり得るが，そのすべてが現実に行われるわけではない。

　第1の類型にかかわる対応としては，裁判官がした一定の裁判または捜査機関がした一定の処分について，**準抗告**をすることができる場合がある。これは，裁判官がした勾留・保釈・押収・押収物の還付に関する裁判および鑑定のため留置を命ずる裁判や，捜査機関がした接見指定・押収・押収物の還付に関する処分に不服がある場合に，裁判所に対して，その裁判・処分の取消しまたは変更を請求する手続である（429条，430条）。準抗告の申立てを受けた裁判所は，取消しまたは変更の決定をするか，準抗告を棄却する決定をする際に，当該裁判・処分が適法なものであったかを考慮することになる。

　また，違法な捜査が行われた場合に**公訴棄却**するという対応が考えられる。すなわち，違法捜査に基づく「公訴提起の手続がその規定に違反したため無効（338条4号）」であるとして，公判請求をいわば「門前払い」するというものだが，判例は消極的である[16]。

　第2の類型にかかわる対応として最も重要なものは，**違法収集証拠排除法則**の適用である（→第19章第1節）。この証拠法則が適用されれば，違法捜査によって得られた証拠の証拠能力が否定される。当該証拠が排除されることで被告人が常に無罪になるとは限らないが，違法な捜査の成果物たる証拠（およびその派生証拠）に限定することは，違法捜査の法的効果として，被告人の無罪言渡しや手続自体の打ち切りを志向するよりも順当な対応といえよう。

---

(16)　田口守一・大コンメ2版8巻308-309頁。

ところで，証拠の排除まで至らなくとも，被告人に対して違法捜査が行われたことを量刑上考慮するべきだとする見解がある。排除法則の適用基準が厳しいことを背景に，より現実的かつ実効的な対応として，違法捜査を犯罪後の事情のひとつとして量刑に反映させようというものである(17)。しかし，捜査手続の違法が，被告人に対する責任非難の程度や一般予防・特別予防の観点を考慮すべき量刑判断になじむのかという疑問がある。また，「証拠能力は否定しないが量刑上考慮はする」というあいまいな結論が，捜査の違法を矮小化し排除法則の実効性を失わせることになるおそれもあろう。否定説が今なお多数の見解である。

---

(17)　大阪地判平 18・9・20（判時 1955・172）は，捜査段階で取調べ中の被告人に対して違法な有形力を行使した事実につき，違法な暴行により被告人が苦痛を被った事実を量刑判断において相当程度考慮することが必要であると判示して，量刑上考慮の上，有罪判決を言い渡した。

●第2部　公訴・訴因●

第11章

公訴の提起

第1節　総　説

→ 趣旨説明

1　意　義

公訴とは，特定の刑事事件につき裁判所の審理と有罪判決を求める意思表示をいう。

検察官によって公訴提起された刑事事件は，捜査段階から，公判手続へと移行し，被疑者は被告人と称され，捜査段階とは異なる法的な地位に置かれることとなる[1]。

→→ 基本説明

2　国家訴追主義・起訴独占主義

刑訴法は，「公訴は，検察官がこれを行う」と規定している（247条）。同条は，公訴は国家機関である検察官が行うとする**国家訴追主義**を採るとともに，公訴は検察官のみが行うとする**起訴独占主義**を採っているのである。

このため，わが国の刑訴法においては，被害者自らが事件を訴追すること（＝被害者自らが刑事事件の原告となること。なお，被害者参加制度につき→第28章第2節3）や，市民の代表が刑事事件の原告となることはできない。

立法上の選択肢としては，公訴提起すべきか否かを被害者や市民の意思に委ねる制度もあり得るが，このような制度の下では，同種の事件であっても訴追される場合とそうでない場合が生ずる等，刑事司法のあり方が不安定になるお

---

(1)　公訴提起の効果（→本章第2節3）。

それもある。

そこで，現行法においては，国家機関でありかつ公益を代表すべき立場にある検察官に公訴権を独占させることによって，地域差・個人差等による不公平が相対的に少ないといえる運用を実現しようとしたのである(2)。

3　起訴便宜主義（裁量訴追主義）

刑訴法は，「犯人の性格，年齢及び境遇，犯罪の軽重及び情状並びに犯罪後の情況により訴追を必要としないときは，公訴を提起しないことができる」（248条）と規定し，検察官に，公訴を提起するか否かにつき，幅広い裁量を与えている（**起訴便宜主義**ないし**裁量訴追主義**）。

起訴便宜主義に対置される考え方として，起訴法定主義がある。起訴法定主義は，犯罪の十分な嫌疑があり，訴訟条件が揃っている限り，検察官は必ず起訴しなけれならず，検察官に起訴するか否かの裁量はないとする考え方であり，この考え方を採る刑事訴訟法を持つ国も見られる。起訴法定主義の下では，検察当局が，時の権力者を起訴せずにすませてしまうのではないかと思われて信頼を失うことを防ぐことや，処罰すべきかどうかは検察ではなく裁判所が決めるべきであるという考え方，法的な明確性を担保するためには裁判所によって判断させるべきであるという考え方を徹底することが可能になる。

他方，起訴便宜主義の下では，起訴便宜主義が適正に運用されることによって，ラベリングを避ける等，個々の被疑者に対する刑事政策的な配慮が可能になる。また，刑事司法上の資源を重大な犯罪の訴追に集中させることにもつながる。現行法は，これらの点を優先して，起訴便宜主義を採用したのである(3)。

→→→ 展開説明

4　一罪の一部起訴

前述のように，検察官は，起訴するか否かについて，幅広い裁量を有する。それでは，その裁量の中には，一罪の一部のみを起訴する権限も含まれるのであろうか。

---

(2)　もっとも，検察審査会によるいわゆる強制起訴（法律上の用語ではないが，巷間，そのように呼び習わされている）の制度がある。これについては，本章第1節5(2)参照。

(3)　もっとも，起訴不起訴の決定が政治的な理由や差別的な理由によって行われることは不当である。このため，不当な不起訴については検察審査会制度（→本章第1節5(2)）や付審判請求制度（→本章第1節5(2)）が，不当な起訴については公訴権濫用論（→本章第1節5(3)）という解釈論上の主張が，それぞれ存在する。

かつては，実体的真実主義や（実体法上の）一罪の不可分性を根拠として，これを否定する見解も有力に主張された。

もっとも，今日では，現行法が当事者主義を採用することや，起訴便宜主義の下では分割された一部が独立の犯罪として構成できる場合には部分的に起訴することを認めざるを得ないことを理由として，一罪の一部起訴を認める見解が一般的である。

判例も，一般に，一部起訴を認める。これを許容した判例は，①立証の難点や法律上の問題点を慮ったと思われるもの，②特別予防に配慮したと思われるもの，③迅速な審理や争点の解消を意図したと思われるものに分類され得るが，①については，公訴維持の重責を担う検察官に当然認められてしかるべき権能，②③については，訴追裁量権の一環として理解することができるとされる。

ただし，判例は，無条件に一部起訴を認めるわけではない。

例えば，最判平4・9・18（刑集46・6・355）は，「議院証言法が偽証罪を規定した趣旨等に照らせば，偽証罪として一罪を構成すべき事実の一部について告発を受けた場合にも，右一罪を構成すべき事実のうちどの範囲の事実について公訴を提起するかは，検察官の合理的裁量に委ねられ，議院等の告発意思は，その裁量権行使に当たって考慮されるべきものである」として，検察官による裁量権行使に合理性という限界があることを前提にしているのである。

また，親告罪が関係する一罪の一部起訴については，当該犯罪が親告罪とされている趣旨との関係で，注意が必要である。すなわち，性犯罪等，被害者に対する二次被害を防止するという観点から親告罪とされている犯罪について，告訴が存在しない場合に，当該犯罪の一部である非親告罪を取り出して公訴提起することは許されるのか，という問題が存在するのである。

このような一部起訴については，許されないとする見解が有力である。このような一部起訴を行った場合，暴行罪の成否等を審理しようとすれば，当該暴行がどのような目的で行われた，どのような態様のものであったか等が公判廷で明らかにされなければならなくなる。この結果，結局は，強姦の事実についても，公判廷で相当程度明らかになってしまい，強姦罪を親告罪とした趣旨が没却されてしまいかねない。このため，親告罪が関係する一罪の一部起訴については，否定的な見解が強いのである。

160　　第2部　公訴・訴因

5　訴追裁量のコントロール

➡ 趣旨説明

(1)　総　説

　起訴便宜主義の下では，公訴提起について検察官に幅広い裁量が与えられるため，検察官の有するこの裁量権が合理的に行使されることが重要である。

　訴追裁量行使の合理性を確保するため，以下のような制度や考え方がある。

➡➡ 基本説明

(2)　不当な不起訴

　前述のように，起訴便宜主義は個々の被疑者に対する刑事政策的な配慮を可能とするが，他方，濫用を防ぐための工夫も必要である。訴追裁量の行使が，時の権力者にとって都合よく濫用され，起訴されるべき者が起訴されないようなことがあっては不当だからである。

　このため，不当な不起訴に対処するための制度として，**検察審査会**や**付審判請求**の制度がある（これらは，国家訴追主義，起訴独占主義の例外[4]でもある）。

(ⅰ)　検察審査会

　検察審査会は，公訴権の実行に関し民意を反映させてその適正を図るため，政令で定める地方裁判所および地方裁判所支部の所在地に検察審査会を置かれた組織であり（検審1条1項），当該検察審査会の管轄区域内の衆議院議員の選挙権を有する者の中からくじで選定された11人の検察審査員をもって組織される（同法4条）。同審査会は，検察官の公訴を提起しない処分の当否の審査に関する事項等を所掌事項とする（同法2条1項1号）。すなわち，検察審査会は，不起訴処分の当否を市民が検討する等の制度である[5]。

　検察審査会は，申立てにより（検審2条2項）または職権で（同法2条3項），検察官の公訴を提起しない処分の当否の審査を行う。

　検察審査会は，検察官の公訴を提起しない処分の当否に関し，①起訴を相当と認めるときは**起訴相当**の，②公訴を提起しない処分を不当と認めるときは**不起訴不当**の，③公訴を提起しない処分を相当と認めるときは**不起訴相当**の議決を行う（同法39条の5第1項）[6]。

---

(4)　ただし，検察審査会制度が国家訴追主義・起訴独占主義の例外に当たるのは，起訴議決がなされた場合のみである。

(5)　なお，検察審査会法2条1項2号は，検察事務の改善に関する建議または勧告に関する事項も，検察審査会の所掌事項であると規定している。

検察審査会が起訴相当または不起訴不当の議決をした場合，検察官は，速やかに，当該議決を参考にして，当該議決に係る事件について公訴を提起し，またはこれを提起しない処分をしなければならない（検審41条1項・2項）。上記①・②の議決には，検察官に対する拘束力が存せず，検察官は，これらの議決を参考にすることが求められているのである。

上記①・②の議決を受けた検察官が処分をしたときは，直ちに検察審査会にその旨を通知せねばならず（検審41条3項），上記①の議決を行った検察審査会が検察官から公訴を提起しない処分をした旨の通知を受けた場合は検察審査会は原則として当該処分の当否の審査を行わなければならない（検審41条の2第1項[7]）。

検察審査会は，2回目の審査を行った場合において，起訴を相当と認めるときは起訴をすべき旨の議決（**起訴議決**）をするものとされている（検審41条の6第1項前段。起訴議決は，検察審査員8人以上の多数によらなければならない。同条1項後段）。

起訴議決が行われた場合，裁判所が指定する弁護士（指定弁護士）は，速やかに，起訴議決に係る事件について公訴を提起しなければならない（検審41条の10第1項）。検察官による手続を経ずに公訴が提起されるため，付審判請求と並び，国家訴追主義・起訴独占主義の例外である[8]。

(ii) 付審判請求（準起訴手続）

付審判請求は，告訴・告発した者が裁判所に対し直接，審判に付すよう請求である。

公務員による職権濫用等，特に不当な不起訴処分が行われるおそれがある罪[9]について告訴または告発をした者は，検察官の公訴を提起しない処分に不服があるときは，裁判所[10]に事件を裁判所の審判に付することを請求すること

---

(6) このうち，起訴相当の議決は，検察審査員8人以上の多数によらなければならない（検審39条の5第2項。その他の場合は過半数による。検審27条）。
(7) 検察審査会による1回目の議決が不起訴不当の場合，このような手続は設けられていない。
(8) また，指定弁護士は公訴提起する義務を負い，起訴裁量を有しないため，起訴便宜主義の例外でもある。

ができる（262条1項）[11]。

　検察官は，付審判請求を理由があるものと認めるときは公訴を提起しなければならず（264条），請求を理由がないものと認めるときは意見書[12]を添えて書類および証拠物とともにこれを裁判所に送付しなければならない（規171条）[13]。

　請求を送付された裁判所は，当該請求について，合議体で審理・裁判し（265条1項），請求が理由のあるときは，事件を管轄地方裁判所の審判に付す決定をしなければならない（266条2号）。この決定があったときは，その事件について公訴の提起があったものとみなされる（267条。起訴独占主義・起訴便宜主義の例外である）。

```
告訴・告発した者─────→検察官─────→裁判所─────→請求につき審理・裁判
　　　　　請求書　　　（理由がないと認める場合）
　　　　　　　　　　　　　　　　送付
```

　この決定を経て審判に付された事件については，裁判所により指定された弁護士が検察官役を務める（268条1項・2項）。

→→→　展開説明

(3)　不当な起訴

　不当な起訴そのものの効力についての直接の明文規定は存在しない。

　公訴権濫用論は，公訴権行使に濫用がある起訴について，当該公訴提起を無効としようとする，解釈論上の主張である[14]。

　一般に，公訴権濫用には，①**嫌疑なき起訴**，②**訴追裁量逸脱による起訴**（起訴猶予すべき事案を起訴した場合），③**違法捜査**に基づく起訴の，3類型があるとされる。

---

(9)　刑法193〜196条（公務員職権濫用罪・特別公務員職権濫用罪・特別公務員暴行陵虐罪・特別公務員職権濫用等致死傷罪），または破防法45条（公安調査官の職権濫用の罪），無差別大量殺人行為を行った団体の規制に関する法律42条（公安調査官の職権濫用の罪）・43条（警察職員の職権濫用の罪）。

(10)　公訴を提起しない処分をした検察官が所属する検察庁の所在地を管轄する地方裁判所。

(11)　付審判請求をするには，不起訴処分の通知（260条）を受けた日から7日以内に，請求書を，公訴を提起しない処分をした検察官に差し出さなければならない（262条2項）。

(12)　意見書には，公訴を提起しない理由を記載しなければならない。

(13)　請求書を受け取った日から7日以内。

(14)　なお，近年では，問題の本質は「公訴権の濫用」のみにあるのではないとし，迅速裁判違反や被告人の訴訟能力欠如等の場合も含めて，より一般的な手続打切り事由を論ずる見解も有力である（松田岳士・宇藤ほか250頁参照）。

第 11 章　公訴の提起　　　163

(i)　嫌疑なき起訴

　嫌疑なき起訴が違法であるとしても[15]，当該嫌疑なき起訴を無効として公訴
棄却すべきか否かについては，争いがある。

　嫌疑なき起訴を無効とすることを広く認めると，捜査はますます糾問的にな
る面があるし，公訴棄却された場合は再起訴がありうるため，むしろ公訴棄却
せずに粛々と手続を進めて無罪判決を言い渡すべきであろう。嫌疑の有無を判
断するのが刑事訴訟の本来の目的であることや，嫌疑の有無は実際に証拠を調
べてみてわかることであることからしても，このような考え方が妥当であろう。

(ii)　訴追裁量逸脱による起訴

　最高裁は，いわゆるチッソ川本事件[16]（→コラムチッソ川本事件と公訴権濫用
論）において，「裁量権の行使については種々の考慮事項が刑訴法に列挙され
ていること（刑訴法 248 条），検察官は公益の代表者として公訴権を行使すべ
きものとされていること（検察庁法 4 条），さらに，刑訴法上の権限は公共の
福祉の維持と個人の基本的人権の保障とを全うしつつ誠実にこれを行使すべく
濫用にわたってはならないものとされていること（刑訴法 1 条，刑訴規則 1 条
2 項）などを総合して考えると，検察官の裁量権の逸脱が公訴の提起を無効な
らしめる場合のありうることを否定することはできない」と判示し，訴追裁量
逸脱類型において公訴権濫用論が機能し得ることを認めた。

　もっとも，同時に，「それはたとえば公訴の提起自体が職務犯罪を構成する
ような極限的な場合に限られるものというべきである」とし，公訴権濫用論の
適用が極限的な場合に限られることも判示しており，同判決が採用した枠組の
下で公訴権濫用論が実際に適用される事例は少ないとする評価も見られる。

(iii)　違法捜査に基づく起訴

　学説上は，違法捜査によって公訴提起が可能となった事案について，適正手
続による刑罰権の行使に当たらないとして手続を打ち切るべきであるとする見
解も有力である[17]。

---

(15)　最判昭 53・10・20（民集 32・7・1367）は「起訴時あるいは公訴追行時における各種の証拠
　　資料を総合勘案して合理的な判断過程により有罪と認められる嫌疑があれば足り」，「刑事事件に
　　おいて無罪の判決が確定したというだけで直ちに……公訴の提起・追行……が違法となるという
　　ことはない」としており，嫌疑なし起訴が違法であることを前提としている。

(16)　最決昭 55・12・17 刑集 34・7・672。

(17)　通説であるとするものとして，上口 225 頁。

また，下級審裁判例の中には，違法捜査に基づく起訴類型について，手続打切りを肯定したものもある[18]。

もっとも，最高裁は，「本件逮捕の手続に所論の違法があったとしても本件公訴提起の手続が憲法31条に違反し無効となるものとはいえない[19]」，「仮りに捜査手続に違法があるとしても，それが必ずしも公訴提起の効力を当然に失わせるものでないことは，検察官の極めて広範な裁量にかかる公訴提起の性質にかんがみ明らか[20]」等としており，違法捜査に基づく起訴の場合に，一律に公訴提起を無効とすることには消極的である[21]。

違法な捜査があっても，その結果得られた証拠が常に排除されるとは限らないこと[22]からすれば，違法捜査に基づく起訴が公訴棄却されるほど重大な違法に基づくといえる場合は極限的な場合に限定するものと思われるから[23]，最高裁の考え方にも，合理性があろう。

(コラム) **チッソ川本事件と公訴権濫用論**

チッソ川本事件の被告人は，水俣病患者であった。

このため，水俣病との関係では「被告人」こそが被害者であった。また，同事件は，水俣病にかかる補償交渉を求める過程で生じたものであった。同事件は，被告人がチッソの社長に面会を求めた際に生じた小競り合いの中で，被告人がチッソの社員である被害者らに対して噛みつく，殴打する等して，加療約1週間から2週間を要する傷害を負わせたとして起訴された事案なのである。

同事件については，下級審も最高裁も，異例の対応をした。

第1審は，公訴権濫用の主張は斥けたが，罰金5万円執行猶予1年の有罪判決を言い渡し（東京地判昭50・1・13高刑集30・3・373。制度的には可能だが，異例のことである），また，控訴審は，公訴権濫用に当たるとしたのである（東京高判昭52・6・14高刑集30・3・341）。

---

[18] 大森簡判昭40・4・5下刑集7・4・596（後掲最判昭41・7・21の第1審），仙台高判昭44・2・18刑集23・12・1609参照（後掲最判昭44・12・5の控訴審）。

[19] 最判昭41・7・21刑集20・6・696。

[20] 最判昭44・12・5刑集23・12・1583。

[21] さらに，被告人と対向的な共犯関係に立つ疑いのある者の一部が警察段階の捜査において不当に有利な取扱いを受けた場合と被告人自身に対する捜査手続の合憲性にかかる最判昭56・6・26（刑集35・4・426）は，平等条項違反の主張を退けている。

[22] 違法収集証拠の相対的排除（→第19章第2節参照）。

[23] 上記最判昭41・7・21は「本件公訴提起の手続」について論じており，違法捜査に基づく起訴一般がすべて有効であるとまで述べてはいない。また，上記最判昭44・12・5も「必ずしも公訴提起の効力を当然に失わせるものでない」としており，違法捜査に基づく起訴が無効である場合の存在を前提としている。

第11章　公訴の提起　　165

　控訴審は,「被告人に対する訴追はいかにも偏頗,不公平であり,これを是認することは法的正義に著るしく反するというべきである」,「本件公訴提起の手続は刑訴法248条の規定に違反し無効であるから,同法338条4号によりこれを棄却すべきものである」と述べている。

　最高裁は,一方では「本件公訴を棄却すべきものとした原審の判断は失当」としつつ,他方では,第1審判決に対して検察官が控訴していないこと,「本件のきわめて特異な背景事情」が存すること,「被告人が右公害によって父親を失い自らも健康を損なう結果を被っていることなどをかれこれ考え合わせると」,原判決を破棄しなければ著しく正義に反することになるとはいえないとして,検察官による上告を退けた。

　各裁判所が採用した理論的な枠組は異なるが,いずれの裁判所の判断にも,公害事件の全体像を法的な判断に反映させようとした苦心の跡がうかがわれ,考えさせられる。そして,そのことは,第1審判決について控訴せずとした検察官の判断についても同様である。

第2節　公訴の提起

→→ 基本説明

1　公訴提起の手続

　公訴の提起は,**起訴状**を提出して[24]これをしなければならない(256条1項)。

　一般に,起訴状は,裁判所に対しては審判対象を画定し,被告人に対しては防御の範囲を明示する機能を有するものと説明される。このため,公訴提起は書面による厳格な要式行為であって,口頭でなす,電話・電報でなす等は許されない。

　裁判所は,公訴の提起があったときは,遅滞なく起訴状の謄本を被告人に送達しなければならない(271条1項)。公訴の提起があった日から2か月以内に起訴状の謄本が送達されないときは,公訴の提起は,さかのぼってその効力を失う(同条2項)。

　起訴状に記載すべき事項については,本章第2節**2**(3)参照。

---

[24]　検察官は,原則として公訴の提起と同時に,被告人の数に応ずる起訴状の謄本を裁判所に差し出さなければならない(規165条1項。略式命令の場合は,この規定は適用されない。同条4項)。

2 起訴状の記載事項

(1) 総 説

起訴状には，①被告人の氏名その他被告人を特定するに足りる事項，②公訴事実，③罪名を記載しなければならない（256条2項）[25]。

また，起訴状には，裁判官に事件につき予断を生ぜしめるおそれのある書類その他の物を添付し，またはその内容を引用してはならない（**起訴状一本主義**。256条6項）。

数個の訴因および罰条は，予備的にまたは択一的にこれを記載することができる。

公訴の効力は，検察官が指定した被告人にのみ及ぶ（249条。被告人の特定→本章第2節2(3)(i)）。

(2) 起訴状一本主義

(i) 総 説

256条6項は，裁判官に予断を与えるおそれのある物の添付や内容の引用を禁止している（**予断排除の原則**）。

憲法は37条1項において，刑事被告人が「公平な裁判所の……裁判を受ける権利」を保障する。刑訴法は，この権利を保障するための方策として，起訴状一本主義等の諸制度[26]を準備したのである。

起訴状一本主義に反する公訴提起は無効であり，公訴棄却されるべきである（338条4号）。

添付はまず今日では考えられないから，現に問題となるのは，内容の引用の場合と，添付・引用どちらにも当たらないが，これに準ずるというべき場合（**余事記載**）の扱いである。

(ii) 引 用

判例の中には，脅迫文言を全文引用した起訴状について，「要約摘示しても相当詳細にわたるのでなければその文書の趣旨が判明し難いような場合には，起訴状に脅迫文書の全文と殆んど同様の記載をしたとしても，それは要約摘示と大差なく，被告人の防禦に実質的な不利益を生ずる虞もな〔い〕」として，

---

[25] さらに本章第2節2(3)参照。

[26] 他に，除斥・忌避・回避，第1回公判期日前の勾留処分を裁判官が行うこと（280条1項），検察官の冒頭陳述の制限（296条ただし書），自白の取調べ請求時期（301条），捜査記録の一部の取調べ請求（302条）の諸制度がある。

起訴状一本主義に違反しないと判示したものがある[27]。

　同判決は，このような判断の前提として訴因の特定の要請を掲げている。もっとも，脅迫状や名誉毀損文書等の内容を引用しなくとも，文書の名宛人・形態・交付日時，文書の趣旨の要約を起訴状に記載すれば，訴因の特定は十分行われ得る[28]。このため，前掲のような全文引用は起訴状一本主義に違反すると考えるべきであろう。

→→→ **展開説明**

(iii)　余事記載

　余事記載（添付・引用どちらにも当たらないが，これに準ずるというべき場合）につきしばしば問題となるのは，被告人の**前科・前歴・性格**等の記載である。

　常習累犯窃盗（盗犯3条[29]）のように構成要件が前科・前歴の存在を要求する場合には訴因の明示に必要であるから，起訴状に前科・前歴を記載することも許される。

　下級審裁判例には，傷害被告事件の起訴状に「被告人が暴力団員である」と記載した事案について，以下のように判示して許容したものがある（大阪高判昭57・9・27判タ481・146）。

　　「本件は被告人を含む共犯者3名が1通の起訴状で一括して公訴を提起せられた傷害被告事件であって，被告人が単独で本件傷害事件を惹起したとされる案件ではない。……起訴状の中になされた……〔被告人が暴力団員である旨〕の記載は，被告人と共犯者の関係を明らかにすることによって共謀の態様を明示し，公訴事実を特定するためのものであるとも解せられ，いまだ刑事訴訟法256条6項の規定に違反するものとはみられない」。

　被告人が暴力団員である旨の記載は「共謀の態様を明示し，公訴事実を特定するためのものである」から，起訴状一本主義に反するものではない，とされたのである。

　もっとも，共謀共同正犯については，一般に「共謀の上」とのみ起訴状に記

---

(27)　最判昭33・5・20刑集12・7・1398。なお，名誉毀損文書からの抜粋引用を許容したものとして最決昭44・10・2刑集23・10・1199。

(28)　上口240頁。

(29)　同条は，「常習トシテ前条ニ掲ゲタル刑法各条ノ罪又ハ其ノ未遂罪ヲ犯シタル者ニシテ其ノ行為前10年内ニ此等ノ罪又ハ此等ノ罪ト他ノ罪トノ併合罪ニ付3回以上6月ノ懲役以上ノ刑ノ執行ヲ受ケ又ハ其ノ執行ノ免除ヲ得タルモノ……」と規定している。

載する運用が許容されており[30]，共謀の態様の記載が不可欠とはいえないことや，被告人が暴力団員である旨を禁止の記載することがどの程度訴因の特定に資するのか明らかでない[31]ことからすると，前記のような判示には疑問も残る。

→→ 基本説明

(3) 起訴状に記載すべき事項

(i) 被告人を特定するに足りる事項の記載

公訴の効力は，検察官の指定した被告人のみに及ぶ（249条）。

このため，検察官は，起訴状において，被告人を特定するに足りる事項を記載しなければならない。

この指定は，起訴状に被告人の氏名その他被告人を特定するに足りる事項（氏名，年齢，職業，住居，本籍。被告人が法人であるときは，事務所ならびに代表者または管理人の氏名および住居）を記載することで為される。（具体的な記載事項については，規164条1項1号）。ただし，氏名等が明らかでない場合は，その旨を記載すれば足りる（規164条2項[32]）。

被告人として氏名等を起訴状に記載された者と，法廷で被告人として振る舞った者とがずれる場合がある（在宅で起訴されたAの代わりに，Bが「自分がAである」と名乗って公判手続に出頭し，そのまま手続が進行した場合等）。

この場合，被告人の特定は，実務上，起訴状の表示を基本としつつ，検察官の意思や被告人の行動を勘案して行われる（実質的表示説）。

(ii) 公訴事実の記載

公訴事実の記載は，裁判所が何について審判すべきか，審判の対象を明示する役割を有する。

公訴事実は，訴因を明示してこれを記載しなければならない。訴因を明示するには，できる限り日時，場所および方法をもって罪となるべき事実を特定してこれをしなければならない（256条3項）。

公訴事実は，例えば，以下のように，記載される（殺人の例）。

「被告人は，平成○○年○月○日午後○時ころ，東京都港区××町××丁目×番地×号△△ビル△△号室A方において，同人に対し，殺意をもって，

---

[30] 最大判昭33・5・28刑集12・8・1718―練馬事件。

[31] 前掲大阪高判昭57・9・27，榎本雅記・百選9版93頁参照。

[32] 実務上，人相，体格その他被告人を特定するに足りる事項（指紋，留置番号等）を記載（64条2項参照）し，被告人の顔写真を添付する運用が行われている。

所携の果物ナイフ（刃体の長さ約○○センチメートル）でその左前胸部を1回突き刺し，よって，同日午後○時ころ同所において，同人を左前胸部刺創に基づく失血により死亡させて殺害したものである。」

訴因の特定（公訴事実がどの程度具体的に記載されるべきか），訴因と公訴事実の意義や関係については後述する。

(iii) 罪名の記載

罪名は，適用すべき罰条を示してこれを記載しなければならない（256条4項前段）。

例えば，殺人罪であれば，「殺人罪　刑法199条」と記載し，特別法違反の場合は，「覚せい剤取締法違反　同法第41条の3第1項第1号」等と記載する。

罰条の記載の誤りは，被告人の防御に実質的な不利益を生ずるおそれがない限り，公訴提起の効力に影響を及ぼさない（256条4項後段）。罪名・罰条の記載は，訴因の特定につき補助的な役割を果たすにすぎないからである。

3　公訴提起の効果

公訴が提起されると，当該事件が，裁判所で審理されている状態，または，審理されるべき状態が生ずる（**訴訟係属**）。

また，公訴の提起によって，公訴時効の進行が停止される（254条1項前段）。共犯の1人に対してした公訴の提起による時効の停止は，他の共犯に対してその効力を有する（254条2項前段）。

公訴のあったときは，同一事件に重ねて公訴提起できなくなる（**二重起訴の禁止**）。同一の裁判所に二重の起訴がなされた場合，裁判所は，判決で，後の公訴を棄却しなければならない（338条3号）。異なる裁判所に二重の起訴がなされた場合は，10〜11条に従って審判すべき裁判所が決定され[33]，審判すべきでない裁判所は公訴棄却の決定をしなければならない（339条1項5号）。

---

[33]　原則として，同一事件が事物管轄を異にする数個の裁判所に係属するときは上級の裁判所が（10条1項），同一事件が事物管轄を同じくする数個の裁判所に係属するときは最初に公訴を受けた裁判所が（11条1項），これを審判するものとされている。

平成 28 年 検 第 194 号

起 訴 状

平成 28 年 8 月 2 日

東京地方　裁 判 所　立川支部　殿

東京地方　検 察 庁
検察官　検事　堀之内　柚子　㊞

下記被告事件につき公訴を提出する。

記

本　籍　　東京都八王子市西大沢 1 丁目 210 番
住　所　　東京都八王子市北大沢 2 丁目 3 番 4 号
職　業　　無　職

勾　留　中

宮 古 太 郎
昭和 51 年 2 月 15 日生（40 歳）

公 訴 事 実

　被告人は，平成○○年○月○日午後○時ころ，東京都港区××町×丁目×番地×号△△ビル△△号室 A 方において，同人に対し，殺意をもって，所携の果物ナイフ（刃体の長さ約○○センチメートル）でその左前胸部を 1 回突き刺し，よって，同日午後○時ころ同所において，同人を左前胸部刺創に基づく失血により死亡させて殺害したものである。

罪 名 及 び 罰 条

刑 法 第 199 条

殺 人

第12章

訴因の機能

第1節　訴因と公訴事実

→→ 基本説明

1　「訴因」・「公訴事実」に言及する規定

前述のように，刑訴法は，起訴状に公訴事実を記載するよう要求し（256条2項），さらに，公訴事実を記載するには，訴因を明示してこれを記載すべきことを求めている（256条3項）。

ここでは，「公訴事実」と「訴因」という概念が用いられている。

同様にこれらの概念が用いられる規定として，312条1項がある。同条は，「裁判所は，検察官の請求があるときは，公訴事実の同一性を害しない限度において，起訴状に記載された訴因又は罰条の追加，撤回又は変更を許さなければならない。」と規定しており，「公訴事実の同一性」がある限り，「訴因又は罰条」の追加・撤回・変更ができる，としているのである（→第13章）。

「公訴事実」と「訴因」という概念の内容や関係を明らかにしようとする場合，通常の解釈の作法によれば，これらの規定における両概念の「用いられ方」は大いに参考になるはずである。

もっとも，このような手法が，ここで問題となった両概念の解釈に有用であるかは，一考を要する。

→→→ 展開説明

2　「公訴事実」と「訴因」をめぐる混乱

現行刑訴法制定は，「やや『あわただしい』立法過程」[1]の下で行われた。

現行法は日本側とGHQとの「協議会」を経て策定されたが，当初は「訴

---

(1)　三井II 175頁。以下の説明についても，同書159頁以下，176頁以下参照。

因」という語は使用されておらず，当該協議のかなり遅い段階で，「訴因」という概念が導入されることとなった。

このため，（旧法下の講学上の用語・概念であり，現行法も用いた）「公訴事実」という用語・概念と，現行法において導入することとなった「訴因」という用語・概念の内容や関係に，不明確な部分が残されてしまったのである。

そして，この不明確さや，旧法下の用語・概念（「公訴事実」）を用いたため現行法解釈に旧法下での議論が影響したことが混乱や論争を生ぜしめた。この論争のひとつが，審判対象論である。

3　審判対象論

「裁判所の審判の対象は何か」という問題につき，**訴因対象説**と**公訴事実対象説**が対立していた。

訴因対象説によれば，審判の対象は訴因である。同説は，訴因は検察官が審判を求める事実の記載だと理解する（**事実記載説**）。審判対象が訴因であれば，裁判所は，訴因として記載された事実についてのみ審判することとなり，当該事実を超えた嫌疑や事件の全体像について審判することはできないこととなる。

これに対し，公訴事実対象説によれば審判の対象は公訴事実である。この見解は，「公訴事実」と「訴因」という用語はそれぞれ異なる意味内容を有するものと考え，公訴事実とは，検察官の主張を超えて手続の背景にある事件の「実体」や犯罪の「嫌疑」であるとする。また，訴因は公訴事実を法律的に構成したものであって（**法律構成説**），被告人に防御の機会を与え，裁判所による不意打ちを防止するための制度にすぎないこととなる。

両説の差異は，起訴状に記載されていない事実を認定した場合の扱いにおいて，明確になる。

訴因対象説によれば，起訴状に記載されていない事実を裁判所が認定すれば，裁判所が審判対象とされていない事実について認定したこととなり，いわゆる不告不理原則違反（378条3号後段。「審判の請求を受けない事件について判決をしたこと」が絶対的控訴理由になるとする）となる。裁判所は，訴因に拘束されることとなるのである。

これに対し，公訴事実対象説によれば，裁判所の審判の対象は訴因に限定されないから，起訴状に記載されていない事実を裁判所が認定しても，不告不理原則に違反したことにはならない。現行法は，訴因変更の手続を用意しているから（312条。→第13章），このような認定は，訴因変更という手続を経てい

第12章　訴因の機能　　　173

ないという違反があることにはなる。もっともこの違反は，訴訟手続の法令違反（379条）にすぎず，相対的控訴理由になるに止まる。

　現在では，訴因対象説が通説といってよい。裁判所は訴因に拘束され，訴因記載の事実に関する審判に集中すべきだとする訴因対象説が，現行法が基調とする当事者主義の理念となじむからである[2]。

第2節　訴因の特定

→ **趣旨説明**

1　概　説

　256条は，2項において，起訴状に公訴事実を記載するよう要求し，3項において，「公訴事実は，訴因を明示してこれを記載」すべきことおよび「訴因を明示するには，できる限り日時，場所及び方法を以て罪となるべき事実を特定」すべきことを規定している（→第11章第2節2(3)(ii)）。

　法が訴因の特定を求める理由は，「裁判所に対し審判の対象を限定するとともに，被告人に対し防禦の範囲を示すことを目的とする」ことにある（白山丸事件最高裁大法廷判決。後掲）。裁判所は（訴因対象説の下では）訴因として記載された事実のみを審判の対象とし，このことの反映として，被告人は訴因として記載された事実について防御すれば足りるのである。

　このように訴因には審判対象を画定する機能（**審判対象画定機能**）と防御の範囲を示す機能（**防御範囲限定機能**）が期待されているところ，訴因として記載された事実の特定が不十分であれば，訴因がこのような機能を果たしたとはいえないからである[3]。

　もっとも，必要以上に詳細な訴因の記載をすれば，起訴状一本主義と抵触する場合もあり得る。また，検察官に過度に詳細な訴因の記載を要求すれば，捜査段階に無理が生ずる場合も考えられる。

　このため，法は「できる限り」の特定で足りるとしているのである。

---

(2)　また，裁判実務も訴因対象説によっているように思われる。最大判平15・4・23刑集57・4・467（横領後の横領事例）。

(3)　訴因の特定が不十分な場合，338条4号（「公訴提起の手続がその規定に違反したため無効であるとき。」）として，公訴棄却される。もっとも，最判昭33・1・23（刑集12・1・34）は，訴因の記載が明確でない場合には，裁判所は，検察官の釈明を求め，検察官がもしこれを明確にしないときにこそ，訴因が特定していないものとして公訴を棄却すべきであるとした。

それでは,「できる限り」の特定とは,いったいどの程度の特定を指すのであろうか。いったいどのような幅のある記載までは許容されるのであろうか。

→→ 基本説明

2 幅のある記載を許容した例

訴因の特定に関するリーディング・ケースとされる**白山丸事件**最高裁大法廷判決（最大判昭 37・11・28 刑集 16・11・1633）は，幅のある訴因の記載を許容した。

同事件では,（当時の）出入国管理令違反被告事件（密出国）における「被告人は,昭和 27 年 4 月頃より同 33 年 6 月下旬までの間に,有効な旅券に出国の証印を受けないで,本邦より本邦外の地域たる中国に出国したものである」という日時について幅があり場所については具体的な表示を欠く訴因の記載の適法性が問題となり,最高裁は,以下のように判示して適法としたのである。

「刑訴 256 条 3 項において,公訴事実は訴因を明示してこれを記載しなければならない,訴因を明示するには,できる限り日時,場所及び方法を以て罪となるべき事実を特定してこれをしなければならないと規定する所以のものは,裁判所に対し審判の対象を限定するとともに,被告人に対し防禦の範囲を示すことを目的とするものと解されるところ,犯罪の日時,場所及び方法は,これら事項が,犯罪を構成する要素になっている場合を除き,本来は,罪となるべき事実そのものではなく,ただ訴因を特定する一手段として,できる限り具体的に表示すべきことを要請されているのであるから,犯罪の種類,性質等の如何により,これを詳らかにすることができない特殊事情がある場合には,前記法の目的を害さないかぎりの幅のある表示をしても,その一事のみを以て,罪となるべき事実を特定しない違法があるということはできない」。

このように,最高裁は,前述のような訴因の機能に言及したうえで,「法の目的を害さないかぎり」幅のある表示が許される,としたのである[4]。

また,**吉田町覚せい剤事件**（最決昭 56・4・25 刑集 35・3・116）においては,最高裁は,「被告人は,法定の除外事由がないのに,昭和 54 年 9 月 26 日ころから同年 10 月 3 日までの間,広島県高田郡吉田町内及びその周辺において,覚せい剤であるフェニルメチルアミノプロパン塩類を含有するもの若干量を自己の身体に注射又は服用して施用し,もって覚せい剤を使用したものである」と記載された訴因につき,「日時,場所の表示にある程度の幅があり,かつ,

使用量，使用方法の表示にも明確を欠くところがあるとしても，検察官におい
て起訴当時の証拠に基づきできる限り特定したものである以上，覚せい剤使用
罪の訴因の特定に欠けるところはない」とした。

　最高裁はこれ以上の実質的な理由を述べていないが，「本件犯行の日時，覚
せい剤使用量，使用方法につき具体的表示がされない理由は，被告人が終始否
認しているか，供述があいまいであり，目撃者もいないためであることが推認
できること，覚せい剤の自己使用は犯行の具体的内容についての捜査が通常極
めて困難であること」から「本件はまさに……特殊の事情がある場合に当る」
とした原判決(5)を維持したものであるから，同決定は，白山丸事件判決の考え
方を踏襲したものと思われる。

　さらに，**最決平 14・7・18**（刑集56・6・307）は，「被告人は，単独又はＸ及
びＹと共謀の上，平成9年9月30日午後8時30分ころ，福岡市中央区所在
のビジネス旅館Ａ2階7号室において，被害者に対し，その頭部等に手段不明
の暴行を加え，頭蓋冠，頭蓋底骨折等の傷害を負わせ，よって，そのころ，同
所において，頭蓋冠，頭蓋底骨折に基づく外傷性脳障害又は何らかの傷害によ
り死亡させた」との訴因の記載(6)を，「被害者に致死的な暴行が加えられたこ
とは明らかであるものの，暴行態様や傷害の内容，死因等については十分な供
述等が得られず，不明瞭な領域が残っていた」としたうえで，「そうすると，
第1次予備的訴因は，暴行態様，傷害の内容，死因等の表示が概括的なもので
あるにとどまるが，検察官において，当時の証拠に基づき，できる限り日時，
場所，方法等をもって傷害致死の罪となるべき事実を特定して訴因を明示した
ものと認められる」として許容した。

➜➜➜ ▐ 展開説明

3　訴因の機能と訴因の特定

　もっとも，平成14年決定における訴因の記載が，訴因の機能との関係で適
法なものか否かについては，検討を要する。すなわち，訴因には被告人の防御
範囲を限定する機能があるところ，前掲のような訴因の記載で，防御範囲が限

---

(4)　さらに，同判決は，「本件密出国のように，本邦をひそかに出国してわが国と未だ国交を回復せ
　　ず，外交関係を維持していない国に赴いた場合は，その出国の具体的顛末ついてこれを確認する
　　ことが極めて困難」であるとして，当該事件における「特殊事情」の存在を指摘している。
(5)　広島高判昭55・9・4刑集35・3・129参照。
(6)　ただし，訴因変更後の訴因の記載。

定されるといえるのかについては，一考を要するのである。

　同決定においては，（訴因変更が請求されて許可された）原審において，予備的訴因中の「頭蓋冠，頭蓋底骨折等の傷害」の「等」とは，「外傷性脳障害又は何らかの傷害という死因につながる何らかの傷害」を指す旨の釈明が検察官によってなされており[7]，このような釈明を前提とすれば，「現場にはいなかった」，「現場にいたが，犯行時間にはそこを離れていた」，「暴行は加えていない」「暴行は加えたが致死的なものではなかった」等の弁解は可能である。このような釈明が存したことからすれば，同事件における訴因の記載は，被告人の防御という観点から見ても，許容されるであろう。

　このような理解は，防御範囲限定機能との関係では，審理の経過（本件では，検察官による釈明がなされたという審理経過）を考慮する，という考え方（→第13章第3節3(2)。本章4も参照）に拠る。

4　共謀共同正犯における訴因の特定

　共謀共同正犯の訴因を記載する場合，実務上は，以下のような書き方が許容されている。

　　「被告人は，Yと共謀の上，平成××年×月×日ころ，××市××所在の産業廃棄物最終処分場付近道路に停車中の普通乗用自動車内において，Aに対し，殺意をもってその頸部をベルト様のもので絞めつけ，そのころ窒息死させて殺害した。」

　練馬事件判決（最大判昭33・5・28刑集12・8・1718）が，「『共謀』の事実が厳格な証明によって認められ，その証拠が判決に挙示されている以上，共謀の判示は，前示の趣旨において成立したことが明らかにされれば足り，さらに進んで，謀議の行われた日時，場所またはその内容の詳細，すなわち実行の方法，各人の行為の分担役割等についていちいち具体的に判示することを要するものではない」と判示したことを受けて[8]，実務上は，上記のような起訴状の記載が許容されている。

　このような扱いについては批判もある。このような訴因の記載では，とりわけ防御範囲明示機能との関係で，問題があるとするのである。

---

　(7)　平木正洋・最判解刑事篇平成14年度142頁参照。
　(8)　練馬事件判決は，有罪判決における罪となるべき事実の記載に関するものであるが，訴因の記載についても，同事件判決をよりどころとした運用が行われている。

第 12 章　訴因の機能　　　177

　もっとも，実務上も，防御範囲明示機能についての一定の配慮は行われている。すなわち，「共謀の上」という一括した記載について，実務上は，日大闘争事件判決[9]を踏まえ，「共謀のみに関与した被告人にとっては，犯罪との唯一の接点である共謀の成立につきアリバイを主張，立証することが防禦の重点となることは明らかであって，そのような場合には共謀の日時の特定が被告人の防禦上重要な事項となる」ため，弁護人からの求釈明の申立てがあった場合，「裁判所としては検察官に対し求釈明を行うことが相当であり，現実の訴訟では多くの場合そのように訴訟指揮が行われている」とされる[10]。

　ここでも，防御範囲限定機能との関係では，審理の経過（本件では，検察官による釈明がなされたという審理経過）を考慮する，という考え方（→第 13 章。本章第 2 節 3 も参照）が現れているのである。

　このため，共謀共同正犯における訴因の特定をめぐる問題は，被告人の防御権を，制度上どのように保障するのか（訴因制度によってなのか，訴因制度も含めた手続の各段階における配慮によって保障するのか）に関する対立と整理することができよう。

　また，最決平 13・4・11（刑集 55・3・127）は，共同正犯の訴因における実行行為者の記載方法につき，「共同正犯の訴因としては，その実行行為者がだれであるかが明示されていないからといって，それだけで直ちに訴因の記載として罪となるべき事実の特定に欠けるものとはいえない」とした。

5　覚せい剤使用罪における訴因の特定

　覚せい剤が尿中から検出される期間が 10 日から 2 週間程度とされているところ，尿鑑定によって明らかになるのは，被疑者・被告人がこの期間内に覚せい剤を何らかの方法によって少なくとも 1 回身体に摂取したという事実に止まる。

　このため，覚せい剤使用罪の訴因を記載するに際し，使用の日時を「幅」をもって記載せざるを得ない場合がある（例えば，「××年×月 1 日から同月 10 日までの間に」といったように。前掲吉田町覚せい剤事件参照）。

　覚せい剤使用罪は，実務上，1 回の使用ごとに 1 罪が成立するものとされて

---

(9)　最判昭 58・9・6 刑集 37・7・930。

(10)　村上光鵄・大コンメ刑法 2 版 5 巻 365 頁。さらに，「実務では検察官が裁判所の釈明に応じているのが普通である」とも指摘される。

いる（複数の使用罪は併合罪の関係に立つ。連続的な注射，吸引等による使用であって全体が包括一罪と解されるような例外的な場合を除く）。

このため，もし，複数回の使用があり，それらの使用罪を起訴するのであれば，使用の回数ごとに1つの訴因を要する（**一罪一訴因の原則**。例えば，10回の使用をすべて起訴するのであれば，10個の訴因を要する）。また，日時について「幅」のある1つの訴因で起訴されている場合，使用は審判対象とされている覚せい剤使用は1回しかないと考えなければならない。

前掲期間内に複数回使用の可能性があり得るところ，「どの1回」を審判対象と考えるべきかについては，見解が分かれる。**最終使用説**は，採取された尿から検出された最終の使用が審判対象であるとする[11]。これに対し，**最低1行為説**は，期間中の最低1回の使用が審判対象であるとする。

最低1行為説は，最終使用説に対し，尿中から検出された覚せい剤が最後に使用されたものとは限らないから最後に使用したものと認定するのは擬制にすぎないこと，確定判決後に確定判決で最終行為と見られた時点より後の使用が明らかになった場合に再審事由となるのか不分明であることを指摘し，批判する。

他方，最終使用説は，あくまでも，鑑定結果に対応する使用行為中，最終のものを審判対象と考えるものであって，指摘されたような問題は生じないとする。さらに，最終使用説は，最低1行為説に対し，「併合罪の関係に立つ複数の使用のうちのどれか」という審判対象を認めるのであれば公訴事実の同一性を有しない複数の事実間で択一的認定を許容し不当ではないか，最低1行為説が期間内のすべての使用に一事不再理効が及ぶと考えるとすればその間の使用を包括一罪と扱っていることとなり不当ではないか，と批判する。

6 実体法上の罪数と訴因の特定

覚せい剤使用罪における訴因の特定をめぐる議論においても同罪の罪数にかかる議論が参照されたように，罪数と訴因の特定をめぐる問題は，実体法と手続法の交錯領域である。このことは以下の最高裁判例からも看取されよう[12]。

同事件は，次のような訴因の詐欺被告事件である。

---

[11] この見解からは，最終使用1回を起訴した旨を，検察官が釈明すれば訴因が特定されたと考えることとなる。

[12] 最決平22・3・17刑集64・2・111。同事件の訴因の記載については，家令和典・最判解刑事篇平成22年度29頁参照。さらに，最決平26・3・17刑集68・3・368も参照。

第 12 章　訴因の機能　　179

　「〔被告人は〕……難病の子供たちの支援を装い，平成 16 年 10 月 21 日こ
ろから同年 12 月 22 日ころまでの間，〔情を知らない募金活動員ら〕を……各
所の街頭に配置して，午前 10 時頃から午後 9 時頃までの間，不特定多数の
通行人等に対し募金を呼び掛けさせ，9 名の者から総額約 2 万 1120 円の交
付を受けたほか，多数人から応募金名下に現金の交付を受け，合計 2493 万
円余りの金員を詐取した」。
　最高裁は，このような本件街頭募金詐欺全体を一体のものとし包括一罪とし
たうえで，包括一罪を構成する判示のような街頭募金詐欺の罪となるべき事
実(13)については，募金に応じた多数人を被害者とし，被告人の行った募金の方
法，その方法により募金を行った期間，場所およびこれにより得た総金額を摘
示することをもってその特定に欠けるところはないとした。
　本決定は，訴因の特定という手続法上の問題を解決するために，包括一罪と
いう実体法上の概念を拡張したものと考えられる。訴因の特定の問題として本
件を解決しようとするとき，（個々の所為が併合罪の関係に立つことを前提に）
「被害者・被害日時・被害場所・被害金額等が明示されない，多数の訴因」を
特定されたものと評価し得るか問題となるが，消極に解すべきであろう。この
ため，裁判所が実体法の領域で問題解決を試みたこと自体には，相応の理由が
ある。もっとも，このような罪数の理解が，実体法の領域で正当化され得るの
かは議論の余地もある(14)。
　「訴因論の難しさ」の理由として，さまざまな論点が相互に影響し合う問題
であることが掲げられる場合がある(15)。罪数と訴因の特定をめぐる議論も，そ
のような問題の一場面といえよう。

---

(13)　本件も，直接には罪となるべき事実の記載にかかるものであるが，訴因の記載方法についても
　　同様の議論が妥当する。
(14)　亀井源太郎・判例セレクト 2010-I 33 頁参照。
(15)　緑大輔『刑事訴訟法入門』（2012）186 頁。

第13章

訴因の変更，その要否と可否

→ 趣旨説明

第1節 概 説

1 訴訟の浮動性

起訴状には，訴因が記載される（256条2項，3項。→第11章第2節**2**(3)(ii)）。

訴因は検察官が公訴提起の時点で記載するものであるから，公判手続で両当事者が立証を尽くした結果裁判所が抱くに至った心証と訴因との間に齟齬が生ずる場合がある。

例えば，検察官としては，当初，公務員が出入り業者から現金を喝取した事案であると考えて，そのような事実を訴因として公訴提起したが，両当事者の公判における攻撃防御の結果，裁判所としては，喝取したという事実は認められず，賄賂として収受したものであるとの心証を抱くに至る場合がある。

このような齟齬が生ずることは，ことがらの性質上，避けられない（**訴訟の浮動性，動的性格**）。

2 齟齬に対する対処

前述のような齟齬が生じた場合，現行法を離れ，また，制度設計として好ましいか否かも捨象して考えれば，まず，2つの極端な方法が存する。

極端な方法の第1は，特段の対処をせずに心証通りの事実を認定してしまう，という方法である。

しかし，このような方法は，訴因制度にはなじまない。先の例でいえば訴因記載の事実が恐喝の事実であるにもかかわらず，裁判所がこれと異なる収賄の事実を認定してしまえば，訴因に期待される機能（審判対象画定，防御範囲明示）が水泡に帰してしまうからである。

極端な方法の第2は，訴因記載の事実が認定されなかったとして無罪とする，

第13章　訴因の変更，その要否と可否　　181

という方法である。

　この第2の方法は，訴因の機能との関係では問題がない。

　しかし，明らかに収賄という事実であれば有罪になりそうなのに，無罪判決を出すのは法感情に反する。また，仮に，あらためて収賄について訴追してよいとすれば[1]，訴追側にとって二度手間であるばかりではなく，被疑者・被告人にとっても二度手間である。さらに，当事者間の攻防で明らかになった事実については，引き続いて審判した方が裁判官の心証も連続するので，心証形成にも資する。

　そこで，現行法は，312条において，一定の場合に，訴因・罰条の変更（追加・撤回・狭義の変更）を認める，という方法を採用した。現行法は，一定の場合に訴因を変更して（先の例でいえば訴因を恐喝の事実から収賄の事実に変更して），変更後の訴因（先の例でいえば収賄の事実）を裁判所が認定することを可能としたのである。

　このように訴因変更を認める制度の下では，①訴因変更の手続き等はどのようなものか，②訴因変更が必要な場合はいかなる場合か（訴因変更の要否），③訴因変更は常に無条件に行いうるか（訴因変更の可否・許否）が問題となる。

第2節　312条

→ 趣旨説明

1　訴因変更の意義

　312条1項は，「公訴事実の同一性を害しない限度において，起訴状に記載された訴因又は罰条の追加，撤回又は変更」ができると規定する。

　訴因の追加とは，旧訴因に新訴因を追加する場合（例えば，窃盗の事実〔旧訴因〕に科刑上一罪の関係に立つ住居侵入の事実を追加し住居侵入窃盗の事実〔新訴因〕を審判対象とする場合や，予備的・択一的[2]な訴因を追加する場合）をいう。

　訴因の撤回とは，旧訴因の一部を取り除く場合（例えば，住居侵入窃盗の事実〔旧訴因〕から，住居侵入を取り除いて窃盗の事実〔新訴因〕のみを審判対象とする

---

(1)　訴因変更制度を有しない法制度の下では，新たに訴追することを認めざるを得ないであろう。

(2)　訴因変更に際して予備的・択一的な訴因の追加が認められるか否かについて明文の規定はないが，公訴提起時には，「予備的に又は択一的にこれを記載することができる」（256条5項）ことから，予備的・択一的な追加も許されるものと解される。

場合や，予備的・択一的な訴因を撤回する場合）をいう。

訴因の変更[3]とは，個々の訴因の内容に変更を加える（例えば，覚せい剤使用の日時や場所を変更する場合や，収賄の共同正犯〔旧訴因〕を贈賄の共同正犯〔新訴因〕へと変更する場合）をいう。

312条1項は，前掲のように，「公訴事実の同一性を害しない限度」においてのみ，訴因変更を認める。この限度を超えたものについては，同一手続内では対処できず，新たに公訴提起する手続が必要となる。

→→ 基本説明

2 訴因変更の手続

訴因の変更（追加・撤回・変更。以下同様）は，検察官の請求により行われる（312条1項）。請求は，原則として書面によって行わなければならない（規209条1項。ただし，被告人が在廷する公判廷においては口頭による訴因変更も許される。同条6項）。

裁判所は，検察官からの請求があれば，公訴事実の同一性を害しない限度においては，訴因の変更を許さなければならない（検察官の請求によらない訴因変更がありうるかについては本章第2節**3**，検察官の請求があれば常に訴因変更を許さなければならないかについては本章第4節参照）。

裁判所は，訴因または罰条の追加，撤回または変更があったときは，速やかに追加，撤回または変更された部分を被告人に通知しなければならない（312条3項）。

また，裁判所は，訴因または罰条の追加または変更により被告人の防御に実質的な不利益を生ずるおそれがあると認めるときは，被告人または弁護人の請求により，決定で，被告人に充分な防御の準備をさせるため必要な期間公判手続を停止しなければならない（312条4項）。訴因変更は審判対象と防御範囲の変更をともなうためである。

3 訴因変更命令

(1) 訴因変更命令の概要

訴因変更が必要であるにもかかわらず，検察官が訴因変更請求をしない場合があり得る。

このような場合，裁判所としては，求釈明（規208条）によって請求するよ

---

[3] 狭義。広義には，訴因の追加・撤回・変更を総称して訴因変更と呼ぶ。

第13章　訴因の変更，その要否と可否　　183

う促すという事実上の措置を執りうるほか，審理の経過に鑑み適当と認めるときは，訴因または罰条を追加または変更すべきことを命ずることができる（**訴因変更命令**。312条2項）。

　訴因を設定する権限が検察官にある以上その変更も検察官の権限に属する（312条1項）。

　もっとも，裁判所が抱いた心証と訴因との間に齟齬が生じていてもなお，検察官がこのことに気付いていない，あるいは，検察官が当初訴因に固執する等の理由から訴因変更請求をしない場合があり得る。

　このような場合，裁判所としては当初訴因のままでは無罪判決を言い渡すか当初訴因のまま認定できる事実のみを認定するかしかない。しかしながら，裁判所が単に無罪判決を言い渡す（あるいは当初訴因のまま認定できる事実を認定する）のみでは，真実発見の見地から不当であるし，検察官の意思に反するおそれもある。このため，刑訴法は，裁判所に訴因変更命令を発する権限を認めたのである[4]。

(2)　訴因変更命令義務の有無

　では，裁判所は，訴因変更命令を発する義務を負うのであろうか。

　最判昭58・9・6（刑集37・7・930—日大闘争事件）は，当該事案との関係では，裁判所は訴因変更命令の義務を負わず，求釈明によって事実上訴因変更を促せば足りるとした[5]。

　判例は従来，訴因変更命令の義務は原則として存在しないとしつつ，例外的に，①犯罪の重大性，②証拠の明白性があれば，訴因変更命令義務があるとしてきた[6]。

　これに対し，昭和58年判決は，①・②が充足されることを前提に，③検察

---

(4)　立法の経緯については，三井Ⅱ185頁以下にくわしい。

(5)　原審（東京高判昭55・2・25高刑集33・1・48）は，傷害罪および傷害致死罪の共同正犯（現場共謀）の訴因に対し訴因変更命令を発さずに無罪判決を言い渡した第1審判決を，訴因変更すれば）同罪の共謀共同正犯（事前共謀）としての罪責を問い得ることが明らかであり，しかも重大犯罪に関するものであるから，「検察官に対し，訴因変更の意思があるかどうかの意向を打診するにとどまらず，取調べた証拠によって自ら得た心証と判断に従い，訴因変更を命じ，あるいは少なくともこれを積極的に促すべき義務があった」とし審理不尽を理由に破棄した。同事件において第1審裁判所が訴因変更命令義務を負っていたとしたのである。

　　また，最高裁も，以下のように判示して，重大な罪に関する事実につき無罪とされたことおよびその事実について共謀共同正犯としての罪責を問い得ることを認めつつ，なお，裁判所は訴因変更命令義務を負わないとした。

官の訴追意思，④防御上の利益などの手続上の事情，⑤事案の性質・内容，⑥処分の均衡などを考慮して，訴因変更命令の義務の有無を判断したのであって，訴因変更命令義務そのものの存在を前提にしつつ，この義務が認められる場合を限定したのである。

(3) 訴因変更命令の形成力

かつて，多くの学説は**訴因変更命令の形成力**を一切認めていなかったが，例外的にこれを肯定する見解が実務家を中心に主張されていた。

形成力を認める見解においては，裁判所が訴因変更命令を発すれば，検察官が同命令に応じなくとも（すなわち，検察官が訴因変更請求を行わなくとも），訴因が変更されることとなる。

もっとも，幇助の訴因を共同正犯へと訴因変更するよう裁判所が命じたが，検察官がこれに応じなかったところ，裁判所が共同正犯に変更されたものとして判決した事案について，最大判昭40・4・28（刑集19・3・270）は，「検察官が裁判所の訴因変更命令に従わないのに，裁判所の訴因変更命令により訴因が変更されたものとすることは，裁判所に直接訴因を動かす権限を認めることになり，かくては，訴因の変更を検察官の権限としている刑訴法の基本的構造に反するから，訴因変更命令に右のような効力を認めることは到底できない」とした。

このため，実務上は，訴因変更命令の形成力を否定する考え方で決着している。また，このような考え方は，審判対象が訴因であること，および，現行法が当事者主義を基調とするものであることからすれば妥当であり，広く支持されている。

---

(6) 最決昭43・11・26刑集22・12・1352.「裁判所は，原則として，自らすすんで検察官に対し，訴因変更手続を促しまたはこれを命ずべき義務はない……が，本件のように，起訴状に記載された殺人の訴因についてはその犯意に関する証明が充分でないため無罪とするほかなくても，審理の経過にかんがみ，これを重過失致死の訴因に変更すれば有罪であることが証拠上明らかであり，しかも，その罪が重過失によって人命を奪うという相当重大なものであるような場合には，例外的に，検察官に対し，訴因変更手続を促しまたはこれを命ずべき義務がある」としていた。

第13章　訴因の変更，その要否と可否　　185

第3節　訴因変更の要否

→→　基本説明

1　問題の所在

　訴因が事実の記載だと考える立場（事実記載説）からは，訴因と裁判所の心証との間に事実の点で齟齬が生じた場合に，訴因変更が必要となる。裁判所が訴因に記載された事実以外の事実を認定することは許されないからである（→第12章第1節3参照）。

　もっとも，訴因記載の事実と裁判所の心証との齟齬がささいなものにすぎない場合（例えば，犯行日時が数分ずれたにすぎない場合や，財産犯の被害額がわずかに増減したにすぎない場合等）にまで，いちいち訴因変更を要するとすると，訴訟手続は煩瑣なものとなり，迅速裁判の要請にも反することとなってしまう。

　そこで，どの程度ずれたら訴因変更なしにずれた事実を当初の訴因のままで認定することができなくなるのか（例えば，起訴状記載の訴因が「被告人は，××年1月1日，午前0時に，被害者を殴打した」というものであった場合に，審理の結果，殴打した時間が同日午前0時30分であるとの心証を裁判所が抱いた場合，訴因変更が必要なのか），換言すれば，当初の訴因と攻撃防御の結果明らかになった事実とがどの程度異なったら訴因変更が必要になるのか，が問題となる。

2　基本的な考え方

　審判の対象は訴因であり，訴因は事実の記載であることからすれば，法律構成が変わらなくても事実の面で齟齬が生ずれば（例えば，法律構成としては当初訴因も形成された心証も過失運転致死罪に該当するものであったとしても，過失の過失の態様が変化すれば），訴因変更を要することとなる[7]。

　もっとも，ささいな齟齬が生じた場合にまで訴因変更を要すると解するべきではない（前述）。

　一般に，強盗の訴因のまま訴因変更を経ずに恐喝の事実を認定することや，傷害の訴因のまま暴行の事実を認定することは許されよう。このように訴因記載の事実と認定しようとする事実が「大は小を兼ねる」の関係（前者が大，後者が小）にある場合，被告人の防御にとって実質的な不利益をもたらすもので

---

[7]　なお，法律構成が変化した場合も被告人の防御に影響があるので訴因変更を要するとする見解が有力である。

はないからである（**縮小認定**）。

　また，犯罪事実の主要部分に変化がない場合（犯罪の日時・場所等[8]の被告人の防御に直接関係のない変化）も同様である（威力業務妨害罪における被害者の業務内容について，訴因と異なる認定をする場合等）。

→→→ 展開説明

3 「重要な事実の変化」の判断

(1) 抽象的防御説と具体的防御説

　このような基本的な考え方からは，起訴状記載の訴因と形成された心証との間に，重要な事実の変化が生じた場合に，訴因変更が必要となる。

　抽象的防御説と呼ばれる見解は，防御上の実質的な不利益が生ずるか否かを決するに際し，起訴状記載の事実と心証とを，類型的・一般的に比較して，防御上の実質的な不利益が生ずるか否かを考慮し，重要な事実の変化があったか否かを決する（このことの意味は，具体的防御説と比較すると明確になろう）。

　具体的防御説と呼ばれる見解は，起訴状記載の事実と心証とを，当該審理経過を考慮に入れて，具体的・個別的に比較する。すなわち，同説は，当該審理の経過（例えば，その審理ですでに訴因外の事実が攻撃防御の対象となったかどうか）に鑑みて，被告人の防御に不利益があったのであれば，訴因変更必要とするのである。

　具体的防御説においては，当該審理の経過次第で，防御上の実質的な不利益の有無が左右される。例えば，同様に訴因が傷害致死の事実にかかるものであったとしても，一方では当該訴因のままですでに殺意の有無が攻撃防御の対象となったと評価される場合があり，他方では殺意の有無はこの対象となっていないと評価される場合がある。具体的防御説からは，前者の場合には傷害致死の訴因のままで殺人罪を認定することも許されることとなるのである。

　もっとも，このように，審理の経過により訴因変更の要否が左右されてしまうのでは，訴因の防御範囲限定機能が著しく損なわれてしまう。被告人から見ればどのような事実がすでに攻撃防御の対象となった（と裁判所が考えている）のかは不明確であるから，防御すべき範囲も被告人に対して明示されないことになってしまうのである。

---

(8)　アリバイ等に関係し，犯罪の成否や被告人の防御に直接かかわる場合には訴因変更が必要である。

このため，判例も，抽象的防御説を基調とした判示を行っていた[9]。道路交通法に違反する酒酔い運転および指定速度違反の訴因のまま，訴因変更せずに酒気帯び運転と指定速度違反を認定した事案について，最決昭55・3・4（刑集34・3・89）は，「酒酔い運転も……酒気帯び運転も基本的には同法65条1項違反の行為である点で共通」することを理由のひとつとして，訴因変更を不要としたのである。

(2) 平成13年決定

もっとも，最決平13・4・11（刑集55・3・127）は，抽象的防御説と具体的防御説の対立という枠組に収まりきらない判断方法を採っている。

同決定は，訴因変更の要否を検討するに当たり，問題を，①審判対象の画定，②被告人の防御という2つのレベルに分解し，それぞれのレベルで，異なる考察方法を採用した。

同事件の当初訴因は，「被告人は，Yと共謀の上，昭和63年7月24日ころ，青森市大字合子沢所在の産業廃棄物最終処分場付近道路に停車中の普通乗用自動車内において，Aに対し，殺意をもってその頸部をベルト様のもので絞めつけ，そのころ窒息死させて殺害した」というものであり，また，第1審で変更された後の訴因が，「被告人は，Yと共謀の上，前同日午後8時ころから午後9時30分ころまでの間，青森市安方2丁目所在の共済会館付近から前記最終処分場に至るまでの間の道路に停車中の普通乗用自動車内において，殺意をもって，被告人が，Aの頸部を絞めつけるなどし，同所付近で窒息死させて殺害した」というものであった。

ところが，第1審は，変更後の訴因とも異なる，「被告人は，Yと共謀の上，前同日午後8時ころから翌25日未明までの間に，青森市内又はその周辺に停車中の自動車内において，Y又は被告人あるいはその両名において，扼殺，絞殺又はこれに類する方法でAを殺害した」という事実を，（2度目の）訴因変更なしに認めたのであった。このため，2度目の訴因変更の要否が争われたのである。

最高裁は，まず，「審判対象の画定という見地」につき，以下のように判示して，この見地からは訴因変更は不要であるとした。

---

(9) もっとも，古い判例は具体的防御説によるものと考えられる（最判昭29・1・21刑集8・1・71）。

188 第2部 公訴・訴因

「そもそも，殺人罪の共同正犯の訴因としては，その実行行為者がだれで
あるかが明示されていないからといって，それだけで直ちに訴因の記載とし
て罪となるべき事実の特定に欠けるものとはいえないと考えられるから，訴
因において実行行為者が明示された場合にそれと異なる認定をするとしても，
審判対象の画定という見地からは，訴因変更が必要となるとはいえない」。

次いで，最高裁は，以下のように，被告人の防御の見地から訴因変更の要否
を論じている。

「とはいえ，実行行為者がだれであるかは，一般的に，被告人の防御にとっ
て重要な事項であるから，当該訴因の成否について争いがある場合等におい
ては，争点の明確化などのため，検察官において実行行為者を明示するのが
望ましいということができ，検察官が訴因においてその実行行為者の明示を
した以上，判決においてそれと実質的に異なる認定をするには，原則として，
訴因変更手続を要する」。

「しかしながら，実行行為者の明示は，前記のとおり訴因の記載として不
可欠な事項ではないから，少なくとも，被告人の防御の具体的な状況等の審
理の経過に照らし，被告人に不意打ちを与えるものではないと認められ，か
つ，判決で認定される事実が訴因に記載された事実と比べて被告人にとって
より不利益であるとはいえない場合には，例外的に，訴因変更手続を経るこ
となく訴因と異なる実行行為者を認定することも違法ではない」。

このような考え方は，①審判対象画定に必要な事項についての変化は，審理
の経過にかかわらず，常に訴因変更を要する，②被告人にとって重要な事項に
ついての変化は，審理経過を考慮したうえで，被告人に不意打ちを与える場合
や認定される事実がより不利益である場合にのみ，訴因変更を要する，という
ものである[10]。

---

[10] なお，最決平24・2・29（刑集66・4・589）は，同様の方法によりつつ，現住建造物等放火
被告事件につき，訴因変更手続を経ることなく訴因と異なる放火方法を認定したことが違法とし
た。同決定には，①実行行為の内容が被告人の防御にとって重要な事項であることを明示し，ま
た，②被告人にとって訴因変更を経ずに訴因と異なる事実認定をすることが不意打ちとなる場面
を具体的に示した点に，新たな意義がある。

第13章　訴因の変更，その要否と可否　　　189

第4節　訴因変更の可否

➤ 趣旨説明

1　概　説

312条1項は，「裁判所は，検察官の請求があるときは，公訴事実の同一性を害しない限度において，起訴状に記載された訴因又は罰条の追加，撤回又は変更を許さなければならない」と規定して，「公訴事実の同一性」の範囲内でのみ，訴因の変更を認める。

支配的な見解によれば，広義の「公訴事実の同一性」という概念は，講学上，単一性と狭義の同一性に分解される[11]。このうち，単一性の有無は，実体法上の罪数を基準として公訴事実が1個といえるか否かにより判断される。

➤➤ 基本説明

2　狭義の同一性

狭義の同一性については，議論が錯綜している。

学説上は，罪質同一性を基準とするもの，構成要件の共通性を基準とするもの，両訴因間の行為または結果の共通性を基準とするもの，訴因変更による不利益が被告人の防御に実質的な差異をもたらすか否かを基準とする等，多様な見解が主張されている。

これらは，①両訴因の事実的な共通性を重視する立場，②①に加えて両訴因の法的・社会的評価の共通性をも重視する立場，③訴因変更により生ずる当事者の利益・不利益の衡量を重視する立場等に分類され得る。

さらに，判例においても，「基本的事実関係が同一か否か」を基準とする**基本的事実同一説**の流れに属するものがある一方で，いわゆる**非両立性基準**を重視する流れに属するものも存する。

前者に属するものとしては，例えば，最判昭28・5・29（刑集7・5・1158）がある。

同判決は，「犯罪の日時，場所において近接し，しかも同一財物，同一被害者に対するいずれも領得罪であって，その基本事実関係において異なるところがない」ことを理由として，信用組合の事務員が第三者に払い戻すべきであっ

---

(11)　もっとも，有力な立場によれば，広義の同一性を単一性と狭義の同一性に分解することに対する疑問も呈され得る。例えば，松尾上308頁参照。

たのに誤って被告人に交付した金員を受領した事実（詐欺罪）と，同信用組合の事務員から帰宅後に誤って多額の金員を受領したことを知らされたにもかかわらず虚偽の事実を述べて金員の取還しを拒否した事実（横領罪）との間に，公訴事実の同一性を認めた。その際，同判決は，以下のように述べた原審（名古屋高判昭26・10・30刑集7・5・1168）を維持し，上告を棄却した。

　「両事実を比較検討して見るに，被告人が，……O信用組合に行って，同人の次女A名義の定期貯金証書……の全額払戻を請求して，これが払渡を待って居たとき，同組合出納係事務員が，Bに支払うべき現金……を誤って被告人に渡してしまったので，被告人は，これを受取り，これを領得したことは，一致して居り，右一致した事実が，本件公訴事実の基本となる事実であることが明らかであって，詐欺と謂うも，横領と謂うも，その領得の時期と手段方法が異るだけで，右は，右基本となる事実を，刑法の各本条に照し理論構成するについて，相違を来たしたものに過ぎないから，公訴事実の同一性を毫も害するものでない」。

　さらに，最決昭53・3・6（刑集32・2・218）は，「公務員乙と共謀のうえ……丙から賄賂を収受」したという訴因から，「丙と共謀のうえ……乙に対して賄賂を供与」へ変更することの可否につき，「収受したとされる賄賂と供与したとされる賄賂との間に事実上の共通性がある場合には，両立しない関係にあり，かつ，一連の同一事象に対する法的評価を異にするに過ぎないものであって，基本的事実関係においては同一である」とした。

　これに対し，非両立性基準の嚆矢とされる最判昭29・5・14（刑集8・5・676）は，「昭和25年10月14日頃，静岡県長岡温泉Kホテルに於て宿泊中のAの所有にかかる紺色背広上下1着……を窃取した」とする窃盗罪の訴因に対し，「贓物たるの情を知りながら，10月19日頃東京都内において自称Aから紺色背広上下1着の処分方を依頼され，同日同都豊島区池袋……B方に於て……右背広1着を質入れし，以って贓物の牙保をなした」とする贓物牙保罪[12]の訴因が予備的に追加された事案である。最高裁は，このような事案につき，以下のように述べている。

　「右予備的訴因において被告人が牙保したという背広1着が，起訴状記載の訴因において被告人が窃取したというA所有の背広1着と同一物件を指

---

(12)　当時。現在の盗品等の有償処分あっせん罪。

すものである」。

「両者は罪質上密接な関係があるばかりでなく，……その日時の先後及び場所の地理的関係とその双方の近接性に鑑みれば，一方の犯罪が認められるときは他方の犯罪の成立を認め得ない関係にある……から，かような場合には両訴因は基本的事実関係を同じくする……，従って公訴事実の同一性の範囲内に属する」。

さらに，最決昭63・10・25（刑集42・8・1100）は，「被告人は，『よっちゃん』ことAと共謀の上，法定の除外事由がないのに，昭和60年10月26日午後5時30分ころ，栃木県芳賀郡二宮町大字久下田△△△番地の被告人方において，右Aをして自己の左腕部に覚せい剤であるフェニルメチルアミノプロパン約0.04グラムを含有する水溶液約0.25ミリリットルを注射させ，もって，覚せい剤を使用した」との訴因から，「被告人は，法定の除外事由がないのに，昭和60年10月26日午後6時30分ころ，茨城県下館市大字折本×××番地の一所在スナック『B』店舗内において，覚せい剤であるフェニルメチルアミノプロパン約0.04グラムを含有する水溶液約0.25ミリリットルを自己の左腕部に注射し，もって，覚せい剤を使用した」へ変更することの可否が問題となった事案において，「両訴因は，その間に覚せい剤の使用時間，場所，方法において多少の差異があるものの，いずれも被告人の尿中から検出された同一覚せい剤の使用行為に関するものであって，事実上の共通性があり，両立しない関係にあると認められるから，基本的事実関係において同一」として，両訴因間の公訴事実の同一性を認めた。

このような判例の判断枠組は，「明白に事実の重要部分に共通性が認められれば択一関係を論じるまでもなく公訴事実の同一性を肯定し，……重要部分において共通性が必ずしも明白であるとはいえず一定の隔たりがある場合に，基本的事実関係の同一性という枠付けのために補完的に択一関係の存在を持ち込んでいる」[13]と評される。

---

(13) 三井Ⅱ 217頁。

→→ 基本説明

第5節　訴因変更の許否

1　問題の所在

312条1項は，「裁判所は，検察官の請求があるときは，公訴事実の同一性を害しない限度において，起訴状に記載された訴因又は罰条の追加，撤回又は変更を許さなければならない。」と規定する。

このような規定ぶりにもかかわらず，公訴事実の同一性が認められてもなお，訴因変更が認められない場合があるか否かが，**訴因変更の許否**と呼ばれる問題である。

2　訴因変更の時期的限界

下級審裁判例においては，時機に遅れた訴因変更を許さなかった例がある（福岡高那覇支判昭51・4・5判タ345・321，大阪地判平10・4・16判タ992・283）。

時機に遅れた訴因変更を認めると，迅速裁判の要請に反して被告人を長く不安定な地位に置くことによって，被告人の防御に実質的な著しい不利益を生ぜしめ，ひいては公平な裁判の保障を損うおそれが顕著であるためである。

3　現訴因につき有罪の心証が得られる場合

検察官は，訴因の設定につき権限を独占している（→第11章第1節2）。このため，現訴因につき，有罪の心証が得られる場合であっても，裁判所は，検察官による請求があればこれに応じなければならない。

このことは，現訴因では有罪認定できるが新訴因では無罪とせざるを得ない場合でも同様である。もっとも，この場合，裁判所としては，規則208条によって検察官に釈明を求め，立証状況に関する共通の理解を得る努力をするべきである。

●第3部　公　判●

第14章

公判手続

第1節　総　説

→ 趣旨説明

1　公判とは

　検察官が公訴を提起すると，事件は裁判所に係属し，犯罪事実の存否を明らかにして刑罰を決めるための審理が行われる。この全過程を**公判**と呼ぶ。第1審の公判は，公判期日に原則として公判廷で行われる審理手続（狭義の公判）が中心であるが，その他に，公判期日の審理を円滑・迅速に進めるために公判期日外で行う公判準備の手続が存在する。

→→ 基本説明

2　公判の諸原則

(1)　公判中心主義

　有罪か無罪かの判断は，公判における審理を通じて行われなければならない。この考えを**公判中心主義**という。訴訟である以上，公判が中心となるのは当然のことでしかない。しかし，制度の運用においては，緻密な捜査が行われ，検察官の裁量によって起訴する事件が精選されることによって，事案の真相を究明する機能が前倒しされ，刑事手続における公判の重みが低下する現象がある。したがって，公判中心主義には，捜査が公判の準備活動にすぎないことを確認し，裁判所での公判こそが名実ともに事件の帰結を決める場であることを強調する意味がある。

(2)　当事者主義

　現行法は，訴訟を進行するイニシアチヴを検察官と被告人の両当事者に委ね

ている。これを**当事者追行主義**という（→イントロダクション第3節1(1)）。例えば，裁判所は検察官が起訴状に記載した訴因のみを審判の対象とする（256条3項）。証拠調べは原則として当事者の請求によって行われ（298条1項），両当事者は証人等を尋問する権利を持つ（304条2項。被告人について憲37条2項）。また，裁判所や相手方の訴訟行為に対する異議申立てが認められている（309条1項・2項）。

　当事者追行主義は，検察官と被告人を対等な当事者として扱うことを前提とするので，適正手続の保障（→イントロダクション第1節2(3)）につながる。しかし，検察官が，警察等の巨大な組織と強制処分を含む強い捜査権限を駆使して証拠を収集したうえで訴追を行うのに対して，私人である被告人にはそのような前提がない。つまり，事実として，検察官と被告人の間には攻撃力と防御力に圧倒的な差がある。この現実を無視して両当事者を対等に扱ったのでは，被告人の権利はむしろ大きく阻害されてしまう。そこで，当事者追行主義を前提としつつ，被告人の防御力をかさ上げして，両当事者の武器が実質的に対等となるように補正しなければならない。これを**当事者対等主義**という。弁護人依頼権（30条，憲37条1項），国選弁護（36条，37条の2，憲37条3項），黙秘権（憲38条1項）などの制度があるほか，個々の手続の運用において被告人への片面的な配慮が求められる場合がある。今日において，当事者主義の内容には，当事者追行主義のみならず，当事者対等主義も含まれるものと理解されている。

(3) 直接主義・口頭主義

　直接主義とは，裁判所が直接に取り調べた証拠以外は事実認定に利用しない原則である。事実認定を行う裁判所は，証拠調べを他に代行させてはならず（形式的直接主義），オリジナルの証拠にじかに接して事実認定を行わなければならない（実質的直接主義）。

　口頭主義とは，公判における手続の進行を口頭で行う原則である。証拠書類の取調べは朗読によって行われ（305条），判決は口頭弁論に基づいて行われる（43条1項）。両当事者が口頭で伝えることによって，裁判所に鮮烈な印象を与え，的確な判断を導くことができる。また，書面によって進行することにより外部から訴訟の内容を知ることができなくなるのを防ぐ効果もある。もっとも，起訴状のように手続の明確性が重要な場面では，書面主義が採られる（256条1項。→第11章第2節1）。

第14章　公判手続　　195

⑷　公開主義

憲法37条1項は被告人に公開裁判を受ける権利を保障している（**公開主義**）。また，同82条1項は「裁判の対審及び判決」は公開法廷で行う旨を定めている。裁判を国民の監視の下に置くことによって，公正を保障するための規定である。裁判官が全員一致で公序良俗を害するおそれがあると判断した場合は，例外的に非公開とすることができる（憲82条2項）。例えば，性犯罪被害者に対する尋問など，関係者のプライバシー等に特別な配慮が必要な場合にこの措置が講じられることがある。

公開主義は，公正な裁判のための制度であって，個々の国民に裁判を傍聴する権利を保障するものではない。しかし，裁判の公開は，国民の「知る権利」（憲21条）との関係でも重要である。最高裁は，傍聴人が法廷でメモをとることを一律にすべて禁じる取扱いについて，憲法21条を根拠に違法であるとした（最大判平元・3・8民集43・2・89—レペタ訴訟）。

⑸　訴訟指揮と法廷警察

裁判所は，訴訟運営のために手続の進行を指揮する固有の権限（**訴訟指揮権**）を持っている。前述のとおり，訴訟追行のイニシアチヴは当事者にあるが，これを適切にコントロールして訴訟を円滑に進行するためには，適切な訴訟指揮権の行使が不可欠である。合議体（→イントロダクション第3節2⑴）の場合，その行使は原則して裁判長に委ねられている（294条）。

手続への妨害を排除して法廷の秩序を維持するための措置を行う権限のことを**法廷警察権**という。法廷警察権は，訴訟関係人のみならず傍聴人にも及ぶ。裁判長または1人の裁判官は，警告や退廷命令など必要な措置を講じることができる（裁71条）。

➤➤➤ 展開説明

3　被告人

被告人は刑事訴訟に不可欠な当事者である。その事件の被告人が誰なのかを特定できなければ，公訴や判決の効力が誰に及ぶのかわからない。そこで，被告人をどのようにして特定すべきかが問題となる。

被告人の氏名は起訴状に記載されているのであるから（256条2項1号），誰が被告人であるかを判断する第1の基準が起訴状の記載であることはいうまでもない（表示説）。ところが，検察官が起訴した人物が他人の氏名を無断で使用した場合，起訴状の氏名と，法廷で被告人として行動している人物の氏名が

食い違うことになる。この場合は，起訴状の形式的な記載内容ではなく，検察官の意思，すなわち「誰を起訴しようとしたのか」を考慮して被告人を確定するのが合理的である（最決昭60・11・29刑集39・7・532）。例えば，身柄拘束中の被疑者を起訴した場合，検察官が起訴しようとした人物は，起訴状に記載された氏名の者ではなく，現に被告人として在廷している者であることが明白なので，その者を被告人とすればよい。他方，略式命令の場合は，書面のみで審理が行われるため，裁判所が略式命令請求者に記載された氏名以外を考慮する余地はなく，起訴状に氏名が書かれている者を被告人として略式命令の効果を及ぼさざるを得ない[1]。

被告人が起訴された人物の身代わりとして出廷している場合はどうか。この場合も，本来の意味での被告人は起訴状に氏名が記載された者である。したがって，公判開始直後の人定質問で身代わりが発覚したときは，その者を手続から解放したうえで，あらためて公判をやり直せばよい。しかし，実質的な審理が進んだ後に身代わりが発覚したときは，事実上被告人として扱ってきた以上，そのまま解放するわけにはいかないので，338条4号を準用して公訴棄却を言い渡すべきである。

第2節　公判の準備

→→ 基本説明

1　第1回公判期日前の公判準備

事件が裁判所に係属したからといって，直ちに公判を開くことができるわけではない。第1回公判期日の前に，裁判所と訴訟関係人は，公判を開くために不可欠な準備を行わなければならない。また，審理を円滑に行うためにも，さまざまな準備活動を行うことが重要である。

(1)　事件の配布

起訴状が受理されると，審理を担当する裁判体（訴訟法上の意味での裁判所）を決定する。公平を確保するため機械的に順次配点される。

---

[1]　最決昭50・5・30刑集29・5・360。もっとも，身体拘束中に略式命令を受ける逮捕中待命方式による場合は，検察官の意思を基準として冒用者を被告人とする余地がある。大阪高決昭52・3・17判時850・13。

(2) 起訴状謄本の送達

裁判所は，遅滞なく起訴状の謄本を被告人に送達しなければならない（271条1項）。どのような犯罪事実で起訴されたのかを被告人に告知する，きわめて重要な手続である。2か月以内に送達されないときは，さかのぼって公訴提起が無効となり（271条2項），公訴棄却の決定がなされる（339条1項1号）。

(3) 公判期日の指定

公判期日の指定は，訴訟指揮権に基づき裁判長が行う（273条1項）。指定に際しては，訴訟関係人の準備状況等を考慮しなければならない（規178条の4）。指定した期日に被告人を召喚し（273条2項），検察官，弁護人らに通知する（273条3項）。

(4) 事前準備

以上の手続に加え，公判の審理を円滑かつ充実したものとするため，第1回公判期日までに以下のような事前準備を行うことが求められる。

検察官および弁護人は，①証拠の収集と整理（規178の2），②証拠調べ請求する予定の証拠を閲覧する機会を相手方に与えること，③相手方が請求した証拠に関する意見の通知，④訴因・罰条や争点を明確にするための打ち合わせ等である。また，弁護人は，被告人等に面会して事実関係の確認を行う（規178の6第1～3項）。

裁判所も，検察官や弁護人に準備を促しつつ，必要な事項を打ち合わせることができる。ただし，予断排除のため，裁判所が証拠の内容にかかわる事項に触れることは許されない（規178の10第1項）。裁判所は審理計画を策定し，見込み時間を検察官および弁護人に知らせる（規178の5）[2]。

なお，裁判員裁判対象事件など強力な争点整理を必要とする事案には，この事前準備とは別に公判前整理手続が用意されている（→第15章）。

2　被告人の出頭確保

(1) 召喚・勾引

公判を開くためには被告人の出頭を確保する必要がある。公判期日が指定されると，裁判所は召喚状（62条・63条）を送達して，被告人を召喚する（273

---

[2]　第1回公判期日後は，予断排除の要請が薄まるため，裁判所は証拠に触れることも含めた積極的な準備活動を行うことができる。例えば，①公務所等への照会（279条），③期日外での証人尋問（158条1項，281条），④差押え・記録命令付き差押え・捜索（99条1項，99条の2），領置（101条），提出命令（99条3項），検証（128条），鑑定（165条）など。

条）。**召喚**は，裁判所など特定の場所に特定の時刻に出頭するよう義務づける強制処分である。

　召喚は出頭の義務を負わせるだけで，物理的な強制力を用いることはできない。被告人を直接強制によって裁判所へ引致する処分が**勾引**である。被告人が，①住居不定，②正当な理由なく召喚に応じない，または応じないおそれがあるとき，裁判所は勾引状（62条・64条）によって被告人を勾引する。勾引の効力は引致した時から24時間以内である（59条）。

(2)　勾　留

　被告人の逃亡および罪証隠滅を防止するために身体を拘束する強制処分が**勾留**である。勾留は捜査段階でも行われ（→第4章第3節），制度趣旨，勾留要件（60条），勾留するための手続（61条，62条，64条，73条など），勾留理由開示（82条），勾留の取消し（87条）や執行停止（95条）などは共通である（207条1項）。以下では起訴後の勾留に特有の事項のみを扱う。

　捜査での勾留は検察官の請求によって裁判官が行うものであるが，起訴後の勾留は事件を審理する裁判所が職権で行う（60条1項）[3]。ただし，予断排除の原則により，第1回公判期日前は他の裁判官が担当する（280条1項）。捜査段階で勾留されている被疑者が起訴された場合は，自動的に起訴後の勾留へ移行する[4]。

　勾留の期間は2か月であるが，特に継続の必要がある場合については，1か月ごとに更新することができる。更新は原則として1回に限られるが，一定の要件を充たせば，2回以上更新することができる（60条2項）。

(3)　保　釈

　勾留は，身体の自由という重大な人権の制約をともなう処分である。また，身体拘束は，公判に向けた防御の準備を大きく制約する。この弊害をできる限り避けるため，起訴後の勾留については保釈制度が存在する（被疑者段階では認められていない。207条1項ただし書）。**保釈**とは，観念的には勾留を維持したまま，被告人に保証金を納付させ，保証金の没収を制裁として意識させることにより，罪証隠滅や逃亡を防止する制度である[5]。

---

(3)　在宅の被疑者を起訴するとき，検察官が起訴状に「求令状」と記載し，起訴後の勾留につき裁判所の職権発動を促すことがある。

(4)　捜査段階ではA事実で勾留されていたが，捜査の結果，B事実で起訴された場合には，事件単位の原則によって，あらためて起訴後の勾留手続が必要である。

第14章　公判手続　　199

　被告人・弁護人・配偶者・直系親族または兄弟姉妹等は，裁判所に保釈を請求することができる（請求保釈。88条）。保釈の請求があった場合，裁判所は，原則として必ず保釈しなければならない。これを**必要的保釈**という。ただし，例外として，①重罪事件，②重罪の前科，③常習犯，④罪証隠滅を疑うに足りる相当な理由，⑤事件の審判に必要な知識を有する者等を加害したり畏怖させることを疑う相当な理由，⑥氏名住所が不明などの場合には認められない（89条）。

　また，裁判所は，自ら適当と認めたときは職権で保釈を許すことができる（裁量保釈。90条）。さらに，拘禁が不当に長くなった場合には，裁判所は勾留を取り消すか，保釈を許さなければならない（義務的保釈。91条）。

　保釈の判断に際して余罪を考慮することが許されるか。勾留が事件単位で行われるものである以上（事件単位の原則），保釈の許否の判断も，勾留状に記載された犯罪事実のみを基準にして行うべきである。もっとも，裁量保釈に際し，勾留された事実について逃亡のおそれを判断するための一事情として余罪の存在を考慮することは許される（最決昭44・7・14刑集23・8・1057）[6]。

　裁判所が保釈に関する決定をするには，検察官の意見を聴かなければならない（92条1項）。保釈を許す場合には，罪質，情状，証拠の証明力，被告人の性格，資産等を考慮して保証金額を定める（93条1項・2項）。住居の制限など必要な条件をつけることもできる（93条3項）。被告人が補償金を納付すれば，保釈が執行される（94条）。

　被告人が，①正当な理由なく出頭しないとき，②逃亡し，または逃亡すると疑うに足りる相当な理由があるとき，③罪証を隠滅し，または隠滅すると疑うに足りる相当な理由があるとき，④審判に必要な知識を有する者等を加害したり，加害しようとしたり，畏怖させる行為があるとき，⑤保釈条件に違反したとき，裁判所は検察官の請求または職権により，保釈を取り消すことができる（96条1項）。保釈が取り消されると被告人は刑事施設に収容され（98条1項），保証金の全部または一部が没収され得る（96条2項）。

----

　(5)　保釈についての包括的な研究として，丹治初彦編著『保釈 理論と実務』（2013）。
　(6)　この判例に対しては，裁量保釈について事件単位原則を否定するものだとの批判もある。白取272頁，福井厚『刑事訴訟法講義〔第5版〕』（2012）307頁，上口272頁など。

⑷ 勾留・保釈に対する不服申立て

勾留，保釈に関する裁判は，第1回公判期日前は裁判官が行うため（280条1項），不服申立ては準抗告（429条1項2号）による。他方，第1回公判期日後は裁判所が行うため，不服申立ては，抗告（419条，420条1項・2項）による。

> コラム 勾留・保釈の運用
>
> 通常第1審における起訴後の勾留の運用を見ると，2014（平成26）年における勾留率は，全地裁で79.0％，全簡裁で77.3％である。すでに見たとおり，現行法は身体拘束を例外的なものと位置づけて保釈の手段を幾重にも張りめぐらしており，このことからすれば，勾留率は高くてもほとんどの被告人は保釈によって身体拘束を解かれているかのようなイメージを持つかもしれない。しかし，同年における保釈率は全地裁で23.5％，全簡裁で12.1％にとどまる[7]。この数値をどのように評価すべきだろうか。権利保釈の例外要件，特に「罪証を隠滅すると疑うに足りる相当な理由」（89条4号）が緩やかに認められ過ぎているとの批判もある。そして，近年は保釈率は上昇傾向にあり，裁判実務の側にも身体拘束の要件を厳格する方向への変化が見られる[8]。

3 弁護人の選任

⑴ 弁護人依頼権

被告人は，弁護人に依頼する権利を有する（30条，憲37条3項。被疑者について，→第10章第2節2）。被告人が検察官に対抗して防御を行うためには，法律専門家の支援が不可欠である。弁護人依頼権は，実質的な当事者対等を保障するものであり，デュー・プロセスの重要な要素である。

第1回公判期日前に，弁護人選任権と国選弁護請求権が被告人に告知される（272条1項）。被告人・配偶者・直系の親族・兄弟姉妹等は，弁護士の中から弁護人を選任することができる（30条1項・2項，31条1項）。ただし，事案の性質によっては，弁護士以外が防御に加わることが効果的な場合もある。そこで，裁判所の許可を得て，弁護士でない者を特別弁護人として選任することも可能である（31条2項）。なお，捜査段階で弁護人が選任されていれば，その効力は公判にも承継されるので，あらためて選任する必要はない（32条1項）。

---

(7) データはいずれも法務総合研究所『平成27年版犯罪白書』による。
(8) 最決平26・11・18刑集68・9・1020，最決平27・4・15判時2260・129。近年における保釈の運用について，三好幹夫・実例II 67頁以下。

第14章　公判手続　　201

(2)　国選弁護

　貧富の差によって被告人の権利保障に差が生じるのは妥当でない。そこで，被告人が貧困等の利用によって自ら弁護人を依頼できない場合には，国費による弁護人の選任を求める権利が認められている（36条，憲37条3項）。請求に当たって，被告人は資力申告書を提出しなければならない（36条の2）。また，基準額以上の資力がある被告人は，国選弁護を請求する前に，弁護士会に対して私選で受任してくれる弁護人を選任するよう申し出を行っている必要がある（私選弁護前置主義。36条の3第1項）。

　被告人が国選弁護人を請求しない場合でも，被告人が①未成年，②70歳以上，③耳の聞こえない者または口のきけない者，④心神喪失者または心身耗弱者である疑いがある場合，⑤その他必要と認めるときは，防御能力が類型的に低いため，裁判所が後見的な役割を果たして職権で国選弁護人を付すことができる（37条）。また，必要的弁護事件（289条1項。→本章第3節2）について弁護人がないときは，職権で国選弁護人を付さなければならない。

　裁判所は弁護士の中から国選弁護人を選任する。具体的には，日本司法支援センター（法テラス）によって指名された弁護士が選任されている（法律支援38条1項）。

➡➡➡ 展開説明

(3)　弁護人の権利と義務

　弁護人は，被告人の訴訟行為について包括的な代理権を有している（包括代理権）。また，忌避申立権，保釈請求権，証拠保全請求権，証拠調べ請求権など，被告人の同意なく行う権限がある（独立代理権）（41条）。さらに，接見交通権など，被告人の代理としてではなく弁護人自身に固有に帰属する権限（固有権）もある。

　弁護人は，防御活動を通じて被告人の権利を実現しようとする義務を負っている。しかし同時に，司法制度の担い手として正義の実現を使命としている以上（弁護1条），弁護人にも真実発見に協力する義務（**真実義務**）もあるのではないか(9)。

---

(9)　弁護人の真実義務について，佐藤博史『刑事弁護の技術と倫理 刑事弁護の心・技・体』(2007) 19頁以下，後藤昭ほか編著『実務体系 現代の刑事弁護1 弁護人の役割』(2013) 13頁以下 [浦功]。

しかし，刑事訴訟は検察官と弁護人が異なる役目を果たすことによって正義を実現している。真実発見に協力する義務を弁護人に課すのは，2人目の検察官を法廷に置くに等しく，妥当ではない。したがって，たとえ被告人が真犯人だと弁護人が確信しても，被告人の利益のために必要であれば黙秘権の行使を勧めるべきであるし，証拠不十分による無罪を主張すべきである。逆に弁護人が有罪の弁論をすることは，その責務に反し許されない[10]。

他方，無実の被告人が進んで有罪判決を受けようとしている場合は，有罪を求めることは被告人の正当な利益ではないので，被告人の意思に反しても無罪を主張すべきである。

第3節　公判手続

➤➤ 基本説明

1　公判期日の手続

⑴　公判廷の構成

公判期日の手続は**公判廷**で行われる（282条1項）。公判廷は，裁判官（および裁判員），裁判所書記官，検察官が列席する（282条2項，裁判員54条1項）。審理を行う裁判所は，1人の裁判官による**単独体**が原則であるが（裁26条1項），地方裁判所では3人の裁判官による**合議体**や（裁26条2項），3人の裁判官と6人の裁判員（例外として1人の裁判官と4人の裁判員）による合議体で審理を行う（裁判員2条2項。→第28章第1節**2**⑵）。

被告人には原則として出廷の義務がある（286条）[11]。弁護人が出席できることはもちろんであるが，必要的弁護事件以外では弁護人の列席は開廷要件ではない。被害者参加人またはその委託を受けた弁護士は，訴訟の当事者ではないが，公判期日に出席することができる（316条の34第1項）。

---

[10] もっとも，どのような弁論が被告人にとって最大の利益であるかは，具体的な事件の証拠関係や審理経過に応じて論じる必要がある。最決平17・11・29（刑集59・9・1847）は，公判途中から否認に転じた被告人について弁護人が有罪を前提とする弁論を行った事案であるが，当該事件の事情に照らして防御権の侵害には当たらないとした。

[11] 例外的に被告人の出頭が免除される場合の規定として，284条，285条がある。また，被告人が在廷しなくても開廷できる場合として，286条の2，304条の23，41条を参照のこと。

公判廷（裁判員裁判の例）

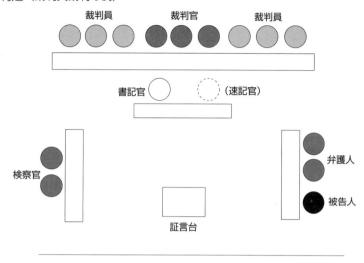

(2) 冒頭手続

第1回公判期日の冒頭で行われる手続のことを**冒頭手続**という。まず，裁判長が被告人に指名，年齢，住居，職業等を確かめ，別人が出廷していないことを確認する（規196条）。これを**人定質問**という。次に，検察官が**起訴状を朗読**する（291条1項。なお，被害者特定事項の秘匿について第28章第2節1(1)）。続いて，裁判長が被告人に黙秘権等を告知する（291条3項，規197条1項）。これをふまえて，裁判長は被告人と弁護人に被告事件について陳述する機会を与える（**認否**）（291条3項後段）。

(3) 証拠調べ

冒頭手続が終わると証拠調べが行われる。証拠調べの手続については，証拠の概念や証拠法則と密接にかかわるため，本書では第17章第4節で取り上げる。

(4) 最終弁論

証拠調べが終了すると，それまでの立証活動の結果を総括して，両当事者が意見を陳述する。これを**最終弁論**という。検察官は，事実および法律の適用につき意見を陳述しなければならない（**論告**。293条1項）が，実務上はさらに刑

の量定についても意見を述べている（いわゆる**求刑**）。また，被害者参加人がいる場合は，検察官の論告・求刑に続いて，事実または法律の適用について意見を陳述することが許される場合がある（316条の38第1項。→第28章第2節**3**）。被告人および弁護人も弁論を行うことができ（293条2項），手続の最終に陳述する機会が保障されている（規211条）。実務では，弁護人による弁論の後，被告人に最終陳述を求めるのが通例である。以上を終えて審理が終了した状態のことを**結審**と呼ぶ[12]。

(5) 判決の宣告

判決は，公開の公判廷で，裁判長が主文と理由を朗読するか，主文を朗読し理由の要旨を告げることによって宣告される（342条，規35条）。有罪判決の場合は上訴期間等も併せて告げなければならない（規220条）。裁判長は，宣告後，被告人に対して適当な訓戒をすることができる（規221）。

(6) 公判手続の変型

事件の性質や審理の経過によっては，上記のような公判手続に，その変型が加わることがある。まず，弁論の併合・分離がある。**併合**とは，裁判所が適当と認めるとき，①同一の被告人による複数の事件や，②複数の被告人によるもので証拠や手続が共通する事件（例えば共犯の事案など）を1つの手続により審理することをいう（313条1項）。前者は被告人の負担を軽減し，量刑上も有利になること，後者は社会的に1つの事実を訴訟においても合一的に確定できることが利点である。併合された弁論を再び分けることを**分離**という。併合審理を受けている被告人の防御が相互に利益相反の関係にある場合など被告人の権利を保護する必要があるときには，必ず弁論を分離しなければならない（313条2項）。

被告人が訴訟能力を欠くとき（→イントロダクション第3節**4(2)**），病気で出頭できないとき，審理に不可欠な証人が病気のため出頭できないときは，裁判所は医師の意見を聞いて，決定で公判手続を**停止**しなければならない（314条）。訴因変更により被告人の防御に実質的な不利益が生じる場合（→第13章第2節**2**）も同様である（312条4項）。

開廷後に裁判官が替わったときは，直接主義の要請から審理をやり直さなけ

---

[12] 結審後，特別な事情が生じた場合は，弁論を再開して終結前の状態に戻すことができる（313条1項）。

ればならない。これを公判手続の**更新**という（315条）[13]。心証形成にかかわる手続はすべてやり直すのが本筋であるが，訴訟関係人に異議がなければ，大幅に簡略化することができる。

→→→ 展開説明

2 必要的弁護

(1) 必要的弁護とは何か

　一定の重大な犯罪（死刑または無期もしくは長期3年を超える懲役または禁錮に当たる罪）は，弁護人がいなければ審理することができない（289条1項）。これを**必要的弁護**という。重い刑罰が予定される犯罪は，被告人の利益を擁護して司法の公正さを示す必要性が特に高いため，被告人の意思にかかわらず，弁護人の存在を開廷の条件としたものである。憲法37条3項が保障する弁護人依頼権と密接に結びついた制度と見るべきである[14]。もっとも，判例はかつて，憲法に由来しない刑訴法上の制度であると判示したことがある（最大判昭25・2・1刑集4・2・100）。

　被告人に弁護人がいないときや，選任されているが出頭・在廷しないとき，あるいは出頭しないおそれがあるときは，（そのままでは開廷できないので）国が職権で弁護人を付さなければならない（289条2項・3項）。被告人が辞退することも許されない。選任されている弁護人が出頭・在廷を拒んだときは，裁判所が出頭・在廷を命じ，従わない場合は過料に処すことができる（278条の2第1項・3項）。

　なお，公判前整理手続に付された事件（→第15章第2節**2**(2)）や即決裁判手続（→本章第3節**4**(3)）では，上記の犯罪のみならず，すべての犯罪に必要的弁護が拡大されている（316条の4第1項，316条の29，350条の9）。

(2) 必要的弁護の例外

　必要的弁護に明文の例外規定は存在しない。しかし，例えば被告人が何らかの方法で弁護人の出廷を継続的に妨げることによって審理の進行を妨害しているような場合に，永久に公判が開けないとすれば妥当ではないだろう。

　最決平7・3・27（刑集49・3・525）は，必要的弁護事件において，被告

---

[13]　この他に更新が必要な場合として，被告人の心神喪失により公判手続を停止したとき（規213条1項），簡易公判手続による旨の決定が取り消されたとき（315条の2）がある。また，開廷後長期間にわたり開廷しなかったときも必要があれば更新を行うことができる（規213条2項）。

[14]　白取266頁，岡田悦典・百選9版116頁。

人の脅迫行為等によって国選弁護人の辞任，不出頭，退廷が繰り返された事案について，「①裁判所が弁護人出頭確保のための方策を尽したにもかかわらず，②被告人が，弁護人の公判期日への出頭を妨げるなど，弁護人が在廷しての公判審理ができない事態を生じさせ，かつ，③その事態を解消することが極めて困難な場合には，当該公判期日については，刑訴法289条1項の適用がないものと解するのが相当である」（記号筆者）として，弁護人不在のまま審理を進めた裁判所の措置を適法とした。明文の例外規定はなくとも，上記①～③の要件を充たす場合に限っては，必要的弁護の内在的な制約に当たるとして許容したのである。弁護人依頼権と密接に結びついた必要的弁護制度の趣旨に照らせば，これらの要件はきわめて厳格に（できるだけ狭く）適用されるべきである。

3 迅速な裁判

(1) 意 義

　刑事裁判は迅速に行われなければならない（**迅速主義**）。その理由は2つの方向から説明することができる。まず，①制度の運営者である国の側から見た場合，犯罪発生から刑の執行まで時間が経ち過ぎると刑罰が社会に与えるインパクトが減少するし，証拠の散逸などにより確実な処罰が難しくなる。また，裁判所をはじめとする司法機関の人的・物的資源が浪費されてしまう。これに対し，②被告人の側から見た場合は，訴訟が長引けば手続上の負担や社会的な不利益を被り続けることになり，被告人の手続上の人権が阻害されることになる。現行法はこの観点から，迅速な裁判を被告人の憲法上の権利として保障している（憲37条1項)[15]。

(2) 実現方法

　迅速な裁判を実現するために，現行法では以下のような方法が採られている。まず，①起訴便宜主義の運用（→第11章第1節3）や簡易な手続（→本章第3節4）の活用によって，通常の公判手続を行う事件の総量を減らすことである（**ダイバージョン**）。これにより，重要な事件に司法機関の資源を集中させることができる。

　次に，②裁判所は審理に2日以上を要する事件については，できる限り連日して開廷し**継続審理**を行うものとされている（281条の6第1項）。かつては，裁判所の事件負担や訴訟関係人（特に弁護人）の準備の都合などから，公判期

---

[15] 迅速な裁判に関する包括的な研究として，荒木伸怡『迅速な裁判を受ける権利』(1993)。

日は一定の間隔を置いて飛び石のように指定され，各回ごとに短時間の審理が行われていた（歯科医診療方式とあだ名される）。このやり方では，実質的に審理を行った合計時間は短くても，第1回公判から判決までの所要期間が長くなってしまう。また，一般市民が長期にわたる断続的な審理にかかわり続けるのは不可能であるから，裁判員裁判に対応することができない。そこで，2004（平成16）年の法改正によって，公判前整理手続（→第15章）による事前の争点整理を充実させるとともに，連続的開廷による集中審理が原則化された。

運用の実態を見ると，2014（平成26）年における第1審の平均審理期間は，地裁で3.0か月，簡裁で2.1か月，また，平均開廷回数は，地裁で2.7回，簡裁で2.2回であり[16]，一般的な事件については，迅速な処理が実現していると評価できよう。もっとも，迅速化が行きすぎれば拙速につながるおそれもある。被告人の権利保障が蔑ろにならないよう注意が必要である。

(3) 長期未済事件の打切り

現行法は，迅速な裁判を受ける権利を明文で保障してはいるが（憲37条1項），その権利が侵害された場合の救済方法については，明文の規定を置いていない。しかし，具体的な事件が長期にわたって未済のまま係属し，被告人の迅速な裁判を受ける権利が侵害されているとき，裁判所がそのまま事件を放置することは許されないだろう。では，裁判所はどのような措置を講じることができるのか。

最大判昭47・12・20（刑集26・10・631—高田事件）は，第1審の途中で審理が開かれないまま15年以上が経過した事案について，①憲法37条1項は，迅速な裁判を一般的に保障するたけでなく，審理の著しい遅延により被告人の権利が害された場合には非常救済として審理を打ち切ることも認める趣旨の規定であるとしたうえで，②遅延の期間のほか，遅延の原因と理由，利益侵害の程度など諸般の事情を総合的に考慮して，迅速な裁判を受ける権利が侵害されているか否かを判断し，③当該事件は「これ以上実体的審理を進めることは適当でないから，判決で免訴の言渡をするのが相当である」として手続を打ち切った。刑訴法上の公訴棄却（339条1項各号）や免訴（337条各号）の規定を根拠とするのでなく[17]，憲法37条1項を直接の根拠とする免訴（憲法的免訴）によって，被告人を救済したのである。

---

[16] 『平成26年司法統計年報』による。

208　　　　　　　　　　第3部　公　判

→→ 基本説明

4　簡易な手続

　以上で見てきたとおり，公判は，被告人の手続的人権を保障しながら事案の真相を究明するため，きわめて慎重かつ精緻な手続（および証拠法則）によって行われる。しかし，被告人が犯罪事実を争わず，重たい刑罰を科すことも予定されない事件まですべて一律に重厚な手続を用いることは，被告人にとっては逆に無用な負担となる。また，司法機関の資源は有限なので，真に慎重な審理を必要とする事件の方に傾斜して配分するのが合理的である。そこで，刑訴法は，争いのない事件を簡易迅速に処理するための特別な手続を用意している。

(1)　略式手続

　略式手続は，簡易裁判所において，争いのない事件につき，公判を開かずに検察官が提出した書面の審理のみで100万円以下の罰金または科料を言い渡す制度である（461条）[18]。道路交通法違反を中心とする争いのない軽微事件で多用されるため，全刑事事件の圧倒的多数が実はこの方法で処理されている。

　検察官は，被疑者が異議がない旨を書面で明らかにした場合，公訴提起時に書面で裁判所に略式命令を請求し（461条の2，462条1項），証拠書類と証拠物を提出する（規289条）。裁判所は書面を審査して問題がなければ略式命令として罰金刑を言い渡す。被告人に不服があるときは，略式命令の告知を受けたときから14日以内に正式裁判の請求を行うことができ（465条1項），その場合は通常の公判手続が開始される。

(2)　簡易公判手続

　簡易公判手続は，軽微な事件（死刑または無期もしくは短期1年以上の懲役・禁錮に当たる事件以外のもの）について，公判で被告人が有罪である旨の陳述をしたとき，裁判所の決定によって，その後の公判手続を簡略化する制度である（291条の2）。証拠調べ手続の主な規定は適用されず，適当と認める方法で行うことができ（307条の2），伝聞法則も適用されないため書面を証拠として用いることが許される（320条2項）[19]。

---

(17)　公訴棄却説として田宮裕『刑事訴訟とデュー・プロセス』(1972) 301頁，能勢弘之『刑事訴訟法25講』(1987) 42頁など。免訴説として鈴木127頁，井戸田侃『刑事訴訟法要説』(1993) 16頁など。

(18)　略式手続に関する研究として，荒木伸怡『裁判 その機能的考察』(1988) 103頁以下，福島至『略式手続の研究』(1992)。

(3) 即決裁判手続

即決裁判手続は，事案が明白かつ軽微で争いがない事件（死刑または無期もしくは短期1年以上の懲役・禁錮に当たる事件以外のもの）について，簡略化した公判手続によって審理する制度である。2004（平成16）年改正で導入された。簡易公判手続とは異なり，検察官のイニシアチヴで開始される。すなわち，検察官は，被告人の同意があるとき，公訴提起と同時に即決裁判の申立てを書面で行う（350条の2第1項）。この申立てがあった場合，裁判所はできる限り14日以内に公判期日を開き（350条の7，規222条の17），そこで被告人が有罪である旨の陳述をしたならば，原則として即決裁判によって審判する旨を決定しなければならない（350条の8）。

審理手続は基本的に簡易公判手続と同様であるが（350条の10，350条の12），①即日判決の言い渡しが原則とされ（350条の13），②懲役または禁錮刑を言い渡す場合は執行猶予を付さなければならず（350条の14），③事実誤認を理由とする控訴は認められない（403条の2）。また，簡略化された審理や上訴制限による被告人の権利侵害を防ぐために，④弁護人の選任と関与を必要的としている（350条の9）。上訴の制限が憲法32条に違反するとの主張もあるが，最判平21・7・14（刑集63・6・623）は，必要的弁護等の手続保障と科刑の制限を前提としつつ，即決裁判の実効性を確保するために上訴を制限することには合理的な理由が認められ，合憲であるとした[20]。

---

[19] 簡易公判手続は，実務上ほとんど活用されていない。簡易公判手続に付することにつき当事者にイニシアチヴがないこと，通常の公判手続であっても同意によって書面を多用した審理が可能であること（326条1項）などが理由として挙げられる。

[20] 2015（平成27）年の刑訴法改正案には，自白事件の簡易迅速な処理を促進するために，即決裁判を利用しやすくする方向での法改正が盛り込まれている。即決裁判の途中で，被告人が即決裁判への同意を撤回したり，否認に転じたことにより検察官が公訴を取り消した場合は，刑訴法340条の規定の制約を受けずに，同一事件につき再度の公訴提起を行うことを可能とするものである。

第15章

公判前整理手続(1)
手続の概要

第1節　公判前整理手続

➡ 趣旨説明

1　制度趣旨

　公判での審理を迅速かつ円滑に行い，また充実したものとするためには，事前に行う準備活動が重要である。前章で見たとおり，第1回公判期日前から，検察官および弁護人はそれぞれの立証活動の準備や相手方との打ち合わせを行い，裁判所は両当事者の準備状況を踏まえながら審理計画を策定する（→第14章第2節1(4)）。

　もっとも，このような事前準備には一定の限界がある。**予断排除の原則**（→第11章第2節2(2)）により，裁判所は第1回公判期日で両当事者が証拠調べを請求するまで当事者の手元にある証拠の内容を知ることは許されない。そのため，両当事者がどのような証拠に基づいて，どのような主張をするのかを事前に知ることはできず，争点整理を主体的に行うことができない。当事者間の打ち合わせによって一定程度は争点の明確化がなされるが，その内容が公判での審理内容を拘束するわけではない。

　他方，今日においては，公判手続を迅速に行うために，公判期日を連続的に開廷して**継続審理**を行うことが求められる（→第14章第3節3(2)）。継続審理を実現するには，第1回公判期日前に事件の具体的な争点が何であるか，またどのような証拠を調べるのかをあらかじめ確定させておき，公判期日には核心部分に集中した密度の高い審理を行う必要がある。とりわけ裁判員裁判では，一般市民である裁判員を長期間にわたって拘束することは不可能であるし，ポイントを絞ったわかりやすい審理を行うことが必要があるため，争点整理と審理計画の策定を推し進めることが必須である[1]。

第 15 章　公判前整理手続(1)　　211

　そこで，裁判員制度の導入と合わせて，2004（平成16）年の法改正で導入された のが**公判前整理手続**である。従来から行われている事前準備とは別に，争点整理と審理計画の策定を強力に進めるとともに，その過程の適正さを保持するための制度が整備された。

➤➤ 基本説明

2　手続の進行

(1)　開始決定

　裁判所は，充実した公判の審理を継続的，計画的かつ迅速に行うため必要があると認めるときは，検察官および被告人または弁護人の意見を聴いて，第1回公判期日前に，事件を公判前整理手続に付する決定することができる（316条の2第1項）。否認事件などで争点が多数であったり，事案が複雑なものがこれに当たる。また，裁判員裁判対象事件は，必ず公判前整理手続に付さなければならない（裁判員49条）。

(2)　手続の関与者

　公判前整理手続は，公判の準備であって審理そのものではないが，争点や証拠をこの段階で確定させる手続であり，公判期日での審理の内容に決定的な意味を持つ。また，争点と証拠の整理や審理計画の策定は，その性質上，法律家の専門的な判断を必要とする。そのため，公判前整理手続では，**必要的弁護**が全事件に拡張されている。すなわち、刑訴法289条1項に当たる事件であると否とを問わず，被告人に弁護人がいなければ手続を行うことができない（316条の4第1項）。もしも弁護人がいないときは，裁判所が職権で付さなければならない（同2項）。

　公判前整理手続は，裁判所が訴訟関係人（検察官および被告人のまたは弁護人）を出頭させて陳述させ，または書面を提出させる方法で行われる（316条の2第2項）。なお，ここでいう「裁判所」は，裁判員裁判対象事件についても裁判官のみで構成される（この時点ではまだ裁判員が選任されていない）[2]。

　公判前整理手続期日は，検察官と弁護人の双方が出席しなければ開くことができない（316条の7）。被告人の出席は必要とされていないが，自ら望むときは出席することができる（316条の9第1項）。また，裁判所は必要があれば被

---

(1)　平木正洋・実例Ⅱ85頁，今崎幸彦「公判前整理手続」新争点136頁。

(2)　これによって，裁判官と裁判員との間に生じる情報格差が公判での審理や評議に悪影響を与えることを危惧する見解もある。上口275頁。

告人の出席を求めることができる（同2項）。被告人が出頭して公判前整理手続期日が行われる場合は，裁判長から被告人に黙秘権の告知が行われる（同条3項）。裁判所が，弁護人の陳述や書面の内容について被告人の意思を確認する必要があるとき，公判前整理期日において被告人質問したり，弁護人に対して被告人と連署した書面の提出を求めることができる（316条の10）。

　なお，公判前整理手続は，審理ではないため公開主義（→第14章第1節2⑷）の対象外である。非公開とすることを積極的に基礎づける明文の規定があるわけではないが，運用上は例外なく非公開で行われている。

⑶　手続の内容

　公判前整理手続では，次のことが行われる（316条5各号）。①検察官が訴因・罰条を明確にする，②検察官の請求によって裁判所が訴因・罰条の変更・追加・撤回を行う，③検察官・弁護人が公判期日においてすることを予定している主張を明らかにして争点を整理する，④検察官・弁護人が証拠調べを請求する，⑤証拠調べ請求をした当事者は立証趣旨や尋問事項を明らかにする，⑥裁判所は証拠調べ請求に対して相手方の意見を確かめる，⑦裁判所は証拠決定を行う，⑧裁判所は証拠調べの順序および方向を定める，⑨裁判所は証拠決定に対する異議があればそれに対する判断を行う，⑩検察官・弁護人は証拠開示を行いこれをめぐって両者に争いが生じたときは裁判所が裁定を行う，⑪裁判所は被害者参加の申し出に対する決定を行う，⑫裁判所は公判期日その他必要な事項を定める。以下，具体的な手続の流れに沿って主な内容を説明する。

⑷　手続の進行

　公判前整理手続は，挙証責任（→第17章第3節）を負っている検察官の側から，自らの主張とその根拠を示すことから始まる。まず，検察官は，公判期日において証拠によって証明しようとする事実（**証明予定事実**）を書面で裁判所に提出し，被告人または弁護人に送付する（316条の13第1項）。この書面（証明予定事実記載書）には，証拠として請求する予定のない資料に基づいて，裁判所に偏見または予断を生じさせるおそれのある事項を記載してはならない（同項ただし書）。

　また，検察官は，証明予定事実を証明するために用いる証拠の取調べを請求し（同条2項），検察官は取調べを請求した証拠について，被告人または弁護人（公判前整理手続において被告人が主体的に活動することは稀であり，通常は弁護人である。本章では以下同じ）に対して，それらを開示しなければならない

（**請求証拠の開示**。316条の14第1項。→第16章第2節**2**）。また，それ以外の手持ち証拠で，検察官が取調べを請求した証拠の証明力を判断するために重要なものについても，被告人または弁護人から請求があった場合で，かつ，法が定める一定の要件に該当する場合には，被告人または弁護人に開示しなければならない（**類型証拠の開示**。316条の15第1項。→第16章第2節**3**）。被告人または弁護人は，これらの証拠開示を受けた上で内容を吟味し，検察官が請求した証拠の採否について意見を表明する（316条の16第1項）。

　次に，被告人または弁護人の側から，①自らが公判において積極的に証明する予定の事実（証明予定事実）と，②公判で主張する予定の「事実上および法律上の主張」を，裁判所および検察官に対して明らかにする（316条の17第1項）。証明予定事実がある場合には，それを証明するために用いる証拠の取調べを請求するとともに（同2項），それらの証拠を法が定める方法によって検察官に開示しなければならない（**請求証拠の開示**。316条の18。→第16章第2節**4**）。検察官は開示された内容を吟味し，その採否について意見を表明する（316条の19第1項）。

　被告人または弁護人が明示した主張と関連する証拠が検察官の手元にある場合，被告人または弁護人はその開示を検察官に請求することができ，検察官は法の定めに従ってこれを開示しなければならない（**主張関連証拠の開示**。316条の20第1項。→第16章第2節**5**）。これによって明らかになった証拠を，被告人または弁護人がさらに証拠調べ請求することもある。なお，上記一連の証拠開示について両者に争いが生じた場合は，裁判所による裁定が行われる（316条の25，316条の26，316条の27。→第16章第2節**6**）。

　ここまでのやりとりを踏まえ，両当事者は，さらに必要があれば証明予定事実を追加したり，変更することができる。また，これに合わせて追加の証拠調べ請求，証拠開示，相手方の意見表明が行われる（316条の21，316条の22）。相手方の主張や証拠請求に応じて自らの主張を変更・補強し，これを反復することにより，争点と証拠の整理がさらに進められていく。

　裁判所は，両当事者が請求した証拠について，相手方の意見も踏まえてその採否を決定する（316条の5第7号。ただし，証拠によっては公判まで判断を留保することもある）。

　以上の過程を通じて，両当事者か公判で証明する予定の事実，行う予定の主張が明らかになり，事件の争点が整理されるとともに，公判で取り調べる予定

の証拠が定まる。裁判所は，両当事者との間で整理の結果を確認し，公判前整理手続を終了する（316条の24）。公判前整理手続の結果は，期日に立ち会う書記官が作成する公判前整理手続調書に記載される（316条の12第2項）。

→→→ 展開説明

3 公判前整理手続の問題点

(1) 予断排除との関係

公判前整理手続は，通常の事前準備とは異なり，第1回公判期日前に裁判所が当事者の主張や証拠に触れることになるため，**予断排除の原則**との関係が問題となる。

裁判所はあくまでも争点や証拠を「整理」するために証拠に触れるのであって，公判前整理手続で心証形成を行うわけではない。また，そもそも予断排除の原則は，起訴状一本主義に表れているとおり，裁判所が審理の前に，捜査機関が収集した証拠のみに一方的に触れることによって，捜査機関が形成した嫌疑を引き継いでしまう危険を防ごうとするものである。公判前整理手続は，両当事者が対等に参加する手続であるから，その中で双方の主張や証拠に触れたとしても，裁判所が検察官の側に偏った判断をするおそれは乏しい。したがって，公判前整理手続が予断排除を損なうものだとまではいえない[3]。

もっとも，裁判所が争点や証拠の絞り込みを強く意識しすぎると，当事者の主張や証拠を公判で取り上げる価値があるか否かを問題とすることにもなりかねず，結局は公判前整理手続で心証を形成するのと同じことになってしまう[4]。予断排除との緊張関係を自覚した適切な運用が求められる。

(2) 自己負罪拒否特権との関係

公判前整理手続では，被告人または弁護人の側も，証明予定事実と公判において予定している主張を明らかにし，証拠の取調べを請求しなければならない（316条の17第1項・2項）。被告人側に積極的な主張を行う義務を課すことは，**自己負罪拒否特権**（→第10章第2節1(1)）を保障した憲法38条1項に違反しないか。

---

[3] 田口271頁，寺崎嘉博『刑事訴訟法〔第3版〕』(2013) 265頁，酒巻匡「刑事裁判の充実・迅速化」ジュリ1198号146頁，川出敏裕「新たな準備手続の創設」現刑43号45頁，辻裕教『裁判員法／刑事訴訟法』(2005) 24頁など。

[4] 渕野貴生「裁判員制度と刑事手続改革」法時76巻10号30頁，緑大輔『刑事訴訟法入門』(2012) 206頁。制度的手当が必要とする見解として，白取275頁。

判例は,「自己が刑事上の責任を問われるおそれのある事項について認める
ように義務付けるものではなく,また,公判期日において主張をするかどうか
も被告人の判断に委ねられているのであって,主張をすること自体を強要する
ものでもない」ので,憲法違反には当たらないとする(最決平25・3・18刑集
67・3・325)[5]。

これに対しては,被告人の黙秘権は内容を問わず一切の供述義務が否定され
る包括的黙秘権であり,供述をするか否かだけでなく,供述する時期を選択す
る自由も含めて保障されているのだから,公判前整理手続で主張の明示を義務
づけるべきでないとの批判もある[6]。いずれにしても,被告人側に主張の明示
を義務づけることによる不利益を最少限に止めるために,検察官による証明予
定事実の明示を明確かつ詳細に行い,検察官手持ち証拠の開示を十分に行うな
ど,運用上の配慮が必要である[7]。

> (コラム) **公判「前」中心主義??**
>
> 　公判前整理手続を通じた争点と証拠の整理が行われることによって,連日的
> 開廷による継続審理が可能となっている。このことなくして裁判員裁判は成り
> 立ち得ず,わが国の刑事訴訟の運用において公判前整理手続がきわめて重要な
> 機能を果たしていることは疑いの余地がない。
>
> 　しかし他方で,公判前整理手続の重要性が高まれば高まるほど,本来は「準
> 備」にすぎない手続に,公判と同等か,あるいはそれ以上の比重が置かれてし
> まう危険に注意しなければならない。公判前整理手続における争点と証拠の厳
> 選が過度に徹底されれば,公判での審理の帰趨が,公判前整理手続の時点で決
> まってしまうことになりかねない。裁判員裁判対象事件では,裁判員の判断能
> 力や拘束時間への配慮から,争点や証拠をできるだけ絞り込んでおこうとする
> 考慮が特に強く働くので,その危険は特に大きい[8]。
>
> 　また,連日的開廷・継続審理による第1回公判期日以降の審理期間の短縮と
> 引替えに,公判前整理手続が長期化している。2014(平成26)年における公
> 判前整理手続の開始から終了までの期間は,6.8か月であり,公判前整理手続
> 期日の回数は平均で5.3回,34.7%の事件では6回以上にわたっている[9]。公

---

(5) 判例と同様の見解として,近藤宏子・実例II 100頁,川出・前掲注(3) 48頁以下,大澤裕「『新
　たな準備手続』と証拠開示」刑雑43巻3号427頁など。

(6) 渕野・前掲注(4) 34頁,小坂井久「主張明示義務と黙秘権」季刊刑事弁護41号78頁。

(7) 上口291頁,白取277頁。

(8) 例えば,被告人の精神鑑定について,複数の鑑定書があると裁判員による判断が難解になるの
　で,精神鑑定は1つに絞り込むべきだとの見解がある。司法研修所編『難解な法律概念と裁判員
　裁判』(2009) 48頁。

訴提起から判決までに要する期間をトータルで見れば，公判前整理手続に付すことで，かえって長期化しているとの指摘もある[10]。

本来，迅速な裁判に資し，公判での審理の充実に寄与するために導入された公判前整理手続が，結果として迅速主義や公判中心主義を阻害するものになっては本末転倒である。運用における適切な「さじ加減」が求められる。

第2節　公判手続における特例

→→ 基本説明

1　必要的弁護・冒頭陳述・結果の顕出

公判前整理手続に付された事件については，公判の審理においても一部分，他の事件とは異なる手続がとられる。

まず，公判前整理手続との連続性から，公判においても引き続き **必要的弁護** が適用される。すなわち，289条1項のいわる「必要的弁護事件」に該当しない場合であっても，弁護人の在廷が開廷の要件とされる（316条の29）。

証拠調べにおいて，公判前整理手続に付されない事件では，被告人側の **冒頭陳述** は任意であり，時期についても特別の定めはない（規198条1項。→第17章第4節2）。これに対して，公判前整理手続に付された事件では，公判前において被告人側の主張と証拠もすでに整理されていることから，公判では，検察官からの冒頭陳述に続いて，被告人または弁護人からの冒頭陳述を必ず行わなければならない（316条の30）。このとき，検察官の冒頭陳述と場合と同様に予断・偏見を生じさせるおそれのある陳述は禁止される（316条の30，296条ただし書）。

公判前整理手続に付された事件について，裁判所は，公判期日において被告人または弁護人からの冒頭陳述が終わった後，それに引き続いて，公判前整理手続の結果を明らかにしなければならない（316の31第1項）。公判の審理は，公判前整理手続において整理された争点と証拠の範囲内で行われなければならない。この範囲を明示するため，整理結果を公判廷に顕出するのである。この手続は，公判前整理手続調書の朗読またはその要旨の告知によって行われる

---

(9)　データは法務総合研究所『平成27年版犯罪白書』による。

(10)　最高裁判所事務総局「裁判員裁判実施状況の検証報告書」（2012）参照。

（規217条の29）。公判前整理手続が非公開であるため，公開の法廷で**整理結果の顕出**を行うことは，公開主義との関係でも重要である。

→→→ 展開説明

2　証拠調べ請求の制限

公判開始後に当事者が新たな証拠調べを自由に請求できるとすれば，公判前整理手続の結果は容易に覆されることになり，迅速かつ円滑な審理の実現という目的を達成することができなくなる。これを回避して制度の実効性を確保するため，公判前整理手続に付された事件については以下のような制限が設けられた[11]。

検察官および被告人または弁護人は，「やむを得ない事由によって」公判前整理手続で請求することができなかったものを除いて，公判前整理手続終了後，新たに証拠調べを請求することはできない（316の32第1項）。ただし，裁判所が職権により新たな証拠を取り調べることはできる（同2項）。

ここでいう「やむを得ない事由」には，①やむを得ない事情により公判前整理の時点では当該証拠の存在を知り得なかった場合，②当該証拠の存在は知っていたが，公判前整理の時点では物理的にその証拠調べ請求が不可能であった場合，③公判前整理の時点で証拠調べ請求の必要性がないと判断したことに十分な理由がある場合が含まれる[12]。例えば，刑訴法328条による弾劾証拠は，公判準備または公判期日における証人や被告人の供述が存在することを前提に，その証明力を争う場合に限って証拠能力が肯定されるのであるから，公判前整理手続の段階では弾劾の対象がまだ存在せず，証拠能力の有無を判断することができない。したがって，同条による弾劾証拠の取調べ請求については，316条の32第1項の「やむをえない事由」があるものと解される（名古屋高金沢支判平20・6・5判タ1275・342）。

これとの関係で，公判前整理手続に付された事件につき，公判開始後に検察官が訴因変更を請求することが許されるか否かが問題となる。現行法は，証拠調べ請求のみを制限しており，公判において新たな主張をすることまでは制限していない。したがって，公判前整理手続を経たからといって直ちにその後の

---

[11]　辻・前掲注(3) 33頁。

[12]　条解789頁，田口282頁，上口290頁，宮田祥次「公判前整理手続終結後の証拠制限」『植村立郎判事退官記念論文集　現代刑事法の諸問題第3巻』(2011) 21頁など。

訴因変更が禁じられるわけではない。もっとも，継続的かつ迅速な審理を実現する公判前整理手続の目的に照らせば，公判開始後の訴因変更にも一定の内在的な制約が認めれらるべきである。すなわち，「充実した争点整理や審理計画の策定がされた趣旨を没却するような訴因変更請求は許されない」（東京高判平20・11・18高刑集61・4・6）と解すべきであろう[13]。

→→ 基本説明

第3節　期日間整理手続

　第1回公判期日後以降も，その時点において争点および証拠の整理を行う必要が生じる場合がある。裁判所は，審理の経過に鑑みて必要と認めるときは，検察官および被告人または弁護人の意見を聴いて，第1回公判期日後に，事件を**期日間整理手続**に付す決定をすることができる（316条の28第1項）。期日間整理手続は，公判前整理手続の規定を準用して行われる（同2項）。

---

[13]　訴因変更の時機的限界の問題として論じることもできる。丸橋昌太郎「判批」刑ジャ18号93頁，岡慎一・平成21年度重判解213頁。

第16章

公判前整理手続(2)
証拠開示の諸問題

第1節　総　説

→ 趣旨説明

1　証拠開示とは何か

　この章では，公判前整理手続のうち，その重要な要素である証拠開示に関する部分を扱う。**証拠開示**とは，訴訟の当事者が収集した証拠につき，相手方当事者に対してその内容を明らかにすることをいう[1]。職権主義が採用されていた旧刑訴法では，捜査機関が収集した証拠は公訴提起と同時に一件記録としてすべて裁判所に送付されたので，被告人や弁護人は，裁判所を通じて検察官が収集した証拠の内容を知ることができた。しかし，現行法では，当事者主義の下で起訴状一本主義（256条6項。→第11章第2節**2**(2)）が採用されたため，検察官が収集した証拠は，検察官がその取調べを請求しなければ，被告人や弁護人が存在や内容を知ることはできない。そのため，証拠開示の必要が生じるのである。

　証拠開示には，理論上，検察官から被告人側への開示だけでなく，被告人側が収集した証拠を検察官へ開示することも含まれる。しかし，刑事訴訟においては，主に検察官から被告人または弁護人に向けての証拠開示が問題となる（その理由は後述する）。公判前整理手続においても，この方向での証拠開示が手厚く制度化されている。

---

(1)　証拠開示に関する代表的な研究として，酒巻匡『刑事証拠開示の研究』(1988)，松代剛枝『刑事証拠開示の分析』(2004)，指宿信『証拠開示と公正な裁判〔増補版〕』(2014)，斎藤司『公正な刑事手続と証拠開示請求権』(2015)。

→→ 基本説明

2　証拠開示と当事者主義

わが国の刑事訴訟法は，**当事者追行主義**（→イントロダクション第 3 節 1 (2)）を採る。この考え方を形式的に貫くとすれば，両当事者は，それぞれが自分に有利な証拠を集め，選別し，立証活動を行うべきであり，相手の手元にある証拠を見せろと迫るのは筋違いであるように見える。

しかし，検察官と被告人・弁護人との間には，証拠収集の能力に決定的な差が存在する。そのため，被告人に有利な証拠が存在しても，検察官が収集しており，被告人や弁護人がその存在を知らず，入手できないことがある。象徴的な事例として，被告人のアリバイを証明するメモが検察官が押収した証拠の中に存在したことが明らかになり，死刑判決が最高裁で破棄されて無罪となった松川事件（最大判昭 34・8・10 刑集 13・9・1419）などがある。

このことを是正するためには，検察官の手元にある証拠を被告人側に開示することにより，両当事者の武器を対等に近づける必要がある。証拠開示において，もっぱら検察官から被告人側への開示が問題となるのは，このためである。そして，今日における当事者主義は，当事者追行主義のみならず，**当事者対等主義**を含むものと解すべきであるから（→第 14 章第 1 節 **2** (2)），証拠開示は，現行法の基本構造と矛盾するものではない[2]。

また，検察官は訴訟の一方当事者であると同時に，公益の代表者（検察 4条）でもある。このことを突き詰めれば，検察官が収集した証拠は，検察官が一方的立場から独占的に使用するためのものではなく，いわば「公共財」として，裁判の公正のために用いられなければならない[3]。検察官の手持ち証拠に対する被告人や弁護人のアクセスが一定の範囲で保障されなければならない。

3　公判前整理・期日間整理手続以外での証拠開示

公判前整理手続における証拠開示について述べる前に，公判前整理・期日間整理手続に付されない事件での証拠開示の状況について見ておこう。

公判前整理・期日間整理手続以外での証拠開示に関する規定としては，刑訴法 299 条 1 項がある。同条は，検察官，被告人または弁護人は，①証人等の尋問を請求する際にあらかじめ相手方に対し，氏名および住居を知る機会を与

---

(2)　田宮 270 頁。

(3)　指宿・前掲注(1) 21 頁。

えなければならず，②証拠書類または証拠物の取調べを請求する際には相手方に閲覧の機会を与えなければならないとする（→第17章第4節**3**(1)）。だが，これらは，両当事者が裁判所に取調べを請求する証拠を相手方に開示することを定めたものである。また，刑訴法40条は，公訴提起後，弁護人が裁判所において訴訟に関する書類および証拠物を閲覧・謄写することを認めているが，検察官が証拠調べを請求しない手持ち証拠については，当然ながら裁判所には存在せず，閲覧等の対象にはなりえない。このように，公判前整理・期日間整理手続以外の場では，当事者が取調べを請求しない証拠（特に検察官の手持ち証拠）の開示に関する明文の規定は存在しない。

では，公判前整理・期日間整理手続以外で，検察官が弁護人からの手持ち証拠開示の要請を拒んだとき，その開示はおよそ不可能なのだろうか。この点について，最決昭44・4・25（刑集23・4・248）は，裁判所は「事案の性質，審理の状況，閲覧を求める証拠の種類および内容，閲覧の時期，程度および方法，その他諸般の事情を勘案し，その閲覧が被告人の防禦のため特に重要であり，かつこれにより罪証隠滅，証人威迫等の弊害を招来するおそれがなく，相当と認めるときは，その訴訟指揮権に基づき，検察官に対し，その所持する証拠を弁護人に閲覧させるよう命ずることができる」と判示した。

この判例によれば，裁判所は，具体的な明文の規定がなくても，裁判所に固有の権限として認められている**訴訟指揮権**（→第14章第1節**2**(5)）に基づいて検察官に手持ち証拠の開示を命じることができる。ただし，訴訟指揮権の発動は裁判所の裁量であるから，被告人や弁護人の請求権や不服申立権は否定される[4]。また，裁判所が検察官に開示を命じるかどうかは，諸般の事情を考慮の上，①防御上の重要性と，②開示による弊害（罪証隠滅，証人威迫など）の比較衡量によって判断される。そのため，開示の時期や対象が明確でなく，不安定にならざるを得ない[5]。そして，被告人または弁護人が「一定の証拠」につき，「具体的な必要性」を示して開示を求めることを前提とする以上，証拠調べ前

---

[4]　最決昭35・2・9判時219・34。

[5]　大澤裕「証拠開示」新争点139頁。

[6]　冒頭手続前の事前一括開示を否定した判例として，最決昭34・12・26（刑集13・13・3372）。がある。また，証拠調べに入った後でも，証人の採否決定前で，未だ主尋問が行われていない段階では，反対尋問の準備を理由とする開示は認められないとした最決昭44・4・25（刑集23・4・275）がある。これらに対し，証拠開示を認めた最決昭44・4・25（刑集23・4・248）は，検察側証人の主尋問が終了した時点において開示を求めた事案であった。

222　　　第3部　公　判

の段階での開示は認められにくい[6]。

第2節　公判前整理手続における証拠開示

→→ 基本説明

1　意義と内容

　第15章で述べたとおり，公判前整理手続では，検察官だけでなく被告人または弁護人も，自らが予定する主張を明らかにし，証拠の取調べを請求しなければならない（公判段階での新たな証拠調べ請求は原則として許されない。316条の32）。被告人および弁護人が，検察官の主張や証拠に対する対応を決めて防御の方針を確定させ，自らの主張を明示して必要な証拠調べ請求を行い終えるためには，その判断の前提となる資料を十分に得るために，検察官が請求した証拠だけでなく，検察官の手持ち証拠にも触れる機会を与えられる必要がある。訴訟指揮権による証拠開示も一定の限度では可能であるが，前述のとおり制約が大きく不十分である。そこで，公判前整理手続の導入に際して，同手続内での証拠開示の制度が立法によって新設された。

　その内容は，訴訟指揮権によって行われる証拠開示よりも，①開示の時期を第1回公判期日前の準備段階まで前倒して，②開示の対象・範囲を大幅に拡大して明確化し，③当事者の開示請求権を認めて，不服申立てを可能としたものである。ただし，④検察官手持ち証拠の事前に一括して開示するのではなく，争点と証拠を整理していく過程に応じて，各時点での開示の必要性や弊害を考慮しながら，段階的に開示が進んでいくしくみを採用している。以下で詳述する[7]。

2　検察官請求証拠の開示

　検察官は，証拠の取調べを裁判所に請求するとき，当該証拠を被告人または弁護人に対して速やかに開示しなければならない。これを**請求証拠開示**という（316条の14）。これは，被告人側が検察官の証拠調べ請求について意見を述べるために行われるものであり，いわゆる手持ち証拠の開示ではない。通常の公判における299条1項に代えて適用される同趣旨の規定である。

---

[7]　公判前整理手続における証拠開示に関する主要な研究として，酒巻匡編著『刑事証拠開示の理論と実務』（2009）。

もっとも，開示の内容・方法は，299条1項よりも拡張されている。まず，①証人等については，氏名・住居を知る機会を与えることに加えて，その者の(a)供述録取書（供述者の署名または押印があるもの），(b)供述書，(c)供述を内容とする映像または音声の記録媒体で，その者が公判で供述すると思われる内容が明らかになるものを開示の対象に加えた。これに該当する供述録取書等が存在しない場合や，存在しても閲覧が不相当な場合には，代わりにその者が公判期日において供述すると思われる内容の用紙を記載した書面を作成して開示する。これによって，予定されている証言の内容をあらかじめ被告人や弁護人が吟味することができ，反対尋問など防御権を十分に行使することができる[8]。また，②証拠書類について，弁護人に対しては閲覧に加えて謄写する機会を与えるものとした。①で開示される各書面についても同様である（以上につき316条の14第1号・2号）。

3 類型証拠の開示

検察官請求証拠の開示に続いて，**類型証拠の開示**が行われる（316条の15）。これは，検察官が取調べを請求した証拠に含まれない手持ち証拠を，一定の要件の下で，弁護人または被告人に開示する制度である。これによって，弁護人・被告人は，①検察官の主張に対する認否や検察官請求証拠に対する意見をどのようにするか，より的確に判断することができるし，②被告人が行うべき事実上・法律上の主張を検討することができる[9]。

検察官は，①316条の15第1項各号に列挙されている類型に該当する証拠で，②特定の検察官請求証拠の証明力を判断するために重要であると認められるものについて，被告人または弁護人から開示の請求があった場合には，③(a)その重要性の程度その他被告人の防御の準備のために当該証拠を開示する必要性の程度と(b)当該開示によって生じるおそれのある弊害の内容と程度を考慮し，相当と認めるときは，それらの証拠を開示しなければならない（315条の15第1項前段）。開示の方法は，請求証拠開示（316条の14第1号）と同様であるが，検察官が必要と認めるときは，時期や方法を指定し，条件を付けることができる（315条の15第1項後段）。

開示の対象となる証拠の類型は，①証拠物，②裁判所・裁判官の検証調書，

---

(8) 小坂敏幸・大コンメ2版7巻87頁。

(9) 辻裕教『裁判員法／刑事訴訟法』（2005）28頁。

③捜査機関の検証調書や実況見分調書，④鑑定人・鑑定受託者が作成した鑑定書，⑤検察官が請求した証人予定者の供述録取書等，⑥被告人以外の者の供述録取書等で検察官が特定の検察官請求証拠により直接証明しようとする事実の有無に関する供述を内容とするもの，⑦被告人の供述録取書等，⑧捜査機関が職務上の義務として被告人の取調べ状況を記録した書面である。

具体的なイメージを持つために，いくつかの例を示しておく。例えば，(a)検察官が請求した証人Ａが「自分が目撃した犯人は，間違いなく被告人だった」と証言する予定だとする。この場合，検察官は，請求証拠の開示として，上記と同じ内容が記載されたＡの供述録取書等を被告人側に開示しなければならない。ところが，Ａの供述録取書は複数存在し，そのひとつが「自分は犯行を目撃したが，犯人の人相はよく覚えていない」との供述を内容とするものだったとする。この供述録取書は，公判で予定されているＡ証言の証明力を減殺する可能性があるため上記⑤類型に当たり，他の要件を充たせば開示の対象となる。

また，(b)Ａとは別の目撃者Ｂの供述録取書が存在し，その内容が「自分が目撃した犯人は，被告人ではなかった」という供述だったとする。この場合も，公判で予定されるＡ証言の証明力の判断に影響があり，Ａ証言によって直接に証明しようとする事実（犯人は被告人であること）の有無に関するものであるため，上記⑥類型に当たり，他の要件を充たせば開示の対象になる。

さらに，(c)検察官が被告人の自白を内容とする捜査段階での供述録取書（以下，自白調書と呼ぶ）の取調べを請求したとする。まず，検察官は，その自白調書を請求証拠として開示しなければならない。このとき，検察官の手持ち証拠の中に，被告人が犯行を否認した内容の供述録取書が存在するならば，自白調書の信用性を減殺する方向で重要な証拠となり得る。このとき，否認を内容とする当該供述録取書調書は，上記⑦類型に当たり，他の要件を充たせば開示の対象となる。

被告人または弁護人は，開示請求に際して，①開示を求める証拠が類型に該当すること，②開示を求める証拠を識別するに足りる事項，②防御の準備のため当該証拠を開示することが必要である理由を明示しなればならない（316条の15第2項）。

4　被告人・弁護人請求証拠の開示

被告人または弁護人は，類型証拠の開示を受けた後，被告人側の証明予定事実など事実上および法律上の主張を明示し（316条の17第1項），証拠調べを

請求する（同2項）。このとき，被告人または弁護人は，請求証拠を検察官に開示しなければならない（316条の18）。開示の方法は，検察官請求証拠の開示と同様である。

5　主張関連証拠の開示

　類型証拠の開示は，検察官の手持ち証拠のうち，検察官請求証拠の証明力の判断に重要なものを開示し，主として被告人の受動的な防御に役立てるものであった。これに対して，被告人側の積極的な主張を裏付ける証拠を検察官手持ち証拠の中から発見し，被告人側の証拠として役立てるための制度として，**主張関連証拠の開示**（争点関連証拠ともいう）がある[10]。

　被告人または弁護人は，証明予定事実などの事実上および法律上の主張を明示したとき（316条の17第1項），この主張に関連する検察官手持ち証拠の開示を請求することができる。検察官は，(a)主張との関連性の程度など，防御の準備のために当該開示をすることの必要性の程度と，(b)開示によって生じるおそれのある弊害の内容および程度を考慮して相当認めるときは，それらの証拠を開示しなければならない（316条の20第1項前段）。開示の方法は請求証拠開示（316の14第1号）と同様であるが，検察官が必要と認めるときは，時期や方法を指定し，条件を付けることができる（316条の20第1項後段）。

　被告人または弁護人は，開示請求に際して，①開示を求める証拠を識別するに足りる事項，②防御の準備のため当該証拠を開示することが必要である理由を明示しなればならない（316条の20第2項）。

6　裁判所による裁定

　以上で見てきたとおり，公判前整理手続では充実した証拠開示の制度が用意されている。しかし，開示の要件に該当するか否かについて両当事者が見解を異にする場合や，開示に付される条件の妥当性に争いが生じる場合も当然に想定される。そこで，中立的な裁判所による裁定を行うしくみが用意されている。

(1)　請求証拠開示の方法の指定

　まず，両当事者の請求証拠開示において，開示の必要性や弊害等の事情を考慮して必要と認める場合に，開示する側からの請求によって，裁判所が，開示の時期・方法を指定し，または条件を付す決定を行う（316条の25第1項）。決定を行うに際して，裁判所は相手方の意見を聴かなければならない（316条

---

(10)　条解760頁，小坂敏幸・大コンメ2版7巻148頁。

の25第2項）。また，この決定に対しては即時抗告を行うことができる（316条の25第3項）。なお，類型証拠および主張関連証拠の開示では，時期・方法の指定や条件付けについても検察官が第1次的な判断を行い，これに不服がある場合は次の開示命令の問題となる。

(2) 証拠開示命令

裁判所は，請求証拠開示において各当事者が，類型証拠と主張関連証拠の開示において検察官が，開示すべき証拠を開示していないと認めるときは，相手方の請求によって，開示を命じる決定を行わなければならない（**証拠開示命令**）。検察官による日時・方法の指定や条件が不当であった場合も，開示命令の対象に含まれる[11]。決定を行うに際して，裁判所は相手方の意見を聴かなければならない。裁判所が開示を命じるに際しては，開示の時期・方法を指定し，条件を付することができる（316条の26第1項・2項）。

また，この決定に対しても，即時抗告をすることができる（同条3項）。訴訟指揮権に基づく証拠開示の欠点のひとつが不服申立て方法の欠如であったが，公判前整理手続においては解消された。

(3) 提示命令

請求証拠の開示方法の指定，または，証拠開示命令の決定をするに当たって必要と認めるとき，裁判所は両当事者に対して，請求の対象となっている証拠の提示を命じることができる（**提示命令**。316条の27第1項）。開示の相当性を判断するためには当該証拠の内容を確認することが不可欠であるための手続である。提示された証拠は，何人にも閲覧・謄写させてはならない。これを認めれば，開示したのと同じ結果になってしまうためである。

また，類型証拠・主張関連証拠の開示を命じる決定をするに当たって必要と認めるときは，検察官に対して，検察官が保管する証拠のうち裁判所が指定する範囲のものについて，その標目を記載した一覧表の提示を命じることができる（316条の27第2項前段）。被告人または弁護人が開示請求の際に特定した範囲（316条の15第2項1号，316条の20第2項1号）に，具体的にはどのような証拠が存在するのかを裁判所が知るための措置である。提示された標目の一覧は，何人にも閲覧・謄写させてはならない（316条の27第2項後段）。

---

[11] 条解778頁，角田正紀・大コンメ2版7巻189頁。

第 16 章　公判前整理手続(2)　　227

➜➜➜　展開説明

7　証拠開示命令の対象

　捜査の過程では，供述録取書や実況見分調書などさまざまな書面が作成され，それらは公判前整理手続における証拠開示の対象となる。他方，それらの書面が作成される過程では，情報の一時的な記録や整理のため，捜査官がメモを残すことが多い。例えば，被疑者や参考人の取調べでは，供述した内容を取調官がメモに残し，それを元にして後に正式な供述録取書が起案される。では，公判前整理手続において，被告人または弁護人が主張関連証拠として（正式な供述録取書ではなく）これらのメモ等の開示を求め，検察官が拒んだ場合，裁判所は請求によって開示命令を出すことができるだろうか。

　これらのメモ等は，①正式な捜査書類として作成されたのではなく，捜査官による作業用の手控えでしかない。また，②それ自体を証拠とするために作成されたわけではないので，司法警察職員が作成者の場合は，検察官に送られることなく，作成者の手元に残されている。つまり，検察官の手持ち証拠ではない。これらの性質や事情を踏まえ，さらには，316 条の 27 第 2 項が，開示命令の決定に当たって裁判所が検察官に提示を求める証拠の標目が「その保管する証拠」と規定していることから，メモ等は開示命令の対象ではないとする考え方がある[12]。また，争点と証拠の整理を可能にするためという公判前整理手続における証拠開示制度の目的を超えて，被告人側が開示命令を証拠の探索のために流用することを防ぐために，現に検察官の手元にある証拠以外は開示命令の対象とすべきでないとの主張もある[13]。

　しかし，標目の提示に関する規定が開示の対象を論理必然的に決定付けるわけではない[14]。また，公判前整理手続における証拠開示は，この段階で被告人に防御方針の確定と主張の明示を求める前提として，被告人側が必要な情報を十分に得ることを保障する制度である。したがって，その運用においては，事実として存在する検察官と被告人側の間にある証拠の偏在を直視すべきである。開示命令の対象を厳密な意味での検察官手持ち証拠に限定するのは，公正な裁判の見地から妥当でない[15]。そもそも捜査機関は捜査の過程を明示できるよう

---

(12)　辻裕教「刑事訴訟法等の一部を改正する法律（平成 16 年法律第 62 号）について(2)」曹時 57 巻 8 号 2311 頁。

(13)　酒巻匡「証拠開示制度の構造と機能」前掲注(7) 23 頁。

(14)　後藤昭・平成 20 年度重判解 212 頁。

に記録・保存しておくべきであり，検察官の手持ち証拠以外のものが請求されても混乱なく開示が可能なはずである[16]。

この点に関して，最決平19・12・25（刑集61・9・895）は，弁護人が，被告人の供述書等には任意性がないとの主張に関連する証拠として警察官作成の取調べメモ等の開示を求めた事案について，「証拠開示命令の対象となる証拠は，必ずしも検察官が現に保管している証拠に限られず，①当該事件の捜査の過程で作成され，又は入手した書面等であって，②公務員が職務上現に保管し，かつ，検察官において入手が容易なものを含むと解するのが相当である」（記号筆者）とした。そのうえで，公務員が職務の過程で作成したメモは，犯罪捜査規範13条に基づき作成した備忘録であるから，個人的メモではなく捜査関係の公文書に当たるとして，当該メモ等を開示命令の対象とすることを認めた。

さらに，最決平20・6・25（刑集62・6・1886）は，弁護人が，違法収集証拠排除法則を適用すべきとの主張に関連する証拠として，保護手続（警職3条1項）や尿の任意提出の状況に関する記載がある警察官作成のメモの開示を求めた事案について，また，最決平20・9・30（刑集62・8・2753）は，被告人以外の者の供述録取書の信用性を争う主張に関連する証拠として，警察官がその者の取調べの際に作成したメモについて，いずれも平成19年決定が示した要件①②を充たすとして，各メモが開示命令の対象となることを肯定した。

なお，平成19年決定および平成20年6月決定は，当該メモの公的な性質を認めるに当たって，犯罪捜査規範13条を引用している。しかし，犯罪捜査規範は，警察官を対象とする国家公安委員会規則であるため，この論理によれば，警察官以外が作成したメモは開示対象から外れる可能性があった。これに対して，平成20年9月決定は，あえて犯罪捜査規範を引用せずにメモの公的な性質を肯定した。したがって，最新の判例法理では，検察官や検察事務官によるメモであっても公的な性質は肯定され，開示命令の対象に含めることができる[17]。また，平成20年の両決定は，いずれも警察官が私費で購入したノートに記載された捜査メモの事案であった。このうち，平成20年9月決定の事案では，警察官が一時的に自宅へ持ち帰っている。最高裁は，このような一定

---

(15) 門野博「証拠開示に関する最近の最高裁判例と今後の課題」『新しい時代の刑事裁判』（2010）147頁。

(16) 斎藤・前掲注(1) 378頁。

(17) 秋吉淳一郎・百選9版122頁，後藤・前掲注(14) 213頁。

第 16 章　公判前整理手続(2)　　229

の私的要素を含む事情の下においてもなお，メモの公的な性質が失われないことを明らかにしたのである。

（コラム）**公判前整理手続の改革**

　公判前整理手続における証拠開示については，次のような法改正の動きが具体化している。証拠開示請求は，当事者の権利として位置づけられている。しかし，そもそも公判前整理手続に付すかどうかは，裁判員裁判対象事件を除いて，裁判所の裁量に委ねられている。そのため，特に被告人側が証拠開示の制度を活用したいと考えても，裁判所が事件を公判前整理手続に付されないため，活用できない場合がある。そこで，2015（平成27）年の刑訴法改正案では，検察官，被告人または弁護人が裁判所に対して公判前整理手続に付すことを請求することを認めている。

　また，類型証拠・主張関連証拠の開示は，被告人または弁護人が対象を特定して請求しなければならない。しかし，そもそも被告人・弁護人は，検察官の手持ち証拠として何があるのかを知る立場にはないため，請求時における開示対象の特定が困難な場合がある。そこで，同改正案では，検察官は保管する証拠の一覧表を被告人または弁護人に交付しなければならない旨が規定されている。さらに，類型証拠開示における類型の追加も盛り込まれている。

●第4部　証　拠●

第17章

証拠法総説(1)

➤➤ 基本説明

第1節　証拠法とは何か

1　証拠の意義と種類

(1)　証拠とは何か

　刑事手続では，犯罪事実の認定が行われ，それに対する法令の適用と刑の量定が行われる。証拠とは，広義では訴訟上確認すべき事実（事実の不存在も含む）を推認（認定）する根拠となる資料であるが[1]，刑事手続において犯罪事実を認定する際に用いる資料，犯罪事実の認定の根拠となる資料を指すことが多い。

(2)　証拠の種類

(i)　証拠資料と証拠方法

　証拠は，**証拠方法**と**証拠資料**に分けられる。証拠方法とは，事実認定の根拠となる資料を法廷にもち込む媒体をいう。具体的には，人証，物証，書証を指す。証拠資料とは，これら証拠方法を取り調べた結果得られた内容である。証人の証言を例にすると，証人が証拠方法で，この証人を取り調べることによって得られた証言が証拠資料である。

(ii)　直接証拠と間接証拠

　直接証拠とは，要証事実を直接証明するのに役立つ証拠である。**間接証拠**とは，要証事実を推認させる一定の事実（**間接事実**）を証明し，これを通じて要

---

[1]　田宮284頁，安廣文夫・大コンメ2版7巻302頁。

証事実を証明する証拠である。**情況証拠**とも呼ばれる。

殺人事件において，被告人の犯行を目撃したとの証言は直接証拠であり，犯行現場付近で被告人を見たという証言は間接証拠である。

(iii) 人的証拠と物的証拠

人的証拠とは，証拠方法が生存する人間の場合であり，**物的証拠**とはそれ以外を証拠方法とする場合である。この区別は，証拠資料を取得する際に用いられる強制処分に差異をもたらす。人的証拠については召喚・勾引が用いられ，物的証拠には押収が用いられる。

(iv) 人証・物証・書証

人証とは，証人，鑑定人，被告人のように，口頭で証拠を提出する証拠方法をいう。**物証**とは，証拠方法が物体で，物の存在および状態が証拠資料となるものをいう。**書証**とは，証拠方法が書面でその記載内容が証拠資料となるものをいう。

証人，鑑定人の証拠調べは尋問（304条）であり，被告人は質問（311条）である。物証については展示（306条）または検証（128条）である。書証は，証拠書類（供述調書など，もっぱら書面の内容のみが証拠となる書類）と証拠物たる書面（偽造した文書，脅迫文書，帳簿，日記など，書面の内容に加えて，その状態も証拠となるもの）に区別される[2]。証拠書類については朗読によって証拠調べが行われ（305条），証拠物たる書面については朗読および展示が必要となる（307条）。

(v) 供述証拠と非供述証拠

供述証拠とは，人が言語またはこれに代わる動作によって表現する供述の内容の真実性が証拠となるものをいう[3]。これ以外の証拠を**非供述証拠**という。

(vi) 実質証拠と補助証拠

実質証拠とは，要証事実の存否を証明する証拠であり，**補助証拠**とは，実質証拠の証明力に影響を与える事実（**補助事実**）を証明する証拠である。補助証拠には，証明力を減殺する**弾劾証拠**，証明力を強める**増強証拠**，いったん弱められた証明力を増強する**回復証拠**がある。

---

[2] 最判昭27・5・6刑集6・5・736。

[3] 小林242頁。

(vii)　本証と反証

本証とは，挙証責任を負う者が提出する証拠であり，相手方が提出する証拠（要証事実を否定する証拠）を**反証**という。**反証**を提出する行為も反証と呼ばれる。刑事訴訟法では，原則として検察官が挙証責任を負っているため，検察官が提出する証拠が本証であり，被告人側が提出する証拠が反証となる[4]。

2　証拠能力と証明力

(1)　証拠能力とは何か

証拠能力とは，訴訟において事実認定のための証拠として使用することのできる法的資格をいい，狭義では**厳格な証明**の資料として公判廷での取調べが許されるための証拠の要件を意味する。

(2)　証拠能力の一般的要件

証拠能力は，①**自然的関連性**があり，②**法律的関連性**があり，③**証拠禁止**に当たらない場合に肯定される[5]。

①自然的関連性とは，証明しようとする事実に対して，証拠が必要最小限度の証明力があることをいう。必要最小限度の証明力すら有していない証拠は取り調べても無駄なため，自然的関連性がないとして証拠能力が否定される。

②法律的関連性とは，証拠として必要最小限度の証明力（自然的関連性）はあるが，その反面，誤った心証を形成させるおそれがないか，という問題である。自然的関連性は認められても，事実認定に誤りを生じさせる危険がある場合，法律的関連性がないとして証拠能力が否定される。その典型例が任意性のない自白や伝聞証拠であるが，自白や伝聞証拠については自白法則や伝聞法則の適用を問題にすればよい。明文の規定がない場合には法律的関連性の観点から証拠能力を検討することになる。

③証拠禁止とは，証明力の有無を問わず，当該証拠を用いることが手続の適正その他一定の利益を害するため，証拠能力を否定するというものである。排除法則がその典型例とされるが，排除法則の適用が問題となる場面では，端的に排除法則の適用を検討すればよい。

(3)　証　明　力

証拠能力に似た概念に，**証明力**がある。証明力とは，事実認定についての心

---

(4)　安廣文夫・大コンメ2版7巻308頁。

(5)　平野192-193頁。

証を裁判官・裁判員に生じさせる力のことである。証明力は，①証拠が実質上どの程度要証事実の存否を推認させるのかという狭義の証明力（**推認力**）と，②要証事実との関係を離れて，個々の証拠がどの程度信用できるのかという**信用性**（信憑性）の問題に分かれる。証明力の判断は，裁判官・裁判員の自由心証に委ねられている（318条）。

3 証拠裁判主義

(1) 証拠裁判主義の意義

317条は，「事実の認定は，証拠による」と定めている。これを**証拠裁判主義**という。現行刑訴法が証拠裁判主義を採用することにより，神明裁判の排斥があらためて確認されている。また，かつて改定律例（明治6年太政官布告206号）318条が「凡〔ソ〕罪ヲ断スルハ口供結案（自白のこと）ニ依ル」と定め，必ず被告人の自白を必要としていたのに対して，現行刑訴法は，自白以外の証拠に基づいて有罪の認定ができることを明らかにしている。必ず自白を必要とする制度においては，捜査・訴追機関が，自らの描いた犯罪事実に沿うような自白を入手するために拷問を用いるということもあった。証拠裁判主義の採用は，歴史的には，拷問の禁止を導いたのである。

事実とは，公訴提起された犯罪事実のことである。そして，証拠とは，刑訴法の規定により証拠能力が認められ，かつ，公判廷における適式な証拠調べを経た証拠を意味する。

証拠裁判主義とは，公訴提起された犯罪事実は，刑訴法の規定によって証拠能力が認められる証拠に基づいて，かつ，公判における適式な証拠調べの手続を経て証明されることを要する，という原則である。

(2) 証明の形式と証明の程度の区別

証明とは，証拠によって裁判官がある事実についての心証を形成すること，あるいは裁判官にそのような心証をいだかせることをいう。証明に関する議論は，証明の方式と証明の程度に分かれる。

証明の方式は，証拠方法や取調べ方式の制限の違いによって，証明と疎明に区別される。証明は，さらに厳格な証明と自由な証明に分かれる。

証明の程度・心証の程度は，確信である合理的な疑いを超える証明，証拠の優越，推測の三段階に分かれる。

(3) 証明方式の区別——厳格な証明と自由な証明，疎明

証明の方式は，①**厳格な証明**，②**自由な証明**に分かれる。また，③**疎明**がある。

①厳格な証明とは，刑訴法の規定によって証拠能力が認められ，かつ，公判廷における適式な証拠調べを経た証拠による証明のことを意味する[6]。

②自由な証明とは，そのような制約に服さない証明をいう。また，自由な証明の資料となる証拠について，証拠能力の制限はない。

③疎明とは，条文で特に明記されている証明方式であり，訴訟手続上の事項に限られている（19条，206条1項，227条2項など）。疎明の資料たる証拠について，証拠能力の制限はない。証拠調べの方式は，自由な証明よりもさらに緩やかであり，また，裁判官の心証の程度も，一応確からしいという推測で足りる。

(4) 証明の対象

(i) 厳格な証明の対象

厳格な証明の対象となるのは，**①犯罪事実，②処罰条件の存在，処罰阻却事由の不存在，③刑の加重減免の根拠となる事実**である。

犯罪事実とは，構成要件該当事実，違法性を基礎づける事実，責任を基礎づける事実，違法性阻却事由の不存在を基礎づける事実，責任阻却事由の不存在を基礎づける事実である。構成要件該当事実には，客観的要素のみならず，主観的要素も含まれる。また，共謀共同正犯における共謀も厳格な証明の対象である[7]。

処罰条件や処罰阻却事由の不存在は構成要件そのものではないが，刑罰権の発動を直接左右する事項であるため，厳格な証明の対象となる。処罰条件の具体例としては，破産犯罪における破産宣告の確定がある。また，処罰阻却事由の不存在の具体例としては，刑法244条所定の親族関係の不存在がある。

刑の加重事由としては，累犯前科がある[8]。刑の減免理由には，未遂（刑43条），従犯（刑62条），心神耗弱（刑39条2項），過剰防衛（刑36条2項），過剰避難（刑37条1項ただし書），自首（刑42条，80条）などがある。

(ii) 自由な証明の対象

訴訟手続に関する事実（**訴訟法的事実**）については，自由な証明で足りる[9]。証拠の証拠能力を基礎づける事実についても自由な証明で足りるとするのが判

---

(6)　最判昭38・10・17刑集17・10・1795。

(7)　最大判昭33・5・28刑集12・8・1718—練馬事件。

(8)　最大決昭33・2・26刑集12・2・316。

(9)　最決昭58・12・19刑集37・10・1753。

例である[10]。しかし，自白の任意性に関する事実や違法収集証拠に当たるか否かに関する事実については，当事者に攻撃防御を尽くさせるため，公判廷に顕出した証拠による証明が必要であると解すべきである[11]。

刑の量定の基礎となる事実を情状という。このうち，犯行の動機，犯行の手段方法，犯罪結果など，犯罪事実に属するものを広義の情状あるいは**犯情**という。これに対して，前科前歴（ただし，累犯前科を除く），性格，生育環境や生活環境，犯人の犯行後の改悛の情や被害弁償の有無など，犯罪事実から独立したものを**狭義の情状**という。広義の情状・犯情については厳格な証明の対象となるが，狭義の情状については自由な証明で足りる[12]。しかし，量刑は当事者の重大な関心事であるため，実務では厳格な証明によっている場合が多い。

(iii)　間接事実

間接事実の証明方式は，間接事実によって証明される事実の証明方式に従う。したがって，間接事実によって証明される事実が厳格な証明を要する場合，間接事実についても厳格な証明を要する。これに対して，間接事実によって証明される事実が自由な証明で足りる場合，間接事実の証明も自由な証明で足りる。

(iv)　証明を要しない事実

通常の常識を持つ者が疑いを持たない程度に一般に知れ渡っている事実については証明を要しない。これを**公知の事実**という。

裁判所が職務上知りえた事実についても証明を要しない。これを**裁判所に顕著な事実**という。例えば，ヘロインが塩酸ジアセチルモルヒネを指すものであることについては裁判所に顕著であって，必ずしも証拠による認定を必要としないとする判例がある[13]。

また，ある特定の犯罪の構成要件該当性が証明された場合，違法性および責任の存在が推定される。したがって，違法性阻却事由や責任阻却事由の存在が争点とならない場合には，検察官は，違法性阻却事由や責任阻却事由の不存在を証明する必要はない。

---

[10]　最判昭 28・2・12 刑集 7・2・204。自白の任意性について自由な証明で足りるとする。

[11]　小林 234 頁。

[12]　最判昭 24・2・22 刑集 3・2・221。

[13]　最判昭 30・9・13 刑集 9・10・2059。

→→ 基本説明

第2節　自由心証主義

1　自由心証主義

(1)　自由心証主義とは何か

　証拠の証明力の判断は，裁判官・裁判員の自由な判断（自由心証）に委ねられている（318条）。これを**自由心証主義**という。現行刑訴法が自由心証主義を採用したということは，**法定証拠主義**を採らないことを意味する。法定証拠主義とは，各種の証拠の証明力を法律によりあらかじめ定めておいて，有罪とするためには一定の証拠を必要とし，または一定の証拠が揃えば裁判官の確信いかんにかかわらず有罪の宣告をなすべきものとする原則である[14]。法定証拠主義においては自白が重要視されたため，自白を採取するために拷問が用いられることもあった。証拠裁判主義と自由心証主義の採用は，そのような手続からの脱却を意味する。

(2)　自由心証主義の例外

　自由心証主義には例外がある。その代表例は，自白を唯一の証拠として有罪とすることを禁止する補強法則である。その他にも，公判調書の証明力に関する52条の規定も，自由心証主義の例外のひとつとされている。

(3)　合理的心証主義

　自由心証主義の下では，証拠の評価について裁判官・裁判員に裁量が認められる。しかし，これは裁判官・裁判員の恣意的な判断を許すものではない。心証形成は，**論理則・経験則**に照らして合理的なものでなければならない。したがって，今日の自由心証主義は，**合理的心証主義**ということになる。

2　疫学的証明

(1)　疫学とは何か

　疫学とは，疾病を集団現象として観察することにより，発病に作用する要因を発見して，予防に役立てるための学問である[15]。**疫学的証明**とは，疫学において疾病の原因を推認するために用いられる方法を応用した訴訟法上の証明である[16]。公害訴訟や食品・薬害訴訟等，損害賠償請求に関する民事訴訟におけ

---

(14)　高田250頁。

(15)　田宮297頁。

る因果関係判断で疫学的証明が活用された。刑事訴訟における因果関係判断においても，疫学的証明を活用することができるであろうか。

(2) 疫学的因果関係

疫学において因果関係が認められるには，①その因子が発病の一定期間前に作用するものであること，②その因子の作用する程度が著しいほどその疾病の罹患率が高まること，③その因子の分布消長の立場から，記載疫学で観察された流行の特性が矛盾なく説明されること，④その因子が原因として作用するメカニズムが生物学的に矛盾なく説明可能なこと，を充足する必要がある[17]。

(3) 疫学的因果関係と法的因果関係の関係

最決昭57・5・25（判時1046・15）は，疫学的証明に関するリーディング・ケースである。

被告人は，C大学付属病院に勤務する医師であるが，昭和39年9月から41年3月までの間に，前後13回にわたり，チフス菌または赤痢菌をカステラやバナナに付着・混入させ，患者，親族，同僚など64名に腸チフスまたは赤痢に罹患させたとして傷害罪で起訴された。13の訴因のうち，4件は被告人が勤務していたC大学付属病院で，2件は出張勤務していたK社で，3件は別の勤務病院であるM病院で，4件は被告人の親戚の家庭で発生していた。

第1審判決は13の訴因全部につき無罪としたが，第2審は第1審判決を事実誤認として破棄し，13の訴因全部について有罪とした。最高裁は，疫学的証明について以下のように判断し，被告人を有罪とした。すなわち，「原判決は，疫学的証明があればすなわち裁判上の証明があったとしているのではなく，『疫学的証明ないし因果関係が，刑事裁判上の種々の客観的事実ないし証拠又は情況証拠によって裏付けられ，経験則に照らし合理的であると認むべき場合においては，刑事裁判上の証明があったものとして法的因果関係が成立する。』と判示し，本件各事実の因果関係の成立の認定にあたっても，右立場を貫き，疫学的な証明のほかに病理学的な証明などを用いることによって合理的な疑いをこえる確実なものとして事実を認定していることが認められるので，原判決の事実認定の方法に誤りはないというべきである」と判示した。

このように，最高裁は疫学的な因果関係が認められること（疫学的証明）を

---

(16) 高橋省吾「疫学的証明」河上和雄ほか編『警察実務判例解説（取調べ・証拠篇）』(1992) 85頁。

(17) 吉田克己「疫学的因果関係論と法的因果関係論」ジュリ440号106頁。

情況証拠のひとつとして活用することを認めた。ただし，疫学的証明のみでは刑法上の因果関係は肯定されず，他の証拠も存在する場合に，それらとあいまって刑法上の因果関係が証明されうるということになる。

3　証明の程度

(1)　合理的な疑いを超える証明

自由心証主義のもとにおいて，公訴提起された犯罪事実を認定するためには，**「合理的な疑いを超える証明」**がなされなければならない。合理的な疑いを超える証明とは，「通常人なら誰でも疑を差挟まない程度に真実らしいとの確信を得る」[18]ことができるほどの証明をいう。具体的には，「反対事実の存在の可能性を許さないほどの確実性を志向したうえでの『犯罪の証明は十分』であるという確信的な判断」[19]に基づいていることが求められる。したがって，「合理的な疑いを差し挟む余地がないというのは，反対事実が存在する疑いを全く残さない場合をいうものではなく，抽象的な可能性としては反対事実が存在するとの疑いをいれる余地があっても，健全な社会常識に照らして，その疑いに合理性がないと一般的に判断される場合には，有罪認定を可能とする趣旨」[20]ということになる。

(2)　合理的な疑いを超える証明の対象

厳格な証明の対象となる事実については，合理的な疑いを超える証明が必要となる。自由な証明の対象事実についても，合理的な疑いを超える証明の対象となるものがある。したがって，①構成要件該当事実，②違法性阻却事由や責任阻却事由の不存在，③刑の加重減免事由，④処罰条件の存在・処罰阻却事由の不存在，⑤訴訟条件の存在，⑥自白の任意性などが合理的な疑いを超える証明の対象となる。

(3)　証拠の優越による証明の意義と対象

証拠の優越による証明とは，肯定証拠が否定証拠を上回る程度の心証で認定することをいう。自由な証明の対象となる事実の証明の程度は証拠の優越でよいと考えられてきたが，前述のとおり，自由な証明の対象となる事実は多様であるため，一律に証拠の優越で足りるとすることはできない。例えば，訴訟条

---

[18]　最判昭 23・8・5 刑集 2・9・1123。

[19]　最判昭 48・12・13 判時 725・104。

[20]　最決平 19・10・16 刑集 61・7・677。

件の存在等それによって初めて被告人を有罪となし得るものは合理的な疑いを超える証明を必要とすると解すべきである[21]。

したがって，証拠の優越による証明の対象となる事実は，合理的な疑いを超える証明の対象となる事実と疎明の対象となる事実を除いた事実ということになる。訴訟法上の事実は原則として証拠の優越による証明がなされればよい。したがって，321条1項2号の「所在不明」や「特信性」についての心証の程度は証拠の優越でよい[22]。しかし，自白の任意性については合理的な疑いを超える証明が必要である。

(4) 疎明の対象

疎明の対象となる事実は，刑訴法や刑訴規則が疎明で足りるとした事実である。疎明についての心証の程度は，一応確からしいという推測でよいということになる（19条3項，206条1項，227条2項，376条2項，382条の2第3項，383条，規9条3項，規179条の4第1項，規217条の30参照）。

→→ 基本説明

第3節　挙証責任

1　挙証責任とは何か

(1) 実質的挙証責任

挙証責任とは，要証事実について真偽不明の場合，不利益な判断を受ける当事者の地位のことをいう。**実質的挙証責任**，あるいは**客観的挙証責任**とも呼ばれる。わが国では，原則として検察官が挙証責任を負う。検察官が負担するのは，①構成要件に該当する事実，処罰条件に関する事実，法律上刑の加重理由となる事実の存在，②違法性阻却事由，責任阻却事由，処罰阻却事由，法律上刑の減免理由となる事実の不存在，③訴訟条件の存在，検察官提出証拠の証拠能力，である。

(2) 形式的挙証責任

実質的挙証責任と区別される概念に，**形式的挙証責任（主観的挙証責任）**がある。これは，不利益な判断を受けるおそれのある当事者が，これを免れるため

---

(21)　小林充「厳格な証明と自由な証明」争点新版189頁。

(22)　石井530頁。

に行うべき立証行為の負担である。

　形式的挙証責任は，訴訟手続の中において，一方当事者から他方当事者へと移動することがある。例えば，犯罪事実に関する挙証責任は検察官が負うが，検察官がこの挙証責任を果たした場合，被告人が何も反論しなければ有罪の判断が下されることになる。そこで，被告人側は検察官の主張を覆す立証活動を行うことになる。このように，当初は検察官が形式的挙証責任を負担していたが，検察官の立証活動が功を奏した結果，被告人側に形式的挙証責任が移動している。形式式的挙証責任は，具体的な訴訟において当事者が負う立証の負担である。

2　無罪推定の原則

(1)　無罪推定の原則の意義

　刑事訴追を受けた者は，有罪の証明がなされるまでは無罪であるとの前提で裁判が進められる。これを**無罪推定の原則**という。

　無罪推定の原則は，通常の推定とは異なり，推定を支える事実的基礎を必要としない。推定においては，ある事実 X があって，その結果ある事実 Y が推定されるという思考過程をたどる。例えば，帰宅してから食べようと思って冷蔵庫にケーキを入れて学校に登校し，帰宅して冷蔵庫を開けたところ，ケーキがなくなっていた。この場合，家族の誰かがケーキを食べたに違いないとの推定が働く。自分がいない間にケーキがなくなったという事実から，自分以外の家族の誰かがケーキを食べたとの推論が導かれている。

　これに対して，無罪推定の原則が働く場合には，無罪であるとの推定を支える事実的基礎が全く存在していなくてもよい。それどころか，客観的には有罪であるとの常識的推論が成り立つ場合でも，被告人は無罪であると推定される。例えば，衆人環視の下で犯罪が行われ，誰が見ても犯人であることが間違いない場合であっても，被告人は無罪との前提で手続が進められる。

　無罪推定の原則を宣言する明文規定はないが，刑訴法336条の「被告事件について犯罪の証明がないときは，判決で無罪の言渡をしなければならない」という規定は，無罪推定の原則を前提としているものと理解できる。

(2)　疑わしきは被告人の利益に

　無罪推定の原則と類似した考え方に，「**疑わしきは被告人の利益に**」（利益原則）というものがある。無罪推定原則が公判審理の構造と深く結びつき，検察官の挙証責任と証明水準に支えられた考え方であるのに対して，「疑わしきは被告

人の利益に」は，裁判官・裁判員の心証形成と結びつく考え方である。すなわち，「疑わしきは被告人の利益に」とは，要証事実について真偽不明の場合，裁判官・裁判員は，被告人の利益となる方向で判断しなければならないという，心証形成に関するルールなのである。

3　挙証責任の転換

犯罪事実に関する挙証責任は，原則として検察官が負担する。しかしながら，例外的に犯罪事実の不存在についての挙証責任を被告人側が負う場合がある。これを**挙証責任の転換**という。

本来的に犯罪事実の挙証責任は検察官が負うものであるため，挙証責任の転換が認められるのは合理的な理由のある場合に限られる。合理性の有無については，①被告人が挙証責任を負う事実の反対事実が，検察官が挙証責任を負う事実から合理的に推認されること（**合理的関連性**），②挙証責任を転換される事実について，被告人による立証が容易であること（**容易性**），③被告人が証明すべき事実の反対事実を除いても，なお犯罪としての可罰性が否定されないこと（**包摂性**），などの事情があるかどうかを基準にして判断することになる[23]。

挙証責任の転換の具体例としては，刑法230条の2の名誉毀損罪における真実性の証明，刑法207条の同時傷害の特例における因果関係の不存在の証明などが挙げられる[24]。

被告人が負う証明の程度について，判例は，名誉毀損罪の真実性の証明に関してではあるが，合理的な疑いを超える証明を要すると判断している[25]。これに対して，学説では，挙証責任が被告人に転換される場合，被告人が負う証明の程度は証拠の優越で足りるとする見解が有力である。

4　推　定

(1)　推定の意義と種類

推定とは，ある事実が認定された場合，これを前提としてさらに別の事実の存在を認定するという推論過程をいう。前者を前提事実といい，後者を推定事

---

[23]　堀江慎司・宇藤ほか434頁，田宮307頁。

[24]　同時傷害の特例を例にすると，検察官側が証明すべき事項は暴行と傷害結果であり，被告人側は因果関係の不存在につき挙証責任を負う。この挙証責任の転換の合理性については，①因果関係の存在が暴行と傷害結果の存在から合理的に推認されること，②因果関係の不存在について被告人側の立証が容易であること，③因果関係の存在を除いても暴行の存在により暴行罪による処罰が可能であること，を指摘することができる。

[25]　東京高判昭59・7・18高刑集37・2・360。

実という。

推定には，①事実上の推定，②反証を許す法律上の推定，③反証を許さない法律上の推定がある。事実上の推定とは，前提事実が存在すれば推定事実が存在するという論理則・経験則に基づく心証形成であり，自由心証そのものである。反証を許さない法律上の推定とは，擬制のことである。

(2) 反証を許す法律上の推定

法律上の推定とは，推定規定が法律上設けられていることを意味する。したがって，前提事実が証明された場合，被告人側が反証しない限り推定事実が認定されることになる。そこで，被告人側が反証しない場合の法的効果をめぐって，見解の対立が生じている。

義務的推定説は，検察官が前提事実を証明した場合，裁判所は推定事実を認定するように強制されると主張する[26]。これに対して，**許容的推定説**は，検察官が前提事実を証明した場合において，被告人側から推定事実の不存在を示す証拠が提出されないとき，裁判所は検察官が証明した前提事実に加えて，被告人側の証拠不提出という態度も考慮に入れて，推定事実を認定してもよいと主張する[27]。

➡➡ 基本説明

第4節　証拠調べ手続の概要[28]

1　証拠調べ手続の概要

証拠調べ手続は，公判手続の中で行われるか，あるいは公判前整理手続・期日間整理手続の中でその一部が行われるものであるが，「証拠」にかかわる手続であるため，本章で取り上げるものとする。

証拠調べ手続は，①冒頭陳述，②証拠調べ請求，③証拠調べ請求に対する意見，④証拠決定，⑤証拠調べの実施，の流れで進められる。

2　冒頭陳述

証拠調べの冒頭で，検察官は証拠により証明すべき事実を明らかにしなけれ

---

[26]　石井538頁，高田204頁。

[27]　田宮308頁，上口428頁。

[28]　証拠調べ手続の概要については，司法研修所監修『刑事第1審公判手続の概要—参考記録に基づいて　平成21年版』（2009）を参考にした。

ばならない（296条）。検察官の冒頭陳述は，裁判所に対し，証拠調べの冒頭において事件の全体像を明らかにして，審理方針の樹立と証拠調べに関する適切な訴訟指揮を可能にするための資料を提供するという意味を持つ。また，被告人側にとっても，具体的な防御の対象が示されることになるため，防御の準備が容易になる。

検察官の冒頭陳述後，裁判所は，被告人または弁護人にも証拠により証明すべき事実を明らかにすることを許すことができる（規198条）。なお，公判前整理手続に付された事件については，被告人側も検察官の冒頭陳述に続いて，証拠により証明すべき事実その他の事実上および法律上の主張があるときは，被告人の冒頭陳述によりこれを明らかにしなければならない（316条の30）。

裁判員が参加する裁判において，検察官が冒頭陳述を行う場合であれ，被告人側が冒頭陳述を行う場合であれ，公判前整理手続における争点および証拠の整理の結果に基づき，証拠との関係を具体的に明示しなければならない（裁判員55条）。

3　証拠調べ請求

(1)　証拠調べ請求の流れ

証拠調べの請求は，証明すべき事実の立証に必要な証拠を厳選して，これをしなければならない（298条1項，規189条の2）。

検察官は，まず，事件の審判に必要と認めるすべての証拠の取調べを請求しなければならないが（規193条1項），自白調書は犯罪事実に関する他の証拠が取り調べられた後でなければ，その取調べを請求することができない（301条）。321条1項2号後段の規定により証拠とすることができる書面については，検察官は，必ず証拠調べの請求をしなければならない（300条）。被告人または弁護人の証拠調べ請求は，検察官の証拠調べ請求の後に行われる（規193条2項）。

証拠調べの請求をするには，あらかじめ相手方にその証拠の内容を知らせて防御の機会を与えなければならない。証人等の尋問を請求する場合には，あらかじめその氏名および住居を知る機会を相手方に与えなければならず（299条1項，規178条の7），証拠書類または証拠物の取調べを請求する場合には，あらかじめ相手方に閲覧する機会を与えなければならない（299条1項，規178条の6第1項1号，同2項3号）。

(2)　立証趣旨の明示と拘束力

証拠調べの請求は，証拠と証明すべき事実との関係，すなわち立証趣旨を具

体的に明示して行わなければならない（規189条1項）。**立証趣旨の明示**が求められるのは，証拠によって証明すべき事実が具体的に示されることを通じて，裁判所が証拠決定をする際の参考とすることができ，また，被告人側にとっても，防御の準備が可能となるためである。

立証趣旨の拘束力とは，証拠の証明力が立証趣旨に拘束されるのかという議論である[29]。多数説は，立証趣旨の範囲を超えて明らかになった事実について，提出された証拠から導かれたものであれば，心証形成に用いることができるとする。したがって，立証趣旨に拘束力はない。しかしながら，弾劾証拠（328条）や訴訟条件の立証として提出された証拠について，立証趣旨を超えて犯罪事実の認定に用いることは許されない。また，伝聞証拠について立証趣旨を限定して同意がなされている場合には，立証趣旨を超えて犯罪事実を認定するための証拠として用いることは許されない。

(3) 証拠調べ請求の制限

公判前整理手続または期日間整理手続に付された事件については，検察官および被告人または弁護人は，やむを得ない事由によって公判前整理手続または期日間整理手続において請求することができなかったものを除き，当該公判前整理手続または期日間整理手続が終わった後に証拠調べ請求をすることができない（316条の32）。ただし，この場合において，裁判所が職権で証拠調べをすることはできる。

(4) 証拠調べ請求の方式

証拠調べ請求は，書面でも口頭でもよい（規296条）。しかし，審理の効率化と公判調書の正確性を確保するため，証人等の尋問を請求するときは，その氏名・住居を記載した書面を提出しなければならず（規188条の2第1項），証拠書類その他の書面の取調べを請求するときは，その証拠標目を記載した書面を差し出さなければならない（同条第2項）。

証拠調べ請求の撤回は，証拠調べの実施までの間，いつでも行うことができる。

---

[29] 立証趣旨の拘束力に関しては，岸盛一＝横川敏雄『新版 事実審理』（1983）44頁，植村立郎「立証趣旨とその拘束力について」『田宮裕博士追悼論集・上巻』（2001）113頁，杉田宗久『裁判員裁判の理論と実践〔補訂版〕』（2013）99頁などがある。

第 17 章　証拠法総説(1)　　　　245

4　証拠決定

(1)　意　義

　証拠調べの請求に対して，裁判所は，それを認容する採用決定または却下する却下決定を行う（規 190 条 1 項）。また，裁判所は職権で証拠調べをする旨の決定を行うことができる（298 条 2 項）。これらを**証拠決定**という。

(2)　証拠決定の手続

　証拠決定をするに当たり，①請求に基づく場合には相手方またはその弁護人の意見を聴かなければならず，②裁判所が職権で証拠調べをしようとする場合には，検察官および被告人または弁護人の意見を聴かなければならない（規 190 条 2 項）。これを**証拠意見**の聴取という。

　証拠調べ請求がなされた証拠の証拠能力が争われた場合，裁判所は証拠決定をする前に証拠能力の有無を調査しなければならない[30]。この調査をするに当たって必要があると認めるときは，裁判所は，訴訟関係人に証拠書類または証拠物の提示を命じることができる（規 192 条）。これを**提示命令**という。提示命令は証拠能力等を判断する限度で行われるものであるため，心証を形成することは認められない。

　証拠調べ請求のあった証拠書類については，証拠調べ請求に対する意見の聴取と併せて，証拠とすることに同意するかの確認がなされる（326 条 1 項）。すなわち，相手方に同意するかの確認が行われ，同意があれば原則として証拠能力が認められ，不同意であれば原供述者の証人尋問請求，321 条から 324 条，328 条による証拠調べの請求がなされる[31]。

(3)　証拠決定の基準

(i)　請求による場合

　証拠調べの請求がなされた証拠について，採用決定をするかそれとも却下決定をするかの基準は法定されていないが，①証拠調べの請求が手続に違反していないか，②請求のあった証拠に証拠能力があるか，③証拠調べの必要性はあるか，といった観点から採否の判断が行われている[32]。

---

[30]　石井 103 頁。

[31]　326 条 1 項の同意の対象とならない証拠物，検証，証人尋問，鑑定に関する証人尋問については，相手方はその証拠調べ請求に対して「異議なし」，「しかるべく」，「不必要」などの意見を述べる。

[32]　石井 106 頁，池田＝前田 333 頁。

手続の不備については，証拠決定までに不備の補正が行われれば請求は却下されない。また，不備を理由に証拠調べの請求が却下されても，手続上の不備を補正し，あらためて請求することも可能である。

証拠能力のない証拠については，事実認定の用に供することが許されないだけでなく，証拠調べをすることも許されない。その趣旨は，事実上の心証形成がなされることを排除することにある。証拠能力に問題のある証拠の取調べ請求がなされた場合，証拠能力の有無の判断がなされ，証拠能力が否定されると，証拠調べ請求が却下される。

証拠調べの必要性を欠く場合とは，例えば経験則や公知の事実など，認定を必要としない事実や，すでに証拠調べがなされた証拠と内容が重複している証拠の取調べが請求された場合である。

(ii) 職権による証拠調べ

当事者主義を採用する現行法下にあっては，請求による証拠調べが原則であって，職権による証拠調べは補充的・補完的なものと位置づけるべきである。ただし，職権による証拠調べが義務的となる場合がある。

第1に，公判準備において行った証人その他の者の尋問，検証，押収および捜索の結果を記載した書面や押収した物については，裁判所は，公判期日において証拠書類または証拠物として取り調べなければならない（303条）。

第2に，公判手続を更新する際には，更新前の公判期日における被告人・被告人以外の者の供述を録取した書面や裁判所の検証の結果を記載した書面，更新前の公判期日おいて取り調べた書面や物については，裁判所は，証拠書類または証拠物として取り調べなければならない（規213条の2第3項）。

(4) 証拠調べの範囲・順序・方法の決定と変更

裁判所は，検察官および被告人または弁護人の意見を聴き，証拠調べの範囲，順序および方法を定めることができる（297条1項）。この手続は，受命裁判官に行わせることもできる（同条2項）。また，裁判所は，適当と認めるときは，何時でも，検察官および被告人または弁護人の意見を聴き，すでに定めた証拠調べの範囲，順序および方法を変更することができる（同条3項）。

5　証拠調べの実施

(1)　総　説

訴訟関係人は，争いのない事実については，誘導尋問，同意書面，同意供述，合意書面の活用を検討するなどして，当該事実および証拠の内容・性質に応じ

た適切な証拠調べが行われるよう努めなければならない（規198条の2）。また，犯罪事実に関しないことが明らかな情状に関する証拠の取調べは，できる限り，犯罪事実に関する証拠の取調べと区別して行うよう努めなければならない（規198条の3）。さらに，検察官は，被告人または被告人以外の者の供述に関し，その取調べ状況を立証しようとするときは，できる限り，取調べの状況を記録した書面その他取調べ状況に関する資料を用いるなどして，迅速かつ的確な立証に努めなければならない（規198条の4）。

証拠調べの順序については，まず，検察官が取調べを請求した証拠で事件の審判に必要と認めるすべてのものを取り調べ，これが終わった後，被告人または弁護人が取調べを請求した証拠で事件の審判に必要と認めるものを取り調べる（規199条1項本文）。ただし，相当と認めるときは，随時必要とする証拠を取り調べることができる（同ただし書）。

(2) 証拠書類・証拠物の取調べ

証拠書類とは，その記載内容のみが証拠となる書面をいう。証拠書類の取調べ方法は，原則として**朗読**による（305条）。裁判長が訴訟関係人の意見を聴き相当と認めるときは，朗読の代わりに，要旨の告知という方法を採ることもできる（規203条の2）。

被害者特定事項の秘匿の決定がなされた場合には，証拠書類の朗読は，被害者特定事項を明らかにしない方法で行わなければならない（305条3項）。ビデオリンク方式（→本章第4節**5**(3)(vi)(ｲ)）による証人尋問が記録媒体により記録され，訴訟記録に添付された調書の一部とされた場合，その取調べは当該記録媒体の再生によって行われる（305条4項）。記録媒体を再生する場合，必要と認めるときは，裁判所は，検察官・被告人・弁護人の意見を聴き，遮へい措置を採ることができる（305条5項）。

証拠物とは，その存在・形状・性質などが証拠となるものをいう。証拠物の取調べ方法は，**展示**による（306条）。録音テープやビデオテープなどについては，公判廷で展示したうえで，再生装置により再生する方式で取調べを行う[33]。

証拠物たる書面の取調べは，証拠物としての性質と証拠書類としての性質を併せ持つことを勘案して，展示と朗読により行われる（307条）。証拠物たる書面としては，名誉毀損文書やわいせつ文書などがある。

---

[33] 最決昭35・3・24刑集14・4・462。

取調べを終えた証拠書類および証拠物は，直ちに裁判所に提出しなければならないが，裁判所の許可を得た場合には，原本に代えてその謄本を提出することができる（310条）。

(3) 証人尋問

(i) 証人の意義と証人適格

証人とは，裁判所および裁判官に対して自己の体験した事実または自己の体験した事実により推測した事実（156条）を供述する第三者をいう。証人の供述を証言という。

証人となり得る資格を**証人適格**という。裁判所は，刑訴法に特別の定めのある場合を除いて，何人でも証人として尋問することができる（143条）。

公務員または公務員であった者が知りえた事実について，本人または公務所から職務上の秘密に関するものである旨の申立てがあった場合，公務員または公務員であった者を証人として尋問するには，当該監督庁の承諾を要する。ただし，当該監督庁は，国の重大な利益を害する場合を除いて承諾を拒むことができない（144条）。衆議院議員，参議院議員，内閣総理大臣その他の国務大臣またはこれらの職にあった者についても，同様の定めがある（145条）。

裁判官，書記官は証人となることができない。証人となった場合には，職務の執行から除斥される（20条4号，26条1項）。

被告人は包括的黙秘権を有することから証人適格はないとされている。共同被告人も証人適格を有しないが，手続を分離した場合には証人適格が認められる。

(ii) 証言能力

証言能力とは，経験した事実を認識したり，記憶に基づいて供述したりする能力をいう。年少者等にも証人適格は認められるが，証言能力を欠く場合，すなわち，自己の体験を供述する能力を欠く場合には証言させることはできず，証言しても証拠能力は否定される。ただし，証言能力は裁判所が供述事項ごとに個別的に判断するため，年少者等であることの一事をもって証言能力が否定されるわけではない[34]。

(iii) 証人の権利

証人の権利には，**証言拒絶権**と旅費等の請求権がある。証人は，自己が刑事

---

[34] 東京高判昭46・10・20判時657・93。

訴追を受け，または有罪判決を受けるおそれのある事項について証言を拒むことができる（146条）。また，自己の配偶者，三親等内の血族，二親等内の姻族，または自己とこれらの親族関係にあった者，自己の後見人・後見監督人・補佐人，自己を後見人・後見監督人・補佐人とする者が，刑事訴追を受け，または有罪判決を受けるおそれのある事項について証言を拒むことができる（147条）。

医師等，149条に列挙されている職にある者またはこれらの職にあった者は，業務上委託を受けたため知りえた事実で他人の秘密に関するものについて証言を拒むことができる。ただし，本人が承諾した場合や証言の拒絶が被告人のためのみにする権利の濫用と認められる場合（被告人が本人である場合を除く）はこの限りではない（149条）。証言を拒む者は，証言を拒む事由を示さなければならない（規122条1項）。

証人は，旅費，日当および宿泊料を請求することができる。ただし，正当な理由なく宣誓または証言を拒んだ者は，この限りでない（164条1項）。

(iv) 証人の義務

証人の義務には，**出頭義務，宣誓義務，証言義務**がある。

召喚を受けた証人が正当な理由なく出頭しないときは，10万円以下の過料，費用の賠償，10万円以下の罰金，拘留の制裁がある（150条，151条）。また，召喚に応じない証人に対しては勾引することもできる（152条）。

出頭した証人には，原則として宣誓させる（154条）。宣誓の趣旨を理解することができない者については，宣誓させずに尋問する（155条）。証人が正当な理由なく宣誓を拒むときは，10万円以下の過料，費用の賠償，10万円以下の罰金，拘留の制裁がある（160条，161条）。

宣誓した証人は，証言拒絶権があるほかは，証言する義務を負う。正当な理由なく証言を拒んだときは，10万円以下の過料，費用賠償，10万円以下の罰金，拘留の制裁がある（160条，161条）。

(v) 証人尋問の方法

(ア) 交互尋問

刑訴法304条は，証人に対し，まず裁判官が尋問し，それが終わった後に当事者が尋問することができ，裁判所が適当と認める場合に限って，当事者が先に尋問することができると規定する。しかし，**起訴状一本主義**を採用している現行法下にあって，裁判官が最初に尋問することには無理がある。また，**当事者主義**の観点からも，当事者による尋問が先行することが望ましい。そこで，

実務では，当事者による尋問が先行する方式が採られている。

実務における証人尋問の方式は**交互尋問**であり，刑訴規則にも具体的な方式が規定されている（規199条の2ないし7）。証人尋問は，①証人の尋問を請求した者による尋問（**主尋問**），②相手方による尋問（**反対尋問**），③証人の尋問を請求した者による再度の尋問（**再主尋問**）の順序で行われる（規199条の2第1項）。再主尋問までは権利であるが，再反対尋問以降については，訴訟関係人は，裁判長の許可を受けて，さらに尋問することができる（同条の2第2項）。

(イ)　主　尋　問

主尋問は，立証すべき事項およびこれに関連する事項（規199条の3第1項），証人の供述の証明力を争うために必要な事項（同条の3第2項）について行われる。原則として，**誘導尋問**をしてはならない（同条の3第3項）。誘導尋問をすることができるのは，①証人の身分，経歴，交友関係等で，実質的な尋問に入るに先立って明らかにする必要のある準備的な事項に関するとき，②訴訟関係人に争いのないことが明らかな事項に関するとき，③証人の記憶が明らかでない事項についてその記憶を喚起するため必要があるとき，④証人が主尋問者に対して敵意または反感を示すとき，⑤証人が証言を避けようとする事項に関するとき，⑥証人が前の供述と相反するかまたは実質的に異なる供述をした場合において，その供述した事項に関するとき，⑦その他誘導尋問を必要とする特別の事情があるとき，である。

証人の供述の証明力を争うために必要な事項とは，証人の観察・記憶・表現の正確さなど証言の信用性に関する事項および証人の利害関係・偏見・予断など証人の信用性に関する事項である（規199条の6）。

(ウ)　反対尋問

反対尋問は，主尋問に現れた事項およびこれに関連する事項ならびに証人の供述の証明力を争うために必要な事項について行われる（規199条の4第1項）。また，特段の事情のない限り，主尋問終了後直ちに行われなければならない（同条の4第2項）。反対尋問においては，必要があるときは誘導尋問をすることができる（同条の4第3項）。もっとも，裁判長は，誘導尋問を相当でないと認めるときはこれを制限することができる（同条の4第4項）。また，反対尋問の当事者は，反対尋問の機会に，裁判長の許可(88)を受けて，主尋問で扱われる事項以外のもので自己の主張を支持する新たな事項について尋問することができる(89)。これは主尋問として扱われる（規199条の5）。したがって，原則とし

て誘導尋問は許されない。また，本来の主尋問者は，再主尋問の段階で反対尋問をすることになる。

　(エ)　再主尋問

　再主尋問は，反対尋問に現れた事項およびこれに関連する事項について行う（規199条の7第1項）。再主尋問は，証人の供述の証明力を回復するために行われる。再主尋問については主尋問の例によるため（同条の7第2項），原則として誘導尋問は許されない。規則199条の5が準用される結果（同条の7第3項），再主尋問の機会に自己の主張を支持する新たな事項について，裁判長の許可を受けたうえで尋問することができる。この事項については，相手方は反対尋問権を行使することができる。

　(オ)　証人尋問の方法

　訴訟関係人は，できる限り個別的かつ具体的で簡潔な尋問をしなければならない（規199条の13第1項）。その趣旨は，証人尋問は**一問一答方式**によるということである。証人尋問をするに当たっては，①威嚇的または侮辱的な尋問，②すでにした尋問と重複する尋問，③意見を求めまたは議論にわたる尋問，④証人が直接経験しなかった事実についての尋問をしてはならない。ただし，②〜④の尋問については，正当な理由がある場合には許容される（規199条の13第2項）。

　訴訟関係人は，立証すべき事項，主尋問または反対尋問に現れた事項に関連する事項，証人の観察・記憶・表現の正確性その他証言の信用性に関連する事項，証人の利害関係・偏見・予断その他証人の信用性に関連する事項について尋問する場合には，その関連性が明らかになるような尋問をするなどして，裁判所にその関連性を明らかにしなければならない（規199条の14）。

　尋問は口頭で行い，口頭で答えさせるのが原則である。例外として，訴訟関

---

(35)　裁判長は，相手方の意見を聴き，不意打ちとなるか否か，予定された尋問時間を超過してその日の審理に差し支えるおそれがないかなどを考慮して許否を決定する。石丸俊彦ほか編『刑事訴訟の実務(下)〔三訂版〕』(2011) 463頁。

(36)　新たな事項についての尋問は主尋問とみなされるため，新たな事項の尋問請求は証人尋問請求（証拠調べ請求）の一種ということになる。公判前整理手続を経た事件において反対尋問の機会に新たな事項の尋問を請求するためには，316条の32第1項の「やむを得ない事由」の疎明が必要となろう。この問題については，飯畑正一郎「立証趣旨の追加・変更，証人尋問の撤回，反対尋問の機会における新たな事項の尋問，被告人質問における新たな主張に関する供述」判タ1318号50頁を参照。

係人は，①書面または物の成立，同一性について尋問する場合において必要があるとき，その書面または物を示すことができる（規199条の10第1項）。また，②証人の記憶を喚起するために必要があるとき，裁判長の許可を受けて，書面（供述を録取した書面を除く）または物を示して尋問することができる（規199条の11第1項）。さらに，③証人の供述を明確にするために必要があるとき，裁判長の許可を受けて，図面・写真・模型・装置等を利用して尋問することができる（規199条の12第1項）。これらの場合において，書面や物などが証拠調べを終わったものでないときは，相手方に異議がないときを除き，相手方にこれを閲覧する機会を与えなければならない（規199条の10第2項，規199条の11第3項・規199条の10第2項，規199条の12第2項・規199条の10第2項）。

証人尋問の際，証人の供述内容を明確にするために被害再現写真が用いられた事案に関して，最高裁は，「本件において，検察官は，証人（被害者）から被害状況等に関する具体的な供述が十分にされた後に，その供述を明確化するために証人が過去に被害状況等を再現した被害再現写真を示そうとしており，示す予定の被害再現写真の内容は既にされた供述と同趣旨のものであったと認められ，これらの事情によれば，被害再現写真を示すことは供述内容を視覚的に明確化するためであって，証人に不当な影響を与えるものであったとはいえないから，第1審裁判所が，刑訴規則199条の12を根拠に被害再現写真を示して尋問することを許可したことに違法はない」[37]と判示した。

(vi)　証人・被害者等の保護

(ア)　退廷措置

裁判所は，証人を尋問する場合において，証人が被告人の面前において圧迫を受け充分な供述をすることができないと認めるときは，弁護人が出頭している場合に限り，検察官および弁護人の意見を聴き，その証人が供述する間，被告人を退廷させることができる。この場合には，供述終了後，被告人を入廷させ，被告人に証言の要旨を告知し，その証人を尋問する機会を与えなければならない（304条の2）。また，裁判長は，被告人，証人，鑑定人，通訳人または翻訳人が特定の傍聴人の面前で充分な供述をすることができないと思料するときは，その供述をする間，その傍聴人を退廷させることができる（規202条）。

---

(37)　最決平23・9・14刑集65・6・949。

(イ) 尋問の制限

裁判長は，証人，鑑定人，通訳人または翻訳人を尋問する場合において，証人等もしくはこれらの親族の身体・財産に害を加え，または畏怖・困惑させる行為がなされるおそれがあり，これらの者の住居・勤務先・その他通常所在する場所が特定される事項が明らかにされたならば証人等が十分な供述をすることができないと認めるときは，当該事項についての尋問を制限することができる。ただし，検察官のする尋問を制限することにより犯罪の証明に重大な支障を生ずるおそれがあるとき，または被告人・弁護人のする尋問を制限することにより被告人の防御に実質的な不利益が生ずるおそれがあるときは，尋問の制限はできない（295条2項）。また，裁判長は，公開の法廷での被害者特定事項の秘匿の決定があった場合において，訴訟関係人のする尋問・陳述が被害者特定事項にわたるとき，これを制限することにより，犯罪の証明に重大な支障を生ずるおそれがある場合または被告人の防御に実質的な不利益を生ずるおそれがある場合を除いて，当該尋問・陳述を制限することができる（295条3項）。

(ウ) 付添人制度

裁判所は，証人尋問の際，証人の年齢や心身の状態などを考慮して，証人が著しく不安・緊張を覚えるおそれがあると認めるときは，検察官・被告人・弁護人の意見を聴き，その不安・緊張を緩和するのに適当な者を証人に付き添わせることができる。**付添人**は，証人の供述中，裁判官・訴訟関係人の尋問や証人の供述を妨げたり，証人の供述内容に不当な影響を与えたりするような言動をしてはならない（157条の2）。

(エ) 遮へい措置

裁判所は，証人尋問の際，犯罪の性質，証人の年齢，心身の状態，被告人との関係等の事情により，証人が被告人の面前において供述するときは圧迫を受け精神の平穏を著しく害されるおそれがあると認める場合であって，相当と認めるときは，検察官・被告人・弁護人の意見を聴き，被告人と証人との間で，一方からまたは相互に相手の状態を認識することができないようにするための措置（**遮へい措置**）を採ることができる。ただし，被告人から証人の状態を認識することができないようにするための措置については，弁護人が出頭している場合に限られる（157条の3第1項）。この遮へい措置は，犯罪の性質，証人の年齢，心身の状態，名誉に対する影響等を考慮して，相当と認められるとき，傍聴人と証人との間においても認められる（157条の3第2項）。

(オ) ビデオリンク方式

裁判所は，性犯罪の被害者等を証人として尋問する場合において，相当と認めるときは，検察官・被告人・弁護人の意見を聴き，裁判官および訴訟関係人が証人を尋問するために在席する場所以外の場所（これらの者が在席する場所と同一構内に限る）にその証人を在席させ，映像と音声の送受信により相手の状態を相互に認識しながら通話することができる方法によって尋問することができる（**ビデオリンク方式**）（157条の4第1項）。

裁判所は，当該証人が後の刑事手続において同一の事実につき再び証人として供述を求められることがあると思料する場合であって，証人の同意があるときは，検察官・被告人・弁護人の意見を聴き，当該証人の尋問・供述・その状況を記録媒体（映像および音声を同時に記録することができるものに限る）に記録することができる（同条の4第2項）。この記録媒体は，訴訟記録に添付して調書の一部となる（同条の4第3項）。記録媒体の証拠調べの方式については305条4項および5項，証拠能力については321条の2を参照。

(カ) 憲法との関係

遮へい措置やビデオリンク方式を採用した場合（併用した場合も含む），憲法82条1項および37条1項の「裁判の公開原則」に反しないか。また，被告人の証人審問権を侵害しないかが問題となる。

最高裁は，「証人尋問が公判期日において行われる場合，傍聴人と証人との間で遮へい措置が採られ，あるいはビデオリンク方式によることとされ，さらにはビデオリンク方式によった上で傍聴人と証人との間で遮へい措置が採られても，審理が公開されていることに変わりはないから，これらの規定は，憲法82条1項，37条1項に違反するものではない」とし，「証人尋問の際，被告人から証人の状態を認識できなくする遮へい措置が採られた場合，被告人は，証人の姿を見ることはできないけれども，供述を聞くことはでき，自ら尋問することもでき，さらに，この措置は，弁護人が出頭している場合に限り採ることができるのであって，弁護人による証人の供述態度等の観察は妨げられないのであるから，……被告人の証人審問権は侵害されていないというべきである。ビデオリンク方式によることとされた場合には，被告人は，映像と音声の送受信を通じてであれ，証人の姿を見ながら供述を聞き，自ら尋問することができるのであるから，被告人の証人審問権は侵害されていないというべきである。さらには，ビデオリンク方式によった上で被告人から証人の状態を認識できな

くする遮へい措置が採られても，映像と音声の送受信を通じてであれ，被告人は，証人の供述を聞くことはでき，自ら尋問することもでき，弁護人による証人の供述態度等の観察は妨げられないのであるから，やはり被告人の証人審問権は侵害されていない」[68]と判示した。

(4) 鑑定・通訳・翻訳

裁判所は，学識経験のある者に**鑑定**を命じることができる（165条）。裁判所から鑑定を命じられた者を**鑑定人**という。鑑定人は，過去に体験した事実について供述する証人とは異なり，特別の知識経験に属する法則またはその法則を具体的に適用して得た判断の報告をする者である。これは，「学識のある者」であれば誰でもよく，代替可能な存在である。したがって，証人とは異なり，勾引することはできない（171条）。しかし，特別の知識によって知り得た過去の事実に関する尋問については，証人尋問の規定が適用される（174条）。したがって，この場合には勾引することも認められる。

通訳人および翻訳人については，鑑定人に関する規定が準用される。

(5) 被告人質問

被告人は，終始沈黙し，または個々の質問に対し，供述を拒むことができる（311条1項）。ただし，被告人が任意に供述する場合には，裁判長は，いつでも必要とする事項について被告人の供述を求めることができる（同条2項）。陪席裁判官，検察官，弁護人，共同被告人，その弁護人は，裁判長に告げて，被告人の供述を求めることができる（同条3項）。これを**被告人質問**という。

被告人の供述は，有利不利を問わず証拠となるので（322条2項），被告人質問は実質的には証拠調べの性格を持つ。

裁判所は，被害者参加人またはその委託を受けた弁護士から被告人質問の申出があるときは，被告人・弁護人の意見を聴き，意見の陳述をするために必要があると認められる場合であって，相当と認められるときは，被告人質問を許すものとしている（316条の37第1項）。この申出は，あらかじめ質問する事項を明らかにしたうえで，検察官に対してなされなければならない。検察官は，当該事項について自ら供述を求める場合を除き，意見を付して，これを裁判所に通知するものとされている（同条の37第2項）。

---

[68]　最判平17・4・14刑集59・3・259。

6 証拠調べに関する異議

検察官，被告人または弁護人は，証拠調べに関して異議を申し立てることができる（309条1項）。証拠調べに関する異議の対象は，証拠調べに関するすべての訴訟行為に及ぶ。裁判所，裁判官の行為だけでなく，訴訟関係人の行為に対してでもよい。作為・不作為の区別はない。また，法令の違反があることだけでなく，相当でないことを理由とすることもできる。ただし，裁判所が行う証拠調べに関する決定（証拠決定，証拠調べの範囲・順序・方法を決める決定）に対する異議は，相当でないことを理由としてすることはできない（規205条1項ただし書）。裁判長の処分に対しても異議を申し立てることができるが（309条2項），これは法令の違反があることを理由とする場合に限られる（規205条2項）。

異議の申立ては，個々の行為，処分または決定ごとに，簡潔にその理由を示して直ちにしなければならない（規205条の2）。異議の申立てに対し，裁判所は遅滞なく決定をしなければならない（309条3項，規205条の3）。すなわち，①時機に遅れた異議の申立て，訴訟を遅延させる目的のみでなされたことの明らかな異議の申立て，その他不適法な異議の申立ては，決定で却下しなければならない。ただし，時機に遅れてされた異議の申立てについては，その申し立てた事項が重要であってこれに対する判断を示すことが相当であると認めるときは，時機に遅れたことを理由として却下してはならない（規205条の4）。②異議の申立てに理由がないと認めるときは，決定で棄却しなければならない（規205条の5）。③異議の申立てに理由があると認めるときは，異議を申し立てられた行為の中止，撤回，取消しまたは変更を命ずる等，その申立てに対応する決定をしなければならない（規205条の6第1項）。取り調べた証拠が証拠とすることができないものであることを理由とする異議の申立てに理由があると認めるときは，その証拠の全部または一部を排除する決定をしなければならない（同条の6第2項）。なお，排除決定は，職権で行うこともできる（規207条）。異議の申立てについて決定があったときは，重ねて異議を申し立てることはできない（規206条）。

7 証拠の証明力を争う機会の付与

裁判所は，検察官および被告人または弁護人に対し，証拠の証明力を争うために必要とする適当な機会を与えなければならない（308条，規204条）。

第18章

証拠法総説(2)

第1節　証拠の関連性

→→ 基本説明

1　自然的関連性と法律的関連性

証拠能力は，①自然的関連性があり，②法律的関連性があり，③証拠禁止に当たらない場合に肯定される[1]。証拠能力については，自白法則や伝聞法則など，個別の規定が用意されているものもあるが，自然的関連性や法律的関連性という一般原理に立ち返って証拠能力の有無の検討を要する場合もある。

例えば，未だ科学の世界で証明されていない理論に基づく証拠や，噂・風評に基づく証言から証明予定事実（要証事実）の存在を推認することは許されない。このような場合，自然的関連性を欠くとして，証拠能力が否定される。また，被告人に過去の同種前科がある場合，その事実を証明して犯人と被告人の同一性を推認するということは事実認定を誤らせる危険性が非常に強いため，許されない。これは，法律的関連性が欠ける場合である[2]。

→→→ 展開説明

2　類似事実による事実認定

(1)　類似事実による犯人性の立証が禁止される理由

類似事実による立証とは，被告人が起訴された犯罪の犯人であることを立証

---

[1]　平野192頁，大谷直人「証拠の関連性」争点新版192頁，池田眞一「証拠の関連性」争点3版162頁，山﨑学・新実例Ⅲ50頁。

[2]　平野193頁は，自然的関連性，法律的関連性，証拠禁止は排他的な関係にあるものではなく，自然的関連性と法律的関連性はともに事実を証明する力のない証拠を排除する趣旨のものであり，本質的に異なるものではないとする。また，笹倉宏紀「証拠の関連性」法教364号30頁は，「ひとつの証拠法則に自然的関連性，法律的関連性（と証拠禁止）という複数の観点が混在しても，何ら不思議はない」と指摘する。

するために，公訴事実と類似する被告人の**前科**や**余罪**の存在・内容を間接事実として立証し，そこから公訴事実の存在を推認することをいう。

類似事実による立証は，二重の推認過程を経るものである。すなわち，①被告人が他の犯罪事実を犯していることから被告人には犯罪を行う**悪性格**（犯罪性向）があると推認し，②その悪性格（犯罪性向）から他の犯罪と類似する本件公訴事実を被告人が行ったと推認する過程をたどっている[3]。

類似事実の存在は公訴事実を推認させる力を有しているため，自然的関連性は認められるが，上記過程のいずれも実証的根拠に乏しく，不確実な推認である。そうであるにもかかわらず，類似事実は強い推認力を持つかのような不当な影響力を裁判官・裁判員に与えかねない。類似事実による犯人性の立証は，裁判官・裁判員に不当な偏見を与える危険性を有しているため[4]，類似事実に関する証拠は法律的関連性を欠くものとして証拠能力が否定されるのである[5]。

(2) 類似事実による犯人性の立証が許容される場合

被告人がある犯罪を行う性向を有しているという中間項，すなわち悪性格という推認力の不確かな中間項を介在させずに，類似事実の存在から直接的に起訴された犯罪の犯人性を推認することができる場合には，例外的に類似事実を立証することが許容される。

これが認められるのは，①類似事実が**顕著な特徴**を有し，②その特徴が起訴された犯罪事実と**相当程度類似する場合**に限定される。

最判平24・9・7（刑集66・9・907）は，「前科証拠を被告人と犯人の同一性の証明に用いる場合についていうならば，前科に係る犯罪事実が顕著な特徴を有し，かつ，それが起訴に係る犯罪事実と相当程度類似することから，それ自体で両者の犯人が同一であることを合理的に推認させるようなものであって，初めて証拠として採用できる」と判示した。また，最決平25・2・20（刑集67・2・1）は，この法理が前科以外の被告人の他の犯罪事実の証拠を被告人と犯人の同一性の証明に用いようとする場合にも同様に当てはまると判示した。

なお，①前科や常習性が構成要件要素となっている場合や，②前科の存在や

---

(3) 秋吉淳一郎・百選8版134頁。

(4) その他，類似事実による犯人性の立証は，被告人に不当な不意打ちを与える危険性や争点を混乱させる危険性を有することが指摘されている。

(5) これは，類似事実という間接事実から被告人が起訴された犯罪の犯人であるという主要事実を推認することが禁止されるだけでなく，その前段階である類似事実の立証自体が禁止されるということである。

内容が公訴事実と密接不可分に関連している場合には，類似事実証拠の証拠能力は肯定される。

(3) 類似事実による主観的要素の立証

故意や目的，知情性といった主観的要素を立証する場合，類似事実による立証は許容されるとするのが通説である。また，犯罪の客観的要素が他の証拠によって認められる事案において，同種前科の内容により詐欺罪の故意を認定した判例もある[6]。

しかし，主観的要素であれば常に類似事実による立証が許されると解するのは妥当ではない[7]。たしかに犯罪の客観的要素が他の証拠により認められる場合であるため，裁判官・裁判員に不当な偏見を与える危険性は低いともいえる。しかし，過去に同種の犯罪を故意に行ったという事実から今回も当該犯罪を故意に行ったと推認するのであるならば，類似事実の存在から被告人に同種の犯罪を行う性向があると推認し，そこからさらに主観的要素を推認していることに他ならず，類似事実による犯人性の立証の場合と異なるところはない。

そこで，具体的な推論過程が問われることになる。過去に同種行為につき有罪判決を受けていることから，本件行為時に自己の行為が構成要件に該当する行為であることを認識していたはずと推認し，そこから故意を認定するのであれば，犯罪性向という不確かな中間項を介在させることなく主観的要素の立証が行えるのである[8]。

➡➡ 基本説明

第2節　情況証拠による事実認定[9]

1　情況証拠の意義

(1) 情況証拠

情況証拠とは，要証事実[10]を推認させる一定の事実（**間接事実**）を証明し，こ

---

(6)　最決昭 41・11・22 刑集 20・9・1035。

(7)　伊藤雅人「類似事実による立証について」『植村立郎判事退官記念論文集 現代刑事法の諸問題 第 1 巻』（2011）373 頁。

(8)　大谷直人・争点新版 193 頁，佐藤隆之・平成 18 年度重判解 194 頁，成瀬剛「類似事実による立証」新争点 155 頁。

(9)　情況証拠による事実認定として以下検討する内容は，犯罪事実の存否に関する事実認定を前提とする。

れを通じて要証事実を証明する証拠である。このように，情況証拠は間接事実を証明するのに向けられた証拠を指すが，それによって認定された間接事実も含めて情況証拠と呼ばれることもある。

(2) 間接事実

情況証拠によって認定される間接事実については，存在時点による分類が効果的である。すなわち，①犯罪発生前の事実である**予見的事実**，②犯罪と同時に存在する**並存的事実**，③犯罪発生後の事実である**遡及的事実**である[11]。

予見的事実には，被告人の性格，肉体的・精神的犯行遂行能力（犯行遂行のための知識・技能を含む），犯行の動機，計画・準備，事前共謀などが含まれる。並存的事実には，犯人たりうる条件，犯行の機会性，犯行場所への臨場性，アリバイの成否，犯行現場の犯人の痕跡（指紋，足跡，血液等の体液），犯行の用具（凶器等）との結びつきなどが含まれる。遡及的事実には，犯行の用具（凶器）の事後的所持，盗品の所持，被告人との接触後における被害者の身体状況の急変・所在不明，被告人の着衣等からの血痕の検出，被告人の経済状況の急変，逃亡・証拠隠滅，犯行現場への再帰，保険金の支払請求，アリバイ工作等が含まれる[12]。

これらの間接事実も，要証事実を証明する証拠として用いられることになる。要証事実を肯定する場合を**積極的情況証拠**，要証事実を否定する場合を**消極的情況証拠**という。

2 情況証拠による事実認定

(1) 認定の過程

情況証拠による事実認定は，①情況証拠による間接事実の認定と②間接事実による要証事実の認定という過程に分けることができる[13]。情況証拠自体については，証拠能力と証明力（信用性）が認められる必要がある。間接事実による要証事実の認定については，**経験則・論理則に基づく合理的な推論**といえるかが問題となる。

(2) 証明水準

刑事裁判における有罪の認定に当たっては，**合理的な疑いを超える証明**が必

---

[10] この場合の要証事実とは，証拠によって最終的に証明される主要事実を指す。

[11] 司法研修所編『情況証拠の観点から見た事実認定』（1994）10頁。

[12] 土本武司「情況証拠による事実認定」法学新報105巻12号319頁。

[13] 三井誠ほか編『新刑事手続III』（2002）71頁［木口信之］。

要である。これは，反対事実が存在する疑いを全く残さない場合いうものではない。抽象的可能性としては反対事実が存在するとの疑いをいれる余地があっても，健全な社会常識に照らして，反対事実が存在するとの疑いに合理性がないと一般的に判断される場合には，有罪認定をすることが可能である。そして，この論理は，直接証拠によって事実認定をする場合であっても，情況証拠によって事実認定をする場合であっても，等しく当てはまる[14]。

　ただし，情況証拠によって事実認定を行う場合には，情況証拠が多義的な解釈をともなう危険性を有していることに注意しなければならない。これは，間接事実から要証事実を認定する際に注意を要する事項である。すなわち，要証事実との関係で間接事実の持つ意味について，方向性の異なる複数の仮説が考えられたり，間接事実自体に多義的な解釈を容れる余地がないかの確認が重要となる[15]。

　間接事実から要証事実の存在を推認するに当たっては，まず，個々の間接事実が有する要証事実の推認力が問われることになる。ただし，情況証拠は単独ではなく，積み重ねて相互に補完し合い，推認力を強めることが認められている。最終的には，間接事実を総合的に評価して，全体として要証事実が合理的な疑いを差し挟まない程度に立証されているかを問うことになる[16]。

→→→ 展開説明

第3節　科学的証拠の証拠能力

1　はじめに

(1)　科学的証拠と関連性

　科学的証拠とは，科学の諸分野における知識・技術・成果を活用して得られた刑事法上の証拠をいう[17]。科学的証拠の証拠能力をめぐって，従来から，自然的関連性の問題として論じられてきた。たしかに，ジャンク・サイエンスに

---

(14)　最決平 19・10・16 刑集 61・7・677。

(15)　木谷明編著『刑事事実認定の基本問題〔第 3 版〕』(2015) 337 頁［中里智美］。

(16)　中里・前掲注(15) 349 頁，岩瀬徹・実例Ⅲ 192 頁。なお，間接事実についても合理的な疑いを差し挟む余地のない程度の立証がなされることが望ましいが，間接事実の要証事実に対する推認力には幅があることに留意する必要がある。

(17)　三井Ⅲ 263 頁。また，科学的証拠をめぐる理論状況を包括的に分析する論考として，成瀬剛「科学的証拠の許容性(1)〜(5・完)」法協 130 巻 1 〜 5 号。

基づく証拠であれば，その基礎にある科学的原理は確かなものではなく，必要最小限度の証明力も有しないことから，自然的関連性が否定される。しかし，自然的関連性が認められれば無条件に証拠能力を肯定し，証明力の判断を慎重に行えばよい，というものでもない。なぜなら，裁判員だけでなく裁判官も，日々進歩する科学技術に対しては，それを理解し適切に評価する能力を十分に有しているわけではないからである[18]。

したがって，科学的証拠の証拠能力に関しては，①自然的関連性の観点から証拠能力の判断をすればよいものと，②自然的関連性が肯定されてもなお法律的関連性の観点から証拠能力の判断をしなければならないものがある，ということになる[19]。

(2) 科学的証拠と裁判員裁判

裁判官のみで構成されていた従来の刑事裁判において，科学的証拠の証拠能力と証明力を区別する実益は，実際上は乏しいところがあった。なぜなら，検察官が科学的証拠である鑑定書を請求し，弁護人がそれを不同意とした場合，鑑定を行った者に対する証人尋問が実施され，証言の信頼性に対する吟味が行われるが，この証人尋問の際に科学的証拠の証明力（信頼性）の確認が行われるからである。

これに対して，裁判員裁判では，証拠能力の判断は裁判官が行い，証明力については裁判官と裁判員が評議に基づいて決する。公判において以前と同様の証人尋問を行うと，裁判員は科学的証拠の内容に触れることになるが，証明力判断を慎重に行えば科学的証拠の持つ危険性に十分対応できるとは言い切れない[20]。そのため，裁判員裁判においては科学的証拠の証拠能力と証明力の議論を区別する実益が出てくることになる。

2 DNA 型鑑定

(1) DNA 型鑑定の意義

DNA 型鑑定とは，人の細胞内に存在する DNA（デオキシリボ核酸）の塩基配列を鑑定対象として個人識別を行う鑑定手法をいう。DNA 型鑑定により個人識別を行うことができるのは，特定の塩基配列の反復回数には個人差があり，

---

[18] 家令和典「裁判員裁判における科学的証拠の取調べ」『原田國男判事退官記念論文集新しい時代の刑事裁判』(2010) 206 頁。

[19] 法律的関連性は，証拠調べの必要性や相当性判断と位置づけることも可能である。

[20] 司法研修所編『科学的証拠とこれを用いた裁判の在り方』(2013) 23 頁。

かつ，終生不変であるからである。したがって，現場に遺留された体液等から検出された DNA 型と被告人の DNA 型が一致した場合，この体液等は被告人に由来するものと考えてよいことになる。DNA 型の一致を個人識別のための情況証拠として使用するのである。

(2) DNA 型鑑定の証拠能力・証明力（信用性・推認力）

DNA 型鑑定の手法に，MCT118DNA 型鑑定というものがある。この MCT118DNA 型鑑定による鑑定結果の証拠能力が争われた最決平 12・7・17（刑集 54・6・550）は，「本件で証拠の一つとして採用されたいわゆる MCT118DNA 型鑑定は，その科学的原理が理論的正確性を有し，具体的な実施の方法も，その技術を習得した者により，科学的に信頼される方法で行われたと認められる。したがって，右鑑定の証拠価値については，その後の科学技術の発展により新たに解明された事項等も加味して慎重に検討されるべきであるが，なお，これを証拠として用いることが許されるとした原判断は相当である」と判示し，その証拠能力を肯定した。

有罪判決確定後に元被告人により再審請求がなされ，請求棄却後の即時抗告審で再度 DNA 型鑑定が STR 型検査の方法により行われた[21]。その結果，本件被害者の下着に付着していた犯人のものと思われる遺留精液から検出された DNA 型と元被告人の DNA 型が一致しないことが判明したため，即時抗告審は原決定を取り消し，再審を開始する旨の決定を行った。再審裁判所は，抗告審での鑑定結果は十分に信用できるとし，原鑑定（本件における MCT118DNA 型鑑定）が「『具体的な実施の方法も，その技術を習得した者により，科学的に信頼される方法で行われた』と認めるにはなお疑いが残る」として，原鑑定の証拠能力を否定し，無罪を言い渡した[22]。

これは，DNA 型鑑定の原理に科学的根拠が乏しいとか，個人識別に用いる鑑定方法自体の有用性を否定する旨の判断をしたものではない。なお，学説の中には，再鑑定のための積極的な資料保存の配慮が欠けた場合，証拠能力を否定すべきとの見解もある[23]。前記のような事案の存在を踏まえると，この見解の説く対応が望ましいことに疑いはない。しかし，資料が微量で 1 回の鑑定で

---

[21] STR 型検査法の概要については，安廣文夫・大コンメ 2 版 7 巻 454 頁以下にくわしい。

[22] 宇都宮地判平 22・3・26 判時 2084・157。

[23] 三井III 257 頁。

すべてを使い切ってしまわざるを得ないような場合にまで，このような発想を
及ぼし，証拠能力が否定されるとするのは妥当ではない。

　なお，DNA 型鑑定書は，特別の知識経験と技術を持つ専門家による報告書
であるため，鑑定書としての性格を有する。したがって，326 条 1 項の同意が
得られない場合，321 条 4 項に準じて DNA 型鑑定書の証拠能力が判断される
ことになる。DNA 型鑑定書の作成者を証人として尋問し，作成の真正につい
て証言する必要がある。そして，この証人尋問の際に，DNA 型鑑定の科学的
原理の理論的正確性と実施者や実施方法の信頼性などの確認が行われることに
なる[24]。DNA 型鑑定結果の信用性については，当該検査方法の適正さ，現場
での資料採取の適正さ，資料の保管・管理状況などに基づいて判断することに
なる[25]。

3　声紋鑑定，筆跡鑑定，警察犬による臭気選別

(1)　声紋鑑定

(i)　声紋鑑定の意義

　声紋とは，人の声に含まれている音をサウンドスペクトログラフという装置
を用いて単純な音に分解し，横軸に時間（秒），縦軸に周波数（ヘルツ）をとっ
て図形化し，さらに音の強さを黒化濃度で表示した声の静止画像をいう。この
声紋を比較対照することにより個人識別を行うのが**声紋鑑定**である[26]。

(ii)　声紋鑑定の証拠能力・証明力（信用性・推認力）

　声紋鑑定の証拠能力が争われた東京高判昭 55・2・1（判時 960・8）は，
「声紋による識別方法は，その結果の確実性について未だ科学的に承認された
とまではいえないから，これに証拠能力を認めることは慎重でなければならな
い」としつつ，「その検査の実施者が必要な技術と経験を有する適格者であり，
使用した器具の性能，作動も正確でその検査結果は信頼性あるものと認められ
るときは，その検査の経過及び結果についての忠実な報告にはその証明力の程
度は別として，証拠能力を認めることを妨げない」と判示し，慎重な立場なが
らも声紋鑑定書の証拠能力を肯定した。したがって，自然的関連性が認められ
るためには，①検査者が検査に必要な技術と経験を有する適格者であること，

---

[24]　小林充＝植村立郎編『刑事事実認定重要判決 50 選(下)〔第 2 版〕』(2013) 228 頁〔宮田祥次〕。

[25]　園原敏彦・実例Ⅲ 124 頁。

[26]　柳川重規・百選 9 版 144 頁，山名京子「科学的証拠の証拠能力」争点 3 版 164 頁。

②使用器機の性能，操作技術等から見て検査結果に信頼性が認められること，③検査の経過・結果の忠実な報告であること，が必要である。

　加えて，声紋鑑定書は，特別の知識経験と技術を持つ専門家による報告書であるため，鑑定書としての性質を有する。したがって，326条1項の同意が得られない場合，321条4項に準じて声紋鑑定書の証拠能力が判断されることになる。すなわち，声紋鑑定書の作成者を公判期日に証人として尋問し，作成の真正について証言する必要がある。

　声紋は，同一人であっても年齢や精神・肉体的状態の違いで変化するものである。したがって，その証明力（信用性・推認力）に限界がある。声紋鑑定書は，他の証拠も含めた総合認定の一資料にすぎず，他の証拠によってなしうる事実認定を補強する証拠にとどまるものと理解すべきである[27]。

(2)　筆跡鑑定

(i)　筆跡鑑定の意義

　筆跡鑑定とは，字画形態（点や線の形），字画構成（点や線の組み合わせ方），筆順，筆圧，筆勢，配字状況，誤字・誤用等の検査により，比較対照する筆跡の同一性を識別する鑑定手法である[28]。筆跡には，一種のパターンとして希少性と恒常性があるため，これに着目して個人識別の手段とされる[29]。

(ii)　筆跡鑑定の証拠能力・証明力

　伝統的筆跡鑑定法による鑑定結果の証拠能力が争われた最決昭41・2・21（判時450・60）は，「いわゆる伝統的筆跡鑑定方法は，多分に鑑定人の経験と感〔勘〕に頼るところがあり，ことの性質上，その証明力には自ら限界があるとしても，そのことから直ちに，この鑑定方法が非科学的で，不合理であるということはできないのであって，筆跡鑑定におけるこれまでの経験の集積と，その経験によって裏付けられた判断は，鑑定人の単なる主観にすぎないもの，といえないことはもちろんである」と判示し，その証拠能力を肯定した。

　筆跡鑑定については，自然的関連性のほかに，鑑定書の書面としての証拠能力も問題となる。筆跡鑑定書は，特別の知識経験と技術を持つ専門家による報告書であるため，鑑定書としての性質を有するため，326条1項の同意が得ら

---

(27)　大阪刑事実務研究会編著『刑事証拠法の諸問題(下)』(2001) 704頁〔湯川哲嗣〕。

(28)　山名京子・百選9版146頁。

(29)　河上和雄ほか編『注釈刑事訴訟法〔第3版〕第6巻』(2015) 124頁〔植村立郎〕。

れない場合，321条4項に準じて筆跡鑑定書の証拠能力が判断されることになる。すなわち，筆跡鑑定書の作成者を公判期日に証人として尋問し，作成の真正について証言する必要がある。

筆跡鑑定には，最高裁も認めるように，その手法に由来する問題点があるだけでなく，対象たる筆跡自体に由来する問題点がある。すなわち，同一人が書く同一字体であっても，経年変化や書字意識・書字環境によって個人内変動があり得るため，異同識別には一定の限界がある[30]。したがって，筆跡鑑定について証拠能力を肯定したとしても，証明力（信用性・推認力）の評価には慎重さが求められる[31]。

(3) 警察犬による臭気選別

(i) 警察犬による臭気選別の方法

警察犬による**臭気選別**は，警察犬の指導・訓練について専門的な知識・経験を有する指導手が，数個の物件の中から，ある特定の臭気と同じ臭気を持つ物件を警察犬に選び出させて持来させる方式で行われる[32]。具体的には，①犯行現場に遺留された，犯人の体臭が付着していると見られる物件を，ビニール袋に入れて保管しておき（これを原臭物件といい，付着している臭いを原臭という），②被疑者からその体臭が付着した物件を入手し（これを対照物件といい，付着している臭いを対照臭という），③対照物件と第三者の体臭の付着した物件（これを誘惑物件といい，付着している臭いを誘惑臭という）数点を選別台の上に並べて置いておき，④警察指導者が警察犬に原臭を嗅がせてこれを記憶させたうえ，警察犬を放し，指導手の号令指示により，一定距離のところに設置した選別台の上に並べられた物件の中から原臭と一致する臭いが付着した物件を，その嗅覚のみに基づいて選別させてくわえて来させる，というものである[33]。

(ii) 臭気選別の証拠能力

この臭気選別結果の報告書について，犯人と被告人との同一性を立証するた

---

[30] 大久保隆志『刑事訴訟法』（2014）297頁。

[31] 三井Ⅲ212頁，上口403頁。なお，小林＝植村編・前掲注[24]218頁［山崎学］は，「科学性の高い方法・技術によって，希少性，常同性及び相同性が高く，相異性が低いと認められる場合には，高い証明力を肯定することができ，筆跡鑑定を唯一の証拠として被告人を有罪とすることも可能というべきである」とする。

[32] 仙波厚・最判解刑事篇昭和62年度45頁。

[33] 大阪刑事実務研究会編著・前掲注[27]710頁［谷口敬一］。

めの証拠として証拠能力が認められるか。最決昭62・3・3（刑集41・2・60）は，「各臭気選別は，右選別につき専門的な知識と経験を有する指導手が，臭気選別能力が優れ，選別時において体調等も良好でその能力がよく保持されている警察犬を使用して実施したものであるとともに，臭気の採取，保管の過程や臭気選別の方法に不適切な点のないことが認められるから，本件各臭気選別の結果を有罪認定の用に供しうるとした原判断は正当である」と判示してその証拠能力を肯定した[34]。学説では，自然的関連性を欠くとして証拠能力を否定する見解も主張されている[35]。

臭気検査報告書は，実況見分調書としての性格を有するものと鑑定書としての性格を有するものに分かれる。326条1項の同意が得られない場合，前者の場合には321条3項により，後者の場合には321条4項の準用により証拠能力の判断が行われる。どちらの場合にも，作成者が公判期日に証人として尋問を受け，作成の真正について証言することが必要となる。

(iii)　臭気検査の証明力（信用性・推認力）

警察犬による臭気選別の証拠能力が認められたとしても，個別に信用性の判断が慎重に行われる必要がある[36]。その際には，①臭気選別実施者の能力・経験，②臭気選別に使われた警察犬の能力，③検査対象物件の採取・保管・取扱いの適否，④検査方法の適否，に着目することになろう[37]。①については，当該警察犬を常時訓練・使役し，その犬の個性を十分に把握し，信頼関係が十分醸成されている訓練士が臭気選別を実施していることが必要である。②については，当該警察犬の選別能力に関する客観的資料の提出が必要となる。③につ

---

[34]　なお，この事案における臭気選別報告書は，臭気選別に立ち会った司法警察員らが臭気選別の過程と結果を正確に記載したものであった。そのため，報告書は実況見分調書に当たるものとして，321条3項により証拠能力が認められた。これに対して，専門的な知識・経験を有する指導手が自ら行った実験の経過と結果を記載した書面の場合には，鑑定に準じるものとして，321条4項により証拠能力が判断されることになる。

[35]　白取371頁。田口371頁は法律的関連性が欠けるとする。また，警察犬による臭気選別について，自然的関連性を否定するのは困難とし，個々の事案における法律的関連性を問題にすべきとする見解として，大阪刑事実務研究会編著『刑事公判の諸問題』（1989）306頁［木谷明］がある。

[36]　河上ほか編・前掲注(29)102頁［植村立郎］。三井誠ほか編『新刑事手続III』（2002）162頁［登石郁朗］。

[37]　外岡孝昭「警察犬による臭気選別結果」法務総合研究所編『刑事法セミナーV　刑事訴訟法(下)〔公判・証拠〕』（1992）155頁。証拠能力を判断する際に検討する事情と証明力を判断する際に検討する事情に重なり合いが認められる。

いては，臭気は温度・湿度・風・時の経過等の影響を受けて消滅したり，他の臭気と混合したりしやすい性質を有しているため，そのような臭気の消滅や混合が生じないための措置が採られていることが必要となる。④については，検査に適した環境で行われていること，原臭・対照臭・誘惑臭の選定が適切に行われていること，犬の指導手に対する迎合を防止する措置が採られていること，などが必要となる[38]。

なお，警察犬による臭気選別の証拠能力・信用性を肯定したとしても，推認力に限界があることに注意する必要がある。したがって，臭気選別結果のみで犯人と被告人の同一性を認定することには慎重であるべきであろう[39]。

4 ポリグラフ検査

(1) ポリグラフ検査の意義

ポリグラフ検査とは血圧，心拍，呼吸等の人の生理機能を同時に測定するポリグラフ装置を被検査者に装着し，一定の質問をしてその間の生理反応を測定・記録するという検査である[40]。

ポリグラフ検査は一種の記憶検査であり，被検査者に対し複数の質問を発した際に生じる生理変化をポリグラフ装置で測定・記録し，その結果を分析することによって，被検査者が犯人しか知り得ない具体的事実を認識しているか否かを判定する心理鑑定である[41]。

(2) ポリグラフ検査の手法

ポリグラフ検査の手法として，現在では，**裁決質問法**と呼ばれる手法が用いられている[42]。これは，さらに**狭義の裁決質問法**と**探索質問法**に分かれる。

狭義の裁決質問法とは，同じカテゴリーに属する内容で複数の質問を構成し，1つの質問だけに警察と犯人しか知り得ない具体的事実を織り交ぜ（裁決質問），他の質問（非裁決質問）は当該事件とは無関係な内容とし，それを順次質

---

[38] 酒巻匡「警察犬による臭気選別結果の証拠としての取扱いについて」ジュリ893号69頁は，当該警察犬の従前の実績，当該検査時の犬の状態を客観的に示す資料（例えば予備選別テストの結果）を明示することは不可欠の要請であり，これを欠く場合には臭気選別結果の信頼性・正確性を適切に評価するための基礎がなくなるため，要証事実に対する最低限度の証明力を欠くことになるとする。

[39] 小林＝植村編・前掲注(24) 196頁［森健二］。

[40] 園原敏彦・実例Ⅲ 125-126頁。

[41] 田辺泰弘「ポリグラフ検査について」研修732号56頁。

[42] 同上57頁。

問するというものである[43]。例えば，ネクタイで被害者を絞殺した事件におい
て，「絞殺に用いたのはベルトですか」，「ストッキングですか」，「ネクタイで
すか」，「スカーフですか」，「電気コードですか」と，一定の時間をあけて，順
次質問していくのである[44]。そして，「ネクタイですか」との質問（裁決質問）
のみに特異反応があれば，被検査者は，事件の凶器について認識があると判断
される[45]。

　探索質問法とは，犯人しか知り得ない事実を含めた質問を行う点では狭義の
裁決質問法と同じであるが，死体や凶器が発見されていない殺人事件のように，
犯人しか知り得ない事実を警察（検査者）が知っていないという点に違いがあ
る[46]。例えば，遺体が発見されていない殺人事件において，遺体の遺棄場所は
犯人しか知り得ない事実であるが，捜査官にその場所がわかっていないため，
裁決質問は作成できない。そこで，捜査結果を踏まえて確度の高い場所等を数
カ所選定して質問を構成し（「被害者は山に埋められましたか」，「海に捨てられま
したか」，「崖から落とされましたか」などの質問），被検査者の反応をうかがうと
いうものである[47]。

(3)　ポリグラフ検査の証拠能力

(i)　自然的関連性

　ポリグラフ検査結果の証拠能力が肯定されるためには，自然的関連性が認め
られなければならない。ポリグラフ検査結果の証拠能力が問題となった最決昭
43・2・8（刑集22・2・55）は，ポリグラフ検査結果の証拠能力を肯定した
原審の判断について，「刑訴法326条1項の同意のあった警視庁科学検査所長
作成の昭和39年4月13日付ポリグラフ検査結果回答についてと題する書面
……および警視庁科学検査所長作成の昭和39年4月14日付鑑定結果回答と
題する書面……について，その作成されたときの情況等を考慮したうえ，相当

---

(43)　安廣文夫・大コンメ2版7巻472頁。

(44)　廣田昭久「ポリグラフ検査の真実と今」捜査研究687号18頁。

(45)　裁決質問法は，ある質問がなされると，脳の中で質問内容と記憶の照合が行われ，記憶に保存
　　された犯行時の体験と一致（再認）すると，その質問が被検者にとって有意味な刺激となって生
　　理反応変化が生じるという原理に基づいている。脳が複数の刺激を受けたとき，特定の刺激に対
　　してのみ他と異なる特別な生理反応を示した場合には，その特定の刺激を他の刺激とは異なるも
　　のとして「弁別」しているものと考えられ，ポリグラフ検査は，この「弁別」という原理に基づ
　　く検査である。司法研修所編・前掲注(20)42頁。

(46)　田辺・前掲注(41)60頁。

(47)　田辺・前掲注(41)61頁。

と認めて，証拠能力を肯定したのは正当である」と判示した。

最高裁が是認した原審の東京高判昭42・7・26（高刑集20・4・471）は，「ポリグラフ検査結果の確実性は，未だ科学的に承認されたものということはできず，その正確性に対する（第三者の）判定もまた困難であるから，軽々にこれに証拠能力を認めるのは相当でない」としているが，今日では毎年約5000件の実施例が積み重ねられているとのことであり[48]，検査結果に相当程度の正確性・信頼性があることが実証されている[49]。したがって，科学的に解明されていない部分が残っているとしても，裁決質問法によるポリグラフ検査に自然的関連性は認められるものと解される。

ところで，前出の昭和43年決定は，ポリグラフ検査結果の証拠能力を認めるための具体的な基準を示していない。原審を含む裁判例に共通する判断枠組を前提にすると，①検査者が検査に必要な技術と経験を有する適格者であること，②使用器機の性能，操作技術等から見て検査結果に信頼性が認められること，③被検査者の心身の状態が正常であることの3要件を充足する場合，ポリグラフ検査結果の証拠能力が認められている[50]。

(ii) 伝聞例外

ポリグラフ検査結果は，ポリグラフ検査の専門家がその専門的な知識を駆使して検査し，その検査記録を分析判定し，検査の経過および結果を記載した報告書である。これは，被検査者の心理状態についての鑑定書としての性格を有するものであるため，326条1項の同意が得られない場合，321条4項に準じて証拠能力が判断される[51]。したがって，検査者を証人尋問し，作成の真正についての証言が必要となる。

なお，ポリグラフ検査と黙秘権との関係が議論されることがある。これは，ポリグラフ検査結果を被検査者の供述と理解する場合に生じる問題である。しかし，ポリグラフ検査は被検査者との関係では生理反応であるため，黙秘権侵害の問題は生じない[52]。また，検査自体は相手方の同意を得て行われるもので

---

[48] 田辺・前掲注[41]53頁。

[49] 司法研修所編・前掲注[20]43頁は，ポリグラフ検査が過信され易い性質を有することから，裁判員裁判における利用について消極的な姿勢を示しつつも，被験者の認識の有無と生理反応の間に対応関係があることについて実証的研究による裏づけがあるとしている。

[50] 廣瀬健二編『刑事公判法演習』(2013) 124頁［下津健司］。

[51] 平谷正弘「科学的証拠」争点新版194頁。

[52] 平野107頁。

あるため，いずれにせよ，黙秘権侵害は生じない[53]。

(4) ポリグラフ検査の証明力（信用性・推認力）

　裁判例の中には，ポリグラフ検査結果について証拠能力を肯定しつつも，証明力に否定的なものもある[54]。学説においても，ポリグラフ検査結果の証明力について慎重な判断を要するとする見解が多数を占めている。

　ポリグラフ検査の信用性を判断するに当たっては，ポリグラフ検査が実施された時期，質問の適切さ，検査者の観察分析の正確性などを十分に考慮する必要がある[55]。なお，ポリグラフ検査結果の証拠能力・信用性が認められても，ポリグラフ検査結果の推認力には限界があるため，その利用は，自白の信用性を高めたり，否認供述の信用性を低めたりするという程度の補助的な役割にとどまるであろう[56]。

---

[53]　供述証拠説に立ち，かつ，包括的黙秘権の放棄は認められないという立場に立つと，そもそもポリグラフ検査は違法ということになる。渥美 85 頁，白取 373 頁。これに対して，供述証拠説に立ちつつも，黙秘権は放棄できるとの立場に立つと，ポリグラフ検査は，相手方の同意を得て実施することが許されるということになる。田宮 341 頁，田口 135 頁。

[54]　最判昭 57・1・28 刑集 36・1・67，仙台高判昭 60・4・22 判時 1154・40，大阪地判平 17・8・3 判時 1934・147。

[55]　石井 507 頁。

[56]　小林＝植村編・前掲注(24) 209 頁 [岩瀬徹]。

第19章

排除法則

→ 趣旨説明

第1節　排除法則の意義

排除法則とは，証拠収集手続に違法があった場合に，当該証拠の証拠能力を否定する証拠法則のことをいう。排除法則の適用を受けると，当該証拠を事実認定の資料として使うことができなくなる。そのねらいは，違法に収集された証拠を排除することを通して，違法な捜査活動に非難を向けることにある。排除法則が適用されるのは，証拠を排除するほどの違法性がある場合であり，違法な捜査活動が行われたというだけで直ちに証拠が排除されるわけではない[1]。

判例は，「令状主義の精神を没却するような重大な違法があり，これを証拠として許容することが，将来における違法な捜査の抑制の見地からして相当でないと認められる場合においては，その証拠能力は否定されるものと解すべきである」[2]としている。このように，判例は，**①違法の重大性**と**②排除相当性**の観点から証拠排除を導いている。

---

(1) 証拠物は，押収手続が違法であっても，物それ自体の性質や形状に異変を来すわけではない（最判昭24・12・13集刑15・349）。また，押収手続の違法性は，証拠物の証明力には影響を与えない。したがって，その存在や形状に関する価値に変わりのないことなど，証拠物の証拠としての性格に鑑みるならば，その押収手続に違法があることを根拠に直ちにその証拠能力を否定しまうのは，事案の真相解明という観点から相当ではないということになる。

(2) 後掲最判昭53・9・7。

第 19 章　排除法則　　273

→→　基本説明

第2節　排除法則の根拠

1　学説の理論状況

　排除法則の根拠をめぐっては，さまざまな見解が主張されている。主要な見解として，①**規範説**，②**司法の廉潔性説**，③**抑止効説**がある[3]。

　規範説は，次のように排除法則を基礎づける。すなわち，警察は憲法規範を遵守すべき義務を負うのであるから，警察は基本権侵害から一片の利益も得てはならない。この観点から，基本権を侵害して入手された証拠の証拠能力は否定されるとする[4]。したがって，規範説に立つならば，基本権を侵害して入手された証拠の排除は絶対的ということになる。

　司法の廉潔性説は，次のように排除法則を基礎づける。すなわち，裁判所が違法に収集された証拠の証拠能力を否定することで，司法の汚れなき性質が保たれ，国民の司法に対する尊敬，信頼が確保される。裁判所が違法に収集された証拠を事実認定の資料として使うということは，裁判所が捜査機関の違法捜査に加担したことを意味する。このようなことが生じると，裁判所の公正さが失われ，裁判所に対する国民の信頼は失われてしまう。裁判所に対する国民の信頼の維持・確保という観点から，違法に収集された証拠の証拠能力が否定される。

　抑止効説は，次のように排除法則を基礎づける。すなわち，違法な捜査活動によって獲得された証拠の使用を禁止することで，そのような活動が無益であることを示し，そのような活動の再発を一般的に抑止することをねらいとする。

　学説においては，排除法則を基礎づける上記の見解のうち，司法の廉潔性説と抑止効説の双方の観点を基本として，証拠収集活動の違法性の程度や抑止効果を総合的に判断して排除の有無を決する見解が多数説である。多数説は，排除の必要性・相当性が認められる場合に限って証拠を排除する。この立場を**相対的排除説**という。

---

(3)　排除法則をめぐる理論状況については，井上正仁『刑事訴訟における証拠排除』(1985)，髙木俊夫＝大淵敏和『違法収集証拠の証拠能力をめぐる諸問題』(1988) を参照。

(4)　渥美 183 頁。

2　判例の立場

　違法に収集された証拠の証拠能力に関し，最判昭 53・9・7（刑集 32・6・1672）は，最高裁として初めて排除法則を認め，併せて，排除の基準を示した。すなわち，「違法に収集された証拠物の証拠能力については，憲法及び刑訴法になんらの規定もおかれていないので，この問題は，刑訴法の解釈に委ねられているものと解するのが相当である」としたうえで，①証拠物の押収手続に令状主義の精神を没却するような重大な違法があり，②これを証拠として許容することが，将来の違法捜査の抑制の見地からして相当でないと認められる場合，証拠能力が否定されると判示した。

　判例は，排除法則をあくまでも刑訴法の解釈問題として位置づけていることから，憲法 33 条および憲法 35 条を根拠に排除法則の適用を考える規範説とは異なる発想に立脚していることがうかがえる。また，規範説に依拠した場合，証拠の排除は絶対的であるのに対し，判例は，将来の違法捜査の抑制の見地から排除の相当性を検討している。したがって，判例の立場は多数説と同様に，司法の廉潔性維持説と抑止効説の双方の立場から証拠排除を導いているものといえる(5)。

→→→　展開説明

第3節　排除の基準

　判例および多数説は，①**違法の重大性**と②**排除相当性**の観点から証拠の排除を検討する。そこで，違法の重大性の判断基準や排除を相当とする基準，違法の重大性と排除相当性の関係が問題となる。

1　違法の重大性

違法の重大性を検討するに当っては，①証拠収集手続における違法行為の客観的側面（違法行為によって侵害された利益の性質，程度および違法行為の法規からの逸脱の度合い），②主観的側面（違反者側の事情，例えば，違法行為の組織性，計画性，反復性，意図性，有意性，悪意の有無など），③違法行為と証拠物押収と

---

(5)　軽微な違法があるにすぎない場合にも証拠排除を認めると，犯人を取り逃がすことでかえって司法に対する国民の信頼は揺らいでしまう。そのため，司法の廉潔性説の視点である司法に対する国民の信頼の維持という観点から，違法の重大性が導かれる。排除相当性は，抑止効説の発想を取り入れたものといえる。

の関連性，を考慮することが指摘されている[6]。また，最判平 15・2・14（刑集 57・2・121）のように，直接の証拠収集行為だけでは重大な違法があるといえない場合でも，一連の経緯全体を通してあらわれた警察官の法無視の態度を総合的に判断して違法の重大性を導く場合もある。

2　排除相当性

排除相当性については，前述のとおり，排除の必要性と排除の相当性を総合判断して解決する。具体的には，①手続違反の頻発性，②手続違反と証拠獲得との因果性，③証拠の重要性，④事件の重大性等，諸般の事情を総合的に勘案して排除の必要性と相当性を決することが指摘されている[7]。

3　違法の重大性と排除相当性との関係

違法の重大性と排除相当性との関係については，両者を必要とするという**重畳説**[8]と，いずれかの一方があればよいとする**競合説**[9]が主張されている。重畳説に立つと，重大な違法であって初めて排除の対象となる。これに対して，競合説に立つと，重大な違法がなくとも，その違法が反復継続されるというような事情がある場合には，排除を相当とすることにつながる[10]。現在のところ，判例において，違法の程度は重大ではないが排除を相当とする，と判断したものはないため，基本的に実務は重畳説の立場で運用されていると見てよい。特に，違法の重大性が認められる場合には，特段の事情のない限り抑止の必要性があるということになるため，排除相当ということになる。

---

(6)　石井 151 頁。

(7)　川出敏裕「いわゆる『毒樹の果実論』の意義と妥当範囲」『松尾浩也先生古稀祝賀論文集(下)』（1998）532 頁，井上・前掲注(3) 404 頁，579 頁，古江頼隆『事例演習刑事訴訟法〔第 2 版〕』（2015）396 頁。

(8)　田宮 403 頁。

(9)　井上・前掲注(3) 557 頁，田口 376 頁。

(10)　上記最判平 15・2・14 は，競合説からの方が説明しやすい。ただし，最高裁は違法の重大性を認定している。

→→→ 展開説明

第4節　排除法則の展開

1　違法承継論

(1)　判例の展開

　証拠収集手続単独で見れば違法はないが，それに先行する手続に違法がある場合，その違法が，後行の証拠収集手続の適法性にどのような影響を及ぼすのか。また，収集された証拠の証拠能力に対してどのような影響を及ぼすことになるのか。この問題を解決するのが**違法承継論**である。

　後行の証拠収集手続が先行手続を利用して行われる場合，証拠収集手続の適法性を判断するに当たっては，先行手続に存する違法性を考慮することになる。その意味で，先行手続の違法性は後行手続の適法性判断に影響を及ぼすことになる。しかし，先行手続に違法があるからといって，それを利用して行われた後行手続が常に違法となるわけではない。判例の中には，「**同一目的・直接利用**」の関係が認められる場合，先行手続の違法が後行手続に承継されうるとするものがある[11]。

　例えば，最判昭61・4・25（刑集40・3・215）は，警察官が被告人の住居に無断で立ち入り，警察署への任意同行後，尿の任意提出を受け，その尿の鑑定書の証拠能力が問題となった事案であるが，最高裁は，「被告人宅への立ち入り，同所からの任意同行及び警察署への留め置きの一連の手続と採尿手続は，被告人に対する覚せい剤事犯の捜査という同一目的に向けられたものであるうえ，採尿手続は右一連の手続によりもたらされた状態を直接利用してなされていることにかんがみると，右採尿手続の適法違法については，採尿手続前の右一連の手続における違法の有無，程度をも十分考慮してこれを判断するのが相当である。そして，そのような判断の結果，採尿手続が違法であると認められる場合でも，それをもって直ちに採取された尿の鑑定書の証拠能力が否定されると解すべきではなく，その違法の程度が令状主義の精神を没却するような重

---

(11)　同一目的および直接利用の意義に関して，松浦繁・最判解刑事篇昭和61年度74頁は，同一目的の意義を厳格に解する必要はなく，抽象的に，犯罪捜査・証拠収集のためといった程度で足りるとする。また，直接利用についても，先行手続によってもたらされた事実状態を利用して，あるいはその影響下で，という程度の意味として理解すればよいとする。しかしながら，同一目的について，抽象的に捜査目的として同一であるとする判断はないようである。

大なものであり，右鑑定書を証拠として許容することが，将来における違法な捜査の抑制の見地からして相当でないと認められるときに，右鑑定書の証拠能力が否定されるというべきである」と判示した。本件では，先行する一連の手続の違法性を採尿手続が承継し，採尿手続も違法性を帯びるとしたが，違法な採尿手続の結果入手された証拠である尿鑑定書については，①警察官は当初から被告人宅に無断で立ち入る意図を有していなかったこと，②任意同行に際して有形力は行使されていないこと，③採尿手続について強制は存在せず被告人の応諾もあることなどに照らして，採尿手続の違法の程度が重大ではないとし，排除相当性も認められないことから証拠能力を認めた。

　最決昭63・9・16（刑集42・7・1051）は，承諾なしに被告人を警察署へ連行し，承諾なしに所持品検査をしたところ，被告人が履いている靴下の中から覚せい剤等が発見されたため現行犯逮捕し，尿の任意提出を受けたという事案である。最高裁は，①警察署への連行には警職法2条3項違反があり，②所持品検査には所持品検査の必要性と緊急性が認められるが，違法な連行の直接利用という点と，被告人が履いている靴下からの取り出しという点から所持品検査を違法とし，③採尿手続は先行手続によりもたらされた状態を直接利用して，これに引き続いて行われたものであるため，違法性を帯びるとしたが，④警察官に令状主義を潜脱する意図が認められないこと，採尿手続に強制がなく，自由意思による応諾があったことなどから違法の重大性が認められず，違法捜査抑制の見地からする相当性判断から証拠能力を肯定した。

　最決平6・9・16（刑集48・6・420）は，現場に6時間半以上にわたって留め置いて職務質問を継続し，その後，警察署への連行後に強制採尿して尿を採取したという事案である。最高裁は，「本件強制採尿手続に先行する職務質問及び被告人の本件現場への留め置きという手続には違法があるといわなければならないが，その違法自体は，いまだ重大なものとはいえないし，本件強制採尿手続自体には違法な点はないことからすれば，職務質問開始から強制採尿手続に至る一連の手続を全体としてみた場合に，その手続全体を違法と評価し，これによって得られた証拠を被告人の罪証に供することが，違法捜査抑制の見地から相当でないとも認められない」と判示した。昭和61年判決や昭和63年決定は，後行手続が違法性を帯びているとしたが，平成6年決定は，違法承継論を採用しつつも，一連の手続を全体としてみた場合に，その手続全体を違法と評価できるかを問題にしており，先例の理論構成とは若干の違いがある。

最決平7・5・30（刑集49・5・703）は，不審事由のある自動車を停止させ，承諾を得ることなく自動車内を所持品検査として調べたところ，覚せい剤を発見し，警察署へ任意同行のうえ逮捕し，尿の任意提出を受けたという事案である。本件では被告人に対する覚せい剤事犯の捜査という目的で一連の活動が行われているため，同一目的の要件は満たされており，各手続（所持品検査→覚せい剤の発見→任意同行→予試験による覚せい剤成分の検出→逮捕要件の充足→現行犯逮捕→尿の任意提出）の間には，順次，先行する手続によって作り出された状況を利用するという関係があるため，直接利用の関係も認められる。したがって，採尿手続は違法ということになる。しかし，先行手続の違法の程度は大きいとはいえないこと，被告人の自由な意思決定に基づく行為が介在していることから，先行手続の違法が証拠収集活動に及ぼす影響は減少していると判断された。

前掲最判平15・2・14は，逮捕時に逮捕状の呈示が行われず，逮捕状の緊急執行もなされていないという手続的な違法があることに加えて，これを糊塗するため，警察官が逮捕状へ虚偽事項を記入し，内容虚偽の捜査報告書を作成し，さらに公判廷において事実と反する証言をしたという事案である(12)。最高裁は，「本件の経緯全体を通して表れたこのような警察官の態度を総合的に考慮すれば，本件逮捕手続の違法の程度は，令状主義の精神を潜脱し，没却するような重大なものであると評価されてもやむを得ないものといわざるを得ない。そして，このような違法な逮捕に密接に関連する証拠を許容することは，将来における違法捜査抑制の見地からも相当でないと認められるから，その証拠能力を否定すべきである」としたうえで，重大な違法があると評価される逮捕手続と密接な関連を有するとして任意提出された尿の証拠能力を否定し，その鑑定結果である尿鑑定書も同様な評価を与えられるべきであるとして，証拠能力を否定した。この事案において，最高裁は「同一目的・直接利用」という基準を明示的には用いていない。逮捕令状が窃盗被疑事実に関して発付されている

---

(12) 本件逮捕手続の違法は，令状の不呈示と緊急執行手続の不履行である。したがって，逮捕手続自体には，令状主義の精神を没却するほどの重大な違法があるとはいえないとの理解も可能である。しかし，形式的な手続違反の背後に法無視の態度を読み込み，推認される警察官の主観的意図も加味して違法の重大性を基礎づけることができる。令状や捜査報告書への虚偽記載や公判での虚偽供述に表れる警察官の法無視の態度を事後的な事情として考慮するのではなく，すでに逮捕の時点に表れているものと評価するのである。

のに対して，尿の提出等は覚せい剤事犯の捜査であるため，捜査目的の同一性を認めにくいことが影響している。最高裁は，逮捕手続の違法が採尿手続に承継されるとの論理は明示せず，尿を本件逮捕と密接な関連を有する証拠であるとした。

　これに対して，最高裁が「**密接な関連**」との表現を用いていることから，令状主義の精神を没却するほどの重大な違法が認められる逮捕手続と，採尿手続の間には密接な関連が認められ，その結果，尿および尿鑑定書の証拠能力が否定されるとの理解も可能である[13]。

(2) 判例のまとめ

　同一目的・直接利用という表現を明示的に用いているのは昭和61年判決であるが，それ以降の判例は，必ずしも同一目的という表現を使用していない。結局，同一目的・直接利用というのは，先行手続と後行手続との関連性・因果性を判断する際の視点のひとつにすぎず，同一目的・直接利用という基準がそのまま当てはまらなくても，先行手続と後行手続との関連性・因果性が認められる場合があるということになる。前掲最判平15・2・14は直接的には当該証拠と違法捜査との密接関連性を問題にしているように見えるが，違法捜査である先行手続と，当該証拠の採取手続である後行行為との関係性も当然問題にしているといえる。その意味で，先行手続と後行手続との間に密接な関連性が認められる場合に，先行手続の違法性が後行手続に承継されると理解することになろう。

2　毒樹の果実法理[14]

　毒樹の果実法理とは，違法収集証拠である「毒樹」に基づいて獲得された証拠は，「毒樹の果実」であるため，「毒樹」と同様に違法性を帯びることを免れず，違法収集証拠となるとする法則である。毒樹の果実法理の適用が問題となるのは，①排除法則が適用される証拠から他の証拠の存在が明らかになった場合（違法に押収したノートに爆発物の隠匿場所が記されていた場合など），②排除法則が適用される証拠をきっかけとして他の証拠が入手される場合（尿・尿鑑

---

[13]　大澤裕・百選8版141頁。この見解に依拠すると，前掲最判平15・2・14も違法承継論の流れの中にある判例と位置づけることになる。

[14]　毒樹の果実法理と違法承継論の関係について，毒樹果実法理の適用が問題となる場面は先行手続の違法によって後行手続が違法の影響を受けるかという問題の一環であるとする見解もある。川出・前掲注(7)513頁。

定書が証拠排除されるとき，これを疎明資料として捜索差押許可状が発付され，その結果証拠物が押収された場合など）である。第1次的証拠が排除法則の適用を受けて証拠排除される場合，第2次的証拠にまでその効果が及ぶのか，という問題である[15]。

　第1次的証拠に排除法則が適用される以上，第2次的証拠も排除されるというのが排除法則の趣旨を貫徹することにつながる[16]。したがって，この立場に立つならば，後述する例外法理が当てはまる場合以外は，第2次的証拠についても証拠能力が否定されるという結論になる。

　しかしながら，相対的排除説に立つわが国の多数説は，第2次的証拠の排除についても相対的排除の立場で考える。したがって，第2次的証拠の排除については，①第1次的証拠の収集方法の違法の程度，②第2次的証拠の重要さの程度，③第1次的証拠と第2次的証拠との関連性の程度，③事件の重大性，④捜査機関側の意図，を総合的に判断して決することになる[17]。

　前掲最判平15・2・14では，排除法則が適用され証拠能力が否定される尿鑑定書を疎明資料として捜索差押許可状が発付されており，この捜索差押の実施により発見・押収された覚せい剤の証拠能力も問題となった。この事案において，押収された覚せい剤は「毒樹の果実」ということになる。最高裁は，本件覚せい剤が証拠能力のない証拠と関連性を有する証拠であることを認めつつも，①司法審査を経て発付された捜索差押許可状によって差押えがなされたこと，②逮捕前に適法に発付されていた窃盗被疑事件についての捜索差押許可状との執行と併せて行われたものであることなどを総合的に勘案して，覚せい剤と尿鑑定書との関連性は密接ではないとして，覚せい剤およびその鑑定書の証拠能力を認めた。後述する例外法理が適用された結果，覚せい剤およびその鑑定書の証拠能力が肯定されたと理解することも可能ではあるが，最高裁はその旨を明言していない。したがって，本件覚せい剤およびその鑑定書と違法捜査との間の因果性が否定された結果，証拠能力が認められたと理解すべきであろう。

---

(15)　第1次的証拠の写しや写真，第1次的証拠の収集に関する捜索差押調書，任意提出・領置調書，鑑定書等が排除されることに異論はない。これらの証拠は，第1次的証拠と密接不可分のものと評価されるからである。

(16)　第2次的証拠の証拠能力を認めてしまうと，抑止効が失われることになり，違法捜査への誘因を捜査機関に与えることになってしまう。

(17)　最判昭58・7・12刑集37・6・791の伊藤正己裁判官の補足意見を参照。

第19章　排除法則　　281

　なお，毒樹の果実法理は，非供述証拠の証拠能力に関する排除法則のひとつ
として形成されてきた証拠法則であるため，本来的には第1次的証拠が非供
述証拠の場合に適用されるものである。しかしながら，第2次的証拠の証拠能
力という問題は，第1次的証拠が自白である場合に最も問題となる。すなわち，
任意性に疑いのある自白に基づいて発見された第2次的証拠の証拠能力である。
この問題については，第20章第3節において論じる[18]。

→→→ 展開説明

第5節　例外法理

　わが国の排除法則は，アメリカ合衆国最高裁判例で形成・発展した排除法則
を参考にして理論が形成されてきた。アメリカ合衆国の排除法則においては，
毒樹の果実法理により排除の範囲が拡大する。そのため，排除の範囲の拡大を
防止するため，例外法理が形成されている。わが国の法運用において，例外法
理をどのように位置づけるかについては見解の一致を見ていない。

1　独立入手源法理

　独立入手源法理とは，捜査機関が違法捜査とは無関係の独立の情報源からす
でに第2次的証拠の存在を把握していた場合には，第2次的証拠の証拠能力が
肯定されるとする法理である。

　独立入手源法理が適用される場合，違法行為とは全くかかわりのない方法に
よって現実に入手していた証拠を許容するものであるため，違法行為と証拠と
の間に因果関係はないということになる。

2　稀釈法理

　稀釈法理とは，違法捜査による第1次証拠の発見とこれに基づき発見された
第2次的証拠との因果関係が希薄化していた場合には，第2次的証拠の証拠能
力が肯定されるとする法理である。

　稀釈法理の適用が想定される場面では，違法行為と当該証拠の発見との間に

---

[18]　この場合，第1次的証拠である自白の排除は，必ずしも排除法則に基づくわけではない。自白
　　法則が適用される結果，自白が排除される場合を含む。したがって，第1次的証拠が自白である
　　場合こそ，第1次的証拠の収集方法の違法の程度が問題となる。

は直接的な因果関係が認められる。それにもかかわらず，稀釈法理は，違法行為と当該証拠の発見との間に介在事情等があることにより，当初の汚れが稀釈され因果関係が遮断されるとして証拠能力を肯定する。

3 不可避的発見の法理

不可避的発見の法理とは，違法捜査がなかったとしても，捜査機関が独立の捜査により当該証拠を入手していたであろうと仮定できる場合には，派生的第2次証拠の証拠能力が肯定されるとする法理である。

4 善意の例外法理

善意の例外法理とは，結果的に違法捜査となっているが，当該捜査官が，証拠収集時，その手続を合法であると善意的確信に基づいて信じていた場合には，証拠は排除されないとする法理である。

善意の例外法理が適用される場合とは，後に要件を充足していないと判明する令状に基づいて証拠が収集されたが，当該令状に対する警察官の信頼が合理的であるといえる場合である。

➡➡ 基本説明

第6節 その他

1 排除申立適格

排除申立適格とは，違法収集証拠の排除の主張適格のことである。問題となるのは，第三者に対して違法捜査がなされた場合である。果たして，この場合に被告人に排除申立適格が認められるか。排除法則の目的が違法捜査による権利侵害に対する救済にあると見ると，被告人は違法捜査による直接的な権利侵害を被っていないため，排除申立適格を有しないということになる。しかしながら，排除法則の目的は権利侵害に対する救済にあるのではなく，証拠を排除することを通じて司法に対する国民の信頼を維持し，併せて，将来の違法捜査を抑制するところにある。したがって，違法捜査によって権利を侵害された者が誰かということは，排除法則の適用には関係のない事情ということになる。第三者に対して違法捜査が行われた場合であっても，被告人は証拠の排除を申し立てることができる。

2 私人による違法収集証拠の扱い

排除の要件を「令状主義の精神を没却するほどの重大な違法」に求める以上，

排除法則は捜査機関が違法捜査を行った場合に限定される。したがって，捜査機関側の依頼を受けて私人が証拠収集活動を行ったという場合であれば，私人の証拠収集活動は捜査機関による証拠収集活動であるといえるため，排除法則の適用が肯定される。

これに対して，私人が独立して証拠収集活動を行ったという場合であれば，原則として排除法則の適用は認められない。しかしながら，私人の証拠収集活動の違法の程度が著しい場合には，私人によって収集された証拠を捜査機関側が利用することは，適正手続の観点から禁止され，捜査機関が証拠として利用しようとした場合には，司法の廉潔性の観点から証拠排除される[19]。

3　被告人の同意がある場合

排除法則の適用は，個人の処分権とは別の関心から導かれている。排除法則の趣旨が，証拠能力の否定を通した違法捜査に対する非難と捉えるならば，被告人の承諾によって証拠能力が付与されることにはならない。したがって，排除法則が適用され証拠能力が否定される証拠について，たとえ被告人側の同意があっても，証拠能力は認められない[20]。

---

[19]　上口 531 頁，堀江慎司・宇藤ほか 400 頁。

[20]　福岡高判平 7・8・30 判時 1551・44 参照。

第20章

自白法則(1)
自白の排除

第1節　自白法則とは何か

→ 趣旨説明

1　自白法則の意義

　自白法則とは，任意性に疑いのある自白の証拠能力を否定し，証拠から排除する証拠法則のことをいう。

　自白とは，自己の犯罪事実の全部またはその主要な部分を認める供述をいう[1]。自白より広い概念に，**不利益事実の承認**がある。これは，自己に不利益な被告人の供述のすべてをいう。犯罪事実を推認させる間接事実のみを認める供述や，犯罪事実に属する事実のうち主要ではない一部を認める供述なども含まれる。任意性は必要であるが（322条），補強証拠は必要ではない。**有罪の自認**（319条2項）とは，罪責を承認する陳述であって，自白より狭く，「有罪である旨の陳述」（291条の2）がこれに含まれる。有罪の自認は，訴因事実を認め，かつ，違法性阻却事由および責任阻却事由の不存在を認めることである。

→→ 基本説明

2　自白法則の根拠

　憲法38条2項および刑訴法319条1項（以下，「両規定」とする）に該当する自白の証拠能力は否定される。その根拠をめぐって，①類型的虚偽排除説[2]，②人権擁護説[3]，③違法排除説[4]，④折衷説[5]が主張されている。

　類型的虚偽排除説は，両規定に該当する自白は類型的に虚偽のおそれがあり，

---

[1]　構成要件該当事実の全部を肯定する必要はなく，その主要部分を肯定するものであればよい。また，構成要件該当性を認めながら，違法性阻却事由や責任阻却事由の存在を主張する場合も自白に含まれる。高田215頁，鈴木218頁，田宮343頁。

[2]　虚偽排除の点を重視する見解として，栗本一夫『実務刑事証拠法』（1960）80頁。

信用性に乏しいため証拠能力が否定されるとする。この見解は，類型的に虚偽のおそれのある自白を排除することで，事実認定の正確性を確保しようとする見解である。類型的に虚偽の自白を誘発する危険性の高い状況下でなされた自白を排除する見解であって，当該自白が虚偽か否かを問題にするわけではない。

人権擁護説は，両規定に該当する自白は被疑者の供述の自由＝黙秘権を侵害して得られたものであるため，黙秘権の保障を担保するために当該自白の証拠能力は否定されるとする。この見解は，被疑者の供述の自由＝黙秘権を侵害する圧迫などの存在を自白排除の根拠とするものであって，現に供述の自由＝黙秘権の侵害が存在する必要はない。

違法排除説は，両規定に該当する自白は，自白獲得手段が違法であるため証拠能力が否定されるとする。この見解は，排除法則の発想を自白の場面に適用するものであり，自白の獲得手段の違法性に着目する。自白する者の心理状態を問題にするのではなく，取調べ方法を問題とするため，判断基準が客観化・明確化するという利点がある。

折衷説は，虚偽排除と人権擁護の双方の観点から，自白排除を基礎づける。したがって，この見解は，虚偽自白を誘発する状況の有無や供述の自由＝黙秘権を侵害する圧迫の有無に着目する。

歴史的に，供述を採取する側の描いた犯罪事実に合致する自白を得るために拷問が用いられてきたことを想起するならば，自白法則の根拠の中から虚偽排除の観点を完全に除外することはできない。また，両規定で明記されている強制，拷問，脅迫は，供述の自由＝黙秘権を侵害する行為の典型例である。したがって，自白の証拠能力を検討するに当たっては，類型的に虚偽自白を誘発する状況はないか，供述の自由＝黙秘権を侵害する圧迫などはないか，という観点から任意性の有無を検討するのが妥当である（折衷説）。違法排除説は，基準の明確性という点で優れた見解ではあるが，供述者の心理状態を重視しない点で，「任意性」を要求する条文と整合性を保てないという難点を抱えている。

---

(3) 折衷説ではあるが，より人権擁護の点を重視する見解として，高田 217 頁。

(4) 田宮 349 頁。

(5) 池田＝前田 407 頁。

第2節　自白の証拠能力の限界

1　強制，拷問，脅迫による自白

強制，拷問，脅迫による自白は，任意性に疑いのある自白の典型例として証拠能力が否定される。

強制とは，身体的圧迫と心理的圧迫である。拷問とは，供述を得るために直接的な苦痛を与えることを指す。脅迫とは，意思決定の自由に影響を及ぼす害悪の告知である[6]。強制，拷問，脅迫は，任意性を否定する事情の典型例を示すものであるため，この三者を細かく区別する実益はない。自白の証拠能力が否定されるためには，強制，拷問，脅迫と自白との間に因果関係が認められなければならない[7]。

2　不当に長い抑留・拘禁後の自白

抑留，拘禁とも，身体の拘束を意味するが，この規定がかかわるのは，実際には勾留中に得られた自白の証拠能力である。ただし，起訴前の勾留はその期間の上限が法定されているため，その期間内でなされた自白が不当に長い抑留・拘禁後の自白に当たるとされることは考えにくい。この規定に当てはまり得るのは，起訴後に勾留がなされている場合ということになる[8]。

不当に長いか否かは，犯罪の性質，重大性，勾留の必要性などの客観的な事情と，被疑者・被告人の年齢，精神状態を含む健康状態などを総合して，具体的な事案ごとに判断することになる[9]。また，自白の証拠能力が否定されるためには，不当に長い抑留，拘禁と自白との間に因果関係が認められなければならない[10]。

3　その他任意性に疑いのある自白

(1)　総　説

その他任意性に疑いのある自白に当たり得るものとして，両手錠を施したま

---

[6]　中山善房・大コンメ2版7巻546頁，条解824頁。

[7]　最判昭32・7・19刑集11・7・1882，最大判昭26・8・1刑集5・9・1684。

[8]　石井248頁。

[9]　最大判昭23・7・19刑集2・8・944。

[10]　最大判昭23・6・23刑集2・7・715，最大判昭23・11・17刑集2・12・1558，最判昭23・9・18刑集2・10・1209。

まの取調べによる自白[11]，約束による自白，偽計による自白，黙秘権告知を欠いた取調べの結果得られた自白などがある。これらの自白の証拠能力を判断するに当たっては，虚偽自白を誘発する状況は存在しないかという視点と，供述の自由＝黙秘権を侵害する圧迫などはないかという視点から，任意性の有無を判断することになる。

(2) 約束による自白

約束による自白とは，①起訴，不起訴の権限を持つ者が，②刑事責任に関係のある不起訴，軽減，免除等の約束をし，③そのために被疑者が自白をした場合をいう。約束の主体が起訴，不起訴の権限を持つ者であること，約束の内容が不起訴等であること，約束と自白との間に因果関係が認められること，が要件となる[12]。ただし，利益提示者の権限については，現実にその者が権限を持つ場合に加えて，利益提示者にそのような権限があると信じる相当な理由がある場合も含まれる。

捜査機関側による利益提示は虚偽自白を誘発する危険性を有するものであり，また，被疑者の心理・意思決定に不当な影響を及ぼし得るものである。約束と自白との間に因果関係が認められる限り，虚偽排除と人権擁護の観点から自白の証拠能力が否定される。

最判昭41・7・1（刑集20・6・537）は，約束による自白の証拠能力を否定した判例である。被告人Xに迷惑を掛けてしまったことを悔やんだ贈賄者Aは，自身の弁護人であるBに対し，Xのために尽力してほしい旨の依頼をした。Bは検察官から，Xが改悛の情を示せば起訴猶予もあり得るとの内意を得たため，BはAの弁護人CとともにXを訪ね，検察官の内意を伝えたところ，Xは起訴猶予を期待して自白した。ところで，検察官はXが収受した金員を返却したものと考えており，そのことが内意の前提であった。Xは収受した金員を返却していなかったため，検察官はXを起訴した。最高裁は，「被疑者が，起訴不起訴の決定権を持つ検察官の，自白をすれば起訴猶予にする旨のことばを信じ，起訴猶予になることを期待してした自白は，任意性に疑いがあるものとして，証拠能力を欠くものと解するのが相当である」と判示した。本件において，検察官は被疑者に対し直接起訴猶予の約束をしたわけではない。したがって，

---

[11] 最判昭38・9・13刑集17・8・1703。

[12] 坂本武志・最判解刑事篇昭和41年度100頁。

検察官の言動自体に被疑者の権利を侵害するところはないともいえる。本件から導き出される思考過程は，検察官の発言を信じることが相当であるといえる場合，虚偽自白を誘発する状況の存在が認められると，というものである。

(3) 偽計による自白

偽計による自白とは，取調べの際に虚偽の事実を告知する等の偽計を用いて被疑者を錯誤に陥らせて得た自白である。その例として，共犯者は自白していないにもかかわらず自白したと虚偽の事実を捜査官が伝えたため被疑者が自白した事例[13]（切り違え尋問）や，犯行現場に遺留された靴から検出された分泌物と被疑者の血液型が一致した旨の虚偽の事実を捜査官が伝え，その結果被疑者が自白したという事例がある[14]。

偽計によって被疑者が心理的影響を強く受けた場合，虚偽自白を誘発しやすい状況が形成されていることになり，心理的動揺等は被疑者の供述の自由＝黙秘権を侵害するほどの影響力を持ちうる。自白の証拠能力が否定されるためには，偽計と自白との間に因果関係が認められなければならない。

最大判昭45・11・25は，**切り違え尋問**の結果被疑者が自白した事例である。最高裁は，「偽計によって被疑者が心理的強制を受け，その結果虚偽の自白が誘発されるおそれのある場合には，右の自白はその任意性に疑いがあるものとして，証拠能力を否定すべきであ（る）」と判示した。取調べにおいて，捜査官は被疑者から供述を引き出すためにさまざまな工夫をこらすであろう。捜査官が用いる偽計も，自白の任意性を判断する一要素になる。偽計が被疑者の心理に強い影響を与えるものである場合，自白の証拠能力が否定されることになる。偽計の内容・程度に加えて，偽計が用いられた際，あるいはその前後の取調べ状況，被疑者の健康状態も，被疑者の心理的影響を判断する際の考慮要素となる。

(4) **黙秘権告知を欠いた自白**

黙秘権を侵害して得られた自白については，人権擁護の観点から証拠能力が否定されるとする見解のほか，憲法38条1項に違反して入手された自白として証拠能力が否定されるとする見解も主張されている[15]。これに対して，黙秘

---

(13) 最大判昭45・11・25刑集24・12・1670。

(14) 東京地判昭62・12・16判時1275・35。

(15) 香城敏麿「黙秘権侵害による自白」『憲法解釈の法理』（2004）471頁。

権の不告知（198条2項違反）は直ちに黙秘権侵害を意味するものではなく[16]，また，供述の任意性の否定を直ちに意味するものでもない[17]。単なる訴訟法違反にとどまっている場合には，排除法則を適用することも困難である。したがって，黙秘権の不告知は自白の任意性を判断する際の一要素にとどまるというべきであり，被疑者の取調べ状況に関する他の事情も総合して，自白の任意性を判断することになる。

浦和地判平3・3・25（判タ760・261）は，黙秘権告知の意義を「取調べによる心理的圧迫から被疑者を解放する」ものと捉えたうえで，弁護人選任権の告知も不十分であり，取調べの際に警察官が脅迫的な言動を用いたことも加味して，取調べ中に一度も黙秘権の告知がなされなかった事案において，被疑者の心理的圧迫の解放がなかったことが推認されると判示し，自白の証拠能力を否定した。黙秘権の告知を欠いた取調べによる自白の証拠能力については，黙秘権の不告知という事情だけでなく，他の取調べ状況や被疑者の健康状態も加味して，被疑者に対する心理的影響の度合いを吟味することになる。

➡➡➡ 展開説明

第3節　自白法則と排除法則の関係

1　総　説

証拠物に関しては，令状主義の精神を没却するような重大な違法があり，証拠として許容することが将来における違法な捜査の抑制の見地からして相当でないと認められる場合に，その証拠能力が否定されることになる[18]。このような排除法則の発想は証拠物に限定されるものではなく，供述証拠にも及ぶ。つまり，供述証拠についても供述を獲得する手段の違法を理由に証拠能力が否定され得る。このように，任意性とは別の観点から自白の証拠能力が否定されることになるため，任意性の観点からは自白排除を導くことができない場合であっても，供述獲得手段の違法性を根拠に自白排除が導かれる場合が出てくるのである（**総合説**）[19]。ただし，自白が獲得される場面には任意取調べも含まれる

---

(16)　最大判昭24・2・9刑集3・2・146。

(17)　最判昭25・11・21刑集4・11・2359。

(18)　最判昭53・9・7刑集32・6・1672。

ことから,「令状主義」が直接かかわらない場面も出てくる。そこで,「令状主義の精神を没却する」という観点は,自白排除を導く際には適当ではなく,端的に重大な違法の存在を問題にすることになる[20]。

自白の証拠能力の判断に排除法則が適用されることを肯定するとして,自白法則と排除法則の判断の順序はどうなるのか。これについて,自白法則は供述の自由の侵害を個別的に判断するのに対し,排除法則は自白採取過程に重大な違法が認められるかを判断する基準として明確であることを根拠に,排除法則の適用を先行させるべきとする見解も有力である[21]。しかし,自白採取過程に重大な違法が認められる場合には,多くの場合,任意性も否定されることになろう。そこで,明文規定の定めのある自白法則の検討を先行させ,任意性が否定されない場合は排除法則の適用を検討すべきことになる。

具体的には,①類型的に任意性に疑いを生じさせる事実的,手続的な外部的事情の存否とその影響下における自白かどうかを判断し,②これによっても任意性が否定されない場合に,排除法則の適用を検討することになる[22]。排除法則が適用されるのは,①違法な別件逮捕・勾留下における自白など,令状主義に違反する身柄拘束下で得られた自白や,②令状主義違反はないものの,著しく不当な捜査手法が用いられた場合である。

2 取調べ手続の違法と自白

東京高判平14・9・4(判時1808・144)は,取調べの違法を理由に自白の証拠能力が否定された事案である。本件では,任意同行後,参考人取調べを行い,嫌疑濃厚となったことから被疑者取調べに切り換えられ,犯行を認めたため上申書の作成後に通常逮捕がなされた。連日,長時間の取調べが行われ,自宅に帰宅させず,警察官宿舎やホテルに宿泊させ,常時動静の監視が続けられるなど,10日間,被疑者は外部から遮断された状況にあった。裁判所は,本件捜査は任意捜査として許容される限界を超えた違法なものであるというべきであるとしたうえで,「手続の違法が重大であり,これを証拠とすることが違

---

(19) 大澤裕「自白の任意性とその立証」争点3版172頁,大阪刑事実務研究会編著『刑事公判の諸問題』(1989) 406頁 [石井一正],松尾浩也編『刑事訴訟法Ⅱ』(1992) 298頁 [島田仁郎]。

(20) 証拠物の証拠能力に関する排除法則とのバランスを考えるならば,自白排除を導く違法の程度は単なる違法ではなく,重大な違法とすべきである。

(21) 小林充「自白法則と証拠排除法則の将来」現刑38号58頁,上記東京高判平14・9・4。

(22) 大谷剛彦・新実例Ⅲ 137頁。

法捜査抑制の見地から相当でない場合には，証拠能力を否定すべきである」との排除法則の適用基準を示し，「事実上の身柄拘束にも近い9泊の宿泊を伴った連続10日間の取調べは明らかに行き過ぎであって，違法は重大であり，違法捜査抑制の見地からしても証拠能力を付与するのは相当ではない」と判示した。本判決は，任意性の観点からではなく，捜査の違法性に着目して排除法則を適用し，自白排除を導いている。しかしながら，9日間の宿泊をともなう10日間の連日長時間にわたる取調べと常時動静の監視が行われていたというのであるから，虚偽自白を誘発する状況があったと認定することも可能であり，自白法則を適用して自白排除を導くこともできた事案であったといえる。

　本件では，自白の証拠能力を検討する前提として，捜査の適法性について検討する必要がある。任意捜査の一環として行われる取調べは，強制手段によることができないというだけでなく，事案の性質，被疑者に対する容疑の程度，被疑者の態度等諸般の事情を勘案して，社会通念上相当と認められる方法ないし態様および限度において許容される[23]。本件の被疑事実は殺人事件という重大事件であり，当初から重要参考人であるため容疑の程度も高く，取調べの必要性と緊急性も肯定できる。しかしながら，9日間の宿泊をともなう10日間の取調べは連日長時間に及んでおり，かつ，常時動静を監視するような状況下に被疑者は置かれていたのであるから，実質的逮捕に限りなく近づいているということができ，社会通念上相当と認められる限度を超えているということになる。

3　接見指定と自白

　最決平元・1・23（判時1301・155）は，接見指定がなされた状況下での自白の証拠能力が問題となった事案である。被告人Xは，①詐欺被告事件で勾留中，さらに②恐喝被疑事件で勾留され，③余罪たる贈収賄事件の取調べを受けていた。Xが「弁護人にあってから話す」と自白をほのめかしたことから，接見を求めてきたA弁護人との接見を認めた（午後4時25分からの20分間）。その直後からXは贈収賄の自白を始めた。同日の午後4時30分頃，今度はB弁護士がXとの接見を求めたところ，検察官は取調べの必要性を理由に接見させず，午後9時からの接見を指定した。BがXと接見できたのは，検察官が取調べを終えた後の午後8時58分以降からであった。最高裁は，「右自白はA弁護人

---

[23]　最決昭59・2・29刑集38・3・479―高輪グリーン・マンション事件。

が接見した直後になされたものであるうえ，同日以前には弁護人4名が相前後して同被告人と接見し，B弁護人も前日に接見していたのであるから，接見交通権の制限を含めて検討しても，右自白の任意性に疑いがないとした原判断は相当と認められる」と判示した。

同一人につき被告事件の勾留とその余罪である被疑事件の逮捕・勾留とが競合している場合，検察官等は，被告事件について防御権の不当な制限にわたらない限り，接見指定権を行使することができる[24]。しかし，余罪である被疑事実について逮捕・勾留されていない場合は，余罪の取調べを理由として接見指定を行うことはできない[25]。したがって，本件の接見指定は違法ということになる。この違法が自白の証拠能力を判断するうえでどのように位置づけられるのかが問題となる。任意性一元説に立つならば，接見指定の違法性は任意性判断の一事情にすぎないことになる。総合説に立ち，かつ，自白法則の適用を先行させた場合は，以下のような思考過程をたどることになろう。すなわち，XはAとの接見後に自白しているため，この自白について任意性は肯定される。次に，接見交通権侵害の違法性を理由に排除法則が適用され，自白の証拠能力が否定されるのかを検討する。この点についても，直前にAとの接見がなされていることに加えて，前日にBとの接見もなされているため，弁護権侵害と評価できるような事情はなく，違法の程度は未だ重大なものとはいえない。したがって，自白は排除されないということになる。

4　不任意自白に基づいて発見された証拠物の証拠能力

任意性に疑いのある自白に基づいて発見された証拠物の証拠能力は，どのような基準で判断されるべきか。これは，自白排除を導くことになった違法が証拠物の証拠能力にどの程度影響を及ぼしているのか，という問題である[26]。

自白については，自白法則が適用されることによって証拠能力が否定される。しかしながら，自白法則を支える類型的虚偽排除と人権擁護という観点は自白採取に固有のものなので，自白に由来する派生的証拠物の証拠能力を判断する基準にはなり得ない。そのため，派生的証拠物については，自白法則とは別の観点から証拠能力を判断することになる。

---

(24)　最決昭55・4・28刑集34・3・178。
(25)　最決昭41・7・26刑集20・6・728。
(26)　三井誠「不任意自白に基づいて得られた証拠の証拠能力」法教250号104頁。

その際に重要な視点を提供するのが**毒樹の果実法理**である。すなわち，不任意自白を毒樹とし，派生的証拠を果実と位置づけるのである[27]。

大阪高判昭52・6・28（刑月9・5＝6・334）は，任意性に疑いのある自白に基づき発見された証拠物（爆発物）の検証調書の証拠能力について毒樹の果実法理の思考枠組を援用した事案である（ただし，証拠能力を肯定した）。裁判所は自白の獲得手段を類型化し，任意性に疑いのある自白を，①強制，拷問，脅迫等による自白のように主に人権擁護の観点から排除されるもの，②約束，偽計等による自白のように虚偽排除の見地から排除されるもの，③別件勾留の違法利用等による自白のように憲法31条の適正手続保障の見地から排除されるものに分け，①のような直接的な人権侵害をともなう方法で自白が採取された場合には自白排除の趣旨を徹底させるため派生的証拠物も排除されなければならないとし，②や③の場合には自白が排除されれば通常は十分であり，派生的証拠物の排除については，違法捜査抑制の要請と犯罪の解明という公共の利益とを比較考量して決すべきであるとの判断方法を示した。

直接的に人権を侵害する自白採取手法が用いられた場合，その違法の程度は派生的証拠物の排除を導くほど重大なものといえる。これ以外の場合であれば前記の比較衡量を行うことになるが，事案の重大性や証拠の不可欠性も考慮要因となろう。また，自白排除と引き換えに証拠物の獲得を目的とするといったような，計画的に違法手段を用いて自白を採取し派生的証拠物の獲得をねらうといった事情がある場合には，自白排除の効果が派生的証拠物の排除にまで及ぶことになる。

5　反復自白

任意性に疑いのある自白がなされた後，同一内容の自白がなされた場合，この第2次自白の証拠能力をどのように解すべきか。これが**反復自白**の証拠能力である。

これについて，毒樹の果実法理を用いて第2次自白の証拠能力を判断すべきとする考え方もあり得るが，第2次自白の任意性を問えば十分である。すなわち，第1次自白の任意性を否定する事情が第2次自白の時点でなお残存しているか，それとも，第2次自白の時点で解消されているのかを検討することになる[28]。第1次自白の任意性を否定する事情が残存していれば，第2次自白の任

---

[27]　堀江慎司・宇藤ほか414頁。

意性も否定されることになる。これに対して，第1次自白の後に任意性を否定する事情を効果的に遮断する措置がとられていれば，第2次自白の任意性は肯定されることになる[29]。

→→ 基本説明

第4節　自白の任意性立証

　自白の任意性立証は検察官が負う[30]。自白の任意性の基礎となる事実については自由な証明で足りる。ただし，当事者に争う機会を与える必要性があるため，少なくとも公判廷に顕出した証拠による証明が必要であろう[31]。

　任意性立証の手段としては，被告人質問や取調官の証人尋問のほか，取調べ状況を記録した書面その他取調べ状況に関する資料が利用される（規198条の4）。この書面・資料としては，取調べ状況報告書（捜査規範182条の2[32]），留置人出入簿，留置人接見簿，捜査官の取調べメモ（捜査規範13条）などがある[33]。なお，取調べ状況報告書については，類型証拠開示の対象にもなっている（316条の15第1項8号）。取調べ過程が録音・録画された場合は，その記録媒体の利用により任意性立証がなされることになろう。

---

[28]　堀江慎司・宇藤ほか415頁。
[29]　古江頼隆『事例演習刑事訴訟法〔第2版〕』（2015）296頁。
[30]　前掲最大判昭23・6・23。
[31]　小林234頁。
[32]　検察においては，「取調べ状況の記録等に関する訓令」により，取調べ状況が書面により記録されるようになっている。
[33]　自白の任意性立証の実際については，齊藤啓昭・実例III 150頁，杉田宗久「自白の任意性とその立証」新争点158頁を参照されたい。

第**21**章

自白法則(2)

補強法則，共犯者・共同被告人の供述

第1節　補強法則

➙➙ 基本説明

1　補強法則の意義と根拠

⑴　補強法則の意義

　補強法則とは，有罪認定のためには，自白のほかに必ず自白以外の証拠を必要とするという証拠法則のことをいう。この自白以外の証拠を**補強証拠**という。

　自白に基づいて裁判官が有罪の心証を得たとしても，そのことのみで被告人を有罪とすることはできない。これが，補強法則の帰結である（**自由心証主義の例外**）。補強法則は，自白の証明力に対する自由心証を制限し，被告人本人を処罰するには，さらにその自白の証明力を補充・強化する他の証拠を要求する[1]。

⑵　補強法則の根拠

　補強証拠を必要とする理由については，**自白偏重による誤判を防止すること**と捜査機関による**自白の強要を防止すること**にあるとされる。しかしながら，自白偏重による誤判の防止は，自白の証明力判断を慎重に行うことでも達成できる。また，捜査機関による自白強要の防止は，そもそも自白法則がねらいとするところである。そうであるにもかかわらず，なぜ，さらに補強証拠を必要とするのか。それは，裁判官・裁判員・捜査機関によって，自白が過大評価される危険性が強いからである。制度上，自白自体の証明力に制限を加えることで自白偏重を防ぎ，自白の証明力を補充・強化する他の証拠を要求することで誤判の発生を防ぎ，自白だけでは被告人を有罪とすることができないことを捜査機関に示すことで，捜査機関による自白の強要を防止するのである。

---

[1]　最大判昭33・5・28刑集12・8・1718—練馬事件。

2 公判廷における自白と補強法則

刑訴法 319 条 2 項は公判廷における自白についても補強証拠を求めるが，憲法 38 条 3 項にはそのような明文の規定はない。そのため，憲法 38 条 3 項の「本人の自白」に公判廷における自白が含まれるかが問題となる。

(1) 判例理論とその問題点

判例は，一貫して憲法 38 条 3 項の「本人の自白」に公判廷における自白は含まれないと判示してきた[2]。したがって，公判廷における自白を唯一の証拠として被告人を有罪にしても憲法違反は生じないことになる。その理由として，最高裁は，①公判廷における自白は，身体の拘束を受けず，強制，拷問，脅迫その他不当な干渉を受けることなく自由の状態で供述がなされたものであること，②被告人が虚偽自白をしたと認められる場合には，弁護人が直ちに再尋問の方法によって訂正することができること，③裁判官の面前で行われることから，被告人の発言・挙動・顔色・態度やその変化を通して，真実と合致するものか，自発的な任意のものであるかは，他の証拠を待つまでもなく，裁判官自ら判断することができること，などを挙げている。しかし，①は証拠能力の判断にかかわる事情であって，補強証拠を必要とするか否かの事情ではなく，②については実効性の点で疑問が生じ，③についても補強証拠を不要とする論拠になりえない[3]。結局，公判廷における自白と公判廷外の自白を区別する理由はないため，憲法 38 条 3 項の「本人の自白」に被告人の公判廷における自白も含まれると解すべきことになる。

(2) この議論の存在意義

ただし，実際にこの議論に意味が生じるのは上告審においてである。憲法 38 条 3 項の「本人の自白」に公判廷における自白も含まれると解すると，公判廷における自白だけで被告人を有罪と認定した場合には憲法違反となり，適法な上告理由（405 条 1 項）になるが，含まれないと解すると，単なる訴訟手続の法令違反にすぎなくなるため適法な上告理由とはならず，職権破棄の理由（411 条 1 号）になる場合があるにとどまることになる。もっとも，裁判所が被告人の公判廷における自白だけで有罪の認定をすることは，まずないといって

---

(2) 最大判昭 23・7・29 刑集 2・9・1012。

(3) 鈴木 222 頁。

よい[4]。

→→ 基本説明

3 補強の範囲

(1) 総　説

補強の範囲とは，自白以外の他の証拠によって証明すべき事実の範囲である。補強を要するのは犯罪事実であるが，犯罪事実のうちどの部分について補強を要するかをめぐって見解が対立している。

(2) 罪 体 説

罪体説とは，犯罪事実の客観的側面の全部またはその重要部分について補強証拠を必要とする見解である。罪体とは，構成要件該当事実のうち，客観的事実のことをいう。

補強証拠を必要とする罪体の範囲を検討するに当たっては，客観的構成要件要素のうち，どの要素についてまで自白以外の証拠が必要なのかという観点から考えるとよい。客観的構成要件要素とは，通常，主体，客体，行為，結果，因果関係を意味する。この点を意識しながら，補強証拠を必要とする罪体の範囲を検討する。従来の議論では，例えば殺人罪について被告人の自白があるとして，この自白以外の証拠でどこまでの事実を証明すべきか，という形で補強証拠を必要とする罪体の範囲の説明がなされてきた。すなわち，①客観的法益侵害を示す事実（死体が存在するということ）までとする説[5]，②法益侵害が，何人かの犯罪行為によって起因することを示す事実（この死体が他殺死体であること）までとする説（通説），③被告人の犯罪行為であることを示す事実（被告人が殺害した死体であること）までとする説[6]が主張されてきた。

これを構成要件の観点から整理する。①の客観的法益侵害事実では，何罪の行為によって引き起こされた結果なのかもわからない。「人の死亡結果」という客観的法益侵害事実だけでは，人の死亡結果を引き起こすすべての犯罪の構成要件に該当し得るのである。これでは，自白のみで犯罪事実を認定しているのと大差がない。②の事実があって初めて，自白以外の証拠に基づいて，公訴事実に対する心証形成が可能になるといえよう。それでは，③の事実について

---

(4)　横井大三『新刑事訴訟法逐条解説Ⅲ』（1949）96頁。

(5)　田中和夫『新版証拠法〔増補第3版〕』（1971）258頁。

(6)　高田261頁，渥美475頁。

まで自白以外の証拠による証明が必要となるだろうか。③は，被告人が当該犯罪の行為主体であることを意味する。この点についても自白以外の証拠によって証明されることが望ましい[7]。しかし，すべての事案において被告人が行為主体であることを自白以外の証拠で証明できるわけではない。したがって，②の事実（客体，行為，結果，因果関係）についてまでが補強証拠を必要とする罪体の範囲とする見解が相対的に見て妥当な見解ということになる。通説の罪体概念は，客観的構成要件該当事実から主体的側面を除いたものということになり，その全部または重要部分について補強証拠が必要となる。

(3) 実質説

判例は，**実質説**と呼ばれる見解と同様の立場を取る。すなわち，自白にかかる事実の真実性が他の証拠により実質的に担保されていればよい[8]，あるいは，自白した犯罪が架空のものではなく現実に行われたものであることを証明すれば足りるとする[9]。

最判昭42・12・21（刑集21・10・1476）は，無免許で自動車を運転した被告人が人身事故を引き起こし，業務上過失致死罪と無免許運転罪に問われた事案である。被告人は無免許の事実を自白したが，無免許運転罪についてどの範囲まで補強を要するかが問題となった。最高裁は，「無免許運転の罪においては，運転行為のみならず，運転免許を受けていなかったという事実についても，被告人の自白のほかに，補強証拠の存在することを要するものといわなければならない」と判示した。無免許運転罪において，犯罪性を基礎づけるのは運転行為ではなく，無免許の事実である。したがって，自白にかかる事実の真実性が他の証拠により実質的に担保されることを要求する実質説からは，無免許の事実に補強証拠が必要となる。なお，罪体説においては，犯罪事実の客観的側面またはその重要部分について補強証拠が必要となり，無免許の事実が無免許運転罪の客観的重要部分となるため，運転行為に加えて無免許の事実につき補強証拠が必要となる。

---

(7) 犯人性について全く補強証拠を不要とするのではなく，自白内容とあいまって自白を補強し得る証拠が存在すれば足りるとする見解もある。鈴木224頁。

(8) 最判昭23・10・30刑集2・11・1427，最判昭25・10・10刑集4・10・1959。学説として，平野234頁。

(9) 最判昭24・7・19刑集3・8・1348。

⑷ 補強を要しない要素

犯罪事実以外の事実については補強証拠を必要としない。したがって，累犯前科や没収・追徴すべき事由については，補強証拠を必要とせず，被告人の自白のみで認定することができる。また，覚せい剤取締法，麻薬及び向精神薬取締法，大麻取締法違反事件における「法定の除外事由がないこと」についても補強証拠は不要である。

犯罪の主観的要素についても，自白のみで認定してよい。したがって，故意，過失，目的犯における目的，盗品関与罪の知情，共犯者間の意思連絡について補強証拠は不要である[10]。主観的要素については自白以外に証拠がない場合もあり，主観的要素について一律に補強証拠を必要とするのは，捜査機関に無理を強いることになるからである。もちろん，主観的要素を補強する客観的事実が存在する場合は，そのような客観的事実を主観的要素の補強証拠として用いることができる[11]。

4 補強証拠の証明力

補強証拠を必要とする事実（要補強事実）について，どの程度まで補強証拠によって証明されなければならないのか。これが**補強証拠の証明力**の問題である[12]。

補強の程度については，補強証拠のみによって要補強事実が合理的な疑いを容れない程度に証明される必要はなく，一応の証明で足りる。この点について争いはない。

補強の方法については，**絶対説**と**相対説**が主張されている。絶対説は，自白を除いた補強証拠だけで要補強事実を一応証明することが必要であるとする。相対説は，自白と補強証拠があいまって全体として犯罪事実が証明されればよいとする。相対説によると，自白の証明力との相関関係で補強証拠の証明力の程度が決まる。したがって，自白の証明力が高ければ，補強証拠の証明力はそ

---

[10] 最判昭24・4・7刑集3・4・489（故意），最判昭23・3・30刑集2・3・277（目的），最大判昭25・11・29刑集4・11・2402（知情），最判昭22・12・16刑集1・88（共犯者間の意思連絡）。

[11] 例えば，殺人罪において，①犯行に至る経緯，②犯行の動機，③凶器の有無，④凶器の種類と用法，⑤攻撃の反復性，⑥傷害の部位と程度，⑦犯行前後における結果回避行動の有無などから故意の存在を推認することができるだけでなく，自白がある場合には，これらの事情が殺意を補強する事情となる。

[12] 大阪刑事実務研究会編著『刑事公判の諸問題』（1989）445頁［那須彰］。

の分小さくてもよいことになる。しかし，補強証拠は個々の自白の証明力いかんとはかかわりなく要求されるものであるため，相対説は補強法則の本質と合致しないというべきである[13]。判例は，「自白と補強証拠が相待って，犯罪構成要件たる事実を総体的に認定することができれば，それで十分事足る」[14]としており，相対説と同様の立場である。

5　補強証拠の適格性

補強証拠となり得る証拠はどのような証拠か。補強証拠も犯罪事実の証明に用いられる証拠であるため，証拠能力のある証拠でなければならない。伝聞法則の適用も受ける。また，補強法則の趣旨は自白のみに基づく誤判を防止することにあるので，被告人の自白から独立した証拠でなければならない。したがって，被告人の自白は，原則として補強証拠として用いることができない。例えば，捜査段階における自白を，同一内容の公判廷における自白の補強証拠として用いることはできない[15]。また，実質的には被告人の自白を繰り返すにすぎないと見られるものであれば，第三者の供述であっても補強証拠とはなりえない[16]。

ただし，被告人の日記帳，備忘録，メモ等については，捜査を意識しないで作成されたものである限り，補強証拠能力が認められる。最決昭32・11・2（刑集11・12・3047）は，被告人が犯罪の嫌疑を受ける前に，犯罪の嫌疑と関係なく，備忘のために記録した帳面について，「その記載内容は被告人の自白と目すべきものではなく，右帳面はこれを刑訴法323条2号の書面として証拠能力を有し，被告人の第1審公判廷の自白に対する補強証拠たりうるものと認めるべきである」と判示した。

---

(13)　田宮357頁。

(14)　前掲最判昭24・4・7。

(15)　最大判昭25・7・12刑集4・7・1298。ただし，判例は憲法38条3項の「本人の自白」の中に公判廷における自白を含めないことから，公判廷における自白を公判廷外の自白の補強証拠として用いることを認めている。最大判昭25・10・11刑集4・10・2000参照。通説はこれに反対する。

(16)　最判昭30・6・17刑集9・7・1153。

第21章　自白法則(2)　　301

→→→　展開説明

第2節　共犯者・共同被告人の供述

1　共犯者と共同被告人の異同

「共犯者の供述」という項目では，「共犯者」という言葉と「共同被告人」という言葉が出てくる。両者は似ているようで実は異なる概念である。

共犯者とは，刑法上の概念である。すなわち，共同正犯，教唆犯，幇助犯に加えて，対向犯等の必要的共犯も含まれる。これに対して，**共同被告人**とは，数人の者が同一の訴訟手続において同時に被告人になった場合の被告人のことをいう。また，共同被告人の1人から他の被告人のことを指して共同被告人という場合もある。この意味での共同被告人は，「相被告人」とも呼ばれる。

2　共同被告人の公判

(1)　併合，分離（313条1項）

弁論[17]（事件の審理手続）の併合とは，数個の事件を同時に審理することをいう。分離とは，併合されている事件を個別に審理することをいう。再開とは，結審後にその事件について審理することをいう。本章で論じているのは共同被告人の手続であるため，事件の審理の併合と分離がかかわることになる。

複数の被告人が共同被告人として併合審理を受けるのはなぜか。それは，①同一裁判官が審理することにより，各被告人に共通する事実の合一的な認定が可能になること，②訴訟行為，特に証拠調べの重複が回避できること，③各被告人間の量刑のバランスが保たれること，④同一裁判官が共犯者である被告人の審理を別々に行うとすると，後に審理する被告人との関係で予断の問題が生じるが，併合して審理する場合にはこのような問題を生じないこと，などが理由として挙げられる[18]。

他方で，併合審理が適切でない場合もある[19]。それは，①被告人間で防御方法や証拠が相矛盾する場合である。この場合，被告人の一部が検察官と手を組んで他の被告人を攻撃することも生じ得る。また，②共同被告人間で争い方に相違が生じ，書証の認否も異なる場合である。公訴事実を認め，検察官請求証

---

[17]　313条の弁論とは，事件の審理手続を意味するものであるため，以下の記述では事件の審理手続と記載する。東京高判昭32・8・22高刑集10・8・661。

[18]　河上和雄ほか編『注釈刑事訴訟法〔第3版〕第4巻』(2012) 547頁〔小林充＝前田巌〕。

[19]　三井誠ほか編『新刑事手続Ⅲ』(2002) 370-372頁〔菊池則明〕。

拠に同意している被告人とそうでない被告人との間では，当然，争い方に違い
が生じる。後者の共同被告人が争うということは，前者の共同被告人にとって
は不必要な審理が展開されることを意味することになる。

併合のメリットは分離のデメリットになり，併合のデメリットは分離のメリ
ットとなる。このメリットとデメリットを勘案して，裁判所として併合・分離
を決定することになる。

(2) 必要的分離（313条2項，規210条）

事件の審理手続を分離しなければならない場合もある。共同被告人間で防御
が互いに相反する等の事由があり，被告人の権利を保護するために必要がある
と認めるときは，検察官・被告人・弁護人の請求または職権により，裁判所は
事件の審理を分離しなければならない。

3 共同被告人の供述が問題となる場面

共同被告人の供述が問題となるのは，①証人として供述する場合，②共同被
告人として供述する場合，③公判廷外における共同被告人の供述調書が用いら
れる場合である。

①は，被告人の手続に事件の審理手続を分離し，被告人としての地位を離れ，
証人として証言する場合である。この場合，証人であるため供述義務を負い，
供述を拒否できるのは，「自己が刑事訴追を受け，又は有罪判決を受ける虞の
ある」事項（146条）についてだけである[20]。

②の場合には，共同被告人の供述に証拠能力が認められるかが反対尋問権の
保障という観点から特に問題となる。

③は共同被告人の供述調書の証拠能力である。共同被告人も第三者なので
「被告人以外の者の供述を録取した書面」に当たる。被告人の同意（326条）に
よるか，321条1項の要件を充足した場合に証拠能力が認められる[21]。

4 共同被告人の供述の証拠能力

共同被告人XとYがいる。Xは公判廷においてYとともに犯行を行ったという
Yに不利益な供述をしているが，Yは否認している。この場合，Xの供述をYと
の関係で証拠として使用することができるか。

---

[20] 最判昭35・9・9刑集14・11・1477。
[21] 最決昭27・12・11刑集6・11・1297。

共同被告人Ｘは被告人として公判廷で供述している（311条2項）。証人として供述したのではないから，宣誓による制裁はともなわず，真実を述べる義務も負っていない。他方で，ＹはＸに対する反対尋問権を行使してＸ供述を吟味することもできない。Ｘは証人ではないため供述義務を負っておらず，黙秘権を行使することも可能だからである。しかしながら，ＹはＸに対して反対質問をすることはできる（311条3項）。しかし，この場合にもＸは黙秘権を行使することができる。

判例は，共同被告人の公判廷における供述は，他の共同被告人に対して証拠能力があると判示してきた[22]。これに対して，学説は，Ｙの事実上の反対尋問（311条3項）が十分に行われた場合にだけ，Ｘの公判廷における供述はＹに対して証拠能力を持つことができるとしている。Ｘが反対質問に答えないときは証拠能力が否定される（規207条）とする。

5　共犯者の供述の証明力

共犯者（共同被告人か否かは問わない）の供述に補強証拠は必要か。また，共同被告人の公判廷外の供述（供述調書）について補強証拠は必要か。これについては，補強証拠を必要とする積極説と必要としないとする消極説が主張されている。積極説は，共犯者の供述に補強証拠を不要とすると，他に補強証拠が全くない場合に自白したＸは本人の自白しかないため無罪となり，否認したＹはＸの自白があるため有罪となるという不合理な結果を招来することになると主張する[23]。しかし，共犯者は第三者であり，その自白を本人の自白とすることはできない[24]。したがって，共犯者（共同被告人か否かは問わない）の供述および共同被告人の公判廷外の供述（供述調書）に補強証拠は不要である。

6　共犯者の供述は補強証拠になり得るか

(1)　被告人の自白がある場合（被告人の自白にとっての補強証拠能力）

被告人の自白がある場合に共犯者の供述が補強証拠になり得るかについて，判例[25]および学説の多数がこれを肯定する。被告人本人が自白している場合，引き込みや責任転嫁の危険性は少ないと考えられるからである。

---

[22]　最判昭28・10・27刑集7・10・1971。

[23]　団藤重光『刑事訴訟法綱要〔7訂版〕』（1967）285頁。この見解は，共犯者の供述は憲法38条3項の「本人の自白」に含まれるとする。

[24]　前掲最大判昭33・5・28。

(2) 被告人の自白がない場合（被告人以外の共犯者間の供述の補強証拠能力）

> 　共同被告人たるX，Y，Zがいる。Xは犯行を否認しているが，共犯者たる共同被告人Y・Zは，Xとともに本件犯行に及んだ旨の供述を公判において行った。この場合，Y・Zの供述のみでXを有罪とすることができるか。

　Y・Zが共同被告人ではない共犯者で，証人として供述している場合，Xは反対尋問権を行使してY・Z供述の内容の真実性を吟味することができる。反対尋問権が行使されたうえでY・Z供述が採用された場合には，共犯者の供述のみで否認している被告人Xを有罪とすることができる。

　これに対して，Y・ZがXと共同被告人である場合はどうか。判例は，複数の共犯者の公判廷における供述が一致している事案において，共犯者3名の自白によって否認している被告人を有罪とすることを認めた[26]。2人以上の者の共犯者の供述が一致している場合，誤判の危険性は減少する[27]。共犯者の供述に補強証拠を必要とする積極説は，2人以上の共犯者の供述は相互に補強し合うと考えて，複数の共犯者の供述に基づいて否認する被告人を有罪とすることが認められるとする。この説によると，YとZの供述は，相互に補強し合う関係となる。

7　共同被告人に関するその他の問題

(1) 書証につき共同被告人間で同意・不同意がある場合

> 　検察官が，X，Yに共通する証拠としてある書証の取調べを請求した。Xは証拠とすることに同意したが，Yは不同意とした。この場合の法律関係はどうなるか。

　共同被告人について，法律関係は個別に成立する。したがって，その1人について生じた法律関係は，他の者に影響しない。そのように考えると，この書証はXについてのみ取り調べることになる。では，Yとの関係で，この書証は

---

(25)　最大判昭23・7・19刑集2・8・952。

(26)　最判昭51・10・28刑集30・9・1859。ただし，本件自体は共犯者の供述のみに基づいて被告人を有罪としたものではない。

(27)　否定説は，複数の共犯者が関与する事件では，1人の共犯者に刑事責任を転嫁するため，他の複数の共犯者が内容を一致させた供述をする危険性を指摘する。上口513頁。しかし，すべての共犯事例に当てはまるものではないため，共犯者の供述を慎重に吟味することで対応すべきであると解する。

どう扱われるか。Yとの関係では書証の原供述者を証人尋問するという方法があり得る[28]。しかし、Xとの関係でまず書証を取り調べてしまうと、Yへの予断防止という点で問題があり、また、Xについては書証、Yについては人証というのは、共同被告人間で証拠が異なることになり、共同被告人間の事実認定の合一性の点で問題がある[29]。

実務においては、Xとの関係でも書証の取調べの決定自体を留保し、原供述者をX・Y共通の証人として取調べ、その結果、書証の取調べが必要でなくなれば請求を撤回させあるいは却下する。書証と証言の内容が相反する場合、証拠能力の要件を充足すれば、Yについても書証を取り調べる、という方法が有力とされている[30]。

(2) 共同被告人の一部が不出頭の場合の証人尋問

共同被告人X・Yに共通する証人の尋問期日にXが出頭したが、Yが正当な理由なく出頭しなかった場合、X、Yの審理手続を分離し、Xとの関係では公判期日における証人尋問、Yとの関係では公判準備としての証人尋問として、証人の尋問を実施する。弁護人が公判準備期日への切り替えに同意し、証人尋問に立ち会っているときは、公判期日から公判準備期日への変更とその期日を被告人に通知する手続（157条2項）および証人の尋問事項の告知の手続（158条2項、規108条1項）が履践されていない瑕疵は治癒されている[31]。証人尋問調書は、Yとの関係では321条2項により証拠能力が認められる。

---

(28) 札幌高判昭27・1・16高刑集5・1・1。

(29) 小林273頁、安冨潔『刑事訴訟法〔第2版〕』(2013) 569頁。

(30) 石丸俊彦ほか編『刑事訴訟の実務(下)〔三訂版〕』(2011) 358頁。検面調書であれば、Xとの関係では同意書面、Yとの関係では2号書面として取り調べることになる。村瀬均「被告人複数の場合の公判手続」新争点145頁。

(31) 小林274頁、石丸ほか編・前掲注(30) 358頁、安冨・前掲注(29) 570頁。

第22章

伝聞法則(1)
伝聞証拠の性質

第1節　伝聞証拠と伝聞法則

→→ 基本説明

1　はじめに

伝聞法則は**供述証拠**の証拠能力を否定する証拠法則である。刑訴法320条1項は、「公判期日における供述に代わる書面」や「公判期日における他の者の供述を内容とする供述」といった供述証拠の証拠能力を原則として否定する。

この伝聞法則を理解するに当たっては、ある供述が供述証拠として伝聞証拠に当たるとされるのはどのような場合なのか、ということを理解することが求められる。そこで、以下では、供述証拠の特殊性を説明し、伝聞証拠として証拠能力が否定される理由を説明する。

2　供述証拠の特殊性

(1)　供述過程

供述証拠とは、人が言語またはこれに代わる動作によって表現する供述の内容の真実性が証拠となるものをいう[1]。供述がなされるに当たっては、通常、ある事実に対する供述者の①知覚、②記憶、③表現、④叙述という心理経過（供述過程）をたどる。そのため、知覚・記憶・表現・叙述の各段階で誤りが混入するおそれが生じるのである。

知覚の段階では、見間違いや聞き違い、先入観による思い込みがないかどうかが問題となる。記憶の段階では、時間の経過により記憶が薄れて不正確になったり、後日の体験や他人の示唆等により記憶が混同していることはないかが問題となる。表現の段階では、利害関係、偏見、予断等により、記憶している

---

(1)　小林242頁。

ことを敢えて誇張したり，隠したり，積極的に歪曲したりして表現しようとしていないかが問題となる。表現の段階で問題となっているのは，心の中にあるものをそのまま表現するか，あるいは歪曲して表現するかということなので，表現しようとする際の誠実性・真摯性ということもできる。叙述の段階では，供述者がある言葉を一般に理解されているのとは異なった意味で使用していることはないかが問題となる[2]。

(2) 信用性のテストの必要性

このように，供述がなされるに当たっては供述過程の各段階で誤りが混入しやすいため，誤りがないかを吟味しなければ信用性があるとはいえない（**信用性のテスト**）。そこで，供述を，その内容をなす事実の真実性を証明するための証拠として利用する場合には，原則として，公判廷において当該供述者の証人尋問をすることとし，①宣誓と偽証罪の告知，②**反対尋問**の実施，③裁判所による供述態度の観察により，供述の信用性を吟味することが必要になる。

供述は，供述者に証人尋問（特に，反対尋問が重要である）を実施して信用性のテストを経た場合（すなわち，供述過程に誤りが混入していないことの確認がなされた場合）に，供述の内容をなす事実の真実性を証明する証拠として用いることができるのである。

3 伝聞証拠の意義

(1) 伝聞証拠の意義と種類

伝聞証拠とは，①公判期日における供述に代わる書面（**供述代用書面**）と②公判期日外における他の者の供述を内容とする供述（**伝聞供述**）で，供述の内容をなす事実の真実性を証明するために用いられるものをいう。すなわち，伝聞証拠とは，**要証事実**（証明対象事実）を直接知覚した者の供述（原供述）をその内容とする供述証拠で，その原供述の内容をなす事実が真実であることを証明するために用いられる証拠である[3]。

そして，**伝聞法則**とは，供述代用書面や伝聞供述に関して，供述の内容をなす事実の真実性を証明する証拠としてこれらを用いる場合に，その証拠能力を否定するという証拠法則である。

それでは，これら公判廷外の供述を内容とする書面や供述が伝聞法則の適用

---

[2] 石丸俊彦ほか編『刑事訴訟の実務(下)〔三訂版〕』(2011) 64 頁。

[3] 後掲最判昭 38・10・17。

を受け，原則として証拠能力が否定されるのはなぜであろうか。それは，供述過程の信用性の確認の点で問題があるためである。

(2) 供述代用書面の問題点

供述代用書面は，原供述者に対する反対尋問が行われないものなので，証人尋問（反対尋問）を通して，原供述者の知覚・記憶・表現・叙述の過程に誤りが混入していないかを吟味することができない。したがって，原供述者の供述の内容をなす事実の真実性を証明するために供述代用書面を証拠とすることは，原供述者に対する証人尋問（反対尋問）を通した信用性のテストを経ていないため，認めることができない。

(3) 伝聞供述の問題点

伝聞供述は，①ある事実に対する原供述者の知覚・記憶・表現・叙述の過程と，②原供述者からその供述を聞いた者（供述者）が供述を知覚・記憶・表現・叙述する過程をたどる[4]。伝聞供述の内容をなすのは原供述者の供述したことがらということになるが，それに対する真実性の吟味は，原供述者を証人尋問（反対尋問）しなければ実現できない。そのため，原供述者の供述の内容をなす事実の真実性を証明する証拠として伝聞供述を用いることは，原供述者に対する証人尋問（反対尋問）を通した信用性のテストを経ていないため，認められないのである。供述者に証人尋問（反対尋問）をしても，原供述者の知覚・記憶・表現・叙述の過程に誤りが混入していないかを吟味することはできない。

(4) 再 伝 聞

再伝聞とは，供述代用書面あるいは伝聞供述の中に，証人尋問（反対尋問）による真実性の吟味がなされていない「知覚・記憶・表現・叙述」の過程が2回以上含まれているものをいう。例えば，「XがVを殺害するのを目撃した」とするAの公判期日外供述（A供述）を聞いたBが，このA供述をCに伝え（B供述），Cが公判廷でB供述の内容を証言する場合（C証言）や，Bが検察官にA供述の内容を供述し（B供述），B供述を録取した検察官面前調書が証拠として提出される場合において，A供述の内容をなす事実（XによるVの殺害）の真実性を証明するために，C証言や検察官面前調書を使用するとき，こ

---

(4) 供述代用書面である供述録取書も，①原供述者の知覚，記憶，表現，叙述の過程と，②原供述者の供述を録取する者（録取者）が供述を知覚，記憶，表現，叙述する過程をたどる。

れらの証拠は再伝聞証拠ということになる。

→ 趣旨説明

4 伝聞法則の根拠

(1) はじめに

伝聞証拠を排除する根拠として，通常，①反対尋問権の行使による真実性の吟味がなされていないこと，②証人審問権を侵害するものであること，③直接主義に反するものであること，などが指摘されている。

(2) 反対尋問権との関係

供述証拠は，ある事実に対する知覚・記憶・表現・叙述の過程をたどるものであり，各段階で誤りが混入しやすいという性質を持つ。誤りが混入していないかの吟味すなわち真実性の吟味は，反対尋問による場合が最も効果を発揮する。しかし，伝聞証拠の場合，反対尋問をしたとしても，原供述者の知覚・記憶・表現・叙述の過程に誤りが混入していないかを吟味することはできない。そのため，原則として伝聞証拠の証拠能力は否定されることになるのである。

(3) 証人審問権との関係

憲法37条2項は，「刑事被告人は，すべての証人に対して審問する機会を充分に与へられ，又，公費で自己のために強制的手続により証人を求める権利を有する」と規定している。このように，被告人には証人審問権が認められており，被告人の反対尋問権は証人審問権に由来する権利と位置づけられる。伝聞証拠に証拠能力を認めるということは，真実性の吟味がなされていないということだけでなく，原供述者を公判廷で尋問する「機会」を被告人から奪うことを意味する。つまり，「すべての証人を審問する機会」を保障する証人審問権を侵害することにつながる。

(4) 直接主義との関係

事実認定を行う裁判所は，公判廷で直接取り調べた証拠に基づいて裁判をすることが求められる。これを直接主義という（**主観的直接主義**）。そのねらいは，裁判官の正確な心証形成にある。伝聞証拠に証拠能力を認めてしまうと，原供述者の供述態度等を裁判所が直接観察していないため，正確な心証形成という観点から問題が生じることになる。また，直接主義は，犯罪事実については直接的な証拠によって証明すべきであるとの要請を含んでいる（**客観的直接主義**）。供述録取書等の書面や伝聞証人は，犯罪事実との関係では間接的な証拠である。客観的直接主義からは，このような間接的な証拠ではなく，事実を直接覚知し

た者の公判期日における供述に基づいて事実認定が行われるべきことになる。

➡➡ 基本説明

5 伝聞証拠と要証事実の関係

(1) 要証事実とは何か

ある供述が伝聞証拠に当たるか否かは，**要証事実**との関係で決定される。すなわち，要証事実との関係で，当該供述の内容をなす事実の真実性が問題となる場合に，この供述は伝聞証拠になるのである。

要証事実とは，証拠によって証明されるべき証明対象事実を意味する。要証事実が何かを決定するうえで重要な役割を果たすのが，**立証趣旨**である。立証趣旨とは，証拠と証明すべき事実との関係であり，当該証拠によってどのような事実を証明したいのかを当事者が具体的に示したものである。裁判所は，立証趣旨を参考にして要証事実の把握に努めることになる。

検察官が証拠調べ請求をした場合を例にすると，検察官が当該証拠によってどのような事実を証明したいのかを具体的に示し，これを踏まえて，裁判所が証拠によって証明されるべき証明対象事実を決定する。この判断をする際には，「争点は何か」，「この争点を解決するに当たって当該証拠はどのような意味を持つのか」ということも併せて考慮することになる[5]。

(2) 具体例の検討

被告人XはAに対する強姦致死罪で起訴された。検察官は，XがかねてAと情を通じたいとの野心を持っていたことを本件犯行の動機として掲げ，その証拠として，証人Bの「Aが『あの人すかんわ，いやらしいことばかりするんだ』といっておりました」とする公判供述を示した。Bの公判供述は伝聞証拠に当たるか。

この事例において，XとAとの間で性交渉について合意があったか否かが争点となっている場合には，Bの公判供述中のA供述は，「AがXを嫌悪していたこと」を示す証拠となる。これは後述する原供述者の心の状態ということ

---

(5) 平城文啓「伝聞供述について」判タ1322号57頁。

(6) この場合，供述当時，A が供述内容どおり X に対して嫌悪感を有していたのか，すなわち，A の供述内容の真実性は問題となる。しかし，A の供述には，知覚と記憶の過程が欠けており，表現と叙述の過程に誤りが入る可能性が残るだけである。表現および叙述の過程に対する真実性の吟味は，B に対し，A の発言時の状況を尋問することによって対応することができる。知覚と記憶の過程が欠けているだけでなく，B に対する尋問により，A に対する反対尋問に代わる真実性の吟味がなされることから，非伝聞ということになる。

になり，非伝聞ということになる[6]。

　これに対して，この事例の争点が「被告人と犯人の同一性」である場合（性交渉の事実自体も争点となっている場合），被害者の心理状態を説明しても意味はない。「X が A と情を通じたいとの動機を有していたこと」が要証事実に当たると理解することになる。これは，「X が A にいやらしいことをした」という事実から X の動機を推認しようとするものである。したがって，「X が A にいやらしいことをした」ことが真実か否かが問題となる。B の公判供述中の A 供述は，原供述の内容をなす事実の真実性を証明するために用いられる証拠であり，それが真実であって初めて動機の存在が推認されることになる。「X が A にいやらしいことをした」事実は A が体験したことであるため，A に反対尋問をしなければ真実性の確認はできない。B の公判供述中の A 供述は，要証事実との関係で内容の真実性が問題となるため，伝聞証拠ということになる[7]。

第2節　伝聞と非伝聞の区別

➡➡ 基本説明

1　はじめに

　公判廷外の供述を内容とする書面や供述のすべてが伝聞証拠として排除されるわけではない。伝聞証拠のように見えても，**非伝聞**として伝聞法則の適用を受けない場合がある。要証事実の立証に用いるに当たって，供述の内容をなす事実の真実性を前提としない場合には伝聞証拠として扱う必要はないからである。すなわち，公判廷外の供述が 320 条 1 項所定の「供述」に該当するのは，その内容をなす事実の真実性を証明しようとする場合に限定されるのである。

2　供述の存在自体が要証事実となる場合

　侮辱罪や名誉毀損罪における中傷文言，詐欺罪における詐言，脅迫罪や恐喝罪における脅迫文書，文書偽造罪における偽造文書など，原供述がなされたこと自体が犯罪行為の一部（実行行為あるいは準備行為）として要証事実となる場合，原供述の内容をなす事実が真実か否かは問題ではなく，そのような供述がなされたこと（供述の存在）自体が問題となる。したがって，原供述を内容とする書面や証言は，伝聞証拠に当たらない。

---

(7)　最判昭 30・12・9 刑集 9・13・2699。

3 行為の言語的部分に当たる場合

原供述が，行為にともなって発せられた言葉で，意味不明な行為に一定の意味を付与する場合，原供述を内容とする書面または証言は，非伝聞である。例えば，金員の交付は，それ自体では借金の返済なのか，貸与なのか，贈与なのか不明である。行為の際に発せられ，かつ，その行為の意味を明らかにする言葉があって初めて行為の意味が定まる。行為の言語的部分に当たる言葉とは，このような言葉のことをいう。原供述は，形式的には言葉だが，実質的には行為の一部であるため，伝聞法則の適用を受けない[8]。

4 原供述者の供述当時の精神状態が要証事実となる場合

これは，原供述の存在自体を間接事実として立証し，そこから推認できる事実あるいは心の状態等を要証事実とする場合である。

(1) 原供述者の精神状態の正常・異常が要証事実である場合

公判廷で，「Aが『おれはアンドロメダの帝王だ』と言ったのを聞いた」とする証人Wの証言があったとする[9]。この証言はどのような意味を持つのか。この証言は，原供述の内容をなす事実の真実性を証明するために用いられるものではない。なぜなら，Aがアンドロメダの帝王であることを証明しても，通常は全く意味がないからである。Wの証言は，原供述者Aの精神状態の異常を立証するための証拠として用いられているのである。

すなわち，Aがアンドロメダの帝王であること（供述の内容をなす事実の真実性）を立証することに意味はなく，Aが供述どおりの事実を信じていることを推認させ，そこから，Aの精神状態の異常性（責任能力の欠如）を推認させる情況証拠としてWの証言が用いられている。したがって，原供述の内容をなす事実の真実性は問題とならず，原供述の存在自体が問題となっているのである[10]。

(2) 原供述者の心の状態が要証事実である場合

原供述者の意図，計画，動機，構想，感情等の心の状態が要証事実である場合，原供述を内容とする書面または証言は非伝聞である。この場合，原供述は，

---

(8) 石丸ほか編・前掲注(2) 79頁。

(9) 田宮372頁に記載の例を用いた。

(10) 供述の内容をなす事実の真実性は問題とならないが，Aが自分をアンドロメダの帝王であると「思っていること」の真実性の問題は残る。すなわち，表現および叙述の正確性・真摯性の吟味は必要である。

供述の内容をなす事実を証明するために用いられるのであるため，供述の内容
をなす事実の真実性は問題となり得る。しかし，①心の状態に関する供述は，
供述過程のうち知覚と記憶の過程を欠いていること，②表現および叙述の真実
性，真摯性，正確性については原供述を聞いた者に対する反対尋問によって確
認することができることから，心の状態に関する供述は非伝聞と扱われる。原
供述の存在が証明されれば，原供述から原供述者の認識や意図などの内心の状
態を直接推認することが許される。

(3)　原供述者の知識，知情，認識が要証事実となる場合

原供述者の発言内容が客観的事実と一致することから，原供述者が当該事実
を知っていたことを立証する場合，原供述を内容とする書面または供述は非伝
聞である。

例えば，自動車事故において，ブレーキの故障が他の証拠により証明されて
いるという事案において，「事故の前に運転者 X が『この車はブレーキが故障
している』と述べていたことを聞いた」という証人 W の証言を，X がブレー
キ故障を認識していたことを推論する証拠として用いる場合，X の認識は X
供述の存在自体から推認されるものであるため，W 証言は非伝聞である。表
現の真摯性の点は，W に対する尋問を通して吟味することができる。

これに対して，要証事実がブレーキ故障の事実である場合には，X 供述の内
容をなす事実（ブレーキ故障）の真実性が問題となるため，W 証言は伝聞証拠
ということになる[11]。

➡➡➡　展開説明

5　共謀成立過程における共謀者の発言など

共謀の存在が最終的な証明対象事実である場合，共謀の成立過程における共
謀者の発言や共謀の結果を内容とする書面または証言は，非伝聞である。これ
は，発言の内容をなす事実の真実性を証明するために発言等が用いられるので
はなく，発言の存在を間接事実とし，そこから共謀の存在を推認するというも
のである。

最判昭 38・10・17（刑集 17・10・1795）においては，被害者に対する殺人罪
の共謀共同正犯が被告人に成立するかが争われ，A の検面調書中にある被告人
の「S はもう殺してもいいやつだな」との発言，証人 B の証言中にある被告

──────────

[11]　松本一郎『事例式演習教室　刑事訴訟法』(1987) 196 頁。

人の「Ｓ課長に対する攻撃は拳銃をもってやるが，相手が警察官であるだけに慎重に計画をし，まずＳ課長の行動を出勤退庁の時間とか乗物だとかを調査し慎重に計画を立てチャンスをねらう」という発言，証人Ｃの証言中にある被告人の「共産党を名乗って堂々とＳを襲撃しようか」という発言が，それぞれ伝聞証拠に当たるのか否かが問題となった。

　本件では，被告人に共謀すなわち共同遂行の合意が認められるかが争点となっている。共謀＝共同遂行の合意の存在が最終的な証明対象事実である場合，被告人の各発言がどのような意味を持つことになるのかを考えることになる。被告人によって前記の発言がなされたことを証明し，これを間接事実として被告人に共謀＝共同遂行の合意が認められることを証明しようとしているのである。したがって，各発言の内容をなす事実の真実性を証明するためにＡの検面調書やＢ・Ｃの公判供述が用いられているのではない。被告人の発言が存在すること自体が要証事実なのである(12)。そのため，被告人の各発言は非伝聞ということになる(13)。

6　犯行計画メモ

　共謀の参加者が作成したメモや，共謀に参加した者から共謀の内容を聞いた者が作成したメモで，共謀の内容が記されているもの（犯行計画メモ）は伝聞証拠に当たるか(14)。これについては，要証事実をどのように捉えるかによって結論が変わることになる。

　①メモ作成者がメモ作成当時に有していた犯罪計画や犯罪意思を要証事実とする場合，メモの記載内容はメモ作成者の心理状態を示す供述ということになるため，非伝聞である。

　②事前共謀の成立を要証事実とする場合，最終的に共犯者全員の共謀の意思に合致するものとして確認されたものであれば，当該メモは全員の心理状態を表明するものとして，非伝聞ということになる(15)。

---

(12)　三井誠ほか編『新刑事手続Ⅲ』(2002) 282 頁 ［宮崎英一］。

(13)　Ａの検面調書中の被告人の発言については，被告人がＳに対する敵意を有していたことを示す証拠と理解することも可能である。この場合には，原供述者の供述時の心の状態を示すものということになり，内容の真実性は問題とならず，被告人がそのような発言をしたこと自体が要証事実となる。

(14)　犯行計画メモの証拠能力が争われた判例として，大阪高判昭 57・3・16 判時 1046・146，後掲東京高判昭 58・1・27，東京高判平 20・3・27 東高刑時報 59・1〜2・22 がある。

(15)　三井誠ほか編『刑事手続(下)』(1988) 854 頁 ［山室惠］。

③これに対し，②のような確認がなされていない場合や，メモ作成者が謀議に参加した者からその内容を聞きそれを書き留めたという場合で，事前共謀の存在を要証事実とするときには，メモ作成者の知覚・記憶・表現・叙述の過程が介在しているため，伝聞証拠ということになる[16]。

④メモの内容が客観的な犯罪事実と一致しており，かつ，メモが犯行前に作成されている場合，犯罪事実と一致するメモの存在自体が要証事実となる。すなわち，このようなメモの存在が証明されれば，当該犯行は当該メモに記載された犯行計画に従って遂行されたと推認することができる。そこから，メモ作成者が当該犯罪に関与していることの情況証拠としてこのメモが用いられることになる[17]。

東京高判昭58・1・27（判時1097・146）は，戦術会議に出席したKから会議の内容を聞いたAがその内容を記載したメモの証拠能力が争われた。東京高裁は，謝罪と慰謝料を要求するという合意の存在を要証事実とし，「数人共謀の共犯事案において，その共謀にかかる犯行計画を記載したメモは，それが真摯に作成されたと認められるかぎり，伝聞禁止の法則の適用されない場合として証拠能力を認める余地があるといえよう。ただ，この場合においてはその犯行計画を記載したメモについては，それが最終的に共犯者全員の共謀の意思の合致するところとして確認されたものであることが前提とならなければならない」と判示した。

本件において，メモが最終的に共犯者全員の共謀の意思の合致するところとして確認されたという事実は証明されていない。したがって，判決が示したロジックに従って本件メモを共犯者全員の心理状態を示すものと理解することはできない。本件メモは，あくまでもメモ作成者であるAのメモ作成時の心の状態（犯罪意思）を示すものである。それを超えてKを含む戦術会議参加者の事前共謀の立証に用いるためには，①本件メモを，Kから犯行計画を聞いたA

---

[16] ただし，メモ作成者が共謀関与者の1人である場合，メモを作成者の犯罪意図を証明する証拠（非伝聞）と位置づけたうえで，他の証拠から共謀関与者全員が何らかの共通の犯罪意思を形成していたことが証明される場合には，その1人である作成者の犯罪意思を証明することで，結果的に他の共謀関与者の犯罪意思や共謀の内容の推認に至ることも可能である。なぜなら，作成者が共謀関与者の1人である以上，作成者の意思は他の関与者と同一との推論が働くからである。大澤裕「伝聞証拠の意義」争点3版185頁。

[17] メモに記載された犯行計画と現実に行われた犯行内容とが偶然に一致することは考えにくいことから，メモ作成者が事前に犯行内容を了知していたとの経験則が働く。平城・前掲注(5)60頁。

が，この犯行計画と同じ犯罪意思を形成しそれを記載したものと理解し（Aの共謀＝共同遂行の合意を示すものとして非伝聞），②他の証拠により，Kの説明した犯行計画が戦術会議参加者全員の共通の意思であることが立証される必要がある。この場合に，戦術会議参加者にAの犯罪意思と同内容の共謀が成立していることを示す情況証拠として本件メモを用いることができる[18]。

7　とっさになされた自然的供述

　事故現場や犯行現場で，被害者や目撃者が犯人Xの名前を叫んだのを聞いた者が，「被害者（あるいは目撃者）がXと叫ぶのを聞いた」と公判で証言し（A証言），この証言を被告人が犯人であることを立証する証拠として用いる場合，伝聞証拠に当たらないかが問題となる。

　とっさになされた自然的供述とは，原供述者がある事象や状態を知覚した時点またはその直後に，その事象や状態を描写・説明した供述をいう[19]。前述の被害者ないし目撃者の発した「X」との発言がまさにこれに当たる。

　A証言は，Xが犯人であることを立証するために用いられるのであるから，原供述の内容をなす事実の真実性を証明するために用いられているため，伝聞証拠に当たるように見える。しかし，「X」との発言は原供述者がある事象や状態を知覚した時点またはその直後にその事象や状態を描写した供述であるため，記憶と表現の過程に誤りが混入するおそれは少ない。知覚と叙述の正確性の問題は残るが，これについては，伝聞供述者を尋問し，原供述者の知覚がなされた状況や発言時の状況を明らかにすることにより，知覚と叙述の正確性を確認することができる。

　したがって，とっさになされた自然的供述を含む証人の証言は非伝聞ということになる。

8　被害直後における幼児の説明

　強制わいせつ等の性犯罪の被害にあった幼児が，被害直後に近親者に対して被害状況を伝えた場合，この幼児の供述を内容とする近親者の証言に証拠能力は認められるか。

　要証事実を被害状況とし，近親者の証言によって幼児の受けた被害状況を立

---

(18)　大阪刑事実務研究会編著『刑事証拠法の諸問題(上)』(2001) 71頁［三好幹夫］，村瀬均・百選7版181頁，川出敏裕・百選8版181頁，大澤・前掲注(16) 185頁。

(19)　酒巻匡「伝聞証拠をめぐる諸問題(2)」法教305号85頁。

証しようというのであれば，近親者は性犯罪の被害を直接体験した者ではない
ため，近親者の証言は伝聞供述ということになる。しかしながら，幼児に証言
させ，反対尋問を受けさせるというのも適切とはいえない。そこから，非伝聞
とする余地を探る見解と伝聞例外に当たるとする見解が主張されている。

　非伝聞とする見解は，幼児の説明をとっさになされた自然的供述と位置づけ
る。すなわち，興奮状況下で，考慮のいとまなく，とっさになされる供述であ
って，記憶・表現・叙述の真摯性に問題はなく，証拠としての必要性も高いこ
とから，これを聞いた旨の証言は伝聞供述に当たらないとする[20]。ただし，こ
のような説明が当てはまるのは，幼児が近親者に対し，被害直後の興奮状況下
でとっさに伝えた場合に限定される。

　伝聞例外とする見解は，324条2項により準用される321条1項3号の要件
（供述不能，犯罪事実の存否の証明に対する不可欠性，特信情況）を充足する場合，
幼児の説明を内容とする近親者の証言に証拠能力が認められるとする[21]。すな
わち，①(イ)幼児は時間の経過とともに記憶が劣化しやすく，また，暗示等の影
響を受けやすいこと，(ロ)証人尋問が幼児の心身の発達に悪影響を与えかねない
ため，福祉的観点から幼児の保護の必要性が強く働くこと，などから供述不能
要件は充足される。②犯罪の性質上，被害者以外に目撃者が存在しないことが
多いため，幼児の説明を内容とする近親者の証言は犯罪を立証するうえで必要
不可欠な証拠といえる。③被害直後に幼児から近親者に対してなされた説明で
あるため，信用性の情況的保障も認められる。また，証人尋問で使用される言
葉の理解度や法廷の雰囲気の影響度合い等を考慮すると，直接幼児に対して反
対尋問をするよりも，間接的ではあっても近親者に対して反対尋問をする方が
効果的であると考えられる。以上の理由から，幼児の説明を内容とする近親者
の証言に証拠能力が認められる[22]。

---

(20)　宮崎・前掲注(12)283頁。
(21)　宮崎・前掲注(12)284頁，大阪刑事実務研究会編著『刑事公判の諸問題』(1989)382頁［大政正
　　一＝栗原宏武］，河上和雄「幼児の証言」警論37巻1号43頁，秋山仁美「幼児の供述を内容と
　　する母親の証言の証拠能力」研修625号123頁。
(22)　幼児の説明を内容とする母親の証言に証拠能力を認めた判例として，山口地萩支判昭41・10・
　　19下刑集8・10・1368，東京地判昭48・11・14判時723・24がある。幼児の説明を内容とする
　　近親者の証言の証拠能力は，児童虐待の事案で問題となることもあろう。その場合，証言者の中
　　に，近親者のほか，幼児と日頃親しく接する機会の多い者や幼児から被害状況を打ち明けられた
　　教員等が含まれることになろう。

9 領収書等

(1) 領 収 書

AからBに対する金銭の支払いの有無が争われている場合において，Bが
Aに対して発行した領収書が存在するとき，AB間の金銭授受を証明する証拠
として**B発行の領収書**を用いることはできるか。

領収書を，その記載内容をなす事実の真実性を証明する証拠として用いる場
合，領収書は伝聞証拠に当たる。そこで，323条2号あるいは3号該当性が認
められれば，例外的に証拠能力が認められることになる[23]。

2号該当書面は，一般に，業務の通常の遂行の基礎となるものとして，規則
的機械的かつ連続的に作成されるものをいう[24]。したがって，交付を受ける相
手方のために個々的にその都度作成される領収書は，323条2号の業務文書に
当たらない[25]。

323条3号は「特に信用すべき情況の下に作成された書面」であることを要
求するため，3号該当書面というためには，1号書面や2号書面に匹敵す
る高度の信用性の情況的保障が必要である。その判断に当たっては，書面自体
の外形や内容だけでなく，書面作成者の証言等も資料として具体的に判断する
ことになる[26]。

したがって，通常，領収書は1号や2号に匹敵する程度に高度の信用性を有
するとはいえないため，3号該当性も否定されることになる[27]。しかしながら，
本人自身による署名のほかに加えて実印による押印がある場合には，一般的に
その記載内容の真実性や信用性は高いということができる[28]。また，双方の当
事者の供述により作成過程について確認することもできる。したがって，領収
書の記載内容の真実性を否定する当事者の供述が合理的であると判断される場
合を除き，本人自身の署名と実印による押印があれば，信用性の情況的保障は
満たされているといえる。このような場合には，領収書は323条3号に該当

---

[23] 323条2号あるいは3号該当性が否定された場合，さらに321条1項3号該当性を検討するこ
とになる。

[24] 岡部信也＝中川博之・大コンメ2版7巻683頁。

[25] 東京地決昭56・1・22判時992・3。

[26] 最判昭29・12・2刑集8・12・1923，最決昭61・3・3刑集40・2・175（2号該当性につい
て同旨）。

[27] 三井ほか編・前掲注[15] 860頁。

[28] 石井215頁。

する書面として証拠能力が認められる[29]。323条3号該当性が否定される場合には，321条1項3号（被告人作成の場合は322条1項）によって領収書の証拠能力が判断される。

(2) 領収書の非供述証拠としての利用

領収書について323条2号・3号，321条1項3号該当性が否定される場合で検察官が当該領収書を非供述証拠として請求したときや，当初から検察官が非供述証拠として請求してきたとき，裁判所は証拠物として当該領収書を取り調べることになる[30]。

この場合，要証事実は領収書の存在自体ということになり，領収書をその記載内容をなす事実の真実性を証明する証拠として用いることはできない。したがって，領収書の存在を立証し，そこから記載内容に符合する金銭授受等の事実を推認するのであれば，結局，記載内容をなす事実の真実性を証明するために当該領収書を用いているといわざるを得ない。

これに対して，領収書の存在から記載内容と符合する金銭授受等の事実の推認を肯定する見解は，領収書が発行され，相手方に交付され，相手方が受領し保管しているという事実が，記載内容の真実性から独立して金銭授受等の事実を推認させる証拠価値を有するとしている[31]。たしかに，相手方に交付され，受領・保管されているという事実から金銭授受等の事実を推認するというのは，経験則に従った推認ということはできるだろう[32]。

なお，領収書の存在自体から金銭授受等の事実を推認することに慎重な立場に立ったとしても，領収書の交付の一方あるいは双方から，金銭の授受や領収書の交付を認める公判供述がなされている場合には，領収書の存在はこの供述の信用性を補強する働きを持つことについては肯定している。

(3) レシート

店員がレジスターに金額等を入力し，レシートに打ち出してこれを客に渡した場合，この**レシート**を商品購入の事実を証明するための証拠として用いるこ

---

(29) 大阪刑事実務研究会編著・前掲注(18) 207頁［古川博］。また，この論理は契約書や借用書にも当てはまるものである。

(30) 廣瀬健二編『刑事公判法演習』(2013) 186頁［西村真人］。

(31) 大澤裕・争点3版183頁，戸倉三郎「供述又は書面の非供述証拠的使用と伝聞法則」自由と正義51巻1号90頁。

(32) 古江賴隆『事例演習刑事訴訟法〔第2版〕』(2015) 341頁。

とはできるか。

レシートは商品とその値段等を店員が知覚・記憶・表現・叙述したものであるため，商品購入の事実を証明する証拠として用いる場合，内容の真実性が問題となる。したがって，レシートは伝聞証拠ということになる。

ただし，手書きの領収書とは異なり，レシートは客の個々的な要請の有無にかかわりなく，順次，機械的連続的に作成・発行されるものである。したがって，レシートは伝聞証拠ではあるが，業務の過程で通常作成される書面に準じる書面として，323条3号該当性が肯定される[33]。

(4) ポス・システム

店員がレジスターに金額等を打ち込むのではなく，商品の箱等に印字されているバーコードを読み取り機に読み取らせ，商品名および金額等が自動的に打ち出されるレシートがある。これが，**ポス・システム**を利用したレシートである。このようなレシートは，商品名や金額等について，店員の知覚・記憶・表現・叙述の過程を反映したものではない。機械的記録の一種として非供述証拠であり，したがって，非伝聞ということになる[34]。

---

[33] 三井ほか編・前掲注(15) 861頁は，レジスター内に備え付けられた白紙の巻紙にレシートと同一の記載内容が打ち込まれるようになっており，これを売上伝票として在庫管理や売上帳簿の作成の基礎資料としている場合には，レシートはこれと同一内容で同時に作成されているものであることに鑑みて，売上伝票が2号書面に当たることからレシートについても323条2号該当性が認められるとする。

[34] 三井ほか編・前掲注(15) 862頁，小林250頁。なお，酒巻匡「伝聞証拠をめぐる諸問題(3)」法教306号69頁は，「バーコードからの読み取り操作を行う部分と，客の交付した金銭を受領してその預かり金額を打ち込む部分に人の介在があり，そこに過誤の危険が皆無でないとみれば，領収書やレシート同様に伝聞法則の適用はあるが，伝聞例外として法323条2号または3号の適用を認めるとの筋道も考えられるように思われる」と指摘する。

321

第23章

伝聞法則(2)

伝聞例外①

→ 趣旨説明

第1節　伝聞例外の根拠

　伝聞証拠が排除される中心的な理由は，知覚・記憶・表現・叙述という過程をたどる供述証拠について，反対尋問権の行使による信用性の吟味がなされていないことに求められる。したがって，反対尋問権が行使されなくても，当該供述を信用することができる状況が存在するのであれば，伝聞法則の趣旨に反しないということになる。

　そこで，①原供述者に反対尋問をしなくても，原供述の供述時の事情から信用性が認められる場合で（**信用性の情況的保障**），②原供述を用いる**必要性**が認められる場合[1]，例外的に伝聞証拠に証拠能力が認められる。

　刑訴法321条以下で**伝聞例外**が定められているが，信用性の情況的保障と必要性という考え方が各規定に通底している。ただし，各規定には，信用性の情況的保障と必要性の度合いに関して，濃淡の違いがある。

→→→ 展開説明

第2節　被告人以外の者の供述代用書面（321条）

1　はじめに

⑴　被告人以外の者の意義

　321条は，320条1項の例外として**供述代用書面**の証拠能力を認めうる主要

---

[1]　具体的には，当該供述者の喚問不能，供述不能，供述困難などの事情がある場合ということになる。

な要件を定める[2]。被告人以外の者とは，当該書面の証拠請求を受けまたは請求をした被告人以外の者である。したがって，共犯者や共同被告人も被告人以外の者ということになる[3]。

(2) 供述書と供述録取書の区別

供述代用書面に関して，**供述書**と**供述録取書**という2つの概念が用いられる。供述書とは，供述者自らその供述内容を記録した書面である。供述録取書とは，第三者が供述者から聞き取った供述内容を記録した書面である。

供述書には署名押印は不要であるが[4]，供述録取書には供述者の署名押印が必要である[5]。ただし，署名押印によって担保されるのと同程度に録取内容の正確性を担保する外部的情況がある場合には，署名押印がなくても例外的に証拠能力が認められる[6]。また，代署については，供述者が署名押印できない正当な理由があり，正確性を担保する他の事情がある場合には，署名押印がある場合と同視される[7]。

(3) 供述録取書における供述者の署名押印の意味

供述者の供述を録取者が録取するということは，供述者の供述内容を録取者が知覚・記憶・表現・叙述するということである。そこで，供述者の**署名押印**は，録取者の知覚・記憶・表現・叙述の過程に誤りが混入していないことを供述者が確認するという意味を持つのである。

供述録取書には，供述者の知覚・記憶・表現・叙述の過程と録取者の知覚・記憶・表現・叙述の過程が含まれているが，供述者の署名押印による正確性の確認により，録取者の知覚・記憶・表現・叙述の過程が取り外される。これにより，供述録取書は供述者自身が作成した供述書と同様に扱われることになり，

---

(2) 321条で示された要件を充足しても書面の証拠能力が否定される場合がある。例えば，後掲最判平7・6・20参照。

(3) 最決昭27・12・11（刑集6・11・1297）は，共犯である共同被告人の検面調書について，被告人に対する関係では321条1項2号の書面に当たるとする。

(4) 最決昭29・11・25刑集8・11・1888。

(5) 署名とは供述者がその氏名を自署することをいい，押印とは供述者の印を押捺することをいう。署名押印は，署名または押印のどちらかがあればよい。氏名の自署は，氏または名のみの自署でもよい。押印は，拇印または指印でもよい。

(6) 例えば，他事件の公判調書中の証人や被告人の供述部分は，供述者の署名押印が欠けていても，公判調書の性質上，供述が正確に録取されていると認められるので，供述録取書として証拠能力が認められる。

(7) 最決平18・12・8刑集60・10・837。

供述者の知覚・記憶・表現・叙述の過程のみが問題となる。

(4) 供述不能

321条1項1号，2号前段，3号は，供述不能を要件としている。すなわち，①**供述者の死亡**，②**精神・身体の故障**，③**所在不明**，④**国外滞在**が条文上明示されている。これは供述者を裁判所において証人として尋問することを妨げる障碍事由を示したものにほかならないため，これと同様あるいはそれ以上の事由が存在する場合には，供述不能に当たるとして証拠能力を認めることになる[8]。

それでは，証人が宣誓や証言を拒否した場合，供述不能に含まれるか。最大判昭27・4・9（刑集6・4・584）は，証人が公判期日において証言を拒絶した場合には供述不能に当たるとし，この者の検察官面前調書の証拠能力を認めた（321条1項2号前段）。宣誓拒否が供述不能に当たるのかが争点となった東京高判昭63・11・10（判時1324・144）は，「事実上の証言拒否にあっても，その供述拒否の決意が堅く，翻意して尋問に応ずることはないものと判断される場合には，当該供述拒否が立証者側の証人との通謀或は証人に対する教唆等により作為的に行われたことを疑わせる事情がない以上，証拠能力を付与するに妨げないというべきである」と判示した。ただし，通謀や教唆等の事情の不在は供述不能自体の要件ではない[9]。

証人の宣誓拒否や証言拒否があれば直ちに供述不能要件を充足するわけではない。東京高判平22・5・27（高刑集63・1・8）は，「供述不能の要件は，証人尋問が不可能又は困難なため例外的に伝聞証拠を用いる必要性を基礎付けるものであるから，一時的な供述不能では足りず，その状態が相当程度継続して存続しなければならないと解される」と判示した。

このように，供述不能は一時的なものでは足りず，期日変更等により宣誓拒否・証言拒否が解消するのであれば，そのような対応をすべきことになる。前

---

(8) 上記最大判昭27・4・9。供述不能に当たるとされた例として，東京高判昭50・3・6判時794・121（外交特権による出頭拒否），仙台高判昭32・6・19高刑集10・6・508（宣誓拒否・証言拒否），上記最大判昭27・4・9（証言拒否権の行使），最決昭44・12・4刑集23・12・1546（証言拒否権の行使），札幌高判昭25・7・10高刑集3・2・303（共同被告人による黙秘権の行使），最決昭29・7・29刑集8・7・1217（記憶喪失を理由とする証言拒否・精神もしくは身体の故障），札幌高函館支判昭26・7・30高刑集4・7・936（被害者が動揺して証言できない場合）がある。

(9) 321条1項2号前段の要件ではなく，手続的正義の観点から証拠排除が導かれることを示唆しているといえよう。

述の東京高判昭63・11・10においても，裁判所は証言拒否の効果を説明し，証言するよう粘り強く説得を試みている。証人が宣誓や証言を拒否する場合には，その決意の固さ，期日を改めたり尋問場所・方法を工夫したりすることにより証言する見通しがあるか，迅速な裁判の実現への影響等を総合的に判断して，供述不能に当たるのかを決することになる。

2 裁判官面前調書（321条1項1号）

⑴ 意 義

裁判官面前調書とは，被告人以外の者の，裁判官の面前における供述を録取した書面のことをいう。供述者の署名または押印があるもので，**供述不能**（前段）または**不一致供述**（後段）の場合に証拠能力が認められる[10]。

裁判官面前調書は，公平中立な第三者である裁判官の面前でなされた供述を内容とするものである。裁判官の面前という事実自体から信用性の情況的保障があるものと理解されている。そのため，信用性の情況的保障は要件として掲げられていない。

⑵ 供述不能

供述不能とは，「死亡，精神若しくは身体の故障，所在不明若しくは国外にいるため公判準備若しくは公判期日において供述することができないとき」である（→本章第2節1⑷参照）。

⑶ 不一致供述

「前の供述と異つた供述をしたとき」とは，供述者が公判準備または公判期日において供述し，その供述が前に裁判官の面前でした供述と食い違った場合をいう。この場合，前の供述を録取した裁判官面前調書に証拠能力が認められる。不一致の程度は，「前の供述と異つた供述」であれば足りる。2号前段の検面調書のように，「前の供述と相反するか若しくは実質的に異つた供述」である必要はない。

⑷ 前の供述についての反対尋問

不一致供述の場合，公判準備または公判期日における証人尋問・被告人質問の際に，前の供述内容について反対尋問をする機会が十分に与えられる必要がある。実務上は，供述者に対する主尋問中において，前の裁判官の面前調書と異なる供述をした点について尋問が行われ，その際あるいは主尋問後反対尋問

---

[10] 署名押印がなくても例外的に証拠能力が認められる場合がある。

前に当該調書を相手方に開示・閲覧させたうえで，相手方に反対尋問権行使の機会を与える運用がなされている[11]。

(5) 裁判官面前調書の例

裁判官面前調書に当たる書面には，捜査段階または第1回公判期日前の証人尋問調書（226〜228条），受命裁判官・受託裁判官の証人尋問調書（163条），証拠保全手続における証人尋問調書・鑑定人尋問調書（179条），他の刑事事件の公判準備または公判期日における証人・被告人としての供述を録取した書面がある。

ビデオリンク方式による証人尋問調書の場合，供述者が証人として尋問できる状況にあれば321条の2第1項の適用により証拠能力を取得するが，供述者が死亡その他の理由で供述不能となったときには，321条の2第1項を適用することはできない。この場合，この証人尋問調書は321条1項1号の裁判官面前調書に該当することになる[12]。

3　検察官面前調書（321条1項2号）

(1) 意　義

検察官面前調書とは，被告人以外の者が，検察官の取調べに対しその面前でした供述を録取したものをいう。供述者の署名または押印があるもので，**供述不能**（前段）または**不一致供述**（後段）の場合に証拠能力が認められる[13]。

(2) 供述不能

① 供述不能の意義

供述不能とは，「死亡，精神若しくは身体の故障，所在不明若しくは国外にいるため公判準備若しくは公判期日において供述することができないとき」である。供述不能はある程度継続するものであることが必要である（本章第2節1(4)参照）。

② 供述不能の場合に信用性の情況的保障は必要か

2号前段の検察官面前調書に関して，学説では信用性の情況的保障を読み込むべきとする見解が有力である[14]。

---

[11]　中山善房・大コンメ2版7巻595頁。
[12]　中山善房・大コンメ2版7巻590頁，河上和雄ほか編『注釈刑事訴訟法〔第3版〕第6巻』（2015）497頁〔香城敏麿＝朝山芳史〕。
[13]　署名押印がなくても例外的に証拠能力が認められる場合がある。
[14]　田宮381頁，鈴木207頁，田口406頁，上口450頁。

2号前段の供述不能の場合，2号後段の不一致供述の場合と異なり，比較の対象となる供述が存在しない。したがって，2号前段に関して信用性の情況的保障を求めるということは，**絶対的特信情況**を要求することを意味する。これは，2号後段で条文が要求する信用性の情況的保障（**相対的特信情況**）よりも厳しい要件を2号前段に読み込むことになるため，法の予定しない枠組を持ち込むことになる[15]。すなわち，信用性の情況的保障を明文で要件としている場合よりも，明文で要件としていない場合の方が厳しい基準を求めることになってしまうのである。したがって，2号前段の検察官面前調書の証拠能力を判断するに当たっては，信用性の情況的保障は不要と解すべきである。

③　退去強制と供述不能

外国人に対し検察官が取調べを実施し調書を作成したが，この外国人が**退去強制**を受けた場合，供述不能要件（国外退去）を充足するとして検察官面前調書の証拠能力が認められることになるのか。被告人の反対尋問権の保障の観点から問題はないか。

「国外にいるために公判準備若しくは公判期日において供述することができない」とは，一時的に国外にいる事実だけでは足りず，可能な手段を尽くしても公判準備期日・公判期日に出頭させることができない事情のあることが必要である[16]。証人として召喚状・勾引状が発付されながら，何ら特別の理由もなくこれに応じず，外国旅行に行った場合には国外滞在による供述不能に当たる[17]。ただし，供述者が「所在不明若しくは国外にいる」に至った事情については慎重な判断を要する[18]。したがって，検察官が供述者と通謀し，被告人の反対尋問権を奪うために出国させたような場合は，国外滞在による供述不能には当たらないことになる[19]。

出入国管理及び難民認定法24条により退去強制された者は，退去した日から5年間，日本に上陸することができない（同法5条1項9号ロ）。したがって，退去強制は「国外にいるため公判準備若しくは公判期日に供述することができ

---

(15)　岩瀬徹・百選9版177頁，石丸俊彦ほか編『刑事訴訟の実務(下)〔三訂版〕』(2011) 161頁。

(16)　東京高判昭48・4・26高刑集26・2・214。

(17)　最判昭36・3・9刑集15・3・500。

(18)　栗田正・最判解刑事篇昭和36年度63頁。

(19)　大阪高判平元・11・10判タ729・249。なお，後述する「手続的正義に反する」という構成も可能である。

ない」場合に該当する。

　しかし，最判平7・6・20（刑集49・6・741）は，供述者について形式的に321条1項2号前段の要件が充足されても，①検察官が退去強制の事実を認識しながら**殊更に利用**する場合や，②裁判官または裁判所が証人尋問の決定をしているにもかかわらず強制送還が行われた場合など，その調書を証拠請求することが**手続的正義の観点から公正さを欠く**と認められるときは，事実認定の証拠とすることが許容されないこともある旨判示した。

　①の例として，(i)殊更起訴を遅らせ，当該外国人が送還された後になって起訴した場合，(ii)被告人側の証拠保全請求を不可能にするために意図的に当該外国人の書証を開示しなかった場合や開示を遅らせた場合，(iii)公判において当該外国人を証人として尋問することが客観的に可能な状態であったにもかかわらず，あえて別の証人申請を先行させたため当該外国人の証人尋問が不可能となった場合，などが指摘されている(20)。

　②については，入国管理当局による退去強制の執行義務と適正な裁判の実現との調整が求められることになる。証拠保全としての証人尋問請求があった場合，裁判所としては速やかに証人尋問の実施を行う必要があり，入国管理当局にもその機会を作るべき協力と調整が求められる(21)。ただし，証人尋問の決定後に退去強制となればすべて不公正というわけではなく，証人尋問が決定された場合は訴訟関係人や入国管理当局の間で尋問を実現するための協議や調整が行われるべきであり，これを懈怠して退去強制に至った場合に公正を欠くことになる(22)。

　さらに，東京高判平20・10・16（高刑集61・4・1）は，「〔供述者〕の退去強制によりその証人尋問が実施不能となったことについて，国家機関の側に手続的正義の観点から公正さを欠くところがあって，その程度が著しく，刑訴法321条1項2号ないし3号をそのまま適用することが公平な裁判の理念に反することとなる場合」には，証拠能力が否定されると判示した。

　このように，退去強制となった供述者の検察官面前調書の証拠能力が認められるためには，形式的に321条1項2号前段の要件を充足するだけでなく，

---

(20)　本田守弘・百選8版185頁，上冨敏伸・百選9版179頁。
(21)　池田耕平・最判解刑事篇平成7年度257頁。
(22)　中島宏「退去強制と検察官面前調書の証拠能力」法セ120頁。

検察官，裁判所，入国管理当局といった関係国家機関が，当該供述者の証人尋問を実現するために相応の尽力をすることが求められるのである[23]。

(3) 不一致供述

① 意　義

2号後段によって証拠能力が認められるのは，供述者が不一致供述をしたときで，かつ，信用性の情況的保障が存在する場合である。

「前の供述と相反するか若しくは実質的に異つた供述をしたとき」とは，前の供述との間に実質的な食い違いがある場合を意味する。すなわち，要証事実について異なる認定を導く程度に相違する場合をいう[24]。

それでは，証人の供述が検察官面前調書の内容と相反するものではないが，明確さを欠いている場合，「実質的に異なつた供述」に当たるか。例えば恐喝事件において，被害者が公判において恐喝の被害にあったことについては供述したが，被告人やその関係者らからの報復をおそれ，恐喝時の情況についてあいまいな供述をするにとどまったという場合も生じうる。このような場合，被害者の公判廷供述からは恐喝された当時の情況が明確にされず，それが裁判官の心証形成に影響を与え，供述自体からはいずれとも認定し難いという心証や，異なった認定に至る蓋然性が認められる。

したがって，検察官面前調書の内容と一致する供述がなされても，あいまいな供述に終始する場合には，「実質的に異つた供述」に該当し得るということになる[25]。

② 信用性の情況的保障

---

[23]　東京地判平26・3・18（判タ1401・373）において，裁判所は，「本件においては，検察官が，当時の状況を踏まえて，被告人又は弁護人にA〔退去強制により出国した者〕に対し直接尋問する機会を与えることについて，相応の尽力はおろか実施することが容易な最低限の配慮をしたことも認められないのであるから，Aの本件各供述調書を刑訴法321条1項2号前段により証拠採用することは，国家機関の側に手続的正義の観点から公正さを欠くところがあって，その程度が著しいと認められるし，将来における証人審問権に配慮した刑事裁判手続を確保するという観点からも，到底許容することができない」と判示し，Aの検察官面前調書の証拠能力を否定した。検察官による証人尋問の回避と評価できる事情がなくても，「証人尋問を実施するために相応の尽力をする義務」違反が認められる場合，検察官面前調書の証拠能力が否定されるとした。

[24]　証人が，要証事実につき，検察官面前調書に記載された内容と異なる供述をする場合，検察官としてはいずれが真実なのかを証人に語らせるために必要な尋問を尽くすことになる。伊藤雅人・実例III 46頁。

[25]　藤島昭「『実質的に異なった供述』の意義(1)」平野龍一＝松尾浩也編『実例法学全集刑事訴訟法〔新版〕』(1977) 339頁。

２号後段の信用性の情況的保障は，**相対的特信情況**を意味する。すなわち，検察官面前調書を作成する際の情況と公判準備または公判期日における供述の際の情況を比較し，前者に信用性があると判断される場合，信用性の情況的保障が認められることになる。

信用性の情況的保障の判断基準について，最判昭30・1・11（刑集9・1・14）は，「必ずしも外部的な特別の事情でなくても，その供述の内容自体によってそれが特信性ある情況の存在を推知せしめる事由となると解すべきである」と判示している。したがって，特信性を判断するに当たっては，供述がなされた際の外部的事情を基礎とし，供述内容はこの外部的事情を推認させる資料として用いることになる。

③　供述の一部が相反する場合

供述の一部が相反している場合，２号書面として採用することができるのは，検察官面前調書全体か，それとも検察官面前調書中の相反部分に限られるか。

これについては，相反部分を限定することが事実上困難であることや相反しない部分を証拠として採用しても弊害が生じないことを根拠に，検察官面前調書全体を２号書面として採用することができるとする**無限定説**もある[26]。しかし，供述の相反または実質的に異なる部分が他の部分から可分なものである場合には，検察官面前調書の当該部分についてのみ２号の適用があると考えればよい。もともと相反しない部分については，伝聞証拠として採用する必要はない。したがって，**制限説**が妥当である[27]。

④　前の供述の意義

321条1項2号後段により証拠能力が認められうるのは，公判準備または公判期日よりも前の供述に限られる。したがって，すでに公判期日において証人として供述した者に対し，検察官が同一事項について取調べをして作成した供述調書は，321条1項2号後段の書面としての証拠能力を有しない[28]。

しかし，この者がその後に公判準備あるいは公判期日において，この供述調書の内容と相反するかもしくは実質的に異なった供述をした場合には，供述調

---

[26]　基本的には２号書面全体に証拠能力を認める見解として，植村立郎「『相反供述のある検面調書の証拠能力の範囲』と『裁判所による釈明権の行使』について」『小林充先生・佐藤文哉先生古稀祝賀 刑事裁判論集・下巻』（2006）214頁。

[27]　大阪刑事実務研究会編著『刑事公判の諸問題』（1989）272頁［金山薫］。

[28]　東京高判昭31・12・15高刑集9・11・1242。

書はこの公判準備・公判期日の供述との関係では「前の供述」に該当するため，321条1項2号後段の書面として証拠能力が認められる[29]。

⑤　共同被告人の検察官面前調書

共同被告人も他の共同被告人との関係では321条1項本文の「被告人以外の者」に当たる。共同被告人が検察官の取調べの際には犯行を認める供述をし，公判準備・公判期日において黙秘ないし異なる供述をした場合，共同被告人の検察官面前調書は321条1項2号に該当する書面になる[30]。黙秘の場合は2号前段の供述不能に，異なる供述の場合は2号後段の不一致供述に該当することになる。

⑥　前の供述内容についての反対尋問

裁判官面前調書の場合と同様，検察官面前調書に記載された内容について，被告人側に反対尋問の機会が与えられる必要がある。主尋問の内容について適切に異議が申し立てられるようにするためには，主尋問の開始前に検察官面前調書が開示されていることが望ましい[31]。

すなわち，証人が検察官面前調書の内容と相反または実質的に異なる供述をした場合，まず，検察官は被告人に反対尋問の機会を与えるため，当該調書を開示したうえ，主尋問で当該調書の内容に基づいて誘導し，証人がこれと相反または実質的に異なる供述を維持すれば，当該調書の内容についての確認を求め，さらに供述が変更した理由を尋ね，供述当時の諸情況（特信性との関係）を尋問した後，被告人側の反対尋問に移り，検察官が尋問した上記諸点，特に当該調書作成過程の問題点の有無についての尋問が行われるのが一般的とされている[32]。

4　被告人以外の者のその他の供述書・供述録取書（321条1項3号）

⑴　意義・要件

321条1項3号に該当する書面は，被告人以外の者の供述書・供述録取書のうち裁判官面前調書と検察官面前調書を除くもので，以下の要件を充足する書

---

[29]　最決昭58・6・30刑集37・5・592。

[30]　前掲最決昭27・12・11。

[31]　石丸ほか編・前掲注⑴5 183頁。公判前整理手続・期日間整理手続に付された事件においては，証人の検察官面前調書は類型証拠（316条の15第1項5号）として開示対象となる。

[32]　中山善房・大コンメ2版7巻600頁。共同被告人の場合は，反対質問ということになる。

面である。すなわち，①供述者が死亡，精神もしくは身体の故障，所在不明または国外にいるため公判準備あるいは公判期日において供述することができず（供述不能），②その供述が犯罪事実の存否の証明に欠くことができないものであり（不可欠性），③その供述が特に信用すべき情況の下にされたものであるとき（絶対的特信情況），証拠能力が認められる。

供述不能は，1号および2号前段と同内容である。不可欠性とは，その書面に記載された供述を証拠とすると否とによって事実認定に著しい差異を生じさせる可能性のあることを意味する[33]。1号や2号が供述不能であれば必要性の要件を充足するとしているのに対し，3号はさらに不可欠性の要件の充足を必要とする。

3号における特信情況は，2号後段の特信情況と同じく外部的事情に基づいて判断する。そして，特信情況の存在を推認させる資料として供述内容を用いることも認められる。しかし，2号後段と異なり絶対的特信情況が要求されるため，当該供述がなされた際の客観的状況のみを問題とする。

(2) 3号書面の具体例

3号書面に該当するものとしては，司法警察職員が作成した供述録取書，私人が作成した被害届・告訴状・告発状，私人が作成した日記・手帳・メモ書き，業務の通常の過程でなくたまたま作成された領収書・契約書類，捜査機関が捜査の過程で作成する文書（現行犯人逮捕手続書，捜索差押調書，捜査報告書）などである。

特殊なものとして，国際司法共助や国際捜査共助の要請に基づき外国で作成された書面がある。これらは，たとえ外国の裁判官や検察官の面前でなされた供述を録取した場合であっても，321条1項の裁判官・検察官はわが国の裁判官・検察官を指すため，「前2号に掲げる書面以外の書面」ということになる。また，これらの書面は外国で作成されているため，特信性が認められるかが問題となる。

最決平12・10・31（刑集54・8・735）は，アメリカ合衆国において同国の法律に従って作成された宣誓供述書について，「日本国政府からアメリカ合衆国政府に対する捜査共助の要請に基づいて作成されたものであり，アメリカ合衆国に滞在するCが，黙秘権の告知を受け，同国の捜査官及び日本の検察官

---

(33) 条解861頁。

の質問に対して任意に供述し，公証人の面前において，偽証罪の制裁の下で，記載された供述内容が真実であることを言明する旨を記載して署名したものである」ことを根拠に特信性を認めた。このように，真実を述べることが要求される情況下あるいはそれが期待される情況下でなされた供述は，特に信用すべき情況の下にされた供述と評価される[34]。

5 公判準備調書，公判調書，裁判所・裁判官の検証調書（321条2項）

(1) 公判準備調書，公判調書（2項前段）

321条2項前段は，被告人以外の者の公判準備または公判期日における供述を録取した書面の証拠能力を無条件に認めている[35]。それは，当事者の立会権や反対尋問権が保障されているからである（157条，158条，170条，171条，174条，178条，304条2項）。

「公判準備における供述を録取した書面」とは，証人等を公判期日外で尋問（281条，158条）した際に作成される尋問調書である（規38条，規52条の2）。この尋問は，受命裁判官や受託裁判官が行った場合を含む（163条）。

「公判期日における供述を録取した書面」とは，当該被告事件の公判調書中の証人等の供述記載部分である。ただし，同一事件において公判調書中の供述記載部分が証拠となるのは，当該公判期日を開いた裁判所の構成と判決裁判所の構成が異なる場合である。なぜなら，判決裁判所自ら直接に聞いた証人等の供述であれば，供述そのものが証拠となるからである。したがって，「公判期日における供述を録取した書面」に該当するのは，公判手続の更新（315条）や破棄差戻・破棄移送（398条〜400条，412条，413条），簡易裁判所から地方裁判所への移送（332条）が行われた場合の，前の公判調書中の証人等の供述記載部分ということになる。

なお，他事件の公判準備調書や公判調書については，現に審理中の当事者に

---

[34] 池田修・最判解刑事篇平成12年度215頁。その他，大韓民国の裁判所に起訴された共犯者の公判供述を録取した公判調書の3号該当性を認めた最決平15・11・26（刑集57・10・1057）や，国際捜査共助に基づき中華人民共和国で身柄拘束されていた共犯者を同国の捜査官が取り調べ，その供述を録取した書面の3号該当性を肯定した最判平23・10・20（刑集65・7・999）がある。

[35] 321条2項前段は321条1項1号の特別規定と位置づけることができる。なぜなら，321条1項1号の「裁判官の面前における供述を録取した書面」のうち，同一事件の公判準備調書や公判調書について，無条件に証拠となる旨規定しているからである。河上ほか・前掲注(12)516頁。

立会いや反対尋問の機会が与えられていないため，321条2項前段ではなく，321条1項1号によって証拠能力が判断されることになる。

(2) 裁判所・裁判官の検証調書（2項後段）

321条2項後段は，裁判所または裁判官が行った検証の結果を記載した書面（検証調書）の証拠能力を無条件に認める。具体的には，公判準備における検証調書（128条，規41条1項），受命裁判官・受託裁判官による検証の結果を記載した検証調書（142条，125条，規41条1項），証拠保全手続における検証調書（179条，規41条1項）などである。これらの場合，当事者に立会権が与えられている（142条，113条）ため，実質的に反対尋問の機会が与えられている。

それでは，当事者に立会いの機会が与えられていない別事件や民事事件の検証調書は321条2項後段の書面に含まれるか。2項後段が無条件に証拠能力を認める根拠を実質的な反対尋問権の保障に求めると，これらの検証調書は321条2項後段の書面には含まれず，321条3項を準用し，裁判所書記官が作成の真正について供述した場合に証拠能力が認められると解することになる[36]。しかしながら，実務においては，裁判所や裁判官が行うものであることから検証調書の信用性が高いとして，321条2項後段該当性を肯定する[37]。

6　捜査機関作成の検証調書（321条3項）

(1) 意　義

検証とは，視覚や聴覚等の五官の作用によって物・場所・人等の存在や位置関係等を認識することを，強制処分として行うものをいう。**実況見分**とは，これを任意処分として行うものをいう。

321条3項の対象となる書面は，検証を行った者がその結果を記載した**検証調書**と，実況見分を行った者がその結果を記載した**実況見分調書**である[38]。

(2) 伝聞法則との関係

検証調書や実況見分調書は，それを行った者の**供述書**であるため，検証調書や実況見分調書を証拠とすることは「公判期日における供述に代えて書面を証拠とすること」（320条1項）に当たることになる。したがって，検証調書や実況見分調書は伝聞証拠であるため，原則として証拠能力は認められない。321

---

[36]　条解863頁，池田＝前田434頁。

[37]　中山善房・大コンメ2版7巻615頁。

[38]　実況見分調書も「検証の結果を記載した書面」に含まれる。最判昭35・9・8刑集14・11・1437。

条3項は，検証調書や実況見分調書について，検証や実況見分を行った者が公判期日において証人として尋問を受け，真正に作成されたものであること供述したときに，例外的に証拠能力を認める。

(3) 証拠能力が認められる理由

検証や実況見分を行った者が，物・場所・人等の存在や位置関係等について五官の作用を通じて認識したことを公判廷において口頭で述べるよりも，書面による方が正確であり，裁判官・裁判員にとっても理解しやすい。このことから，検証調書や実況見分調書を証拠として利用する必要性が認められる[39]。

また，物・場所・人等の存在や位置関係等は価値中立的なものであるため，検証や実況見分を行った者の主観的意図で歪められるおそれが少ない。このように類型的に信用性が高いため，証拠として利用することが許容される[40]。

ただし，検証調書や実況見分調書は捜査機関が作成するものであるため，裁判所のような公平中立な第三者によるものとはいえない。反対尋問権の保障に代わる信用性の担保がないため，検証や実況見分を行った者に証人として証言させ，被告人の反対尋問権が確保されているのである[41]。

(4) 真正に作成されたものであることを供述したとき

作成の真正とは，作成名義の真正と記載内容の真正を意味する。すなわち，①検証者・実況見分者が検証調書・実況見分調書を作成し，かつ，その作成者と検証調書・実況見分調書の作成名義が一致していること，②検証者・実況見分者が相当な方法により真摯に検証・実況見分し，その結果を正確に記載したことを意味する。学説では，さらに検証内容・実況見分内容の真実性・正確性を要求し，検証調書・実況見分調書に記載された内容が客観的状態に合致することを要するという見解も主張されている[42]。

被告人は，作成の真正について反対尋問する機会が与えられる。その際には記載の正確性についても反対尋問することができる。

「供述したとき」とは，作成名義の真正と記載内容の真正についての証言が反対尋問によっても崩れなかったことを意味する[43]。

---

(39) 下津健司＝江口和伸「証拠法（実況見分調書）」渡辺弘ほか『民事裁判実務の基礎／刑事裁判実務の基礎』（2014）177頁。

(40) 同上・178頁。

(41) 中山善房・大コンメ2版7巻618頁。

(42) 平野216頁，田宮383頁，鈴木209頁，堀江慎司・宇藤ほか366頁。

(5) 立会人の指示説明部分の証拠能力

検証や実況見分の現場において，被疑者，被害者，目撃者を立ち会わせ，その**指示説明**を受けて検証や実況見分が行われることがある[44]。この場合，検証や実況見分の結果に加えて，立会人の指示説明が調書に記載される。

立会人の指示説明は，検証者や実況見分者がその五官の作用によって物・場所・人等の存在や位置関係等を認識するためになされる。すなわち，立会人の指示説明は，検証や実況見分の対象を特定し指示することを目的とするものである。これは，検証者や実況見分者が物・場所・人等の存在や位置関係等を特定する**動機・手段**として証拠価値が認められる。このような意味での指示説明を**現場指示**といい，検証調書や実況見分調書と一体のものとして 321 条 3 項により証拠能力が付与される[45]。

これに対して，立会人が過去の体験等を報告し，それが検証調書や実況見分調書に記載されている場合，この指示説明は立会人による事件内容に関する説明ということになる。したがって，この場合の指示説明の記載部分は，検証者や実況見分者による，立会人の事件内容に関する供述の録取になる。このような指示説明を**現場供述**といい，これに証拠能力を付与するためには，321 条 1 項 2 号もしくは 3 号，322 条 1 項の要件を具備しなければならない[46]。

しかしながら，立会人の指示説明を記載した部分から，それが現場指示に当たるのか，現場供述に当たるのかを判別するのは難しい。立会人の指示説明の内容をなす事実の真実性が問題となるのか，検証調書や実況見分調書の役割，検察官が当該指示説明によって何を立証しようとしているのか，という観点から考察することになろう。

321 条 3 項は，検証者や実況見分者の証人尋問を予定している。そうすると，

---

[43] 大阪刑事実務研究会編著『刑事実務上の諸問題』(1993) 204 頁 [那須彰]。

[44] 実況見分において立会人を必要とする理由として，①捜査官は，通常，立会人の指示説明によって犯罪と関係のある一定の位置を発見し，その位置の状況を見分するのであり，現場における立会人の指示説明がなければ，実況見分の対象の存在や状態を確定できないことがきわめて多いこと，②実況見分が任意の承諾に基づくものである以上，相手の立会いを得てその承諾し得る範囲を明確にし，任意の処分にとどまるものであることを明らかにするうえで必要であることが指摘されている。田中康郎・新実例Ⅲ 36 頁。①の理由は，検証にも当てはまる。

[45] 最判昭 36・5・26 刑集 15・5・893。

[46] 検証調書や実況見分調書に立会人の署名押印が具備されることはまれであるため，立会人の供述録取書として用いられるのは困難であろう。また，被害者や目撃者が立会人である場合，供述不能要件を充足することも困難であろう。

立会人の指示説明の内容をなす事実の真実性について検証者や実況見分者に反対尋問をしても内容の真実性を明らかにすることはできない。したがって，立会人の指示説明の内容が意味を持たざるを得ない場合には，その指示説明は検証や実況見分の動機・手段を超えたものということになる。

また，検証調書や実況見分調書は，あくまでも検証者や実況見分者がその五官の作用を通じて物・場所・人等の存在や位置関係等を認識した結果を記載した書面である。したがって，立会人の指示説明のうち，物・場所・人等の存在や位置関係等に関する説明を超える部分は，もはや検証調書や実況見分調書の役割を超えた記載ということになる。

この2つの事項を念頭に入れたうえで，検察官は何を立証するために当該指示説明を用いようとしているのかを検討するのである。

例えば，立証趣旨が「犯行現場の状況」であれば，検察官はあくまでも犯行現場の客観的状況を立証しようとしているのであり，立会人の指示説明は検証者や実況見分者が犯行現場を検証・実況見分する動機・手段としての意味しか持たないはずである。したがって，犯行現場の客観的状況の把握を超える説明部分は，立証趣旨との関係で無意味なものとなる。立証趣旨との関係で無意味な説明部分こそ検察官の立証対象であるならば，この指示説明部分の内容をなす事実が要証事実となり，指示説明の内容の真実性が問題となる。この場合，検証者や実況見分者を証人として尋問しても内容の真実性を明らかにすることはできないため，立会人を証人として尋問しなければならない。

また，立会人の指示説明が，いわゆる現場指示とされる枠内に収まるものであったとしても，それは検証や実況見分の動機・手段としての趣旨に限定して証拠能力が認められるものである。説明内容をなす事実の真実性についてまで証拠能力が付与されるわけではなく，説明内容をそのまま事実認定の証拠として用いることはできない[47]。

(6) 犯行再現実況見分調書，被害再現実況見分調書

被疑者に犯行状況を再現させ，あるいは被害者に被害状況を再現させ，捜査官がその経緯と結果を記録し，立証趣旨を犯行状況あるいは被害状況として，**犯行再現実況見分調書**や**被害再現実況見分調書**として証拠調べを請求することがある。

---

[47]　湯川毅・実例Ⅲ 57 頁。

第 23 章 伝聞法則(2)　　　337

　再現時にされた被疑者や被害者の指示説明をもとに被疑者・被害者・物など
の位置関係等を明らかにし，その状況を見分する場合，人や物の位置関係から
犯行可能性が証明できる。この場合，要証事実は犯行可能性ということになり，
被疑者や被害者の指示説明は，実況見分者が犯行過程や被害過程を特定し見分
するための動機・手段としての意味を持つ。

　これに対して，被疑者や被害者の供述内容を単にそのまま再現する趣旨でこ
れらの者の立会いを得て，その指示説明により犯行状況や被害状況を再現し，
記録したという場合は，指示説明の内容をなす事実の真実性を立証するために
指示説明部分を用いることを意味する。したがって，要証事実は再現されたと
おりの犯罪事実が犯行時に行われたことということになる。この場合，立会人
の指示説明の内容をなす事実の真実性が問題となり，書面全体が 321 条 3 項
の要件を充足することに加えて，指示説明部分について再現者が被疑者である
場合には 322 条 1 項の要件，被害者の場合は 321 条 1 項 2 号あるいは 3 号の
要件を充足する必要がある。

　捜査官が再現者の供述や動作をビデオ撮影し，収録したビデオテープを犯行
再現実況見分調書や被害再現実況見分調書に添付したり，ビデオテープ自体を
証拠調べ請求することがある。要証事実が再現されたとおりの犯罪事実の存在
ということであるならば，再現者の供述や動作を収録したビデオテープは，再
現者の供述や動作内容で示された事実の真実性を立証するためのものというこ
とになる。したがって，再現者の立場に応じて，322 条 1 項，321 条 1 項 2 号
あるいは 3 号の要件を充足する必要がある[48]。ただし，撮影・収録等の記録の
過程が機械的操作によってなされるため，再現者の署名押印は不要である。

　犯行再現実況見分調書と被害再現実況見分調書の証拠能力が争われた最決平
17・9・27（刑集 59・7・753）は，「本件両書証は，捜査官が，被害者や被疑
者の供述内容を明確にすることを主たる目的にして，これらの者に被害・犯行
状況について再現させた結果を記録したものと認められ，立証趣旨が『被害再
現状況』，『犯行再現状況』とされていても，実質においては，再現されたとお
りの犯罪事実の存在が要証事実になるものと解される」とし，調書全体につい
て 321 条 3 項の要件を充足するとともに，再現者の供述録取部分について，

────────────
(48)　中山善房・大コンメ 2 版 7 巻 628 頁。なお，ビデオテープについて 321 条 3 項の要件を充足す
　　ることが前提となる。

321条1項2号あるいは3号，322条1項の要件を充足する必要がある旨を判示した。

7 鑑定書（321条4項）

(1) 意　義

鑑定の経過および結果を記載した書面で，鑑定人の作成したものを**鑑定書**という。鑑定書を証拠として用いるということは，公判期日における供述に代えて書面を証拠とすることになるため，伝聞法則の適用を受ける。321条4項は，鑑定人が公判期日において証人として尋問を受け，真正に作成されたものであることを供述した場合，鑑定書の証拠能力を認める。

鑑定書は専門家の作成にかかることから正確性を有すること，また，専門的知見は口頭で報告するよりも書面で報告する方が正確性を保ちやすいため，書面の利用が認められる。

「真正に作成されたものであることの供述」の意義については，321条3項で述べたところと同一とする見解と，作成名義の一致および記載内容の正確性について反対尋問によって崩れなかったことに加えて記載内容の真実性につき反対尋問の機会を付与したことを必要とするという見解[49]が主張されている。

321条4項の適用が予定されている鑑定書とは，裁判所または裁判官の命じた鑑定人が作成した鑑定書である。

(2) 鑑定受託者の作成した鑑定書

捜査機関から鑑定の嘱託を受けた者，すなわち**鑑定受託者**の作成した鑑定書（223条1項）にも321条4項が準用されるか。鑑定受託者の作成した鑑定書については，裁判所・裁判官の命じた鑑定人と比べて，人選の公正さ，宣誓や虚偽鑑定に対する制裁の有無等において相違がある。しかし，鑑定の性質として両者に異なるところはないため，321条4項が準用される[50]。

最決平20・8・27（刑集62・7・2702）では，消防士として15年間の勤務経験があり，通算20年にわたって火災原因の調査・判定に携わってきた消防OB（私人）に対し，福岡県消防学校が燃焼実験の依頼をし，燃焼実験に基づく考察の結果が記載された燃焼実験報告書の抄本の証拠能力が問題となった。原審の福岡高裁が「私人……作成の文書ではあるものの，捜査機関の実況見分

---

[49] 大阪刑事実務研究会編著・前掲注[27] 336頁［野間洋之助］，大阪刑事実務研究会編著・注[43] 204頁［那須］。

[50] 最判昭28・10・15刑集7・10・1934。

に準ずるだけの客観性，業務性が認められることから，〔刑訴法321条3項〕を準用して証拠能力を認めるのが相当である」と判示したのに対し，最高裁は，「〔刑訴法321条3項〕所定の書面の作成主体は『検察官，検察事務官又は司法警察職員』とされているのであり，かかる規定の文言及びその趣旨に照らすならば，本件報告書抄本のような私人作成の書面に同項を準用することはできないと解するのが相当である。……証人尋問の結果によれば，上記作成者は，火災原因の調査，判定に関して特別の学識経験を有する者であり，本件報告書抄本は，同人が，かかる学識経験に基づいて燃焼実験を行い，その考察結果を報告したものであって，かつ，その作成の真正についても立証されていると認められるから，結局，本件報告書抄本は，同法321条4項の書面に準ずるものとして同項により証拠能力を有するというべき」であると判示した。

本件の燃焼実験報告書は，もともと鑑定書としての性格を有するものであったが，その抄本は実験結果を見たままに客観的に記述した内容にとどまるものであったため，実況見分調書に類似する性質を有する部分のみが証拠請求されたという事情があった。しかしながら，もともと全体として鑑定書の性質を有するものであったため，そのうちの実況見分調書に類似する性質を有する一部分を取り出したからといって，全体として鑑定書としての性質がなくなるわけではない。本決定は，鑑定人や鑑定受託者以外の者が作成した書面について，321条4項該当性（準用）を認めた。

(3) その他の準用例

医師が作成した診断書[51]，死体検案書，指紋対照結果報告書，ポリグラフ検査回答書[52]，声紋鑑定書[53]，筆跡鑑定書[54]にも321条4項が準用される。

8 ビデオリンク方式による証人尋問調書（321条の2）

被告事件の公判準備・公判期日における手続以外の刑事手続または他の事件の刑事手続においてビデオリンク方式による証人尋問が実施され，それを記録した記録媒体がその一部とされた調書については，調書の取調べ後に供述者に対する証人尋問の機会を訴訟関係人に与えることを条件に，証拠能力が認めら

---

[51] 最判昭32・7・25刑集11・7・2025。ただし，診断書には診断の結論のみが記載され，経過が記載されることは稀であることから，321条4項を準用することについて学説では異論も多い。

[52] 東京高決昭41・6・30高刑集19・4・447。

[53] 東京高判昭55・2・1判時960・8。

[54] 最決昭41・2・21判時450・60。

れる。これは，証人の精神的負担の軽減と反対尋問権行使との調和を図った規定である。

　記録媒体中の供述は，295条1項前段および321条1項1号・2号との関係で，被告事件の公判期日における供述とみなされる。その結果，①訴訟関係人が供述者を尋問する場合，記録媒体中の尋問と重複する尋問を裁判長は制限することができる。これは，証人が繰り返し証言させられる事態を回避するためである。また，②記録媒体中の供述が，裁判官面前調書や検察官面前調書と相反する場合，裁判官面前調書あるいは検察官面前調書の証拠能力が認められることになる。

➡➡➡ 展開説明

第3節　被告人の供述代用書面（322条）

1　供述書，供述録取書

　被告人が作成した供述書や被告人の供述を録取した書面で被告人の署名押印のあるものは，その内容が不利益事実の承認である場合，任意性に疑いがなければ証拠能力が認められる。不利益事実の承認が含まれない場合には，特に信用すべき情況の下で供述されたものであるときに限り証拠とすることができる。

　322条は，被告人の供述を内容とする書面を公判期日における供述に代えて証拠とすることを認める規定であるため，320条の例外となる。本条の被告人はその書面を証拠として利用される被告人に限定されるため，共犯者や共同被告人は含まれない。

　不利益事実の承認とは，自白のほか，犯罪事実の全部または一部の認定の基礎となり得る間接事実の存在を認める供述も含まれる[55]。

　不利益事実の承認に関して任意性のみで伝聞例外が認められる理由として，①被告人が自分自身に対して反対尋問をすることは無意味であるため[56]，反対尋問権の保障を中心とする伝聞例外の考え方がそのまま当てはまるものではないこと，②真実に反してまで自己に不利益な供述をすることはないという経験則から，類型的に信用性が高いこと[57]，を指摘することができる。

---

[55]　最決昭32・9・30刑集11・9・2403。

[56]　鈴木205頁。

不利益事実の承認が含まれていない被告人の供述については，特に信用すべき状況の下で供述されたものであることが要求されるが，その程度は，321条1項3号の絶対的特信情況と同一である。

2　被告人の公判準備，公判期日における供述録取書

被告人の公判準備または公判期日における供述を録取した書面は，その供述が任意にされたものであると認めるとき，証拠能力が認められる。1項と異なり，被告人の署名押印は必要ない。

322条2項に基づいて被告人の供述を記載した公判調書が証拠となるのは，同一手続内で判決裁判所と被告人の供述を聞いた裁判所が異なる場合である。

被告人の公判準備における供述の例としては，公判準備における検証調書中の，検証に立ち会った被告人が行った指示説明のための供述がある[58]。

---

[57]　田宮386頁，松尾下45頁。
[58]　福岡高判昭26・10・18高刑集4・12・1611。

第24章

伝聞法則(3)

伝聞例外②

第1節　特信文書（323条）

→→ 基本説明

1　はじめに

　323条は，書面の客観的性質から類型的に信用性の情況的保障が高度に認められるものについて，無条件で証拠能力を認める。また，本条各号に該当する書面については，作成者が公判廷で証言するよりも書面を用いる方が正確であることから，必要性も肯定される。本条各号に該当する書面については，前3条の適用がない。

→→→ 展開説明

2　公務文書

　323条1号は，**戸籍謄本**や**公正証書謄本**など，公務員（外国の公務員を含む）がその職務上証明することができる事実についてその公務員が作成した書面について証拠能力を認める。

　公務員の証明文書の例としては，戸籍謄本や公正証書謄本のほか，不動産登記簿謄本，商業登記簿謄本，印鑑登録証明書，住民票の写し，前科調書，指紋照合回答書，判決書などがある。捜査官も公務員であるため，捜査官が作成する報告書類も公務員の作成した証明書と解することができる余地がないわけではないが，323条1号書面に該当すると解すると321条3項などの規定が全く無意味なものとなってしまうため，本号に該当する書面には含まれない[1]。

3　業務文書

　323条2号は，**商業帳簿**や**航海日誌**など，業務の通常の過程において作成さ

---

(1)　条解880頁。

れた書面の証拠能力を認める。2号に該当する書面は，一般に，業務遂行の基礎となるものとして，規則的機械的かつ連続的に作成されるものであるため，虚偽の介入するおそれが少なく正確に記載されているものと考えられる。したがって，類型的に信用性の情況的保障が認められ，作成者に供述させるよりも書面を提出させた方が正確であることから必要性も認められる。

商業帳簿とは，業務を営む者が営業に関しその財産状態を明らかにするために作成する帳簿のことであり，具体的には，金銭出納帳，仕入帳，売上帳などを指す[2]。

航海日誌とは，船員法18条1項3号により船長が船内に備え置くことを義務づけられている書類である[3]。これに準ずるものとして，航空日誌がある（航空58条1項）。

その他業務の通常の過程において作成された書面とは，業務遂行の基礎となるものとして規則的機械的かつ連続的に作成されるもので，商業帳簿や航海日誌と同質の書面である。医師が作成するカルテ，タクシーの運転日報，工事現場の作業日報などがある。領収書や契約書は業務の通常の過程で作成されるものではあるが，都度作成されるもので継続性に欠けるため，業務文書には含まれない。

4　その他の特信文書

本条3号に該当する書面は，1号や2号に準ずる程度の高度の信用性を保障する類型的な外部的情況の認められる文書である。具体例として，信用ある定期刊行物掲載の市場価格表，法令に根拠を有する統計表，公の記録・報告書，スポーツの記録などがある。また，**レシート**は順次機械的継続的に作成発行されるものであるため，3号書面に該当する。手書きの**領収書**は，3号書面に含まれない。ただし，本人の署名と実印の押印のある領収書や契約書・借用書については，わが国の社会生活上の慣習に鑑み特信性が認められるため，3号該当性が認められる[4]。

銀行の支店次長が自己の業務上の個人的備忘録として日々の要点を記載していた営業日誌について，東京地決昭53・6・29（判時893・8）は，「同人の業

---

(2)　岡部信也＝中川博之・大コンメ2版7巻683頁。

(3)　同上。

(4)　条解883頁，大阪刑事実務研究会『刑事証拠法の諸問題(上)』（2001）207頁［古川博］。

務上の資料とする目的で作成していたものの一部であって，……当日終業後又は遅くともその翌朝に，主観を交えることなく個条書き式に記載したものであることが認められ，その作成目的，作成方法に照らし，誤りの入り込む余地が少く，高度の信用性があるものと認められる」とし，業務文書に比肩すべき高度の信用性の情況的保障を有することを根拠に，営業日誌の323条3号該当性を認めた。

日記，手帳，手紙が3号書面に該当するか否かについては見解の対立があるが，3号該当性が認められるためには，通常の業務の過程に準ずるような情況において作成されたものであることが必要であろう[5]。このような情況が認められない場合には，321条1項3号または322条1項により証拠能力を判断することになる[6]。

最判昭31・3・27（刑集10・3・387）は，被告人以外の者が単にその心覚えのために密造煙草の取引を書き留めた手帳の証拠能力が問題となった事案である。最高裁は，「〔323条3号の〕書面は，前2号の書面すなわち戸籍謄本，商業帳簿等に準ずる書面を意味するのであるから，これらの書面と同程度にその作成並びに内容の正確性について信頼できる書面をさすものであることは疑ない。しかるに，本件メモはその形体から見ても単に心覚えのため書き留めた手帳であること明らかであるから，右の趣旨によるも刑訴法323条3号の書面と認めることはできない。してみれば，本件メモに証拠能力があるか否かは刑訴法321条1項3号に定める要件を満すかによって決まるものといわなければならない」と判示した。

5　特信性の判断基準

3号該当性を判断するに当たっては，①書面自体の形状・内容により判断すべきであり，作成者である証人を尋問するまでもなく信用できる書面に限るべきであるとする見解[7]と，②作成状況や書面の成立過程に関する作成者の証言等を判断資料とすることも許されるとする見解[8]が主張されている。

最決昭61・3・3（刑集40・2・175）は，2号の業務文書に関してではあるが，作成者の証言も資料にすることができることを認めており，また，信書

---

(5)　岡部信也＝中川博之・大コンメ2版7巻690頁。

(6)　条解884頁。

(7)　松尾下65頁。

(8)　条解880頁。

について3号該当性を認めた最判昭29・12・2（刑集8・12・1923）も作成者の証言を判断資料としている。したがって，書面自体の形状・内容により判断することを原則としつつも，これに限定することなく，作成者の証言による特信性の立証も認められると解する。

6　メモの理論

証人が直接体験した事実について体験当時にメモを作成していた場合において，証人が当時の記憶を喪失しているためその記憶を喚起させ公判で供述させることを目的として，メモを提示することがある（規199条の11第1項）。これによっても記憶を喚起させることはできなかったが，記憶の鮮明なときに自ら体験事実をそのまま記載した書面であると証人が供述し，それが信用できる場合，このメモ自体を証拠とすることはできるか。アメリカ法ではこの場合を「**過去の記録された記憶**」と呼び，伝聞例外に当たるとしている。

わが国でメモの理論を定める明文規定はないが，学説ではこの種のメモは323条3号のもとで証拠能力が認められるとする見解がある。すなわち，証人が，メモを見ても事実を思い出せないが，メモに書いてあることは真実であると証言したことを条件として，323条3号により証拠能力を認めるべきとする[9]。これに対して，反対説は，323条3号の特信性の判断基準に関して書面自体の形状・内容により判断すべきとの立場に立ち，メモ自体に類型的な高度の信用性は認められないとして，3号該当性を否定する[10]。

第2節　伝聞供述（324条）

→→　基本説明

1　はじめに

320条は，「公判期日外における他の者の供述を内容とする供述を証拠とすること」を禁止するが，324条はその例外を定める。320条の「他の者」すなわち原供述者が被告人である場合の例外を1項が定め，原供述者が被告人以外の者である場合の例外を2項が定める。324条は，原供述者の供述の内容をなす事実の真実性を証明するために原供述者の供述を用いる場合の規定である。

---

(9)　田中和夫『新版証拠法〔増補第3版〕』（1971）375頁。

(10)　小野清一郎ほか『ポケット註釈全書 刑事訴訟法(下)〔新版〕』（1986）910頁。

なお，322条1項および321条1項柱書で規定されている原供述者の署名押印は，324条の関係では不要である。

→→→ 展開説明

2　被告人の供述を内容とするもの

被告人以外の者の公判準備または公判期日における供述で，被告人の供述を内容とするものについては，322条の規定が準用される。すなわち，①被告人にとって不利益な事実の承認を内容とする供述の場合にはそれが任意になされたとき，②不利益な事実の承認でない供述の場合には供述時に特信情況があるとき，③公判準備または公判期日における供述の場合には，それが任意になされたものであるとき，証拠能力が認められる[11]。

3　被告人以外の者の供述を内容とするもの

被告人以外の者の公判準備または公判期日における供述で，被告人以外の者の供述を内容とするものについては，321条1項3号の規定が準用される。したがって，①原供述者の供述不能，②原供述の不可欠性，③原供述の特信情況，の3要件が充足される場合に証拠能力が認められる。

4　被告人の供述中の被告人以外の者の供述

被告人の公判準備または公判期日における供述で，被告人以外の者の供述を内容とするものについては，明文の規定がない。被告人に不利益なものである場合には322条1項を類推適用し，不利益でない場合には324条2項を類推適用し同項の準用する321条1項3号により証拠能力を判断するというのが多数説である。

---

(11)　③の場合のように，公判準備または公判期日における被告人の供述に関しては，被告人の供述を録取した公判調書等を322条により提出すれば足りるため，322条2項を準用する③のような事例はほぼないといえよう。岡部信也＝中川博之・大コンメ2版7巻702頁。

第 24 章　伝聞法則(3)　　　347

➤➤➤ 展開説明

第3節　再 伝 聞

　再伝聞の処理について明文の定めはない。判例[12]・通説[13]は，それぞれの過程に伝聞例外の規定を適用して証拠能力を判断する。

　例えば，「XがVを殺害するのを目撃した」とするAの公判期日外供述（A供述）を聞いたBが，このA供述をCに伝え（B供述），Cが公判廷でB供述の内容を証言する場合（C証言），①C証言中のB供述は「被告人以外の者の公判準備又は公判期日における供述で被告人以外の者の供述をその内容とするもの」に当たるため，324条2項により準用される321条1項3号により証拠能力を判断し，②これが肯定される場合，B供述は公判期日における供述とみなされ[14]，そのB供述中のA供述についても324条2項により準用される321条1項3号を適用して証拠能力を判断することになる。

　また，Bが検察官にA供述の内容を供述し（B供述），B供述を録取した検察官面前調書が証拠として提出された場合，①検察官面前調書の証拠能力を検討し，②これが肯定される場合，検察官の面前で行われた供述を324条にいう公判期日における供述と同視して[15]324条2項を類推適用し，③321条1項3号によりA供述の証拠能力を判断する[16]。

➤➤ 基本説明

第4節　任意性に関する調査（325条）

　325条は，321条から324条までの規定により証拠とすることができる書面または供述について，任意性の調査を裁判所に義務づける。

---

(12)　最判昭32・1・22刑集11・1・103。

(13)　平野224頁。

(14)　324条2項・321条1項3号により320条の制限が解除され，B供述を「公判期日における供述に代えて」証拠とすることが認められるため，公判期日における供述と同視されることになる。

(15)　321条1項2号により320条の制限が解除され，B供述を「公判期日における供述に代えて」証拠とすることが認められるため，公判期日における供述と同視されることになる。

(16)　被告人の供述を内容とする場合には，①検察官面前調書の証拠能力を判断し，②これが肯定される場合，検察官の面前で行われた供述を324条にいう公判期日における供述と同視して324条1項を類推適用し，③322条を適用して証拠能力を判断する。

本条の趣旨に関して，①証拠の証明力を判断するに当たり任意性の調査を義務づけたものであるとする証明力関係説[17]や②任意性が証拠能力の要件であることを明らかにするとともに，その事前調査を義務づけたものであるとする証拠能力関係説[18]などの学説が主張されている[19]。

証拠能力は321条以下の規定で個別に判断されていることを前提にするならば，325条は証拠能力に関する規定ではないと理解すべきである。特に，すでに任意性が証拠能力の要件となっているものについて，325条で重ねて証拠能力の要件として任意性の判断をする必要性は乏しい。325条は，任意性が証明力に影響を与えることに鑑みて，その調査義務を裁判所に課したものである。

任意性が証拠能力の要件となっているものについては証拠調べ前にすでにその判断が行われていることから，特段の事情のない限り重ねて任意性の調査をする必要はないことになる。任意性が証拠能力に要件となっていないものについては，証拠調べの後に証明力を評価するに当たって調査すれば足りる[20]。

→→→ 展開説明

第5節　同意書面（326条）

1　同意の意義

326条は，検察官および被告人が証拠とすることに同意した伝聞証拠について，当該書面が作成されたときの情況や供述がなされたときの情況を考慮して裁判所が相当と認めるとき，321条から325条の要件を満たしていなくても証拠とすることができると定める。

実務上，326条が果たしている役割は大きい。書証の証拠調べ請求があった場合には，相手方に同意の有無を確認し，同意があったものについては326条の同意書面として採用し，同意がなかったものについてだけ321条以下の伝聞例外規定の適用が検討されることになる[21]。同意は，刑訴法の規定の位置にかかわらず，伝聞法則の例外の第1次的な関門といわれている[22]。

---

[17]　団藤重光『刑事訴訟法綱要〔7訂版〕』(1967) 269頁，高田242頁，石井105頁。
[18]　石丸俊彦ほか編『刑事訴訟の実務(下)〔三訂版〕』(2011) 277頁。
[19]　学説の理論状況については，大野市太郎・大コンメ2版7巻718頁を参照。
[20]　最決昭54・10・16刑集33・6・633。
[21]　大野市太郎・大コンメ2版7巻723頁。

2　同意の性質

同意の性質をめぐっては，①原供述者に対する反対尋問権の放棄とする**反対尋問権放棄説**[23]と②それに加えて，証拠に証拠能力を付与する当事者の訴訟行為とする**証拠能力付与説**[24]が主張されている。反対尋問権の行使が考えられない被告人の供述調書（322条）が本条の同意の対象とされているため，同意の性質を反対尋問権の放棄だけで説明するのは困難である。したがって，その意味では証拠能力付与説が妥当である。

両説で結論あるいは理論構成に差が生じるのは，「同意をした者が書証の証明力を争うために当該供述者を証人尋問することができるか」をめぐってである。証拠能力付与説に依拠するならば，同意は証拠能力を付与する訴訟行為にすぎず，証明力まで肯認するものではないため，証人尋問を請求することができる。これに対して，反対尋問権放棄説に依拠するならば，書証に同意して反対尋問権を放棄した以上，その証明力を争うために供述者に対する尋問を請求する権利はないということになる。ただし，同意書証の取調べ後に証人尋問の必要が生じたときは，裁判所に職権証拠調べ（298条2項）の発動を促すことができるとする[25]。

さて，同意により証拠能力が認められるというのは，あくまでも伝聞法則の適用とその例外という文脈内においてである。したがって，証拠能力付与説が，この範囲を超えて，違法収集証拠についても326条を根拠に同意の効力が及ぶとするのは妥当ではない。特に，非供述証拠について326条の適用の可否を検討すること自体が不正確である[26]。非供述証拠に対する同意として論じられているのは規則190条2項に基づく証拠意見であって，326条の同意ではない。

違法に収集された尿の鑑定書の場合，たしかに書証であるため326条の適用が問題となる。しかし，326条の同意はあくまでも伝聞法則の適用が否定されるという意味での証拠能力付与であるため，違法収集証拠という部分につい

---

[22]　小林261頁。

[23]　平野219頁，松尾下70頁。

[24]　池田＝前田458頁，白取425頁，大阪刑事実務研究会編著『刑事公判の諸問題』（1989）352頁〔谷口敬一〕，松本芳希・新実例Ⅲ10頁。

[25]　笠松義資「証拠とすることについての同意」団藤重光責任編集『法律実務講座刑事編 第9巻証拠法(2)』（1956）2035-2036頁。

[26]　石井92頁。

ての同意までは含まない[27]。この部分についての同意は，規則190条2項に基づく証拠意見ということになる。ただし，この場合であっても，排除法則が適用されるような重大な違法がある場合には，同意があっても証拠能力が肯定されることはないと解すべきである。

なお，近時，同意は，原供述が公判廷における証人尋問手続を経ることなく得られたものであることを理由に証拠能力を否定する責問権を放棄する訴訟行為であるとする**伝聞性解除行為説**が主張されるに至っている[28]。この説によると，同意は現在の公判廷における尋問権とは直接関係するものではないため，書証の証明力を争うために当該供述者を証人尋問することは可能となる。これに対して，伝聞性とは関係のない瑕疵は326条の同意の対象ではないため，違法収集証拠に対する同条による同意はないとする。また，自白調書を含む被告人の供述調書については，裁判所による供述態度の観察に欠ける点で伝聞証拠であり，この点に関する責問権の放棄として被告人の同意も可能とする。

3　同意の手続

(1)　同意権者

同意をすることができるのは，検察官と被告人である。伝聞証拠が同意によって証拠能力を取得するためには，検察官と被告人双方の同意が必要である。ただし，当事者の一方が証拠調べを請求している場合，請求者に同意の意思確認をする必要はないため，相手方の同意があれば十分である。

弁護人は同意権者に含まれないが，包括代理権に基づき被告人の明示または黙示の意思に反しない範囲で同意をすることができる。

被告人が公訴事実を全面的に否認し，弁護人も被告人と同様であるとの意見を述べながら，弁護人が検察官請求証拠に全部同意した事案に関し，大阪高判平8・11・27（判時1603・151）は，「被告人が公訴事実を否認している場合には，検察官請求証拠につき弁護人が関係証拠に同意しても，被告人の否認の陳述の趣旨を無意味に帰せしめるような内容の証拠については，弁護人の同意の

---

[27]　波床昌則「伝聞証拠の概念と刑訴法326条の同意の意義」『小林充先生・佐藤文哉先生古稀祝賀 刑事裁判論集・下巻』(2006) 291頁は，「刑訴法326条1項の同意は，伝聞証拠に対して証拠能力を付与する訴訟行為であって，『伝聞性の解除』以外の効果は持たない」と指摘する。

[28]　大澤裕「刑訴法326条の同意について」曹時56巻11号2557頁，栃木力「刑訴法326条の同意の意義について」『植村立郎判事退官記念論文集 現代刑事法の諸問題 第1巻』(2011) 340頁，馬渡香津子・実例Ⅲ25頁。

意見のみにより被告人がこれら証拠に同意したことになるものではない」。このような証拠については，「右弁護人の同意の意見によって被告人の同意があったとすることはできず，従って，被告人の意思に沿うものか否か確認することなく，直ちにこれら証拠を同意書証として取調べ事実認定の資料とした原判決には，刑訴法 326 条 1 項の適用を誤った違法があるものと言うべきである」と判示した。このように，弁護人の意見が被告人の意思に合致するか疑問が生じる場合，裁判所は被告人の意見を確認すべきことになる。

(2) **同意の意思表示**

同意は裁判所に対してなされなければならない。同意は，裁判所に対する訴訟上の意思表示である。同意は公判廷でなされることが多いが，期日外で行われることもある。

書証の場合，同意が証拠能力を付与する重要な訴訟行為であることから，同意の意思表示は証拠調べ前になされる必要がある。当事者の一方から証拠調べ請求がなされ，相手方の意見を聴く際に（規 190 条 2 項），同意・不同意の意見が述べられる。

公判廷における伝聞供述（証人や被告人の供述中の伝聞供述）の場合には，あらかじめその内容を知ることは困難であるため，伝聞供述がなされた後に同意が得られればよい[29]。すなわち，証人尋問終了時までに同意あるいは不同意の意思表示が明示的になされる必要があり（309 条 1 項），これがなされない場合には，特段の事情がない限り，黙示の同意があったものと解されることになる[30]。

事件が公判前整理手続または期日間整理手続に付された場合には，同意の意思表示はその手続の中で行われることになる。

(3) **同意の撤回**

証拠調べがなされると裁判所はそれにより心証形成をしているため，証拠調べ後の同意の撤回を認めると，手続の安定性や確実性を害することになる[31]。したがって，**同意の撤回**は当該証拠の証拠調べ施行前までに限定される[32]。

公判前整理手続または期日間整理手続に付された事件において，同手続終了

---

[29] 大野市太郎・大コンメ 2 版 7 巻 731 頁。
[30] 最決昭 59・2・29 刑集 38・3・479—高輪グリーン・マンション事件。
[31] 大阪高判昭 63・9・29 判時 1314・152。
[32] 高田 244 頁，田宮 393 頁，大野市太郎・大コンメ 2 版 7 巻 743 頁。

後に同意を撤回することは審理計画が崩れ手続の安全を害するため，不同意としなかったことにやむを得ない事情がない限り（316条の32参照），原則として同意の撤回は認められない。

不同意の撤回すなわち同意の意見への変更はいつでも可能である。

4 相当性

たとえ同意がなされても**相当性**が認められなければ証拠能力は認められない。相当性を欠く場合とは，①任意性を欠く場合，②証明力が著しく低い場合，③供述の取得過程に重大な違法がある場合などである[33]。

相当性が問題となるのは，署名押印を欠く供述録取書の取扱いをめぐってである。供述録取書は，供述者の知覚・記憶・表現・叙述の過程と録取者の知覚・記憶・表現・叙述の過程という，二重の供述過程をたどるものであるところ，供述者の署名押印は，録取者の供述過程の正確性を担保する役割を果たしている。同意の性質を証拠能力を付与する訴訟行為と理解するならば，当事者に第2の供述過程についても処分権限を認めてもよいことになる。したがって，当事者が署名押印を欠くことを認識しながら，なおかつ，その供述録取書を証拠とすることに同意した場合は，供述過程の双方について同意があるものとして，証拠能力が認められる[34]。もっとも，供述者の署名押印を欠く場合には，署名拒否のように相当性判断に影響を及ぼす事情の場合もあるため，署名押印を欠くことになった事情も考慮して相当性を判断すべきである[35]。

5 同意の効力

当事者の同意があれば，321条から324条に規定する要件を満たしていない伝聞証拠であっても証拠能力が認められる。

同意の効力は，同意者とその相手方にしか及ばない。したがって，共同被告人がいる場合，1人の被告人の同意の効力は他の被告人には及ばない。同様に，共同被告人のうち1人が証拠調べを請求した書証について検察官が同意した場合も，その効力は同意した被告人との関係においてのみ生じ，他の被告人との関係では何らの効力も生じない[36]。

書証や供述の一部についても，それが可分である限り，その一部について同

---

[33] 大野市太郎・大コンメ2版7巻738頁。
[34] 条解898頁。
[35] 大野市太郎・大コンメ2版7巻741頁。
[36] 条解899頁。

意することができる。これを**部分同意**という。

　なお，同意によって証拠能力が付与されるのは，あくまで手続上客観的に示されている当該証拠の使用目的の範囲内に限定される[37]。したがって，立証趣旨を超えた事項について証拠として使用することは，同意の趣旨を超えるため，認められない[38]。

6　擬制同意

　被告人が出頭しないでも証拠調べをすることができる場合において，被告人が出頭せず，かつ，代理人または弁護人も出頭しないときは，同意があったものとみなされる（326条2項）。これを**擬制同意**という。代理人または弁護人が出頭する場合には，これらの者に同意の有無を確認することができるため，擬制同意は認められない（同項ただし書）。

　擬制同意が生じうるのは，284条や285条の軽微事件の場合である。それでは，これに加えて，勾留されている被告人が出頭を拒否した場合（286条の2）や被告人が許可を受けずに退廷または法廷秩序のため裁判長から退廷を命ぜられた場合（341条）にも本条の適用があるか。出頭拒否や無許可退廷の場合は自らの意思で出廷・在廷しないのであるから，反対尋問権の行使を放棄したものとして同意を擬制することができる。問題となるのは，退廷命令が出された場合である。判例は，326条2項の趣旨が訴訟の進行阻害の防止にあることから，被告人の同意の有無を確かめる方法がない場合をすべて含むとする。退廷命令の場合は，被告人の責において反対尋問権を失うとする[39]。

➡➡　基本説明

第6節　合意書面（327条）

　327条は，当事者双方が，文書の内容や証人等の供述の内容がわかっており，その内容をとりまとめた書面に証拠能力を与えることに合意する場合には，これを取り調べることによって，元の文書それ自体や証人等の取調べを省き，訴訟の促進を図るという訴訟経済上の見地から設けられた規定である[40]。合意はあく

---

[37]　条解901頁。
[38]　大野市太郎・大コンメ2版7巻736頁。
[39]　最決昭53・6・28刑集32・4・724。
[40]　大野市太郎・大コンメ2版7巻749頁，横井大三『新刑事訴訟法逐条解説III』(1949) 125頁。

までも証拠能力についての合意であるから，証明力を争うことは差支えない[41]。

合意の主体は検察官と被告人である。条文上は「被告人又は弁護人」となっているため，弁護人も独立した合意主体と見る余地もないわけではないが，326条の同意書面において弁護人の同意が被告人の意思に反することができないことの均衡から，合意書面においても，弁護人は被告人の意思に反して合意することはできないと解すべきことになる。

合意書面の本来の性格は，供述書ではなく，文書ないし供述の内容に関する当事者の主張を記載した書面である。したがって，「証拠とすることができる」とは，単に証拠能力を与えるという趣旨ではなく，証拠能力ある証拠と擬制するという趣旨である。実質的に証拠となるのは，合意書面に記載された文書または供述の内容である[42]。

実務では326条により文書自体が取り調べられることが多いため，合意書面はほぼ活用されていない。裁判員裁判において，争いのない事実を理解しやすくする証拠調べとして合意書面の活用が求められることとなった（規198条の2）。

→→→ 展開説明

第7節　供述の証明力を争う書面・供述（328条）

1　328条で許容される証拠は自己矛盾供述に限られるか

(1)　学説の理論状況

328条は，321条から324条の規定により証拠とすることができない書面や供述であっても，公判準備または公判期日における被告人，証人その他の者の供述の証明力を争うためには，これを証拠とすることができると定める。このような証拠を**弾劾証拠**という[43]。

弾劾証拠の範囲をめぐっては，①**自己矛盾供述**に限られるとする**限定説**[44]と②それに限られないとする**非限定説**[45]が主張されている[46]。

---

[41]　小林262頁。
[42]　大野市太郎・大コンメ2版7巻751頁，条解911頁。
[43]　328条は供述の証明力を争うためにのみ証拠とすることを認めた規定であるため，本条の証拠を犯罪事実の認定のために用いることは許されない。最決昭28・2・17刑集7・2・237。
[44]　田中・前掲注(9)198頁，平野252頁，高田248頁，鈴木216頁，池田＝前田464頁。

328条は，条文の文言上，提出できる証拠に制限を設けていないため，条文の読み方としては非限定説の方が素直な理解ということになる。非限定説に依拠すると，自己矛盾供述に限定されず，被告人や証人のした公判供述と矛盾する「他人」の供述を内容とする書面や供述を弾劾目的で使用することも許されることになる。

たしかに，ある者の供述 A の信用性を弾劾するために，この者とは別の者の供述 B と比較するということは日常的に行われている判断方法ではある。しかし，これは A が正しいのか B が正しいのかを判断するものであるため，B によって A の信用性を弾劾するということは，B の内容をなす事実が真実であることを前提とすることになる。そうすると，321条以下の規定によっても証拠能力が得られなかった伝聞証拠であるにもかかわらず，実質的にその供述をなす事実の存在をうかがわせる根拠として使ったことと同じ結果をもたらすことになる。

これに対して，同一人物に自己矛盾供述が存在するという事実は，その内容をなす事実の真実性に立ち入ることなく，自己矛盾供述が存在するというだけで，その者の供述の信用性を判断することができる。したがって，自己矛盾供述に限られるとする限定説が妥当である。

(2) 判例の立場

最判平18・11・7（刑集60・9・561）は，現住建造物等放火被告事件の公判において，火災発生後の被告人の言動を目撃した近所の住民 A が証人として証言したが，弁護人は，証人の証言と事件後間もなく消防吏員が A から聞き取ったとされる「聞込み状況書」と題する書面中の同人の供述内容との間に齟齬があるとして，「聞込み状況書」を328条で証拠請求したという事案であ

---

(45) 横井・前掲注(40) 126 頁。

(46) 上記の二説以外にも，③純粋補助事実（証人の能力，性格，偏見，利害関係などの事実）を立証するものに限られ，その範囲ではあらゆる伝聞証拠が許容されるとする純粋補助事実説（江家義男『刑事証拠法の基礎理論〔訂正版〕』(1955) 179 頁），④犯罪事実に関する供述の信用性の弾劾については自己矛盾供述に限定されるが，純粋補助事実については自己矛盾供述に限定されず無制限に証拠とすることができるとする中間説（松尾下 75 頁），⑤ 328 条は純粋補助事実以外の事実に関して，自己矛盾供述に限る旨を規定したものであって，純粋補助事実は自由な証明の対象であるから伝聞法則の適用がなく許容されるとする自由な証明説（大野市太郎「刑事訴訟法第 328 条の証拠についての一考察」『刑事裁判の理論と実務』(1998) 279 頁），⑥検察官請求証拠は自己矛盾供述に限られるが，被告人側は弾劾目的である限り伝聞証拠を使用できるとする片面的構成説（田宮 395 頁）が主張されている。

る。なお，本件の「聞込み状況書」には，消防吏員の署名押印はあったものの，Aの署名押印はなかった。最高裁は，「刑訴法328条により許容される証拠は，信用性を争う供述をした者のそれと矛盾する内容の供述が，同人の供述書，供述を録取した書面（刑訴法が定める要件を満たすものに限る。），同人の供述を聞いたとする者の公判期日の供述又はこれらと同視し得る証拠の中に現れている部分に限られるというべきである」と判示し，弾劾証拠の範囲が自己矛盾供述に限定されることを明らかにした。

2　321条から324条の規定により証拠とすることができない書面・供述

⑴　刑訴法の規定との関係

　321条から324条の規定により証拠とすることができない書面・供述とは，供述代用書面または伝聞供述であって，その供述の内容をなす事実の真実性を証明するための証拠としては，321条から324条の適用を受けないものをいう。すなわち，伝聞例外となり得る要件を欠くものや，実質的には伝聞例外の要件を満たす供述録取書等であっても，手続上そのような証拠として証拠調べをしていないものがこれに当たる[47]。

　これに対して，署名押印といった形式的な要件を欠くために伝聞例外として証拠能力を取得しないものについては，328条の弾劾証拠としての利用も認められない。供述録取書には，供述者の知覚・記憶・表現・叙述の過程と録取者の知覚・記憶・表現・叙述の過程という，2つの供述過程が含まれる。供述者の署名押印を欠くということは，録取者が供述者の供述を正確に録取したのかが不明であることを意味する。この場合，自己矛盾供述の存在自体が不確かなものとなってしまう。そこで，刑訴法が定める要件である供述者の署名押印が別途必要になるわけである[48]。

　しかしながら，署名押印を欠いていても，供述の記載の正確性を担保する外部的情況が存在する場合には，328条で許容される証拠となる。また，署名押印の欠如に関して326条の同意がある場合には，328条によって証拠とすることができる[49]。

---

[47]　条解913頁。
[48]　芦澤政治・最判解刑事篇平成18年度415頁。
[49]　条解913頁。

なお，任意性を欠く供述や違法収集証拠は，本条の証拠となし得ないと解すべきである。

(2) 証言後に作成された書面

証言後に作成された書面を弾劾証拠として利用できるかをめぐっては，積極説[50]と消極説[51]が主張されている。これを認めると，証言が捜査機関にとって不利益である場合に，証言後に捜査機関が法廷外でこれを取り調べ，有利な供述を引き出し弾劾証拠に用いるという道を拓くことになってしまう[52]。したがって，基本的には消極説が妥当であろう。しかし，他方で，証言後に，証人が尋問当時真実を供述できなかった事情が判明したり，間違った証言を自認しているような場合，当該証人を再尋問し，前の証言の証明力を弾劾することは許されるべきであろう[53]。

3 「証明力を争う」の意義

証明力を争うためとは，**証明力を減殺する**という意味である。このように，328条の証拠は弾劾証拠を意味するが，これに加えて，証明力を増強する場合（**増強証拠**）や証明力を回復する場合（回復証拠）にも本条の適用があるか。

公判供述と一致する公判期日外供述の存在を増強証拠とするためには，結局，公判期日外供述の内容をなす事実の真実性を前提にしなければならない。なぜなら，公判供述と一致する公判期日外供述が存在するだけでは，直ちに公判供述の信用性が増強されるわけではないからである。したがって，一致供述による信用性の増強は，一致供述の存在自体からは導かれないため，328条を適用することはできない。

これに対して，回復証拠については328条の適用が認められるとする見解が多い。ただし，無限定に回復証拠の利用を認めるのではなく，公判供述が自己矛盾供述の存在によって弾劾された後，公判供述と一致する供述を別の機会にしたことを立証して，減殺された証明力を回復させる場合に限定されるとする。しかしながら，公判供述と一致する公判期日外供述が他に存在したとしても，自己矛盾供述をした事実は消えない[54]。したがって，回復証拠の利用を認

---

[50] 最判昭43・10・25刑集22・11・961，石井226頁。

[51] 松尾下76頁。

[52] 大野市太郎・大コンメ2版7巻772頁，平場安治ほか『注解刑事訴訟法中巻〔全訂新版〕』（1982）798頁〔鈴木茂嗣〕。

[53] 大野市太郎・大コンメ2版7巻773頁。

めるとしても，矛盾する供述をしたことに特段の事情が存在することが証明された場合に限られよう[55]。

→→→ 展開説明

第8節　その他

1　写真の証拠能力

写真の証拠能力について，刑訴法は特段の定めを置いていない。写真は機械的記録であるため人の記憶よりも正確性が高いということがいえる反面，機械を操作するものの作為が入る余地もあることから，その証拠能力をめぐって見解が対立している。

非供述証拠説は，対象を認識するのはレンズであり，レンズを通した画像がフィルムに焼きつけられ，それが印画紙に再生されるという写真の機械的記録性に着目して，写真は人の供述としての要素を含まないとする[56]。これに対して，**供述証拠説**は，写真という機械的作用を用いての人の事物の報告であるという点に着目して，写真には人の供述と同視すべき面があるとする[57]。

たしかに，写真には人為が介入することにともなう危険性は存在するが，供述証拠と同じ意味で知覚・記憶・表現・叙述の過程に誤りが混入する危険性は著しく低い[58]。供述証拠説が指摘する問題点は，証拠の関連性判断や証明力の問題として対処することができる。したがって，非供述証拠説が妥当である。

犯行の状況等を撮影したいわゆる**現場写真**の証拠能力が問題となった最決昭59・12・21（刑集38・12・3071）は，「犯行の状況等を撮影したいわゆる現場写真は，非供述証拠に属し，当該写真自体又はその他の証拠により事件との関連性を認めうる限り証拠能力を具備するものであって，これを証拠として採用するためには，必ずしも撮影者らに現場写真の作成過程ないし事件との関連性を証言させることを要するものではない」と判示し，非供述証拠説を採用した。

なお，写真は単体ではなく，供述録取書等の書面に添付され，供述を補完す

---

[54]　上口488頁。

[55]　後藤昭・新コンメ2版900頁。

[56]　平野221頁，石井191頁，池田＝前田429頁，上口490頁。

[57]　白取409頁。

[58]　石井191頁。

るものとして利用される場合がある。この場合，写真は供述録取書等の書面と一体となってその一部として用いられているため，写真の証拠能力は書面の証拠能力に従うことになる。ただし，写真が供述証拠になるわけではなく，写真自体はあくまでも非供述証拠である。書面と一体となっているため，書面の証拠能力が認められないと写真も証拠として利用できなくなってしまうのである。したがって，供述録取書等の書面に添付された写真が独立して証拠価値を有する場合には，たとえ書面に証拠能力が認められなくても，写真のみを非供述証拠として利用することができるのである[59]。

犯行再現写真や**被害再現写真**の場合には，行動で示された供述を写真という機械的方法で録取したものと評価できる場合がある。この場合には，供述録取書として証拠能力を判断することになる。したがって，再現者が被告人の場合には 322 条 1 項，被告人以外の者の場合には 321 条 1 項が適用される。ただし，撮影が機械的に行われ，正確性が確保されている点に鑑みて，再現者の署名押印は不要である[60]。

2　録音テープの証拠能力

録音テープの証拠能力についても刑訴法に定めはない。録音テープには，①犯行現場の雰囲気，騒音，罵声などの状況を録音したもの（**現場録音**）と②被疑者や参考人の供述を調書に記載する代わりにテープに収録したもの（**供述録音**）がある。

現場録音については，現場写真と同様，機械的記録であるため，非供述証拠と考えることができる。

これに対して，供述録音は，供述の内容をなす事実の真実性を証明するために用いられるものであるから，供述証拠であり，伝聞証拠である。したがって，供述録音の証拠能力が認められるためには，供述録取書に準じて，被告人が供述者の場合には 322 条 1 項，被告人以外の者の場合には 321 条 1 項の要件を充足する必要がある。なお，供述の録音が機械的に行われ，正確性が確保されている点に鑑みて，供述者の署名押印は不要である。また，いわゆる現場録音に収録されている者の発言を，その内容をなす事実の真実性を証明するために用いる場合には，供述録音に当たることになり，伝聞法則が適用されることに

---

[59]　石井 192 頁。
[60]　石井 193 頁。

なる[61]。逆に，供述録音であっても，収録されている者の発言を，その内容を
なす事実の真実性を証明するために用いるのではなく，そのような発言をした
こと自体を立証するために用いるのであるならば，現場録音と同様，非供述証
拠ということになる[62]。

3　録画媒体の証拠能力

犯行現場の状況を撮影した録画媒体の証拠能力については，映像部分につい
ては現場写真，音声部分については現場録音と同様に解することになる。

犯行再現ビデオテープや被害再現ビデオテープについては，第23章第2節**6**
(6)参照。

4　謄本・抄本・写しの証拠能力

原本ではなく，謄本，抄本，写しの取調べ請求がなされる場合がある。**謄本**
とは，原本の内容の全部について同一の文字，符号により転写した文書で，
原本と同一である旨の認証を付したものをいう。**抄本**とは，原本の内容の一部
について謄本と同じように作成された文書をいう。**写し**とは，原本の内容の全
部について同一の文字，符号により転写した文書であるが，認証が付されてい
ないものをいう。

謄本・抄本・写しの証拠能力は，原本の証拠能力に準じることになる[63]。し
たがって，まず，原本に証拠能力が認められることを立証する必要がある。そ
のうえで，①原本が存在しまたは存在したこと，②原本の提出が不可能または
困難であること，③原本の正確な転写であること，が必要である。証拠物の写
しである写真についても，現物に証拠能力が認められ，①〜③の要件を満たせ
ば証拠能力が認められる[64]。

謄本や抄本の場合，認証文によって①と③の要件は充足される。写しの場合，
機械によるコピーであればその事実自体から①と③の要件は充足される。②の
要件については，文書の性質や請求者の陳述によって判断することになる[65]。

東京高判昭58・7・13（高刑集36・2・86）は，テレビニュースの映像を録
画したビデオテープの証拠能力が争点となった事案である。東京高裁はビデオ

---

[61]　石井 197 頁。
[62]　石井 197 頁。
[63]　石井 227 頁。
[64]　石井 228 頁，池田＝前田 431 頁。
[65]　石井 228 頁。

テープの証拠能力を肯定したが,「原本の提出が不可能又は著しく困難であることを,写しの許容性の基準に数える必要はない」として②の要件を不要とする一方で,「写しによっては再現し得ない原本の性状(例えば,材質,凹凸,透し紋様の有無,重量など)が立証事項とされていないこと」を要件として掲げた。②の要件に関しては,複写技術の進歩により写しと原本の違いはなくなるため,原本の必要性は薄まるといえる。したがって,機械による写しのように正確性が高度に確保されている場合には,②の要件を不要と解することもできなくはない[66]。しかし,東京高裁が付加した要件については,写しによっては再現できない原本の性状が立証事項となる場合にはそもそも写しによる立証は何も意味を持たないことになるため[67],写しの証拠能力に要求される特別の要件とはいえない[68]。

---

[66]　三好幹夫・百選6版183頁。

[67]　同上。

[68]　上口493頁。

●第5部　裁　判●

第25章

裁　判(1)
裁判の意義・手続・構成

第1節　総　説

→ 趣旨説明

1　裁判の意義

「裁判」ということばは，多義的に用いられている。広義では，訴訟手続全体を指して「裁判」ということがある（日常用語で「裁判」という場合，この意味で用いられることが多いであろう。また，憲法32条にいう「裁判を受ける権利」も，以下に述べる狭義の裁判概念より広い意味で用いられている）。

しかし，刑事訴訟法上は，裁判所または裁判官の行う意思表示的な訴訟行為（例えば，有罪・無罪の判決等）を「裁判」という（**狭義の裁判概念**）。

以下では，狭義の裁判につき講述する。

→→ 基本説明

2　裁判の種類

裁判は，その機能に着目して終局裁判・非終局裁判に分類され，形式に着目して判決・決定・命令に分類される。

また，その主体に着目して裁判所による裁判と裁判官による裁判に分類される。

さらに，裁判の内容に応じて，形式裁判と実体裁判に分類される。

(1)　終局裁判・非終局裁判

裁判は，その機能に着目して，終局裁判・非終局裁判に分類される。

終局裁判とは，その審級における訴訟手続を終了させる裁判をいう。有罪・無罪の判決，管轄違いの判決，公訴棄却の判決・決定，免訴の判決がこれに当

たる。

非終局裁判とは，訴訟の係属進行を目的とする裁判をいう。非終局裁判には，終局前のものと終局後のものがある。終局前の裁判については，原則として上訴ができない（420条1項）[1]。

(2) 判決・決定・命令

裁判は，その形式の面から，判決・決定・命令に分類される（下の表参照）。

判決は，刑訴法上特別の定めのある場合を除いては，口頭弁論に基いてこれをしなければならない（43条1項）。訴訟上重要な事項についての終局裁判であるので，必ず理由を付さねばならない（44条1項）。

決定または**命令**は，口頭弁論に基づいてこれをすることを要しない（43条2項）。

	主体	手続	関連条文	不服申立て
判決	裁判所による	口頭弁論に基づく* 必ず理由を付す	43条1項 44条1項	控訴（372条） 上告（405条）
決定	裁判所による	口頭弁論に基づくことを要しない**	43条2項	抗告（419条）
命令	裁判官による	〃	43条2項	（準抗告）（429条）

＊例外あり
＊＊必要があれば事実の取調べをすることができる（43条3項）

(3) 形式裁判・実体裁判

裁判は，その内容の面から，形式裁判と実体裁判に分類される。

形式裁判とは，被告事件の実体に対する判断をせず訴訟手続を打ち切る裁判をいう。管轄違いの判決（329条），公訴棄却の判決および決定（338条・339条），免訴の判決（337条）がこれに当たる。

実体裁判とは，被告事件の実体に対する判断をいい，有罪・無罪の判決がこれに当たる。有罪判決には，刑の言渡し（333条1項）および刑の免除（334条）が含まれる[2]。無罪判決は，被告事件が罪とならないとき，または，被告事件について犯罪の証明がないときに必要的に言い渡される（336条）。

免訴（確定判決を経たとき〔337条1号〕，犯罪後の法令により刑が廃止されたと

---

(1) 終局裁判を待って，終局裁判について上訴して争うのが原則である（例外として，133条2項，137条2項，150条2項等）。

(2) 有罪判決に示すべき理由については，本章第2節1参照。

き〔同条2号〕，大赦があったとき〔同条3号〕，時効が完成したとき〔同条4号〕）の法的性質についてはかつて争いがあったが，最大判昭23・5・26（刑集2・6・529）は，形式裁判説を採ったものと理解されている[3]。

(4)　訴訟費用

刑の言渡しをしたときは，被告人に**訴訟費用**の全部または一部を負担させなければならない（181条1項本文[4]）。

被告人の責めに帰すべき事由によって生じた費用は，刑の言渡しをしない場合にも，被告人にこれを負担させることができる（181条2項[5]）。

検察官のみが上訴を申し立てた場合において，上訴が棄却されたとき，または上訴の取下げがあったときは，上訴に関する訴訟費用は，これを被告人に負担させることができない（181条3項）。ただし，被告人の責めに帰すべき事由によって生じた費用については，この限りでない。

公訴が提起されなかった場合において，被疑者の責めに帰すべき事由により生じた費用があるときは，被疑者にこれを負担させることができる（181条4項[6]）。

共犯の訴訟費用は，共犯人に，連帯して，これを負担させることができる（182条）。

裁判によって訴訟手続が終了する場合において，被告人に訴訟費用を負担させるときは，職権でその裁判をしなければならない（185条）。同じ場合において，被告人以外の者に訴訟費用を負担させるときは，職権で別にその決定をしなければならない（186条）。

裁判によらないで訴訟手続が終了する場合において，訴訟費用を負担させるときは，最終に事件の係属した裁判所が，職権でその決定をしなければならない（187条）。

なお，訴訟費用の範囲は，刑事訴訟費用等に関する法律2条および総合法律支援法39条2項によって定められている。

---

[3]　ただし，同判決は，直接には，大赦の法的性質について判断したものである。

[4]　ただし，被告人が貧困のため訴訟費用を納付することのできないことが明らかであるときは，この限りでない（181条1項ただし書）。

[5]　被告人が正当な理由がないのに公判期日に出頭しなかったため証人を再度召喚せざるを得なかった場合等。

[6]　被疑者が虚偽の資力申告書を提出して資力を偽ったため国選弁護人が付された場合等。

3 裁判の成立と手続

(1) 内部的成立と外部的成立

裁判が成立する段階は，内部的成立と外部的成立に分かれる。

裁判の内容が裁判所の内部で形成されている状態を，裁判の**内部的成立**という。単独体においては裁判書を作成した時点[7]で，合議体においては評議が終了した時点で，裁判は，内部的に成立する。内部的成立の段階では，当該裁判所は，その裁判の内容を自由に変更することができる。この状態まで達していれば，裁判官が交替しても，更新手続は不要である（315条ただし書）。

これに対し，裁判の**外部的成立**とは，内部的成立した裁判の内容が裁判所の外部に表示された状態をいう。裁判は，**告知**されることにより外部的に成立し，当該裁判機関はその裁判をもはや撤回・変更できず（**覊束力**），取消し，変更は原則として上訴によるしかない（例外として415条，423条2項）。

(2) 評議・評決

合議体における裁判機関としての意思決定は，評議・評決による。

評議は，原則として公行されず（裁75条1項），評議の経過ならびに各裁判官の意見およびその多少の数については，裁判所法に特別の定めがない限り，秘密を守らなければならない（裁75条2項[8]）。合議体を構成する裁判官は，評議において，その意見を述べなければならない。

評決とは，合議体の意見を決定することをいい，合議体の裁判は原則として過半数による（裁77条1項[9]）。過半数の意見によって裁判をする場合，意見が3説以上に分かれ，その説が各々過半数にならないときは，過半数になるまで被告人に最も不利な意見の数を順次利益な意見の数に加え，その中で最も利益な意見による（裁77条2項）。

裁判員の関与する評議・評決は，裁判員法66条以下が規定するところによる。

すなわち，裁判員の関与する評議（事実の認定・法令の適用・刑の量定にかかる評議。裁判員6条1項参照）は構成裁判官および裁判員が行い（裁判員66条1項）[10]，裁判員は評議に出席し意見を述べなければならない（同条2項）。

---

(7) ただし，裁判書作成が告知後の場合，告知時に内部的にも外部的にも成立する。

(8) ただし，裁判所法11条は，最高裁判所の裁判書に，各裁判官の意見を表示しなければならないことを求める。

(9) ただし，最高裁判所裁判事務処理規則12条は，法律，命令，規則または処分が憲法に適合しないとの裁判をするには，8人以上の裁判官の意見が一致しなければならないとする。

366　　　　　　　　　　第5部　裁　判

　また，裁判員の関与する評決は，構成裁判官および裁判員の双方の意見を含む合議体の員数の過半数の意見による（裁判員67条1項）。刑の量定について意見が分かれ，その説が各々，構成裁判官および裁判員の双方の意見を含む合議体の員数の過半数の意見にならないときは，その合議体の判断は，構成裁判官および裁判員の双方の意見を含む合議体の員数の過半数の意見になるまで，被告人に最も不利な意見の数を順次利益な意見の数に加え，その中で最も利益な意見による（同条2項）。

(3)　裁　判　書

　裁判をするときは，原則として，**裁判書**を作らなければならない（規53条本文）。

　裁判書には，原則として，裁判をした裁判官が，署名押印しなければならない（規55条本文。さらに，裁判書の記載要件については規56条参照）[11]。

　決定または命令を宣告する場合には，裁判書を作らないで，これを調書に記載させることができる（規53条ただし書）。

　これに対し，判決については，**判決書**を作成することを要する（規53条ただし書反対解釈）[12]。ただし，地方裁判所または簡易裁判所においては，上訴の申立てがない場合には，裁判所書記官に判決主文ならびに罪となるべき事実の要旨および適用した罰条を判決の宣告をした公判期日の調書の末尾に記載させ，これをもって判決書に代えることができる（規219条1項。**調書判決**[13]）。

第2節　裁判の構成

　裁判は主文と理由から構成される（規35条2項参照）。裁判には，原則として，理由を付さねばならない（44条1項[14]）。

---

　(10)　これに対し，構成裁判官の合議によるべき判断のための評議（法令の解釈に係る判断・訴訟手続に関する判断〔少年法55条の決定を除く〕・その他裁判員の関与する判断以外の判断。裁判員6条2項参照）は，構成裁判官のみが行う。同法68条1項。

　(11)　裁判長が署名押印することができないときは，他の裁判官の1人が，その事由を付記して署名押印し，他の裁判官が署名押印することができないときは，裁判長が，その事由を付記して署名押印しなければならない（規55条後段）。

　(12)　もっとも，判決書は，判決宣告の際に必ずしも作成せられていることを要しない。最判昭25・11・17刑集4・11・2328。

　(13)　判決宣告の日から14日以内でかつ判決の確定前に判決書の謄本の請求があったときは，この限りでない（規219条1項ただし書）。

第 25 章　裁 判(1)　　　　367

　以下，裁判のうち，有罪判決と無罪判決につき，それらの構成とそれらに関連する問題を概観する。

1　有罪判決

→→ 基本説明

(1)　有罪判決の構成

　有罪判決も主文と理由から構成される。

　このうち主文は判決の結論であり，主文においては，主刑（「被告人を懲役3年に処する」等），刑の執行の減軽・免除，未決勾留日数の算入，労役場留置，刑の執行猶予，保護観察，補導処分，追徴，被害者還付，仮還付，訴訟費用の負担，公民権の不停止・停止期間の短縮の各裁判が言い渡される。

　前述のように裁判には原則として理由を付すこととされているが（44条1項），**有罪判決に示すべき理由**は，特に335条が列挙している。

　同条によれば，有罪の言渡しをするには，罪となるべき事実，証拠の標目および法令の適用を示さなければならない（同条1項）。

　また，法律上犯罪の成立を妨げる理由または刑の加重減免の理由となる事実が主張されたときは，これに対する判断を示さなければならない（同条2項）。

　罪となるべき事実とは，犯罪構成要件に該当する具体的事実であって，法令適用の基礎となるべき事実を指す[15]。

（コラム）量刑と余罪

　宣告すべき刑を決定するに際し，余罪を考慮することは許されるか。この問題は，量刑と余罪の問題として論じられてきた。

　リーディング・ケースとされる最大判昭41・7・13（刑集20・6・609）は，①「刑事裁判において，起訴された犯罪事実のほかに，起訴されていない犯罪事実をいわゆる余罪として認定し，実質上これを処罰する趣旨で量刑の資料に考慮し，これがため被告人を重く処罰すること」（実質処罰類型としての余罪の考慮）は許されないが，②「量刑のための一情状として，いわゆる余罪をも考慮すること」（情状推知類型として余罪の考慮）は，「必ずしも禁ぜられるところではない」とする。

　同判決は，①については，「刑事訴訟法の基本原理である不告不理の原則に

---

[14]　上訴を許さない決定または命令には，理由を付することを要しない（44条2項。428条2項の規定により異議の申立てをすることができる決定については，この限りでない）。

[15]　最大判昭24・2・9刑集3・2・141。さらに，最判昭24・2・10（刑集3・2・155）は，「各本条の構成要件に該当すべき具体的事実を該構成要件に該当するか否かを判定するに足る程度に具体的に明白に」することを求めている。

反し，憲法31条にいう，法律に定める手続によらずして刑罰を科することになるのみならず，刑訴法317条に定める証拠裁判主義に反し，かつ，自白と補強証拠に関する憲法38条3項，刑訴法319条2項，3項の制約を免れることとなるおそれがあり，さらに……若しその余罪について起訴され有罪の判決を受けた場合は，既に量刑上責任を問われた事実について再び刑事上の責任を問われることになり，憲法39条にも反する」が，②については「刑事裁判における量刑は，被告人の性格，経歴および犯罪の動機，目的，方法等すべての事情を考慮して，裁判所が法定刑の範囲内において，適当に決定すべきものであるから」許されるとする[16]。

このような区別は，裁判実務上は定着している。また，多くの学説も，この区別自体は（少なくとも理論上は）承認している。

他方，①・②の区別が実際には困難なことも一般に認められている。このため，②の意味での余罪が，どの程度の「重み」を持つか（量刑判断において，どの程度の重要性を認めるか）が重要である。実際には，①，②の区別が必ずしも容易ではないことを前提にすれば，②の意味での余罪の重みも，限定的なものと考えられるべきであろう。

➡➡➡ 展開説明

(2) 択一的認定・概括的認定

判例[17]によれば，罪となるべき事実は，①どの構成要件に該当するか判定でき，また，②罰条を適用する事実上の根拠が確認できる程度に特定して示されなければならないが，必ずしもそれ以上さらにその構成要件の内容を一層精密に説示しなければならないわけではない。この程度に特定されていれば，日時・場所・方法等について概括的でも，罪となるべき事実の記載として足りるとされているのである（**概括的認定**）。

判例上は，例えば，①共謀共同正犯における謀議の行われた日時，場所またはその内容の詳細（実行の方法，各人の行為の分担役割等）についていちいち具体的に判示することを要するものではないとされ[18]，②被害者を屋上から落下させた手段・方法を具体的に摘示していない場合でも殺人未遂罪の罪となるべき事実中の犯罪行為の判示として不十分とはいえないとされ[19]，③殺害の日時・場所・方法が概括的なものであるほか，実行行為者が「〔共犯者〕又は被

---

[16] 同様に，最大判昭42・7・5（刑集21・6・748）も，実質処罰類型としての考慮は許されないが，「量刑のための一情状として，いわゆる余罪をも考慮すること」は許容されるとする。

[17] 前掲最判昭24・2・10。

[18] 最大判昭33・5・28刑集12・8・1718―練馬事件。

告人あるいはその両名」という択一的なものであっても罪となるべき事実の判示として不十分とはいえないとされている[20]。

このように概括的認定が，罪となるべき事実の記載として幅のある記載が許されるかという問題であるのに対して，**択一的認定**は，複数の事実のうちいずれかが存することは明らかだが，そのいずれであるか不明な場合に，択一的に事実を認定すること（罪となるべき事実を択一的に記載すること）が許されるかという問題である。

択一的認定として論じられるケースは，一般に，3類型に分けて論じられる。

まず，第1の類型として，択一関係にある両事実が**同一構成要件内**[21]の場合がある。例えば，「XまたはYあるいはその両名が実行を担当した殺人罪の共同正犯」と認定する場面である。この例の場合は，実行担当者を特定しない認定が許されるかという問題に還元できるから，問題は，概括的認定の是非（概括的認定自体の是非のほか，当該認定が許容される概括的認定であるか否か）にある。

次に，第2の類型として，択一関係にある両事実が**構成要件を異にするが包摂関係にある**場合がある。例えば，被告人の行為が「殺人または傷害致死」に該当すると認定する場合である。この場合，「より大きな」事実である殺人に該当すると合理的な疑いを入れない程度に証明されていない以上（だからこそ，「殺人または傷害致死」としか認定できていない），「疑わしきは被告人の利益に」の原則（**利益原則**）に従って，軽い限度で傷害致死罪に該当する事実を認定すべきこととなる。

さらに，第3の類型として，択一関係にある両事実が**構成要件を異にし包摂関係にもない**場合がある。例えば，被告人の行為が「保護責任者遺棄か死体遺棄かいずれか」に該当すると認定する場合である。通説は，いずれの構成要件

---

(19) 最決昭58・5・6刑集37・4・375（「未必の殺意をもって，『被害者の身体を，有形力を行使して，被告人方屋上の高さ約0.8メートルの転落防護壁の手摺り越しに約7.3メートル下方のコンクリート舗装の被告人方北側路上に落下させて，路面に激突させた』旨の判示で足りるとした）。

(20) 最決平13・4・11刑集55・3・127（「この程度の判示であっても，殺人罪の構成要件に該当すべき具体的事実を，それが構成要件に該当するかどうかを判定するに足りる程度に具体的に明らかにしている」とする）。

(21) ここでは，構成要件の異同を手がかりに論ずる通説的な分類に従って記述した。これに対し，訴因の異同に着目すべきとする見解として，川出敏裕「訴因の機能」刑ジャ6号126頁。

該当事実についても犯罪の証明があったとはいえないから利益原則に反することとなるとして，あるいは，（例えば「人あるいは死体を遺棄する罪」という）新たな構成要件を作り出す結果となるとして，この類型の択一的認定は認められないとする。

下級審裁判例においては，遺棄された被害者が遺棄された時点で生存していたか死亡していたか法医学的には不分明であった事案について，「刑事裁判における事実認定としては，〔法医学的〕判断に加えて，行為時における具体的諸状況を総合し，社会通念と，被告人に対し死体遺棄罪という刑事責任を問い得るかどうかという法的観点を踏まえて，〔被害者〕が死亡したと認定できるか否かを考察すべきである」とし，「本件では，〔被害者〕は生きていたか死んでいたかのいずれか以外にはないところ，重い罪に当たる生存事実が確定できないのであるから，軽い罪である死体遺棄罪の成否を判断するに際し死亡事実が存在するものと見ることも合理的な事実認定として許されてよい」としたものがある[22]。

同判決においては，明示的に択一的認定がされたわけではない（いわゆる**秘められた択一的認定**）[23]。もっとも，このような考え方についても，学説上は批判が強い。いずれの構成要件該当事実も証明されていない以上，この場合には，無罪判決を言い渡すべきであるとするのである。

2　無罪判決

➔➔ 基本説明

(1)　無罪判決の構成

被告事件が罪とならないとき（訴因に対応して証明された事実が犯罪を構成しない場合，および，法律上犯罪の成立を妨げる理由が存する場合〔335条2項参照〕），または被告事件について犯罪の証明がないとき（検察官が，訴因に掲げられた事実の存在または犯罪〔処罰〕成立阻却事由の不存在について，合理的な疑いを超えて証明するに至らなかったとき）は，判決で無罪の言渡をしなければならない（336条）。

---

[22]　札幌高判昭61・3・24高刑集39・1・8（「本件においては被告人の遺棄行為当時〔被害者〕は死亡していたものと認定するのが相当」とした）。

[23]　札幌高裁は破棄自判するに際し，罪となるべき事実として，「同日午前2時40分ころ，少なくともそのころには凍死していた〔被害者〕の死体を……運んで投げ捨て，もって死体を遺棄し」たことを掲げている。

第 25 章　裁　判(1)　　　　371

無罪判決もまた，主文と理由から構成される。

無罪判決の主文は，「被告人は無罪」とされる。併合罪中の一部を無罪とするときは，「公訴事実のうち，○○については，被告人は無罪」等とする。これに対し，有罪部分と一罪を構成する事実について罪とならない（あるいは犯罪の証明がない）場合には，主文では有罪である旨のみを言い渡し，必要があれば理由中で言及することとなる。例えば，住居侵入窃盗の訴因について，住居侵入罪は成立しないが窃盗罪は成立すると裁判所が認定した場合，全体として1個の有罪判決を言い渡し（すなわち，住居侵入罪についての無罪は主文においては言い渡さず），住居侵入罪について無罪とした旨については理由中で言及することとなる。

無罪判決に示すべき理由については，法律上の制限はない。

→→→ 展開説明

(2)　無罪判決後の勾留

第1審が無罪判決を宣告した場合において，被告人を控訴審が再び勾留できるか，仮にできるとしてもその要件はどのようなものかについては，争いがある[24]。

学説は，大別して，(a)上訴審裁判所による再勾留を原則として否定する見解，(b)広くこれを肯定する見解，(c)一定の条件付きで肯定する中間的な見解に分かれる。

(a)説は，上訴審で原判決が破棄され実刑の言渡しがあった場合や，上訴審で原審へ差し戻す判決があった場合のみ，再勾留し得るとする。無罪等の宣告の存在自体が被告人の身柄拘束を行わないとする裁判所の意思表明であって，345条はこの意思を尊重する規定と理解するのである。

もっとも，(a)説のような理解には疑問もある。

第1に，345条や，そこに列記された裁判はいずれも被告人の身柄について直接に判断を示したものではないから，裁判所の意思表明の尊重という議論の前提に疑問があり，また，第2に，検察官による上訴が許容される以上，上訴審審理のための被告人の身柄確保の要請も否定し難いのである。

最決平12・6・27（刑集54・5・461）は，「第1審裁判所が犯罪の証明がな

---

[24]　345条は，無罪判決等により勾留状が失効する旨を定めるが，この規定により勾留状が失効した場合の扱い（再勾留の可否等）について特段の定めは存在しない。

いことを理由として無罪の判決を言い渡した場合であっても，控訴審裁判所は，記録等の調査により，右無罪判決の理由の検討を経た上でもなお罪を犯したことを疑うに足りる相当な理由があると認めるときは，勾留の理由があり，かつ，控訴審における適正，迅速な審理のためにも勾留の必要性があると認める限り，その審理の段階を問わず，被告人を勾留することができ，……新たな証拠の取調べを待たなければならないものではない」としたが，ここでは60条の要件を充足する限り再勾留し得るとされており，その時期や加重要件の存在は排されている[25]。

　さらに，最決平19・12・13（刑集61・9・843）は，平成12年決定を引用して「第1審裁判所において被告人が犯罪の証明がないことを理由として無罪判決を受けた場合であっても，控訴裁判所は，その審理の段階を問わず，職権により，その被告人を勾留することが許され，必ずしも新たな証拠の取調べを必要とするものではない」としつつ，「しかし，刑訴法345条は，無罪等の一定の裁判の告知があったときには勾留状が失効する旨規定しており，特に，無罪判決があったときには，本来，無罪推定を受けるべき被告人に対し，未確定とはいえ，無罪の判断が示されたという事実を尊重し，それ以上の被告人の拘束を許さないこととしたものと解されるから，被告人が無罪判決を受けた場合においては，同法60条1項にいう『被告人が罪を犯したことを疑うに足りる相当な理由』の有無の判断は，無罪判決の存在を十分に踏まえて慎重になされなければならず，嫌疑の程度としては，第1審段階におけるものよりも強いものが要求される」とした。同決定は，①無罪判決後に控訴審裁判所は被告人を再勾留し得る，②その時期は新たな証拠調べを待つものではない，③要求される嫌疑の程度は第1審におけるそれよりも強いものである，としたのである（上記(c)説に分類できよう）。

---

[25]　「検察官の控訴に伴い控訴審裁判所が被告人を勾留するに際しての『罪を犯したことを疑うに足りる相当な理由』についての判断基準は，第1審段階に比してより高度なものが求められ，かつこれに連動して，勾留できるという判断が可能になる時期は，おのずから制約される」とする遠藤光男裁判官反対意見，「第1審判決を破棄する可能性があると認められるかどうかを判断して，再勾留の可否を決めるのが，控訴審における適正手続にかなう」とする藤井正雄裁判官反対意見が付されている。

第26章

裁 判(2)
裁判の効力

第1節　裁判の効力

→ 趣旨説明

　裁判の外部的成立にともなう効力として羈束力があることは，前章で述べた（→第25章第1節**3**(1))[1]。

　これに対し，本章で扱う裁判の効力は，裁判が確定したことにともなうものである。

→→ 基本説明

1　裁判の確定

　裁判が，上訴等（→第27章第1節），通常の不服申立てできなくなった状態を裁判の**形式的確定**という。

　上訴等の不服申立てを許さない裁判は告知と同時に形式的に確定する。

　これに対し，上訴等の不服申立を許す裁判が形式的に確定するのは，①上訴期間等の不服申立期間が経過した場合，②上訴等の不服申立ての放棄・取下げがあった場合，③上訴等の不服申立棄却の裁判の確定等があった場合である。

　裁判が形式的に確定することによって，裁判所による意思表示の内容も確定する（**内容的確定**）。

　また裁判の確定にともなう効力として，拘束力（当該判断内容が後訴を拘束する。既判力とも[2]），執行力（当該裁判が執行可能な状態になる），一事不再理効（実体裁判について，同一事件について再訴が禁じられる）が掲げられる。これらの効力の根拠や関係については後述する。

---

(1)　さらに，無罪判決が外部的に成立すると勾留状は失効する（345条）。
(2)　ただし，拘束力も既判力も，論者により多義的に用いられている。

2　裁判の確定にともなう効力の根拠

　裁判の確定にともなう効力の根拠については，従来，議論が分かれていた。以下では，従前の通説（具体的規範説）と現在の通説（訴訟法説）を概説する。

(1)　具体的規範説

　裁判が形式的に確定すると**形式的確定力**（通常の不服申立てによって争うことができないとする効力）が生ずる。さらに，形式的に確定することによって裁判所の意思表示の内容が確定し（内容的確定），内容的確定にともない当該事件に適用されるべき具体的な規範が形成され，裁判の効力が生ずる（**具体的規範説**）。このため，執行力が生ずる。

　また，従前の通説によれば，このようにして形成された具体的な規範は，（当該訴因ではなく）当該事件全体に妥当するものであるから[3]，後訴裁判所をも拘束する（拘束力）。さらに，拘束力が働いていることから，後訴裁判所は前訴と異なる判断をすることが許されないため，そもそも同一事件についての再訴は無意味であるから禁じられる（一事不再理効）。

　このように，具体的規範説は，執行力・拘束力・一事不再理効といった一連の効力について，同一の根拠から説明していたのであった。また，この3つの効力の上位概念として，**内容的確定力**という概念が用いられていた。

　もっとも，具体的規範説に対しては，その前提とする公訴事実対象説に対する批判があったほか，なぜ裁判が確定することにより具体的規範が形成されるのかの説明が不分明であるとの批判が向けられた。

(2)　訴訟法説

　これに対し，訴訟法説と呼ばれる現在の通説によれば，裁判の確定にともなう効力は，実体関係とは切り離された訴訟法上の効果である。また，拘束力・執行力（訴訟法説においては，この2つの効力の上位概念として**内容的確定力**という概念が用いられる場合がある）の発生根拠と一事不再理効の発生根拠は区別して論じられる。

　このうち，内容的確定力は，訴訟法説の嚆矢となった見解によれば，訴訟における判断の抵触を回避するため制度上設けられた手続的な効力である[4]。

---

(3)　ここでは，審判対象論にかかる公訴事実対象説が前提とされている（→第12章第1節**3**）。

(4)　田宮439頁（ただし，同書においては，「既判力」と「実質的確定力（内容的確定力・実体的確定力）」が同内容のものとされたうえで，「『既判力』の本質」として，本文中掲記の説明がなされている）。

また，現在の訴訟法説のうち，ある見解は，裁判が当事者の権利・義務に密接な影響を与えることから要求される法的安定性という「訴訟制度内部の要求[5]」から導かれるとし（一事不再理効の根拠については後述する。→本章第2節），同じく訴訟法説に分類される他の見解は，拘束力の根拠を検察官の禁反言に求めている[6]。

3　内容的確定力

(1)　実体裁判の内容的確定力

実体裁判には一事不再理効が妥当するため，原則として，内容的確定力を問題とする必要はない。実体裁判（例えば，被告人Xが被害者Aを2015年10月1日に殺害したとする殺人被告事件についての有罪判決）がいったん確定すれば，同一事件について再度起訴することは許されず（一事不再理効），このため，同一事件（A殺害事件）について後訴において異なる判断（例えば，被告人XはAを殺害していないとする判断や，殺意がなかったとする判断）をしてよいかという問題は，表面化しないのである（A殺害事件についてXを被告人として再度起訴することが許されない以上，同事件について裁判所として再び判断する機会はないため）。

ただし，再審理由の存否の判断（448条1項）においては，問題とする余地がある[7]。さらに，学説においては，実体裁判についても内容的確定力を論ずべき場合があるとして，保険金目的の放火教唆で無罪になった被告人を，同じ事実関係について保険金詐欺で有罪とすることはできないとする見解もある。この場合，放火教唆と詐欺は併合罪の関係に立つから公訴事実の同一性はなく一事不再理効の観点からは問題はないが，前訴と矛盾した判断をすることになるから内容的確定力のうち拘束力に反するとするのである[8]。

➡➡➡　**展開説明**

(2)　形式裁判の内容的確定力

前述のように，実体裁判については，多くの場合，内容的確定力の問題は表面化しない。これに対し，一事不再理効は形式裁判には妥当しないため，形式

---

(5)　白取454頁。
(6)　田口444頁以下は，後訴における真実発見の利益と比較して，なお法的安定性が保障されるべき場合に拘束力を認めるべきであるとし，拘束力の根拠を検察官の禁反言に求めている。
(7)　福岡高決平7・3・28高刑集48・1・28参照。
(8)　白取457頁。

裁判の内容的確定力が正面から問題となる。

　大阪地判昭49・5・2（判時745・40）は，被告人の死亡を理由とする公訴棄却決定（339条1項4号による形式裁判）の内容的確定力が問題となった事案である。すなわち，被告人は死亡診断書を偽造する等自己の死亡を偽装して公訴棄却の決定を得たが，後に偽装死亡の事実が発覚し，同被告人に対し同一事実について再起訴がなされた事案において，弁護人が公訴棄却決定が確定すれば内容的確定力が生ずるから本訴において〔前訴における〕被告人死亡の認定を覆して再度の公訴提起を肯定することはできない等と主張したところ，大阪地裁は次のように判示して弁護人の主張を斥けた。

　「公訴棄却の決定はいわゆる形式裁判であるから，その裁判が確定しても再起訴は原則として妨げられない……，これは，刑事訴訟法340条が例外的に，公訴取消による公訴棄却決定が確定したときに再起訴が妨げられる旨規定していることに照らしても明らかである。このことは，被告人死亡を理由とする公訴棄却決定が確定しているときも同様であり，まして，被告人死亡の事実認定が内容虚偽の証拠に基づくものであったことが，新たに発見された証拠によって明白になったような場合にまで，なおも，この公訴棄却決定の示した判断が拘束性を保有して，後の再起訴を妨げるもの〔ではない〕」。

　本判決は，形式裁判一般が内容的確定力を有するまで否定するものではない。むしろ，「被告人死亡の事実認定が内容虚偽の証拠に基づくものであったことが，新たに発見された証拠によって明白になったような場合にまで，なおも，この公訴棄却決定の示した判断が拘束性を保有」するものではないと判示しているように，一定の場合には形式裁判が内容的確定力（本判決は「拘束力」としている）が存在することを前提にしているのである⁽⁹⁾。

　もっとも，本判決が後訴に内容的確定力が及ばないとする理由は，はっきりしない。

　この理由について，学説上は，被告人が死亡を偽装した事実に着目する見解（偽装したため内容的確定力を主張する資格がないとする）や，死亡による公訴棄却決定を心神喪失を理由とした公判手続の停止（314条1項本文）と同性質の

⑼　最決昭56・7・14（刑集35・5・497）も，形式裁判に内容的確定力が存することを前提にする（ただし，内容的確定力が及ばない場合であるとする事例判断を示したに止まり，内容的確定力の及ぶ範囲についての一般論を判示したわけではない。内容的確定力の根拠についても同様である）。

ものと見る見解（このため，被告人が生存していれば再開できる），339条1項4号は「死亡したこと」ではなく「死亡の証拠」を公訴棄却事由としていると見る見解（このため，死亡という事情が変更されれば再訴が許されることとなる）等がある。

いずれの見解においても，形式裁判の内容的確定力は，実体裁判におけるそれよりも重要度が低く緩いものであることが前提とされているといえよう(10)。

なお，内容的確定力の及ぶ範囲は学説上，主文と直接関係する理由部分とされ，これと同趣旨とも解される最高裁判例(11)も存する(12)。

第2節　一事不再理効

→→ 基本説明

1　意　義

実体裁判がいったん形式的に確定した場合に同一事件についての再度の起訴は許されないとする効力を，**一事不再理効**という。

憲法39条は，「何人も，……既に無罪とされた行為については，刑事上の責任を問はれない。又，同一の犯罪について，重ねて刑事上の責任を問はれない。」と規定し，また，刑訴法337条1号は確定判決を経たときには「判決で免訴の言渡をしなければならない。」と規定して，同一事件につき再度公訴提起された場合，免訴の言い渡しをすべきことを規定している。いずれの規定も，一事不再理効の存在を前提にしていると解される(13)。

2　一事不再理効の根拠

一事不再理効の根拠についても，前掲の具体的規範説と訴訟法説の対立を背景とする論争が見られた。

すなわち，具体的規範説は，裁判が形式的に確定することにより具体化された規範が裁判の効力を生ぜしめると考えていたが，一事不再理効についても同

(10)　出田孝一・百選9版211頁参照。

(11)　前掲最決昭56・7・14。

(12)　これに対し，一事不再理効の及ぶ範囲は，公訴事実の同一性の範囲である。

(13)　ただし，憲法学上も，刑事訴訟法学上も，憲法39条が大陸法流の一事不再理効を規定しているのか，英米法流の二重の危険を規定しているのかについては争いがあった。後述するように本書は再度の起訴を禁止する効力の根拠を二重の危険に求めるが，一般的な用語法にならって当該効力を一事不再理効という名で呼ぶ。

様の説明をしたのである。

　もっとも，具体的規範説には疑問がある（→本章第1節2(1)）。

　これに対し，訴訟法説は，一事不再理効を訴訟手続が一定の段階まで達したことの実際的な効果と位置づけ，一事不再理効の根拠を二重の危険（憲39条）に求める。

　判例(14)も一事不再理効の根拠が二重の危険にあるとしている。「一事不再理の原則は，何人も同じ犯行について，2度以上罪の有無に関する裁判を受ける危険に曝さるべきものではないという，根本思想に基く」としたのである(15)。

→→→ 展開説明

3　一事不再理効の及ぶ範囲

　一事不再理効の及ぶ範囲については，主観的範囲（人的範囲）と客観的範囲（物的範囲）がそれぞれ問題となる。

　前者は，XについてA殺害被告事件の実体裁判が確定している場合に，同一事件に加功した共犯者Y（未だ，A殺害事件について実体裁判を言い渡されていない）にも及ぶか否か，という問題である。

　これに対し，後者は，XについてA殺害被告事件の実体裁判が確定している場合に，Xについてさらに別の機会に行われたB殺害事件について訴追することは許されるか（あるいは，B殺害がA殺害と同一の行為で行われた場合はどうか），という問題である。

(1)　主観的範囲（人的範囲）

　一事不再理効は，裁判を受けた被告人についてのみ及び，同一犯罪に加功した共犯であっても，他の共犯者の判決の効力は及ばない。249条は，「公訴は，検察官の指定した被告人以外の者にその効力を及ぼさない。」と規定しており，裁判の効力のひとつである一事不再理効が，公訴の効力の及ばない共犯者に及ばないのは当然である。

(2)　客観的範囲（物的範囲）

　一事不再理効の客観的範囲について，明文の定めはない。有力な反対説もあるが(16)，一般に，一事不再理効は，当該判決が対象とした訴因に限られず，こ

---

(14)　最大判昭25・9・27刑集4・9・1805。

(15)　もっとも，現行法が検察官上訴を認める点を捉え，二重の危険から説明できないとして，一事不再理効を被告人の法的安全のための政策的要請と見る考え方も有力に主張されている。

れと公訴事実の同一性を有する範囲の事実に及ぶと考えられている[17]。

　したがって，実体法上一罪を構成する犯罪事実の一部につきすでに有罪・無罪の判決が確定している場合，もし残余の部分について起訴されれば，裁判所は，337条1号の場合として，免訴判決を言い渡すべきこととなる。

　もっとも，常習一罪の関係にある場合を中心に，このような考え方には疑問も呈されている。実体法上一罪とされる場合にもさまざまな場合があるから，個別の場合の具体的事情を捨象して，起訴を一律に許されないものとしてよいかには疑問の余地もある。

　このため，一事不再理効の客観的範囲を限定すべきか否かが，学説上も判例上も問題となる。

　ここでは，いくつかの判例を掲げることとしよう。

	前訴	→	後訴	結論
最判昭43・3・29	単純窃盗	→	常習累犯窃盗	一事不再理効の効力及ぶ
高松高判昭59・1・24	単純窃盗	→	単純窃盗	一事不再理効の効力及ぶ
最判平15・10・7	単純窃盗	→	単純窃盗	一事不再理効の効力及ばず

　最判昭43・3・29（刑集22・3・153）は，前訴が単純窃盗，後訴が常習累犯窃盗で，それぞれ起訴された事案である。

　被告人は，前訴では，（後訴における①と②の各犯行の中間である）昭和41年2月5日に行われた単純窃盗罪について懲役10月の判決言渡しを受け同判決が確定していたところ，本件（後訴）では，①昭和40年6月4日における腕時計等の窃取，②同41年12月12日における腕時計等の窃取，③同日における黒皮手提鞄等の窃取，④昭和42年1月28日における現金等の窃取，⑤同日における腕時計等の窃取について，包括して盗犯等防止法3条に該当する常習累犯窃盗の一罪として起訴された。第1審は，これをそのまま有罪と認定し，被告人に懲役5年の刑に処した。

　このような事案について，最高裁は，以下のように判示して，①の所為については免訴とされるべきであるとした。

　「〔前訴〕における各窃盗も盗犯等の防止及び処分に関する法律3条所定の

---

(16)　公訴事実の同一性の範囲に限らず，現実に訴追ないし審判された関係にある事実にも及ぶとする見解，あるいは，1個の犯罪だけでなく，同時立証の可能の場合や，以前に判断された時効が争点の拘束力として働く場合をも含めうるとする見解が存する。

(17)　公訴事実の同一性の範囲内で被告人が危険に晒されたため。

常習累犯窃盗に該当するものとみるべきであり，また前記の本件①の所為も右確定判決前の犯行であるから，〔前訴〕における各窃盗犯行と共に1個の常習累犯窃盗罪を構成すべきものであったといわなければならない。しからば，右一罪の一部について既に確定判決があった以上，本件における前記①の所為については免訴されるべきであ〔る〕」。

これに対し，高松高判昭59・1・24（判時1136・158）は，前訴・後訴のいずれも単純窃盗で起訴された事案であるが，ここでも，前訴の確定判決による一事不再理効が後訴に及ぶとされている。

被告人は，前訴では単純窃盗（犯行日昭和55年6月20日）等により有罪判決の言渡しを受け（昭和56年10月22日言渡し），同判決が確定していたものであるが，本件（後訴）では，昭和54年6月28日ころから同56年9月15日ころまでの間の34回にわたる窃盗の所為を内容とする事実につき起訴された。原判決は，公訴事実どおりの各窃盗の事実を認定して被告人を懲役6年6月に処したが，弁護人は，「一罪の一部について既に確定判決があったことになるから，免訴とされるべきであ〔る〕」と主張して控訴した。

高松高裁は，以下のように判示し，原判決を破棄し被告人を免訴した。

「本件起訴にかかる各窃盗及び被告人の確定判決の内容となっている窃盗は，いずれも……すなわち常習特殊窃盗である」。

「被告人には……昭和56年10月22日言渡の確定判決が存し，右確定判決には本件起訴の窃盗行為とともに常習特殊窃盗の一罪を構成する窃盗行為が含まれており，しかも本件起訴の窃盗行為はいずれも確定判決前の行為である。そうすると，本件起訴事実については，一罪の一部につき既に確定判決を経ていることになるから，免訴さるべき〔である〕」。

このように，高松高裁は，本件起訴にかかる各窃盗および前訴の内容となっている窃盗が常習特殊窃盗であると認めたうえで，前訴の一事不再理効が後訴に及ぶとしたのである。

ところが，最判平15・10・7（刑集57・9・1002）は，高松高判昭59・1・24と同様に，前訴・後訴のいずれも単純窃盗で起訴された事案について，両者が実体法上は1つの常習特殊窃盗罪を構成するとしても，前訴の確定判決による一事不再理効が後訴に及ばないとした。

最高裁は，高松高判昭59・1・24に抵触することは認めつつ[18]，以下のように判示している。

第 26 章　裁　判(2)　　　381

　「〔前訴・後訴いずれも単純窃盗罪として起訴された場合,〕両訴因間における
公訴事実の単一性の有無を判断するに当たり,①両訴因に記載された事実の
みを基礎として両者は併合罪関係にあり一罪を構成しないから公訴事実の単
一性はないとすべきか, それとも,②いずれの訴因の記載内容にもなってい
ないところの犯行の常習性という要素について証拠により心証形成をし, 両
者は常習特殊窃盗として包括的一罪を構成するから公訴事実の単一性を肯定
できると〔すべきかが問題となる〕」。

　「訴因制度を採用した現行刑訴法の下においては, 少なくとも第1次的に
は訴因が審判の対象であると解されること, 犯罪の証明なしとする無罪の確
定判決も一事不再理効を有することに加え, 前記のような常習特殊窃盗罪の
性質や一罪を構成する行為の一部起訴も適法になし得ることなどにかんがみ
ると, 前訴の訴因と後訴の訴因との間の公訴事実の単一性についての判断は,
基本的には, 前訴及び後訴の各訴因のみを基準としてこれらを比較対照する
ことにより行う〔べきである〕」。

　「〔本件では〕前訴及び後訴の訴因が共に単純窃盗罪であって, 両訴因を通
じて常習性の発露という面は全く訴因として訴訟手続に上程されておらず,
両訴因の相互関係を検討するに当たり, 常習性の発露という要素を考慮すべ
き契機は存在しないのであるから, ここに常習特殊窃盗罪による一罪という
観点を持ち込むことは, 相当でない……。そうすると, 別個の機会に犯され
た単純窃盗罪に係る両訴因が公訴事実の単一性を欠くことは明らかであるか
ら, 前訴の確定判決による一事不再理効は, 後訴には及ばない[19]」。

　もっとも, このような最判平15・10・7の判断枠組には疑問もある。

　同判決が「基本的に」(同判決のいう)①の方法に拠るとしつつ,②の方法を
採る場合もあるとしたことが, 論理的に一貫していると評価できるかは疑問の
余地もある。また,②の方法を採った場合には許容される訴因記載以外の事情
の考慮が, なぜ,①の場合には禁止されるのか, 必ずしも明らかではない。さ

────────────

(18)　ただし, 最判昭43・3・29には反しないとする。

(19)　さらに, 前訴・後訴いずれかの訴因が常習特殊窃盗または常習累犯窃盗である場合には,「両訴
　　因の記載の比較のみからでも, 両訴因の単純窃盗罪と常習窃盗罪が実体的には常習窃盗罪の一罪
　　ではないかと強くうかがわれるのであるから, 訴因自体において一方の単純窃盗罪が他方の常習
　　窃盗罪と実体的に一罪を構成するかどうかにつき検討すべき契機が存在する場合であるとして,
　　単純窃盗罪が常習性の発露として行われたか否かについて付随的に心証形成をし, 両訴因間の公
　　訴事実の単一性の有無を判断すべきである」としている。

らに，常習犯の常習性は，「殊更に調査しなくとも，訴因に掲げられた単純窃盗罪の審理を通じ，相当程度明らかとなる」から，訴因上の「契機」の有無にかかわらず，裁判所が「前訴及び後訴の各訴因の内容をなす窃盗行為が1つの常習窃盗罪を構成するとの心証を得るに至った場合……これを無視する扱いをすべき理由は，直ちに明らかとはいえない[20]」のである。

---

[20]　大澤裕「常習一罪と一事不再理の効力」研修685号9頁。

●第6部　上訴・非常救済手段●

第27章

上訴・非常救済手段

第1節　上　訴

1　総　説

→ 趣旨説明

(1)　上訴の意義

未確定[1]の裁判に対する上級審[2]への不服申立てを，**上訴**という。

裁判には判決と決定があるが，未確定の判決に対する上訴としては，**控訴**（→本章第1節**2**）と**上告**（→本章第1節**3**）があり，未確定の決定に対する上訴としては，**抗告**（→本章第1節**4**）がある。

また，裁判官の行う命令または捜査機関のした処分に対する不服申立てとしては，**準抗告**[3]（→本章第1節**4**）がある。**準抗告**は，厳密には上訴とは異なる制度である[4]が，抗告に準ずるものと位置づけられる[5]。

---

[1]　確定した裁判を是正する手段としては，**非常救済手続（再審・非常上告）**がある（→本章第2節）。

[2]　なお，同級の裁判所への不服申立ての制度を置く立法例も見られる。松尾下182頁参照。

[3]　「準抗告」という名称は講学上のものである（法文上の用語ではない）。

[4]　裁判官の行う命令に対する準抗告は上級審裁判所に対する不服申立てとは限らず，また，捜査機関のした処分に対する準抗告は裁判に対するものではない。

[5]　このほか，上訴とは異なる不服申立て制度として，裁判長の処分等に関する当該裁判所に対する異議申立て（309条，428条），上告裁判所の判決に対する訂正の申立て（415条），裁判の執行に関する異議（502条）等がある。

(2) 上訴権

上訴権者とは，上訴する資格を有する者をいう。①当事者である検察官または被告人は，上訴をすることができる（351条1項）。

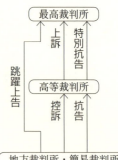

当事者でない者が上訴権を有する場合として，以下の②～⑤の場合がある。

②被告人の法定代理人または保佐人は，被告人のため上訴をすることができる（353条）。

③原審における代理人または弁護人は，被告人のため上訴をすることができる（355条）。

④勾留に対しては，勾留の理由の開示があったときは，その開示の請求をした者も，被告人のため上訴をすることができる（354条。その上訴を棄却する決定に対しても，同様である）。

さらに，⑤検察官または被告人以外の者で決定を受けたもの[6]は，抗告をすることができる（352条）。

なお，②～④の上訴は，被告人の明示した意思に反してこれをすることができない（356条）。

(3) 上訴の利益

明文の規定はないが，**上訴の利益**がある場合でなければ上訴できないと解される。上訴が裁判に対する不服申立ての制度であることや，不利益変更の禁止（402条），取消しの実益に関する421条ただし書，有罪判決の宣告の場合に限り被告人に対する上訴期間等の告知が要求される規則220条の規定から，このことが看取される。

このため，被告人は，無罪の判決については上訴権を有しない（最決昭37・9・18判時318・34参照）。

(4) 一部上訴

上訴は，裁判の一部に対してこれをすることができ（**一部上訴**），部分を限らないで上訴をしたときは，裁判の全部に対してしたものとみなす（357条）。

もっとも，一部上訴が許されるのは，裁判が可分な場合，すなわち，併合罪

---

[6] 過料の決定を受けた証人（150条，160条），訴訟費用の負担を命じられた告訴人（183条），被告人以外の者で保証金没取決定を受けた者等。

・第 27 章　上訴・非常救済手段　　385

につき複数の主文が言い渡された場合に限定される（一部有罪・一部無罪の場合，
併合罪につき全部無罪の場合，刑法 45 条後段により複数の主刑が科された場合等）。

　一部上訴がされた場合，その余の部分は確定する。

→→→ 展開説明

(5)　不利益変更の禁止

　被告人が控訴をし，または被告人のため控訴をした事件については，原判決
の刑より重い刑を言い渡すことはできない（402 条。**不利益変更の禁止**）。上告に
ついても同様である（414 条）。

　「被告人のため控訴をした事件」とは，被告人の法定代理人・保佐人（353
条），原審における代理人・弁護人（355 条）が控訴した事件を指し，検察官が
被告人の利益のために控訴をした事件を含まない[7]。

　検察官・被告人双方が控訴・上告した場合，①上訴審が検察官の控訴・上告
に理由があると考えた場合には，不利益変更が許される[8]。

　②上訴審が検察官の控訴・上告に理由がないと考えた場合であって被告人の
控訴・上告に理由があると考えたときに不利益変更禁止原則が適用されるか否
かについては争いがある。検察官の公訴権の運用は被告人が控訴したら控訴す
るという姿勢ではないこと，被告人が控訴したら検察官が控訴するかもしれな
いという心配は検察官控訴を認める以上やむを得ないことから，②の場合に同
原則の適用はないとする見解もある[9]。もっとも，不適用説は，検察官が不利
益変更禁止原則の適用を排するためだけの目的で（すなわち，上記②の場合であ
るとするためだけの目的で）控訴・上告した場合に，不都合な結論となろう。解
釈論としては同原則を潜脱する道を開くべきではないように思われる（このよ
うな控訴・上告が現在行われているか否かにかかわらず）。

2　控　訴

→ 趣旨説明

(1)　意義・構造

　控訴は，第 1 審の判決に対する上訴であり（372 条）[10]，高等裁判所が管轄
を有する（裁 16 条 1 号）。

---

(7)　最判昭 53・7・7 刑集 32・5・1011。上告についても同様に解されよう。
(8)　検察官による不利益変更を求める控訴・上告が許される現行法の解釈としては当然である。
(9)　原田國男・大コンメ 2 版 9 巻 505 頁。
(10)　なお，裁判員法 80 条は，裁判員裁判における部分判決に対しては控訴をすることができない
　　と規定する（併合した事件全体の判決について控訴することは当然に許される）。

現行法においては，控訴審は，**事後審**[11]（原判決の当否を事後的に審査する）として設計されている（ただし，例外はある。382条の2第1項・2項，383条2号，393条2項等参照）。このため，刑訴法は，控訴審裁判所が当該事件について判決することができる場合を，「訴訟記録並びに原裁判所及び控訴裁判所において取り調べた証拠によって，直ちに判決をすることができるものと認めるとき」（400条ただし書）に限定している。

なお，最判平24・2・13（刑集66・4・482）は，控訴審が原則として事後審として事後審としての性格を有することから，「第1審において，直接主義・口頭主義の原則が採られ，争点に関する証人を直接調べ，その際の証言態度等も踏まえて供述の信用性が判断され，それらを総合して事実認定が行われることが予定されていることに鑑みると，控訴審における事実誤認の審査は，第1審判決が行った証拠の信用性評価や証拠の総合判断が論理則，経験則等に照らして不合理といえるかという観点から行うべきものであ〔る〕」とし，「このことは，裁判員制度の導入を契機として，第1審において直接主義・口頭主義が徹底された状況においては，より強く妥当する。」と判示している[12]。

現在では，控訴審が原判決を破棄する場合に自判する場合が多いが[13]，このような運用は，裁判員制度導入や同判決によって変化する可能性がある。

→→ 基本説明

⑵　控訴の申立て

控訴を申し立てうるのは，検察官・被告人（351条1項），被告人の法定代理人・保佐人（353条），原審における代理人・弁護人（355条）である。

控訴をするには，**申立書**を第1審裁判所に差し出さなければならない（374条）。控訴の提起期間は，原判決の言渡しの日[14]から14日である（373条）。控訴の申立てが明らかに控訴権の消滅後（控訴期間が徒過した場合，または，上訴

⑾　事後審と対置される概念として，**覆審**（被告事件の審理を控訴審が最初からやりなおす制度設計）および**続審**（原判決の前提とした心理および心証を引き継いで控訴審がさらに審理を行う制度設計）がある。

⑿　同時に，「刑訴法382条の事実誤認とは，第1審判決の事実認定が論理則，経験則等に照らして不合理であることをいう」，「したがって，控訴審が第1審判決に事実誤認があるというためには，第1審判決の事実認定が論理則，経験則等に照らして不合理であることを具体的に示すことが必要である」ともする。

⒀　『平成26年司法統計年報』によれば，2014（平成26）年中に控訴審が破棄自判した事件が548件であるのに対し，破棄差戻し（あるいは移送）した事件は10件であった（総数5890件中）。

⒁　358条は，「上訴の提起期間は，裁判が告知された日から進行する。」と規定する。

権が放棄された場合）にされたものであるときは，第1審裁判所は，決定でこれを棄却しなければならない（375条本文）。

控訴申立者は，控訴の理由を簡潔に明示した**控訴趣意書**を控訴審裁判所に差し出さねばならない（376条，規240条）。

控訴の申立ては，刑訴法上規定された事由（377～382条，383条。→後掲(3)）があることを理由とするときに限り[15]，行いうる（384条）。

➡➡➡ ■展開説明

(3) 控訴理由

控訴理由は，377条～382条および383条が規定する事由に限定されている（384条）。

(i) 訴訟手続の法令違反

377～379条は，訴訟手続が法令に違反したことによる控訴理由を規定している。

これらの控訴理由は，その事由に該当するだけで控訴理由となるような重大な法令違反にかかる**絶対的控訴理由**と，その事由に該当するだけでは控訴理由とならず，当該法令違反が判決に影響を及ぼすことが明らかであってはじめて控訴理由となる**相対的控訴理由**に分類される。

絶対的控訴理由となるのは，①法律に従って判決裁判所を構成しなかったこと（377条1号），②法令により判決に関与することができない裁判官が判決に関与したこと（377条2号），③審判の公開に関する規定に違反したこと（377条3号），④不法に管轄または管轄違いを認めたこと（378条1号），⑤不法に，公訴を受理し，またはこれを棄却したこと（378条2号），⑥審判の請求を受けた事件について判決をせず，または審判の請求を受けない事件について判決をしたこと（378条3号），⑦判決に理由を付せず，または理由に食い違いがあること（378条4号）である。

その他の訴訟手続の法令違反は相対的控訴理由となる（379条）。

(ii) その他の控訴理由

その他，刑訴法は，控訴理由として，①実体法規[16]の適用の誤り（**法令適用の誤り**。380条。この場合，「その誤が判決に影響を及ぼすことが明らかであること」

---

(15) なお，即決裁判手続における控訴理由については，403条の2がさらに限定している。

(16) 手続法規の適用の誤りは訴訟手続の法令違反として，377～379条の問題となる。

が要求される），②刑の量定が不当であること（**量刑不当**。381条），③事実誤認（382条），④弁論終結後の事情（382条の2），⑤再審事由その他（383条）を理由とする場合を規定している。

➡➡ 基本説明

⑷ 控訴審の審理

第1審の公判手続に関する規定は，刑訴法に特別の定めのある場合を除いては，控訴の審判について準用される（404条）。

控訴審においては，弁護士以外の者を弁護人に選任することはできず（387条），また，弁護人でなければ，被告人のためにする弁論は行えない（388条。被告人は弁論を行えない）。控訴審においては，被告人は，原則として，公判期日に出頭することを要しない（390条）。

控訴裁判所は，控訴趣意書に包含された事項は，これを調査しなければならない（**義務的調査**。392条1項）。また，控訴裁判所は，控訴趣意書に包含されない事項であっても，377〜382条および383条に規定する事由に関しては，職権で調査をすることができる（**職権調査**。392条2項）。

控訴裁判所は，これらの調査をするについて必要があるときは，検察官，被告人もしくは弁護人の請求によりまたは職権で事実の取調べをすることができる（393条1項本文）[17]。また，控訴裁判所は，必要があると認めるときは，職権で，第1審判決後の刑の量定に影響を及ぼすべき情状につき取調べをすることができる（393条2項。この範囲では，控訴審は，事後審としての性格に止まらない）。

第1審において証拠とすることができた証拠は，控訴審においても，これを証拠とすることができる（394条）。

⑸ 控訴審の裁判

(i) 概　説

控訴審の裁判には，①決定による控訴棄却（**控訴棄却決定**。385条1項，386条1項），②判決による控訴棄却（**控訴棄却判決**。395条，396条），③判決による原判決破棄（**破棄判決**。398〜400条）がある。

---

[17]　382条の2の疎明があったものについては，刑の量定の不当または判決に影響を及ぼすべき事実の誤認を証明するために欠くことのできない場合に限り，これを取り調べなければならない（393条1項ただし書）。

なお，原裁判所が不法に公訴棄却の決定をしなかったときは，決定で公訴を棄却しなければならない（403条1項）。

(ii) 控訴棄却決定・控訴棄却判決

控訴の申立てが法令上の方式に違反し，または控訴権の消滅後にされたものであることが明らかなときは，控訴裁判所は，決定でこれを棄却しなければならない（385条1項）。

また，①376条1項に定める期間内に控訴趣意書を差し出さないとき，②控訴趣意書が刑訴法もしくは裁判所の規則で定める方式に違反しているとき，または控訴趣意書に刑訴法もしくは裁判所の規則の定めるところに従い必要な疎明資料もしくは保証書を添付しないとき，③控訴趣意書に記載された控訴の申立ての理由が，明らかに377〜382条および383条に規定する事由に該当しないときには，控訴裁判所は，決定で控訴を棄却しなければならない（386条1項）[18]。

控訴の申立てが法令上の方式に違反し，または控訴権の消滅後にされたものであるときは，判決で控訴を棄却しなければならない（395条）。377〜382条および383条に規定する事由がないときは，判決で控訴を棄却しなければならない（396条）。

(iii) 破棄判決

刑訴法は，377〜382条および383条に規定する事由があるときは，判決で原判決を破棄しなければならないと規定し（いわゆる**1項破棄**。397条1項），また，職権による取調べ（393条2項）の結果，原判決を破棄しなければ明らかに正義に反すると認めるときは，判決で原判決を破棄することができると規定する（いわゆる**2項破棄**。397条2項）。

破棄した後の手続につき，刑訴法は，以下のように規定している。①不法に，管轄違いを言い渡し，または公訴を棄却したことを理由として原判決を破棄するときは，判決で事件を原裁判所に差し戻さなければならない（398条）。②不法に管轄を認めたことを理由として原判決を破棄するときは，判決で事件を管轄第1審裁判所に移送しなければならない（399条本文）[19]。③これら（①・②）以外の理由によって原判決を破棄するときは，判決で，事件を原裁判所に差し

---

[18] この決定に対しては，428条2項の異議の申立てをすることができる（385条2項，386条2項。この場合には，即時抗告に関する規定をも準用する）。

戻し，または原裁判所と同等の他の裁判所に移送しなければならない（400条本文）。

ただし，③の場合，控訴裁判所は，訴訟記録ならびに原裁判所および控訴裁判所において取り調べた証拠によって，直ちに判決をすることができるものと認めるときは，被告事件についてさらに判決をすることができる（400条ただし書）（いわゆる**破棄自判**[20]）。

→→ 基本説明

3 上 告

(1) 意義・構造

上告とは，原則として[21]，高等裁判所がした控訴審判決に対する上訴である（405条）。

ただし，内乱罪等（刑77～79条）にかかる訴訟については高等裁判所が第1審の管轄を有し（裁16条4号），この場合には，上告は，高等裁判所がした第1審判決に対する上訴である[22]。

上告審は**事後審**として設計されており，また，**法律審**（違憲審査，法令解釈の統一を行う）として[23]設計されている。

(2) 上告の申立て

上告を申し立てうるのは，検察官・被告人（351条1項），被告人の法定代理人・保佐人（353条），原審における代理人・弁護人（355条）である。

上告をするには，**申立書**を控訴審裁判所に差し出さなければならない（414条・374条）。上告の提起期間は，原判決の言渡しの日[24]から14日である（414条・373条）。上告の申立てが明らかに控訴権の消滅後（控訴期間が徒過した場合，

---

(19) 控訴裁判所は，その事件について第1審の管轄権を有するときは，第1審として審判をしなければならない（399条ただし書）。

(20) 実務上は破棄自判する例が多いことにつき前掲注(13)参照。

(21) 例外として，高等裁判所がした第1審判決に対する場合（本文参照），および，**跳躍上告**（406条，規254条）の場合がある。なお，406条を受けて，刑事規則は，跳躍上告のほか，**事件移送**（規247条），**事件受理の申立て**（規257条）の制度を規定している。

(22) 405条が，「高等裁判所がした第1審又は第2審の判決に対しては，……上告の申立をすることができる。」（傍点筆者）と規定する理由はここにある。

(23) 後述するように，上告理由は憲法違反および判例違反に限定されている。このため，上告審の役割は違憲審査および法令解釈の統一であると解される。もっとも，実際には，411条各号に基づいて職権で原判決を破棄するよう求める上告が多い。

(24) 358条は，「上訴の提起期間は，裁判が告知された日から進行する。」と規定する。

または，上訴権が放棄された場合）にされたものであるときは，控訴審裁判所は，決定でこれを棄却しなければならない（414条・375条本文）。

上告申立人は，**上告趣意書**を上告審に提出しなければならない（414条・376条1項）。

上告趣意書には，裁判所の規則の定めるところにより，上告の申立ての理由を明示しなければならない（407条）。判例と相反する判断をしたことを理由として上告の申立てをした場合には，上告趣意書にその判例を具体的に示さなければならない（規253条）。

上告の申立ては，刑訴法上規定された事由（→後掲(3)）があることを理由とするときに限り，行い得る（405条）。

もっとも，最高裁判所は，405条の規定により上告をすることができる場合以外の場合であっても，法令の解釈に関する重要な事項を含むものと認められる事件については，その判決確定前に限り，裁判所の規則の定めるところ[25]により，自ら上告審としてその事件を受理することができる（406条）。

(3) 上告理由

上告理由は，405条が規定する，①憲法の違反があることまたは憲法の解釈に誤りがあること（同条1号），②最高裁判所の判例と相反する判断をしたこと（同条2号），③最高裁判所の判例がない場合に，大審院もしくは上告裁判所たる高等裁判所の判例またはこの法律施行後の控訴裁判所たる高等裁判所の判例と相反する判断をしたこと（同条3号）の各事由に限定されている（最高裁が上告審として事件を受理しうる場合があること〔406条〕については，前述参照）。

(4) 上告審の審理

控訴審に関する規定は，刑訴法に特別の定のある場合を除いては，上告の審判について準用される（414条）。

上告裁判所は，上告趣意書その他の書類によって，上告の申立ての理由がないことが明らかであると認めるときは，弁論を経ないで，判決で上告を棄却することができる（408条）。

上告審においては，弁護士以外の者を弁護人に選任することはできず（414

---

[25] 控訴裁判所から最高裁判所への事件の移送（規247～249条），跳躍上告（規254～255条），上告審としての事件受理の申立て（規257～264条）が，これに当たる。

条・387 条），また，弁護人でなければ，被告人のためにする弁論は行えない（414 条・388 条。被告人は弁論を行えない）。

上告審においては，公判期日に被告人を召喚することを要しない（409 条）。

上告裁判所は，上告趣意書に包含された事項は，これを調査しなければならない（**義務的調査**。414 条・392 条 1 項）。また，上告裁判所は，上告趣意書に包含されない事項であって，上告理由に当たる憲法違反・判例違反，および，411 条に規定する事由に関しては，職権で調査をすることができる（**職権調査**。414 条・392 条 2 項）。

上告裁判所は，これらの調査をするについて必要があるときは，職権で事実の取調べをすることができる（414 条・393 条 1 項本文。かつて 393 条 1 項本文が 414 条により準用されるかについては争いがあったが，現在では準用を肯定する見解が通説である。なお，同条 2 項については，判例[26]は準用を否定する）。

(5)　上告審の裁判

上告審の裁判には，①決定による上告棄却（**上告棄却決定**。414 条・385 条 1 項，414 条・386 条 1 項），②判決による上告棄却（**上告棄却判決**。414 条・395 条，414 条・396 条），③判決による原判決破棄（**破棄判決**。410〜413 条）がある。

上告裁判所は，405 条各号に規定する事由があるときは，判決で原判決を破棄しなければならない[27]。ただし，判決に影響を及ぼさないことが明らかな場合は，この限りでない（410 条 1 項）。

また，上告裁判所は，405 条各号に規定する事由がない場合であっても，411 条各号の事由[28]があって原判決を破棄しなければ著しく正義に反すると認めるときは，判決で原判決を破棄することができる（411 条）。

不法に管轄を認めたことを理由として原判決を破棄するときは，判決で事件を管轄控訴裁判所または管轄第 1 審裁判所に移送しなければならない（412 条）。

これ以外の理由によって原判決を破棄するときは，判決で，事件を原裁判所もしくは第 1 審裁判所に差し戻し，またはこれらと同等の他の裁判所に移送し

---

[26]　最判昭 52・12・22 刑集 31・7・1147。

[27]　405 条 2 号または 3 号に規定する事由のみがある場合において，上告裁判所がその判例を変更して原判決を維持するのを相当とするときは，410 条 1 項の規定は適用されない。

[28]　①判決に影響を及ぼすべき法令の違反があること，②刑の量定が甚しく不当であること，③判決に影響を及ぼすべき重大な事実の誤認があること，④再審の請求をすることができる場合に当たる事由があること，⑤判決があった後に刑の廃止もしくは変更または大赦があったこと。

なければならない（413条本文）。ただし，上告裁判所は，訴訟記録ならびに原裁判所および第1審裁判所において取り調べた証拠によって，直ちに判決をすることができるものと認めるときは，被告事件についてさらに判決をすることができる（413条ただし書）。

原裁判所が不法に公訴棄却の決定をしなかったときは，決定で公訴を棄却しなければならない（414条・403条1項）。

なお，上告審の裁判に対しては上訴できないが，上告裁判所は，その判決の内容に誤りのあることを発見したときは，検察官，被告人または弁護人の申立てにより，判決でこれを訂正することができる（415条1項）。

4 抗告・準抗告

抗告は，未確定の決定に対する上訴である。抗告は，一般抗告と特別抗告に分類される。

準抗告[29]は，裁判官の行う命令または捜査機関のした処分に対する不服申立てである。前述のように，準抗告は，厳密には上訴とは異なる制度であるが，抗告に準ずるものと位置づけられる。

(1) 抗 告

抗告は，**通常抗告**（419条），**即時抗告**（419条），**特別抗告**（433条）があり，講学上，前二者を**一般抗告**という。

(i) 一般抗告

一般抗告については，高等裁判所が管轄を有する（428条参照）。

一般抗告のうち，通常抗告は，即時抗告の対象とならない決定について原則として[30]行いうる（419条本文）。

通常抗告は，いつでもこれをすることができる（421条）。即時抗告の提起期間は，3日である（422条）。

抗告をするには，申立書を原裁判所に差し出さなければならない（423条1項）。

原裁判所は，抗告を理由があるものと認めるときは，決定を更正しなければ

---

[29] 前述のとおり「準抗告」という名称は講学上のものである（法文上の用語ではない）。

[30] ①裁判所の管轄または訴訟手続に関し判決前にした決定（420条1項），②抗告または準抗告に対する決定（427条，432条），③高等裁判所の決定（428条1項。ただし428条2項により高等裁判所に対する異議申立ては行い得る）・最高裁判所の決定（最決昭23・1・28刑集2・1・14）については，抗告をすることはできない（419条ただし書）。

ならない。抗告の全部または一部を理由がないと認めるときは，申立書を受け取った日から3日以内に意見書を添えて，これを抗告裁判所に送付しなければならない（423条2項）。

抗告は，即時抗告を除いては，裁判の執行を停止する効力を有しない（424条1項本文）。

抗告の手続がその規定に違反したとき，または抗告が理由のないときは，決定で抗告を棄却しなければならない（426条1項）。抗告が理由のあるときは，決定で原決定を取り消し，必要がある場合には，さらに裁判をしなければならない（426条2項）。

抗告裁判所の決定に対しては，抗告をすることはできない（**再抗告の禁止**。427条）。

(ii) 特別抗告

特別抗告については，最高裁判所が管轄を有する（433条1項）。

刑事訴訟法により不服を申し立てることができない決定または命令に対しては，憲法違反・判例違反（405条）があることを理由とする場合に限り，最高裁判所に特に抗告をすることができる（433条1項）。特別抗告の提起期間は5日である（433条2項）。

手続については，通常抗告にかかる規定（423条，424条，426条）が，この法律に特別の定のある場合を除いて，準用されている（434条）。

(2) **準 抗 告**

準抗告には，裁判官の命令に対する不服申立て（429条）と捜査機関による処分に対する不服申立て（430条）がある。

裁判官が429条1項各号[31]の裁判をした場合において，不服がある者は，簡易裁判所の裁判官がした裁判に対しては管轄地方裁判所に，その他の裁判官がした裁判に対してはその裁判官所属の裁判所にその裁判の取消しまたは変更を請求することができる（429条1項）。

検察官または検察事務官のした接見指定の処分または押収もしくは押収物の還付に関する処分に不服がある者は，その検察官または検察事務官が所属する

---

[31] 忌避の申立てを却下する裁判（1号），勾留，保釈，押収または押収物の還付に関する裁判（2号），鑑定のため留置を命ずる裁判（3号），証人，鑑定人，通訳人または翻訳人に対して過料または費用の賠償を命ずる裁判（4号），身体の検査を受ける者に対して過料または費用の賠償を命ずる裁判（5号）。

検察庁の対応する裁判所にその処分の取消しまたは変更を請求することができる（430条1項）。司法警察職員のしたこれらの処分に不服がある者は，司法警察職員の職務執行地を管轄する地方裁判所または簡易裁判所にその処分の取消しまたは変更を請求することができる（430条2項）。

準抗告をするには，請求書を管轄裁判所に差し出さなければならない（431条）。

準抗告裁判所は，裁判官の命令に対する準抗告の場合は合議体で決定をしなければならない（429条3項）。捜査機関による裁判に対する準抗告の場合については刑訴法は特段の規定を有しないから，裁判所法の規定に従い，単独体により決定が行われる（裁26条1項，同35条）。

手続については，通常抗告にかかる規定（424条，426条，427条）が，準用されている（432条）。

→→ 基本説明

第2節　非常救済手続

非常救済手続は，事実認定の誤りを理由として確定した裁判を是正し（**再審**），あるいは，法令違反を理由として確定した裁判を是正する（**非常上告**）制度である。

1　再　審

(1)　意　義

再審は，事実認定の誤りを理由として確定した裁判を是正する制度である。

435条柱書は，「再審の請求は，……有罪の言渡をした確定判決に対して，その言渡を受けた者の利益のために，これをすることができる。」と規定し，有罪判決を受けた者の利益のための再審（**利益再審**）のみを許容し，この者にとって不利益な再審（**不利益再審**）を否定している（憲39条参照）。

(2)　再審請求審理手続

(i)　再審理由

再審理由につき，435条は，1号から7号までの事由を列挙している。これらは，大別して，①原判決の証拠が偽造または虚偽であったことが確定裁判により証明された場合（1～5号）[92]，②関与裁判官等の職務犯罪があったことが確定判決により証明された場合（7号），③新証拠を発見した場合（6号）[93]に

分類される。

①・②の場合は，当該事由の存在が確定裁判によって証明される必要があるから，①・②の事由に該当するか否かは明白である。

これに対し，③の場合は，「明らかな証拠」(**証拠の明白性**[34])を「あらたに発見した」(**証拠の新規性**)ことが要求されるため(435条6号)，明白といえるか，新規の証拠といえるかをめぐって，問題が生ずる。

なお，436条1項は，435条よりも限定的に(すなわち，435条1号・2号に該当するとき，あるいは，裁判官について同条7号に規定する事由があるときに限定して)，控訴または上告を棄却した確定判決[35]に対する再審事由を掲げている。

(ii) 再審請求

再審請求権者は，①検察官，②有罪の言渡しを受けた者，③有罪の言渡しを受けた者の法定代理人および保佐人，④有罪の言渡しを受けた者が死亡し，または心神喪失の状態にある場合には，その配偶者，直系の親族および兄弟姉妹である(439条1項。ただし同条2項は検察官のみに請求権を認める場合を規定)[36]。

検察官以外の者は，再審の請求をする場合には，弁護人を選任することができる(440条)。

再審の請求をするには，その趣意書に原判決の謄本，証拠書類および証拠物を添えてこれを管轄裁判所に差し出さなければならない(規283条)。

再審の請求は，刑の執行を停止する効力を有しない(442条本文)[37]。

(iii) 再審請求に対する裁判

再審の請求は，原判決をした裁判所がこれを管轄する(438条)。

①再審の請求が法令上の方式に違反し，または請求権の消滅後にされたもの

---

[32] ②の場合とあわせて，「ファルサ(偽証拠)型」と呼ばれることがある。

[33] 「ノヴァ(新証拠)型」と呼ばれることがある。

[34] 明白性の判断基準については，最決昭50・5・20(刑集29・5・177—白鳥決定)参照。

[35] 控訴棄却あるいは上告棄却され確定した原判決そのものに対する再審請求は435条による。436条1項は，上訴審において取り調べられた証拠が偽造されていた場合や上訴審裁判所における裁判官に犯罪があった場合等に対応するための規定である。

[36] なお，最判平20・3・14(刑集62・3・185—横浜事件再審上告審)は，「再審の審判手続においても，免訴判決に対し被告人が無罪を主張して上訴することはできない」とした。同事件は，旧刑訴法下のものであるが，同様の場合における現行法下での再審請求の可否についても参考になる。

[37] ただし，管轄裁判所に対応する検察庁の検察官は，再審の請求についての裁判があるまで刑の執行を停止することができる(442条ただし書)。

であるときは，決定でこれを棄却しなければならない（446条）。

②再審の請求が理由のないときは，決定で⁽³⁸⁾これを棄却しなければならない（447条1項）。

③再審の請求が理由のあるときは，再審開始の決定をしなければならない（448条1項）。再審開始の決定をしたときは，決定で刑の執行を停止することができる（448条2項）。

①〜③の決定および449条1項の決定に対しては，即時抗告をすることができる（450条）。

(iv)　再審公判手続

裁判所は，再審開始の決定が確定した事件については，その審級に従い，さらに審判をしなければならない（451条1項。449条の場合を除く）。すなわち，第1審判決が確定していた場合であれば第1審の手続を，控訴審で確定していた場合であれば控訴審の手続をやり直すのである。

なお，再審の審判に際しては，①死亡者または回復の見込がない心神喪失者のために再審の請求がされたとき，②有罪の言渡しを受けた者が，再審の判決がある前に，死亡し，または心神喪失の状態に陥りその回復の見込がないときには，314条1項本文⁽³⁹⁾および339条1項4号⁽⁴⁰⁾の規定は適用されない（451条2項⁽⁴¹⁾）。

再審においては，原判決の刑より重い刑を言い渡すことはできない（452条）。

2　非常上告

(1)　意　義

非常上告は，検事総長の申立てに基づき，法令違反を理由として確定した裁判を是正する制度である（454条）。

非常上告は法令解釈の統一を目的とした制度であるから，非常上告の判決の

---

(38)　この決定があったときは，何人も，同一の理由によっては，さらに再審の請求をすることはできない（447条2項）。

(39)　被告人が心神喪失の状態にあるときは，検察官および弁護人の意見を聴き，決定で，その状態の続いている間公判手続を停止しなければならないとする。

(40)　被告人が死亡し，または被告人たる法人が存続しなくなったときには決定で公訴を棄却しなければならないとする。

(41)　この場合，被告人の出頭がなくても審判をすることができるが，弁護人が出頭しなければ開廷することはできない（451条3項）。また，この場合，再審の請求をした者が弁護人を選任しないときは，裁判長は，職権で弁護人を付しなければならない（451条4項）。

効力は，原則として，被告人には及ばない（459条）。

　もっとも，原判決が被告人のため不利益であるときでこれを破棄するときはその効力が被告人に及ぶものとされているから（458条1号ただし書，459条），法令解釈を誤った結果，被告人に不利益な判決が確定していた場合には，非常上告は，被告人を救済するものとして機能することとなる。

(2)　非常上告の申立て

　検事総長は，判決が確定した後その事件の審判が法令に違反したことを発見したときは，最高裁判所に非常上告をすることができる（454条）。

　非常上告をするには，その理由を記載した申立書を最高裁判所に差し出さなければならない（455条）。

　公判期日には，検察官は，申立書に基いて陳述をしなければならない（456条）。

　非常上告の対象となる判決については特に制限はなく，確定した判決である限り，対象となるものと解される。また，非常上告の申立て時期に制限はない。

(3)　非常上告の審判

　裁判所は，申立書に包含された事項に限り，調査をしなければならない（460条1項）。

　このほか，裁判所は，裁判所の管轄，公訴の受理および訴訟手続に関しては，事実の取調べをすることができる（460条2項）。この場合，控訴裁判所の事実の取調べに関する393条3項の規定が準用される。

　非常上告の理由がないときは，判決でこれを棄却しなければならない（457条）。

　非常上告の理由があるときは，以下のように判決を行う（458条）。①原判決が法令に違反したときは，その違反した部分を破棄する（1号）。②（①の場合のうち）原判決が被告人のため不利益であるときは，これを破棄して，被告事件についてさらに判決をする（1号ただし書）。③訴訟手続が法令に違反したときは，その違反した手続を破棄する（2号）。

　②の場合，非常上告の判決の効力が被告人にも及ぶ。その他の場合は，非常上告の判決の効力は，被告人には及ばない（459条）。

●第7部　新しい問題●

第28章

新しい問題

第1節　裁判員制度

➡ 趣旨説明

1　制度趣旨

1999（平成11）年に内閣に設置された**司法制度改革審議会**は，2001（平成13）年に意見書を取りまとめた。この意見書は，司法制度の機能を充実強化し，自由かつ公正な社会の形成に資するための3つの柱として，①国民の期待にこたえる司法制度の構築，②司法制度を支える法曹の在り方の改革，③国民的基盤の確立を掲げた。そして，③に関連して，「一般の国民が，裁判の過程に参加し，裁判内容に国民の健全な社会常識がより反映されるようになることによって，国民の司法に対する理解・支持が深まり，司法はより強固な国民的基盤を得ることができるようになる」として，「広く一般の国民が，裁判官とともに責任を分担しつつ協働し，裁判内容の決定に主体的，実質的に関与することができる新たな制度」の導入が提言された。

これを受けて，2004（平成16）年に成立した「裁判員の参加する刑事裁判に関する法律（**裁判員法**）」は，「国民の中から選任された裁判員が裁判官と共に刑事訴訟手続に関与することが司法に対する国民の理解の増進とその信頼の向上に資すること（裁判員1条）」をその制度趣旨として掲げている。

2009（平成21）年5月21日，裁判員制度は開始された。

(コラム) **裁判員制度の合憲性**

裁判員制度に対しては，法の制定前から根強い批判とともに違憲論が存在した。最大判平23・11・16（刑集65・8・1285）は，裁判員法の違憲が主張さ

れた事件で，全員一致の合憲判断を下した。

　最高裁は，憲法は一般的には国民の司法参加を許容しており，これを採用する場合には，適正な刑事裁判を実現するための諸原則が確保されている限り，その内容を立法政策に委ねていると解されると判示したうえで，以下のように，憲法違反をいう被告人側の主張を退けた。

　まず，①裁判官以外の者が構成員となった裁判体は憲法にいう「裁判所」には当たらず，憲法31条，32条，37条1項，76条1項，80条1項に違反するとの主張に対しては，公平性・中立性を確保できるよう配慮された手続の下に選任された裁判員が，さまざまな視点や感覚を反映させつつ，裁判官との協議を通じて良識ある結論に達することは十分期待できる一方で，憲法が定める刑事裁判の諸原則の保障は，刑事裁判の基本的な担い手である裁判官の判断に委ねられており，公平な裁判所における法と証拠に基づく適正な裁判が行われることは制度的に十分保障されているとした[1]。

　また，②裁判官が裁判員の判断に影響・拘束されるため，憲法76条3項に違反するとの主張に対しては，法令解釈にかかる判断や訴訟手続に関する判断を委ねられている裁判官には，裁判の基本的な担い手として職権行使の独立性が保障されており，また，裁判体の構成員である裁判官の多数意見が常に裁判の結論でなければならないとは解されないとした。

　さらに，③裁判員裁判による第1審判決に対しても控訴・上告が認められているから，憲法76条2項の特別裁判所に当たらないことは明らかであり，④裁判員制度は一定の権限を国民に付与するものである上，職務の辞退に関し柔軟な制度が設けられていることから，憲法18条後段が禁ずる「苦役」に当たらないことは明らかであるとした。

➡➡　基本説明

2　制度の概要

(1)　対象事件

　裁判員裁判対象事件は，①死刑または無期の懲役・禁錮に当たる罪にかかる事件と，②法定合議事件（死刑または無期もしくは短期1年以上の懲役もしくは禁錮に当たる事件。裁26条2項2号）のうち，故意の犯罪行為により被害者を死亡させた罪にかかるもの，である（裁判員2条1項）。

　これに対する例外として，裁判員や親族等に危害が加えられまたは生活の平穏が著しく侵害されるおそれがある場合には，裁判官の合議体で取り扱う決定

---

[1]　裁判員裁判を受けるか否かについて被告人に選択権を認めていない点についても，最判平24・1・13（刑集66・1・1）が，憲法32条，37条に違反するものではないとした。

（**除外決定**）がなされる（同3条1項）。また，一部の複雑な事件については公判審理が長期化し，裁判員に過重な負担をかけることが問題となったため，2015（平成27）年に行われた裁判員法の改正により，審理に要すると見込まれる期間が著しく長期にわたることや裁判員の出頭が必要な公判期日・公判準備が多数に上ることを回避できず，裁判員の選任または職務遂行の確保が困難な場合にも，除外決定をすることが可能となった（同3条の2）。

(2) 裁判員の選任と権限

裁判員の選任は，**裁判員候補者**から一定の事由に該当する者を除外したうえで，くじ等の無作為抽出の方法で行われる。

衆議院議員選挙の選挙人名簿の中からくじで選定された者から**裁判員候補者名簿**を毎年調製し，対象事件につき第1回公判期日が定まった時点で，裁判員候補者名簿の中からくじで選定された一定員数の者を裁判員候補者として，選任手続期日を通知する（同20条以下）。

選任手続において，出頭した裁判員候補者がさらに絞り込まれる。欠格事由（同14条）・就職禁止事由（同15条）・不適格事由（同17条）に該当する者は除外され，辞退事由（同16条）が認められる者から申立てがあった場合には**不選任決定**がなされる。さらに，検察官および被告人は，特定の候補者について，理由を示さずに不選任の決定を裁判所に請求することができる（同36条）。除外または不選任とされなかった裁判員候補者の中から，くじ等の方法により，**裁判員および補充裁判員**を選任する（同37条）。

裁判員裁判における合議体は，3人の裁判官と，選任された6名の裁判員によって構成されるというのが原則である（同2条2項）。これに対して，公訴事実について争いがなく，事件の内容その他の事情を考慮して適当と認められ，当事者に異議がない場合には，裁判官1人と裁判員4人で合議体が構成される（同2項ただし書，3項）。

(3) 裁判員裁判の手続

裁判員裁判も，基本的な手続の進行は，裁判官のみによるものと変わらない。ただし，裁判員の負担軽減のため，連日的開廷による集中審理で手続を効率化・迅速化するとともに，審理をわかりやすいものにする必要がある（同51条参照）。

そこで，公判前整理手続を必須とするほか（同49条），第1回公判期日前の鑑定（同50条）を可能とするなどの配慮がなされている。また，裁判所は，

被告人が複数の裁判員対象事件により起訴され，その弁論が併合された場合に，一定の要件の下で，併合事件の一部を区分して順次，審理する旨の**区分審理決定**をすることができる（同71条以下）。区分審理された事件について犯罪の証明があったときは，その都度，**部分判決**により有罪が言い渡される（同78条）。区分事件ごとに裁判員を選任するため（同84条参照），個々の裁判員が長期にわたって職務を遂行しなければならない事態を避けることが可能となる。

弁論が終結（結審）すると，裁判員も出席する形で**評議**が行われる（同66条）。裁判員は，事実の認定・法令の適用・刑の量定を裁判官とともに行うこととされており（同6条1項），その判断は，裁判官・裁判員の双方の意見を含む合議体の員数の過半数の意見で決せられる（同67条1項）。

→→→ 展開説明

3 今後の課題

2009（平成21）年の開始以降，裁判員制度はおおむね円滑に運用されている，というのが多数の評価であるといってよいが，なお検討・対応を要する問題あるいは課題が指摘されていないわけではない。

第1に，公判前整理手続の長期化である。裁判員が参加する公判審理自体の長期化が見込まれる事件については，対象事件からの除外決定や，区分審理と部分判決により裁判員の負担軽減が図られている。しかし，裁判員が参加する第1回公判期日以降の連日的開廷を可能とするため，先行する公判前整理手続において綿密な審理計画の策定と争点整理，証拠開示等に時間をかける必要が生じる。結果，制度開始から2016（平成28）年2月までの公判前整理手続期間の平均は6.6か月（否認事件においては8.4か月）と，第1回公判期日が開催されるまでに長い期間を要する状況となっている⑵。公判前整理手続期間の長期化については，事件関係者の記憶の劣化や起訴後勾留の長期化等の問題が指摘されている⑶。

第2に，控訴審・上告審との関係である。裁判員裁判による第1審判決に対して，職業裁判官のみによる上訴審で事実認定や量刑を変更するケースが増えると，一般国民の視点・感覚を反映させるという裁判員制度の存在意義が疑われてしまう。そのため，最高裁は，第1審の事実認定が論理則・経験則に照ら

⑵ 最高裁判所事務総局「裁判員裁判の実施状況について（制度施行～平成28年2月末・速報）」の統計による。

⑶ 椎橋隆幸「裁判員制度の課題と展望」新争点203頁。

して不合理か否かを吟味する事後審としての控訴審の役割を強調する判示をしており(4)，裁判員が関与した事実認定の判断を尊重すべき指針が示されている。他方，量刑については，量刑傾向（いわゆる量刑相場）を視野に入れて判断がされるべきこと，従来の量刑の傾向を前提としない判断をする場合には具体的・説得的な根拠が示されるべきことから(5)，これが十分に示されていない第1審の量刑は控訴審・上告審で是正されるべきことになる。裁判員制度の趣旨を活かしつつ，いかに三審制を機能させるかは，なお検討すべき事項である。

第2節　犯罪被害者

→ 趣旨説明

　刑事手続は，刑罰権を有する国家と，刑罰の対象となる個人にかかわるものである。そのような刑事手続の基本的性格からは，**犯罪被害者**は「第三者」と位置づけざるを得ない。被害届は捜査の端緒の一類型にすぎないし，被害者の供述・証言は，公判における事実認定のための証拠方法のひとつである。

　しかしながら，従来の刑事司法制度は，被害者への配慮を欠いていたともいえる。手続上の関心が被疑者・被告人に向けられる反面，被害者の名誉やプライバシーの保護，あるいは，被害回復への支援が不十分であったことが指摘されている。また，「事件の当事者」であるにもかかわらず，被害者が刑事手続に関与することのできる場面は限られていた。

　このような状況への反省から，2000（平成12）年以降，「忘れられた存在」ともいわれた被害者の保護と手続参加に向けて，さまざまな制度改正が行われた。

1　被害者および証人の保護

　公判審理の充実化のためには，被害者を含む証人が公判手続において証言する際に過度な負担が生じることを避けるとともに，報復等を防止する措置をあらかじめ講じておく必要がある。そこで，被害者および証人の保護を目的として，一定の要件の下で氏名等の秘匿を認め，また，証人尋問時の負担を軽減する制度が設けられた。

---

(4)　最判平24・2・13刑集66・4・482。
(5)　最判平26・7・24刑集68・6・925。

→→ 基本説明

⑴ 氏名等の秘匿

(i) 被害者特定事項

　性犯罪をはじめとする一定の犯罪においては，氏名・住所等の**被害者特定事項**が明らかにされること自体，被害者の名誉やプライバシーを害するおそれがある。また，例えばストーカー事犯において，被害者が被告人から身を隠すため姓名や住所を変更していた場合に，再被害のおそれが生じる。こうした二次被害・再被害を防ぐため，2007（平成19）年の刑訴法改正により，一定の配慮がなされるようになった。

　検察官は，**証拠開示**に当たり，被害者特定事項が明らかにされることにより，被害者等の名誉または社会生活の平穏が著しく害されるおそれがあると認めるとき，または被害者・親族の身体・財産に害を加えもしくはこれらの者を畏怖・困惑させる行為がなされるおそれがあると認めるときは，弁護人に対し，その旨を告げ，被害者特定事項が，被告人の防御に関し必要がある場合を除き，被告人その他の者に知られないようにすることを求めることができる（299条の3，316条の23）。

　公開の法廷においても，裁判所は，被疑者特定事項を明らかにしない旨の決定をすることができる（290条の2）。対象となるのは，強姦・強制わいせつ等の性犯罪にかかる事件（同1項1号，同1項2号），被被害者等の名誉または社会生活の平穏が著しく害されるおそれがあると認められる事件（同1項3号），被害者もしくはその親族の身体もしくは財産に害を加えまたはこれらの者を畏怖させもしくは困惑させる行為がなされるおそれがあると認められる事件（同3項）である。この決定があったときは，**起訴状の朗読**や**証拠書類の朗読**は，被害者特定事項を明らかにしない方法で行われる（291条2項，305条3項）。

　これらの制度については，被害者等の名誉・プライバシー等の保護に一定の効果はあるとされるものの，起訴状に記載される被害者の氏名等を秘匿することはできないため，その限界も指摘されている[6]。そこで，被疑者・被告人の防御の機会を確保しつつ，逮捕状・勾留状や起訴状において，被害者の氏名等を不記載としたり概括的な表記にとどめるなど，一定の配慮をする方策が模索

---

[6]　峰ひろみ「刑事手続における犯罪被害者情報の保護についての一考察」『刑事法・医事法の新たな展開・下巻』（2014）489頁。

第28章　新しい問題　　405

されている[7]。

(ii)　証人等特定事項

　証人等（鑑定人，通訳人，翻訳人，供述録取書等の供述者を含む）が法廷において証言をするとき，その内容によっては報復等の危険にさらされるおそれが生じる。とりわけ組織的犯罪事件においては，証人等の身体・財産等に対する安全を確保する必要性が高い。

　証人が通常所在する場所が特定される事項（住居，勤務先等）については，犯罪の証明もしくは犯罪の捜査または被告人の防御に関し必要がある場合を除き，証人等の住居等が特定される事項について尋問を制限することができる（295条2項）ほか，検察官または弁護人は，相手方に対して，被告人を含む関係者に知られないようにすることその他これらの者の安全が脅かされることがないように配慮することを求めることができる（299条の2）。

　2015（平成27）年の刑訴法改正案は，氏名および住所その他の当該証人等を特定させることとなる**証人等特定事項**について一定の範囲で秘匿できるようにした。おおむね，次のような制度が改正案に盛り込まれている。

　まず，検察官の**証拠開示**において，証人等の身体・財産に害を加えもしくはこれらの者を畏怖・困惑させる行為がなされるおそれがあると認める場合に，被告人の防御に実質的な不利益を生ずるおそれがある場合を除き，弁護人に対し，証人等の氏名・住居を被告人に知らせてはならない旨の条件を付し，または被告人に知らせる時期・方法を指定することができるほか，そのような措置で不十分な場合には，弁護人に対しても，証人等の氏名・住居を知る機会を与えないことができる。また，訴訟に関する書類等の閲覧・謄写および公判調書の閲覧・朗読も制限することができる。

　また，公開の法廷においても，上記の場合のほか，証人等の名誉または社会生活の平穏が著しく害されるおそれがあると認める場合に，裁判所は，証人等特定事項を明らかにしない旨の決定をすることができる。この決定があったときは，**起訴状の朗読**や**証拠書類の朗読**は，証人等特定事項を明らかにしない方法で行われる。

---

(7)　同上491頁以下。なお，最決平20・3・5（判タ1266・149）は，被害者特定事項の秘匿を定めた290条の2が憲法37条および32条に違反するものではないとした。

406　　　　　　　　　　　第7部　新しい問題

→ 趣旨説明

(2)　証人尋問時の配慮

　証人が公開の法廷で尋問を受ける場合，それが被告人や傍聴人の面前で行われることから，証人に精神的な負担を強いるおそれがある。このことは，性犯罪等の被害者についてとりわけ当てはまるが，例えば，年少者が証言する場合のように，被害者に限って懸念される事態ではない。

　証人保護の方策には，従来から，期日外尋問（158条）や被告人の退廷・退席命令（304条の2，281条の2），傍聴人の退廷命令（規202条）などが考えられたが，2000（平成12）年の刑訴法改正で，付添人制度（157条の2），遮へい措置（157条の3），ビデオリンク方式（157条の4）といった，証人の負担軽減のための制度が新設された（→第17章第4節**5**(3)(vi)）。

→→ 基本説明

2　被害者の損害回復

　人の生命・身体に対する故意の犯罪行為による被害については，1980（昭和55）年に創設された**犯罪被害者等給付金制度**に基づき，障害給付金，重傷病給付金，遺族給付金の形で，被害者本人または遺族に対して国庫から支給される。

　犯罪一般は加害者の被害者に対する不法行為（民709条）を構成することから，被害者は損害賠償請求による被害回復を図ることができる。もっとも，従来，加害者の民事上の責任を被害者が追及するための手段は十分に確保されてこなかった。すなわち，不法行為責任の証明責任は原告（被害者）の側に課せられるところ，訴訟記録（公判記録）は判決の確定後にのみ閲覧・謄写が認められるため（刑事確定訴訟記録法），必要な情報を早期に得ることが困難であった。そもそも民事訴訟のための労力と費用を強いられること自体，被害者にとっては負担となる。

　このような問題に対応するため，2000（平成12）年に制定された「犯罪被害者等の権利利益の保護を図るための刑事手続に付随する措置に関する法律（犯罪被害者保護法）(8)」は，被告人に対する刑事裁判の終結前でも，閲覧・謄写を求める理由が正当でないと認める場合および犯罪の性質，審理の状況その他の事情を考慮して閲覧または謄写をさせることが相当でないと認める場合を除き，

---

(8)　2000（平成12）年の刑事訴訟法の一部を改正する法律と犯罪被害者保護法をもって「犯罪被害者保護2法」という。

訴訟記録の閲覧・謄写をすることを認めた（犯罪被害保護3条）。また，同種余罪の被害者等についても，損害賠償請求権の行使のために必要があると認める場合であって，犯罪の性質，審理の状況その他の事情を考慮して相当と認めるときは，閲覧・謄写をさせることができるものとした（同4条）。

　また，被告人と被害者等の間における民事上の争いについて合意が成立した場合には，当該被告事件の係属する第1審裁判所または控訴裁判所に対し，共同して当該合意の公判調書への記載を求める申立てをすることができる（同19条1項）。公判調書に記載したときは，その記載は，裁判上の和解と同一の効力を有する（同4項）。これを**刑事和解**という。被害者としては，民事訴訟を提起する負担を避けるため，被告人（加害者）と示談（訴訟外の和解）をすることがあるが，その場合にも，刑事和解制度を活用することにより，示談の内容に実効性を持たせることが可能である。

　さらに，2007（平成19）年には，**損害賠償命令制度**が新設された。この制度は，一定の対象事件の被害者等の申立てにより，被告事件の係属する裁判所が，当該被告事件の訴因を原因とする不法行為に基づく損害賠償を被告人に命ずるものである（同23条）。被告事件の有罪判決を言い渡した裁判官が，刑事手続で得られた心証を民事の審理に事実上引き継ぐことで，被害者の訴訟負担が軽減されるとともに，簡易迅速な手続による被害回復が図られている。

3　被害者の手続参加

　刑事手続の「当事者」ではない被害者は証人としてのみ手続に関与する，というのが従来のあり方であった。しかし，証人尋問はあくまで，当事者または裁判所から尋問された事項に対して証言するというものであるため，被害者が主体的に意見等を述べる機会とはならない。

　より主体的・積極的に手続に関与したいという被害者の声の高まりを受けて，2000（平成12）年の刑訴法改正により，被害に関する心情その他の被告事件に関する**意見陳述**の機会を認める292条の2が追加された。被害者等の申出を裁判所が認めた場合には，被害者等は自らの意見を自由に述べることができ，そこで述べられた意見は，量刑資料として考慮される（同条9項参照）。

　さらに，2007（平成19）年の刑訴法改正では，**被害者参加制度**が設けられた。故意の犯罪行為により人を死傷させた事件等の一定の事件の被害者等が，公判期日に出席し，独自の地位に基づき訴訟活動をすることが許される制度である（316条の33以下）。被害者参加人は，検察官とコミュニケーションをとるため

法廷内で検察官の近くに座り，証人尋問，被告人質問，事実または法律の適用について意見の陳述をすることができる。

第3節　取調べの適正化

→ 趣旨説明

わが国の捜査実務において，取調べは重要な捜査手段だが，他方で，不適正な取調べが行われることによって，黙秘権等の権利が侵害されたり虚偽自白が採取されたりするおそれがある（→第10章第1節1）。そのような危険は，取調室への出頭・滞留義務が課される身柄拘束下の被疑者を取り調べる場合に，特に顕著である。

このような問題に対応するために，被疑者の取調べは「社会通念上相当と認められる方法ないし態様及び限度において許容される」というのが判例の立場である(9)とともに，任意性に疑いのある自白の証拠能力は否定される（319条1項）。また，198条2項以下には，黙秘権の告知のほか，供述調書の作成時に履践すべき手続が規定されている（→第10章第1節3）。

しかしながら，近年の無罪事件や再審無罪事件において，虚偽自白に結びつく不適正な取調べが問題視されたことから，取調べが適正に行われることを担保するための方策が模索されるようになった。

→→ 基本説明

1　取調べ監督制度

警察が行う取調べについては，**犯罪捜査規範**が従来から具体的な定めを置いてきた。166条以下の規定は，例えば，供述の任意性の確保のために遵守すべき事項（捜査規範168条）や共犯者を取り調べる場合の注意事項（同170条），裏付け捜査を行うべきこと（同173条），供述調書を作成する場合の記載事項等（同178条以下）など，多岐にわたる。近時の改正により182条の3が新設され，透視鏡等，取調室の構造と設備に関して適合すべき基準が定められた。

また，2009（平成21）年施行の「被疑者取調べ適正化のための監督に関する規則」により，**被疑者取調べ監督制度**が設けられた。この制度は，警察において犯罪捜査を担当しない総務・警務部門から任命される取調べ監督官が，被疑

---

(9)　最決昭59・2・29刑集38・3・479―高輪グリーン・マンション事件。

第28章　新しい問題　　409

者取調べの状況の確認等の監督を行うものである。取調べ監督官は，同規則3条に定める監督対象行為（身体への接触，有形力の行使，便宜の供与等）を現認した場合には，取調べの中止その他の措置を求めまたは講ずることができる（6条）[10]。

2　取調べの録音・録画制度

➡ 趣旨説明

(1)　意　義

被疑者取調べに対する規制の方策として盛んに議論されてきたのが，**取調べの可視化**である。不適正な取調べが行われる原因のひとつとして，取調べが密室で行われることが指摘されており，取調室の状況を可視化することで，不適正な取調べが抑止されるという。「取調べの可視化」というとき，その手段としては，取調べ状況の書面化や，弁護人の立会いも考えられる。しかし，近時は，取調室内にビデオカメラを設置し，取調べの状況を記録する**録音・録画制度**を指していうことが多い。

取調べの録音・録画制度には，被疑者に対する強要や誘導等の不適正な手段が用いられることを抑止するという監視カメラ的な機能に加え，**自白の任意性の立証**を容易にするという役割が期待される。すなわち，取調べの成果として得られた被疑者の自白の任意性（319条1項）の有無が公判で争点となったとき，取調べの状況を客観的に記録したDVD等を活用すると，取調べ状況に関する当事者間の水掛け論を回避することが可能である。さらに，自白の信用性を評価するための手がかりとしても用いることができるほか，実質証拠として利用される場合もある。

➡➡ 基本説明

(2)　制度の概要

2015（平成27）年の刑訴法改正案には，新たに取調べの録音・録画制度が盛り込まれた。

新制度の下では，①死刑または無期の懲役もしくは禁錮に当たる罪にかかる事件，②短期1年以上の有期の懲役または禁錮に当たる罪であって故意の犯罪行為により被害者を死亡させたものにかかる事件，③司法警察員が送致しまた

---

(10)　くわしくは，白川靖浩「警察捜査における取調べの適正化に向けた取組み」刑ジャ13号15頁以下を参照。

は送付した事件以外の事件（いわゆる検察独自捜査事件）のいずれかの場合に該当する**対象事件**について逮捕・勾留中の被疑者について取り調べるとき，一定の例外に該当する場合を除き，被疑者の供述およびその状況を被疑者の供述およびその状況が録音・録画されなければならない。

録音・録画義務に対する**例外事由**として，(ア)記録に必要な機器の故障その他のやむを得ない事情により，記録をすることができないとき，(イ)被疑者が記録を拒んだことその他の被疑者の言動により，記録をしたならば被疑者が十分な供述をすることができないと認めるとき，(ウ)当該事件が指定暴力団の構成員による犯罪にかかるものであると認めるとき，(エ)犯罪の性質，関係者の言動，被疑者がその構成員である団体の性格その他の事情に照らし，被疑者の供述およびその状況が明らかにされた場合には被疑者もしくはその親族の身体・財産に害を加えまたはこれらの者を畏怖させもしくは困惑させる行為がなされるおそれがあることにより，記録をしたならば被疑者が十分な供述をすることができないと認めるとき，が挙げられている。

対象事件についての取調べ・弁解の機会の付与に際して作成され，かつ，被告人に不利益な事実の承認を内容とする被告人の供述録取書の証拠調べ請求を検察官が行う場合において，被告人または弁護人がその任意性に異議を述べたときは，当該書面が作成された取調べ等の開始から終了に至るまでの間における被告人の供述およびその状況を記録した記録媒体の**証拠調べ請求**をしなければならない。検察官がこの規定に違反して記録媒体の証拠調べ請求をしないときは，裁判所は，決定で，当該被告人調書の証拠調べ請求を却下しなければならない。

➡➡➡ 展開説明

(3) 制度をめぐる議論

取調べの録音・録画制度をめぐっては，さまざまな議論が交わされてきた。

制度自体に対して提起されてきた反対の見解として，被疑者取調べの実効性の低下を懸念するものがある。すなわち，発言を一言一句記録する録音・録画機器の設置により，被疑者が萎縮し供述をためらうおそれがあると指摘される。また，取調べは，供述（特に自白）を被疑者に促すための説得を行う段階と被疑者の供述を調書に録取する段階とに分けられるところ，前者の段階では，取調官と被疑者の間に信頼関係を構築すべく，私的な会話が交わされる場合がある。録音・録画は，このような信頼関係の醸成に悪影響を与えるとされるので

ある。

これに対して，録音・録画制度の必要性を説く見解は，録音・録画機器の設置により不適正な取調べを抑止することができるとする。そして，虚偽自白と冤罪の防止のためには，すべての事件に関する取調べの全過程を録音・録画しなければならないとする。また，自白の任意性立証を容易にするためには，取調べの状況を事後的に検証できるようにしなければならないとする。

警察・検察による録音・録画の試行が実施され，その結果が検証されるようになってからは，対象事件の範囲や，全過程の録音・録画の要否，例外事由等，具体的な制度設計に関する議論が活発になった。そのような議論の末に生まれたのが，上記の新制度である[11]。

第4節　協議・合意と刑事免責

→ 趣旨説明

2015（平成27）年の刑訴法改正案の主眼のひとつは，捜査における被疑者取調べの比重を下げることにあった。そこで，客観証拠の収集手段を拡充する（通信傍受の合理化・効率化）一方で，被疑者取調べに代替あるいはこれを補充する供述証拠の収集手段を確保することが企図された。新たに設計された制度は，①取調べにおける説得行為によらずして被疑者等の供述を引き出すための協議・合意制度と，②公判廷における証人の供述（証言）を引き出すための刑事免責制度である。

1　協議・合意制度

(1) 意　義

被疑者の供述を引き出す手段としての取調べは，被疑者に対して供述（特に自白）をするよう説得する形で行われる。この説得の過程で不適正な強制・誘導等がなされるおそれがあり，虚偽自白が問題となってきた。無理な説得を不要とするための手段として，いわゆる**司法取引**がある。相手に対して，不起訴や刑の減免，より軽い罪による訴追等，何らかの恩典を与えることと引き替えに，供述を促すというものである。

---

[11]　新制度のくわしい解説は，堀江慎司「取調べの録音・録画制度」論究ジュリ12号55頁以下を参照。

司法取引には，自己の犯罪事実を認める「**自己負罪型**」と，他人の犯罪事実を明らかにする「**捜査・公判協力型**」とがある。また，供述と引き換えに付与する恩典は，**刑の減免**といった実体法上の効果をともなうものと，検察官の処分や量刑上の考慮等の手続法上の効果に留まるものとに分けることができる。新設された**協議・合意制度**（「証拠収集等への協力及び訴追に関する合意制度」）は，このうち，他人の犯罪事実を明らかにするための協力をすることと引き換えに（捜査・公判協力型），検察官の裁量の範囲内で，処分または量刑上の恩典を付与することに合意できるとするものである[12]。

新制度は，とりわけ，組織的犯罪における末端の関与者から，組織の上位者による関与の事実や犯罪の全体像にかかる供述を引き出すために活用することが期待されている。

➡➡ **基本説明**

(2) 制度の概要

2015（平成27）年の刑訴法改正案に盛り込まれた制度は，次のようなものである。

被疑者・被告人と検察官の双方が一定の行為をすることを内容とする合意をすることができる。被疑者・被告人においては，他人の事件に関して(イ)取調べに際して真実の供述をすること，(ロ)証人として尋問を受ける場合において真実の供述をすること，(ハ)証拠の提出その他の必要な協力をすること，のうち1または2以上の行為をすることを内容とする。他方，検察官においては，(イ)不起訴，(ロ)公訴の取消し，(ハ)特定の訴因・罰条による公訴の提起・維持，(ニ)特定の訴因・罰条の追加・撤回・変更，(ホ)特定の求刑，(ヘ)即決裁判手続の申立て，(ト)略式命令の請求，のうち1または2以上の行為をすることを内容とする。

被疑者・被告人の事件および他人の事件は，いずれも，強制執行・競売等妨害，文書・有価証券偽造，贈収賄，詐欺，横領その他の財政経済関係犯罪および薬物銃器犯罪（**特定犯罪**）にかかるものでなければならない。また，合意は，被疑者・被告人が上記の行為をすることにより得られる証拠の重要性，関係する犯罪の軽重・情状その他の事情を考慮して，必要と認めるときに，検察官と被疑者・被告人の間で成立するが，弁護人の同意も必要とされる。

---

[12] 「刑の減免制度」の問題点については，川出敏裕「協議・合意制度および刑事免責制度」論究ジュリ12号71頁を参照。

その他，協議の手続，司法警察員の関与，合意内容書面の証拠調べ請求，合意からの離脱等についての規定が置かれた。

→ → → 展開説明

(3) 制度をめぐる議論

従来より，犯人に一定の報償を与えるような実体法上の規定や，「取引」の性格を帯びた実務の状況が存在する。前者の例として，自首に対する刑の減軽（刑42条）や，偽証罪・虚偽告訴罪における自白に対する刑の減免（刑170条，173条）がある。後者については，例えば，被害者との示談の成立をもって起訴猶予にしたり，捜査に協力した事実（とりわけ自白）が量刑上有利に考慮されたりするなどの実態があるとされている[13]。

もっとも，司法取引を正面から是認し制度化することに対しては，国民一般の反発・違和感を呼ぶためわが国の社会・文化にはなじまないといわれてきた[14]ことに加え，さまざまな問題が指摘されている。すなわち，自己負罪型の取引については，身柄拘束状態からの解放を望む無実の者にとって虚偽自白をする誘引となるおそれ[15]や，不当な取引材料として被告人や弁護人に活用されてしまうおそれ[16]がある。他方，捜査・公判協力型の取引については，恩典を受けることを企図した被疑者が他人に関する虚偽の事実を述べる，いわゆる巻き込み（引っ張り込み）の危険があるという[17]。

改正案では，上記の理由もあって，「自己負罪型」の導入は見送られた。そして，「捜査・公判協力型」における巻き込みの危険に対しては，被疑者が虚偽の供述をし，または偽造・変造された証拠を提出した場合を処罰する旨の規定が設けられた。また，合意内容書面の証拠調べが行われることや，弁護人の関与が必要的とされていることも，被疑者の供述の信用性を担保することに寄与するとされる[18]。

---

(13) 船木誠一郎ほか「〔座談会〕刑事弁護に『取引』はあるか」季刊刑事弁護39号23頁以下。

(14) この点についての分析を加えたものとして，河合幹雄「司法取引と日本社会・文化との相性」刑雑50巻3号49頁以下。

(15) 伊藤睦「捜査・公判協力型協議・合意制度」季刊刑事弁護82号76頁。

(16) 川出敏裕・論究ジュリ12号66頁。

(17) 川崎英明＝三島聡編著『刑事司法改革とは何か──法制審議会特別部会「要綱」の批判的検討』（2014）169頁〔笹倉香奈〕。

(18) 川出敏裕・論究ジュリ12号68頁。

2 刑事免責制度

→ 趣旨説明

(1) 意 義

証人には，自己負罪拒否特権が憲法38条1項により保障されており，刑訴法146条も「何人も，自己が刑事訴追を受け，又は有罪判決を受ける虞のある証言を拒むことができる」として，同様の証言拒絶権を規定している（→第17章第4節5(3)(iii)）。たしかに，宣誓義務と証言義務が課される（160条，161条）こととの均衡上，このような権利が証人には保障されなければならない。しかし，そのために証人から必要な供述が得られない場合があることも否定できない。

証人の権利擁護を図りつつ，必要な供述を獲得するための手段として，**刑事免責**がある。刑事免責は一般に，証人の自己負罪拒否特権（証言拒絶権）を失わせて供述を強制する代わりに，当該供述に関連した犯罪について証人の訴追を免除し（**訴追免責**），または，当該供述およびこれに基づいて得られた派生的証拠を証人に対して不利益に使用しない（**使用免責**），というものである。

2015（平成27）年の刑訴法改正案により制度化される予定なのは，後者の「使用免責」を付与する方式の刑事免責である。

（コラム）**刑事免責による証言強制の可否**

従来，わが国の刑訴法には刑事免責に関する規定がなかったが，最高裁は，最大判平7・2・22（刑集49・2・1—ロッキード事件〔丸紅ルート〕判決）で，刑事免責に言及している。

米国R社の日本への航空機売り込みに絡む贈収賄事件に関して，米国在住の関係者Cらに対する証人尋問を同国の司法機関に嘱託（226条参照）されたい旨の請求が，日本の裁判所に対してなされた。その際，本件証人の証言内容等に仮に日本国法規に抵触するものがあるとしても，証言した事項について証人らを起訴猶予とする旨の宣明書が，検事総長・検事正より発せられていた。その結果としてCらは証言に応じ，米国連邦地裁で嘱託証人尋問調書が作成された。

最高裁は，検事総長らによる宣明は，「Cらの証言を法律上強制する目的の下に，同人らに対し，我が国において，その証言内容等に関し，将来にわたり公訴を提起しない旨を確約したものであって，これによって，いわゆる刑事免責が付与されたもの」としたうえで，憲法が刑事免責制度の導入を否定しているものとまでは解されないが，この制度は「合目的的な制度として機能する反面，犯罪に関係のある者の利害に直接関係し，刑事手続上重要な事項に影響を

及ぼす制度であるところからすれば，これを採用するかどうかは，これを必要
とする事情の有無，公正な刑事手続の観点からの当否，国民の法感情から見て
公正感に合致するかどうかなどの事情を慎重に考慮して決定されるべきもので
あり，これを採用するのであれば，その対象範囲，手続要件，効果等を明文を
もって規定すべき」として，この制度に関する規定を置いていない当時の刑訴
法の下で，刑事免責を付与して得られた供述を事実認定の証拠とすることは許
容されない，と判示した。

本判決で，最高裁は，刑事免責制度が憲法上許容されるとしたうえで，立法
時に考慮すべき事項と明文化の内容を示唆しており，改正案による新制度を設
けるに当たっての出発点になっているといえよう。

→→ 基本説明

(2) 制度の概要

2015（平成27）年の刑訴法改正案に盛り込まれた制度は，次のようなもので
ある。

検察官は，証人が刑事訴追・有罪判決を受けるおそれのある事項についての
尋問を予定している場合に，証人尋問に先立って，裁判所の**免責決定**を請求す
ることができる。これにより，①尋問に応じてした供述およびこれに基づいて
得られた証拠は，証人の刑事事件において，これらを証人に不利益な証拠とす
ることができないこと，②自己が刑事訴追を受け，または有罪判決を受けるお
それのある証言を拒むことができないこと，という2つの条件の下で，当該証
人に対する尋問が行われる。

また，証人尋問の開始後であっても，検察官の請求により免責決定がなされ
た場合には，それ以後の当該証人尋問は上記と同じ条件の下で行われる。

［追記］

本章第2〜4節では，2015（平成27）年に提出された刑訴法改正案の内容に触
れた。同法案は，同年8月に衆議院で可決され，翌2016（平成28）年4月から
参議院法務委員会における審議が開始されたという段階にある。本書刊行時点で
は，改正案に盛り込まれた諸制度は未成立であること，また，法案の内容が今後
の審議の過程で修正される可能性があることに，留意されたい。

事 項 索 引

〔あ 行〕

悪性格　258
意見陳述　407
一罪一訴因の原則　178
一罪一逮捕一勾留の原則　89
一事不再理効　377
一部上訴　384
一問一答方式　251
1 項破棄　389
一般抗告　393
一般司法警察職員　10
一般接見　150
一般的指定書　151
一般令状　103
違法収集証拠排除法則　155
違法承継論　276
違法捜査に基づく起訴　162
違法の重大性　272, 274
違法排除説　285
疑わしきは被告人の利益に　240
疫学的証明　236
STR 型検査　263
MCT118DNA 型鑑定　263
押　収　95
　　　──すべき物が存在する蓋然性　99
おとり捜査　51

〔か 行〕

概括的認定　368
回　避　9
回復証拠　231, 357
外部的成立　365
科学的証拠　261
過去の記録された記憶　345
仮還付　97

簡易公判手続　208
管　轄　8
官署（役所）としての裁判所　7
間接事実　230, 259
間接証拠　230
鑑　定　128, 255
　　　──受託者　338
　　　──書　338
　　　──処分　129
　　　──人　255
　　　──留置　129
還　付　96
記　憶　306
偽計による自白　288
期日間整理手続　218
稀釈法理　281
擬制同意　353
起訴議決　161
羈束力　365
起訴状　165
　　　──一本主義　5, 166, 249
　　　──の朗読　203, 404, 405
起訴相当　160
起訴独占主義　157
起訴便宜主義　158
規範説　273
忌　避　9
基本的事実同一説　189
義務的推定説　242
義務的調査　388, 392
客観的挙証責任　239
客観的直接主義　309
旧々刑事訴訟法　4
求　刑　204
旧刑事訴訟法　4
糾問主義　6

協議・合意制度　412
供述拒否権　146
供述者の死亡　323
供述書　322, 333
供述証拠　231, 306
　　──説　358
供述代用書面　307, 321
供述調書　140
供述不能　324, 325, 331
供述録音　359
供述録取書　322
行政官的側面　11
強制採尿　132
強制処分　25
　　──法定主義　23
強制捜査　21
共同被告人　301
共犯者の供述　301
協力義務　12
挙証責任　239
　　──の転換　241
許容的推定説　242
切り違え尋問　288
記録命令付差押え　116
緊急逮捕　77
具体的規範説　374
具体的指定書　151
具体的防御説　186
区分審理決定　402
経験則　236, 260
警察官職務執行法　36
形式裁判　363
形式的確定　373
　　──力　374
形式的挙証責任　239
形式的真実主義　2
刑事施設　85
刑事免責　414
刑事和解　407
継続審理　206, 210
刑の加重減免の根拠となる事実　234

刑の減免　412
結審　204
厳格な証明　232, 233
嫌疑　18
　　──なき起訴　162
現行刑事訴訟法　5
現行犯逮捕　75
現行犯人　74
検察官　17
　　──同一体の原則　11
検察権　10
検察審査会　160
検視　42
検証　126
　　──調書　333
顕著な特徴　258
限定説　354
現場供述　335
現場指示　335
現場写真　358
現場録音　359
検問　41
公開主義　195
航海日誌　342
合議体　7, 202
抗告　383
交互尋問　250
更新　205
公正証書謄本　342
公訴　157
　　──棄却　155
　　──権濫用論　162
　　──事実　166, 171
　　──事実対象説　172
控訴　383
　　──棄却　388
　　──趣意書　387
公知の事実　235
口頭主義　194
公判　193
　　──中心主義　193

事項索引　　　　　iii

――廷　202
――前整理手続　211
公平な裁判所　8
合理的関連性　241
合理的心証主義　236
合理的な疑いを超える証明　238, 260
勾　留　69, 198
――の執行停止　85
――の取消し　71, 85
――の必要性　82
――の理由　81
――理由開示　71, 84
国際捜査共助　20
国選弁護　13
――人　149
告　訴　34
告　知　365
告　発　34
国法上の意味の裁判所　7
戸籍謄本　342
国家訴追主義　157
コントロールド・デリバリー　53

〔さ 行〕

裁決質問法　268
　　狭義の――　268
再抗告の禁止　394
最終使用説　178
最終弁論　203
再主尋問　250
再　審　395
罪体説　297
再逮捕・再勾留の禁止　89
最低1行為説　178
再伝聞　347
裁判員　401
　　補充――　401
――候補者　401
――候補者名簿　401
――裁判　7
――裁判対象事件　400

――法　399
裁判概念（狭義）　362
裁判官　7
裁判権　7
裁判書　366
裁判所　7
――に顕著な事実　235
――の分配　8
罪　名　166
裁量訴追主義　158
差押え　95
――の目的物　98
参考人　141
時間的接着性　75, 76
事件移送　390
事件受理の申立て　390
事件単位の原則　89
事後審　386, 390
自己負罪型　412
自己負罪拒否特権　146, 214
自己矛盾供述　354
指示権・指揮権　12
指示説明　335
事実記載説　172
自　首　35
事前呈示の原則　106
自然的関連性　232, 257
私選弁護　13
――人　148
実況見分　127, 333
――調書　333
実質証拠　231
実質説　298
実質的挙証責任　239
実体裁判　363
実体喪失説　93
実体的真実主義　2
実体的真実の発見　2
実体的デュー・プロセス　3
実体法　1
実体法上の一罪　89

事項索引

自白 140
　──の任意性の立証　409
　──法則　284
司法官的側面　11
司法行政上の単位としての裁判所　7
司法警察員　10
司法警察職員　9, 17
司法巡査　10
司法制度改革審議会　399
司法取引　411
司法の廉潔性説　273
遮へい措置　253
臭気選別　266
自由心証主義　236
　──の例外　295
自由な証明　233
主観的挙証責任　239
主観的直接主義　309
縮小認定　186
主尋問　250
主張関連証拠の開示　213, 225
出頭義務　249
出頭拒否の自由　142
出頭・滞留義務肯定説　142
出頭要求　141
準現行犯逮捕　76
準現行犯人　76
準抗告　71, 84, 155, 383, 393
召喚　198
状況証拠　231, 259
商業帳簿　342
消極的実体的真実主義　2
消極的地位　12
証言義務　249
証言拒絶権　248
証言能力　248
証拠意見　245
証拠開示　154, 219, 404, 405
　──命令　226
証拠禁止　232, 257
上告　383

　──棄却
　──趣意書　391
証拠決定　245
証拠裁判主義　233
証拠書類　247
　──の朗読　404, 405
証拠調べ請求　410
証拠資料　230
証拠能力付与説　349
証拠の新規性　396
証拠の明白性　396
証拠の優越による証明　238
証拠物　247
　──たる書面　247
証拠方法　230
証拠保全請求　154
情状　235
上訴権者　384
上訴の利益　384
証人　248
　──適格　248
　──等特定事項　405
証明予定事実　212
証明力　232
使用免責　414
除外決定　401
初回の接見　153
職務質問　36
職務の独立性　11
所在不明　323
所持品検査　39
叙述　306
書証　231
除斥　9
職権調査　388, 392
職権（追行）主義　7
処罰条件の存在　234
処罰阻却事由の不存在　234
署名押印　322
審級管轄　8
人権擁護説　285

事 項 索 引　　　　　　v

真実義務　201
迅速主義　206
身体検査（広義）　130
身体の検査　128
人定質問　203
人的証拠　231
審判対象画定機能　173
信用性　233
　――の情況的保障　321
　――のテスト　307
推認力　233
性　格　167
請求証拠開示　213, 222
制限説　329
精神・身体の故障　333
声紋鑑定　264
整理結果の顕出　217
責任者の立会い　106
積極的実体的真実主義　2
積極的地位　12
接見禁止　151
接見交通権　150
接見指定　151
絶対説　299
絶対的控訴理由　387
絶対的特信情況　326, 331
折衷説　285
前　科　167, 258
宣誓義務　249
選任決定　401
選任手続　401
前　歴　167
訴　因　171
　――制度　5
　――対象説　172
　――変更の許否　192
　――変更命令　183
　――変更命令の形成力　184
増強証拠　231, 357
総合説　289
捜　査　16

――機関　17
――・公判協力型　412
――の客体　145
――のため必要があるとき　153
――の端緒　33
――比例の原則　22
――弁護　148
捜　索　95
――差押許可状　98
――の対象　98
造船疑獄　12
相対説　299
相対的控訴理由　387
相対的特信情況　326, 329
相対的排除説　273
相当性　100, 352
相当程度類似する場合　258
相当な理由　71
遡及的事実　260
即時抗告　393
続　審　386
訴訟記録の閲覧・謄写　407
訴訟係属　169
訴訟指揮権　195, 221
訴訟能力　12
訴訟の浮動性　180
訴訟費用　364
訴訟法上の意味の裁判所　7
訴訟法的事実　234
訴訟法的真実　2
訴追裁量逸脱による起訴　162
訴追免責　414
即決裁判手続　209
疎　明　233
――資料　72
損害賠償命令制度　407

〔た　行〕

退去強制　326
退去の自由　142
大正刑事訴訟法　4

事項索引

対象事件　410
ダイバージョン　206
逮捕　69
　　――する場合　119
　　――前置主義　86
　　――にともなう捜索・差押え　118
　　――の現場　119
　　――の必要性　72
　　――の理由　71
択一的認定　369
弾劾主義　6
弾劾証拠　231, 354
探索質問法　268
単独体　7, 202
知覚　306
治罪法　4
抽象的防御説　186
重畳説　275
調書判決　366
跳躍上告　390
直接主義　194
直接証拠　230
通常抗告　393
通常逮捕　71
通信傍受法　136
通知書　152
付添人　253
DNA 型鑑定　262
停止　204
提示命令　226, 245
適正手続の保障　1, 2, 3
手続的正義　327
手続法　1
電気通信の傍受　136
電磁的記録　114
伝聞供述　307
伝聞性解除行為説　350
伝聞法則　306, 307
伝聞例外　321
同意（承諾）　30
同一構成要件内　369

同一目的・直接利用　276
同意の撤回　351
同意傍受　54
動機・手段　335
当事者主義　249
当事者対等主義　194, 220
当事者追行主義　7, 194, 219
当事者能力　12
当事者録音　54
動的性格　180
当番弁護士制度　13
逃亡または罪証隠滅のおそれ　72
謄本　360
毒樹の果実法理　293
特定性　64
特定犯罪　412
独任制の官庁　11
特別抗告　393
特別司法警察職員　10
土地管轄　8
取調べ　140
　　――受忍義務否定説　142
　　――の可視化　409

〔な 行〕

内部的成立　365
内容的確定　373
　　――力　374
2 項破棄　389
二重起訴の禁止　169
任意出頭　45
任意捜査　21, 43
　　――の原則　32
任意同行　45, 141
任意取調べ　45
人証　231
認否　203

〔は 行〕

排除相当性　272, 275
破棄自判　390

事項索引

破棄判決　388, 392
白山丸事件　174
判決書　366
犯行再現実況見分調書　336
犯行再現写真　359
犯罪事実　234
犯罪捜査規範　408
犯罪被害者　403
　　　──等給付金制度　406
反対尋問　250, 307
　　　──権放棄説　349
犯人の明白性　75, 76
反復自白　293
被害再現実況見分調書　336
被害再現写真　359
被害者参加制度　407
被害者特定事項　404
被害届　34
被疑事実との関連性　98
被疑者　12
　　　──勾留　69, 80
　　　──取調べ監督制度　408
非供述証拠　231
　　　──説　358
非限定説　354
被告人　12
　　　──質問　255
　　　──の氏名その他被告人を特定するに足
　　　りる事項　166
非常救済手続　383
非常上告　395
筆跡鑑定　265
必要性　99, 321
必要的弁護　205, 211, 216
必要的保釈　199
必要な処分　107
ビデオリンク方式　254
非伝聞　311
秘密交通　150
秘められた択一的認定　370
評　議　365, 402

評　決　365
表　現　306
非両立性基準　189
不一致供述　324, 325
不可欠性　331
不起訴相当　160
覆　審　386
付審判請求　160, 161
物　証　231
物的証拠　94, 231
部分同意　353
部分判決　402
不利益再審　395
不利益事実の承認　284, 340
不利益推認の禁止　147
不利益変更の禁止　385
分　離　204
併　合　204
並存的事実　260
別　件　90
　　　──基準説　91
　　　──逮捕・勾留　90, 145
弁護人　13
　　　──依頼権　148
包括性　241
防御権　146
防御範囲限定機能　173
法廷警察権　195
法定証拠主義　236
冒頭陳述　216
冒頭手続　203
法務大臣の指揮監督権　11
法律構成説　172
法律審　390
法律的関連性　232, 257
法令適用の誤り　387
補強証拠　295
　　　──の証明力　299
補強法則　295
保　釈　198
補助事実　231

補助証拠　231
ポス・システム　320
ポリグラフ検査　268
本　件　90
本　証　232
本人の自白　296

〔ま 行〕

密接な関連　279
無限定説　329
無罪推定の原則　240
明治刑事訴訟法　4
面会接見　150
免責決定　415
免　訴　363
申立書　386, 390
黙秘権　146

〔や 行〕

有罪の自認　284
有罪判決に示すべき理由　367
誘導尋問　250
容易性　241
容姿・行動の撮影　48
要証事実　307, 310
抑止効説　273
予見的事実　260

余　罪　258
　──取調べ　92, 144
余事記載　166
吉田町覚せい剤事件　174
予審制度の廃止　5
予断排除の原則　166, 210, 214

〔ら 行〕

利益原則　240, 369
利益再審　395
立証事実　310
立証趣旨　243
　──の拘束力　244
　──の明示　244
略式手続　208
量刑不当　388
領収書　318
領　置　95
類型証拠の開示　213, 223
類型的虚偽排除説　285
類似事実　257
例外事由　410
令状主義　23, 56
令状の概括的記載　104
レシート　319, 343
論　告　203
論理則　236, 260

判 例 索 引

＊「百選9版」は，井上正仁・大澤裕・川出敏裕編『刑事訴訟法判例百選』（有斐閣，第9版，2011年）を指す。

最判昭22・12・16刑集1・88　　299
最決昭23・1・28刑集2・1・14　　393
最判昭23・3・30刑集2・3・277　　299
最大判昭23・5・5刑集2・5・447　　3, 8
最大判昭23・5・26刑集2・6・529［百選9版-A41］　　364
最大判昭23・6・23刑集2・7・715　　286, 294
最大判昭23・7・19刑集2・8・944　　286
最大判昭23・7・19刑集2・8・952　　304
最大判昭23・7・29刑集2・9・1012［百選9版-A30］　　296
最判昭23・8・5刑集2・9・1123　　238
最判昭23・9・18刑集2・10・1209　　286
最判昭23・10・30刑集2・11・1427　　298
最大判昭23・11・17刑集2・12・1558　　286
最大判昭24・2・9刑集3・2・146　　289
最大判昭24・2・9刑集3・2・141　　367
最判昭24・2・10刑集3・2・155　　367, 368
最判昭24・2・22刑集3・2・221　　235
最判昭24・4・7刑集3・4・489　　299, 300
最判昭24・7・19刑集3・8・1348　　298
最判昭24・12・13集刑15・349　　272
最大判昭25・2・1刑集4・2・100　　205
札幌高判昭25・7・10高刑集3・2・303　　323
最大判昭25・7・12刑集4・7・1298　　300
最大判昭25・9・27刑集4・9・1805　　378
最判昭25・10・10刑集4・10・1959　　298
最大判昭25・10・11刑集4・10・2000　　300
最判昭25・11・17刑集4・11・2328　　366
最判昭25・11・21刑集4・11・2359　　144, 289
最大判昭25・11・29刑集4・11・2402　　299
札幌高函館支判昭26・7・30高刑集4・7・936　　323
最大判昭26・8・1刑集5・9・1684　　286
福岡高判昭26・10・18高刑集4・12・1611　　341
名古屋高判昭26・10・30刑集7・5・1168　　190

札幌高判昭 27・1・16 高刑集 5・1・1　　305
最判昭 27・3・27 刑集 6・3・520　　143
最大判昭 27・4・9 刑集 6・4・584　　323
最判昭 27・5・6 刑集 6・5・736　　231
最決昭 27・12・11 刑集 6・11・1297　　302, 322, 330
最判昭 28・2・12 刑集 7・2・204　　235
最決昭 28・2・17 刑集 7・2・237　　354
最判昭 28・5・29 刑集 7・5・1158　　189
最判昭 28・10・15 刑集 7・10・1934 ［百選 9 版-A36］　　338
最判昭 28・10・27 刑集 7・10・1971　　303
最判昭 29・1・21 刑集 8・1・71　　187
最判昭 29・5・14 刑集 8・5・676　　190
最決昭 29・7・15 刑集 8・7・1137　　26, 38
最決昭 29・7・29 刑集 8・7・1217　　323
最決昭 29・11・25 刑集 8・11・1888　　322
最判昭 29・12・2 刑集 8・12・1923　　318, 345
最判昭 30・1・11 刑集 9・1・14 ［百選 9 版-A34］　　329
最判昭 30・6・17 刑集 9・7・1153　　300
最判昭 30・9・13 刑集 9・10・2059　　235
最判昭和 30・12・9 刑集 9・13・2699　　311
最大判昭 30・12・14 刑集 9・13・2760 ［百選 9 版-A1］　　77
最判昭 31・3・27 刑集 10・3・387　　344
東京高判昭 31・12・15 高刑集 9・11・1242　　329
最判昭 32・1・22 刑集 11・1・103 ［百選 9 版-91］　　347
最大判昭 32・2・20 刑集 11・2・802　　147
仙台高判昭 32・6・19 高刑集 10・6・508　　323
最判昭 32・7・19 刑集 11・7・1882　　286
最判昭 32・7・25 刑集 11・7・2025　　339
東京高判昭 32・8・22 高刑集 10・8・661　　301
最決昭 32・9・30 刑集 11・9・2403　　340
最決昭 32・11・2 刑集 11・12・3047 ［百選 9 版-A31］　　300
最判昭 33・1・23 刑集 12・1・34　　173
最大決昭 33・2・26 刑集 12・2・316 ［百選 9 版-A28］　　234
最判昭 33・5・20 刑集 12・7・1398　　167
最大判昭 33・5・28 刑集 12・8・1718―練馬事件 ［百選 9 版-A39］　　168, 176, 234, 295, 303, 368
最大決昭 33・7・29 刑集 12・12・2776 ［百選 9 版-A4］　　104, 112
最大判昭 34・8・10 刑集 13・9・1419―松川事件　　220
最決昭 34・12・26 刑集 13・13・3372　　221
最決昭 35・2・9 判時 219・34　　221
最決昭 35・3・24 刑集 14・4・462　　247

判 例 索 引

最判昭 35・9・8 刑集 14・11・1437［百選 9 版-A35］　　333
最判昭 35・9・9 刑集 14・11・1477　　302
最判昭 36・3・9 刑集 15・3・500　　326
最判昭 36・5・26 刑集 15・5・893　　335
最大判昭 36・6・7 刑集 15・6・915［百選 9 版-A5］　　119, 121, 122
最判昭 37・7・3 民集 16・7・1408　　85
最決昭 37・9・18 判時 318・34　　384
最大判昭 37・11・28 刑集 16・11・1593　　3
最大判昭 37・11・28 刑集 16・11・1633─白山丸事件［百選 9 版-A15］　　173, 174, 175
最判昭 38・9・13 刑集 17・8・1703［百選 9 版-A29］　　287
最判昭 38・10・17 刑集 17・10・1795　　234, 307, 313
大森簡判昭 40・4・5 下刑集 7・4・596　　164
最大判昭 40・4・28 刑集 19・3・270［百選 9 版-A20］　　184
最決昭 41・2・21 判時 450・60［百選 9 版-69］　　265, 339
東京高決昭 41・6・30 高刑集 19・4・447　　339
最判昭 41・7・1 刑集 20・6・537［百選 9 版-74］　　287
最大判昭 41・7・13 刑集 20・6・609　　367
最判昭 41・7・21 刑集 20・6・696［百選 9 版-A13］　　164
最決昭 41・7・26 刑集 20・6・728　　292
山口地萩支判昭 41・10・19 下刑集 8・10・1368　　317
最決昭 41・11・22 刑集 20・9・1035［百選 9 版-66］　　259
最大判昭 42・7・5 刑集 21・6・748　　368
東京高判昭 42・7・26 高刑集 20・4・471　　270
最判昭 42・12・21 刑集 21・10・1476［百選 9 版-81］　　298
最決昭 43・2・8 刑集 22・2・55　　269, 270
最判昭 43・3・29 刑集 22・3・153　　379, 381
最判昭 43・10・25 刑集 22・11・961　　357
最決昭 43・11・26 刑集 22・12・1352　　184
仙台高判昭 44・2・18 刑集 23・12・1609　　164
最決昭 44・3・18 刑集 23・3・153─國學院大學映研フィルム事件［百選 9 版-A3］　　99
最決昭 44・4・25 刑集 23・4・248［百選 9 版-A24］　　221
最決昭 44・4・25 刑集 23・4・275　　221
金沢地七尾支判昭 44・6・3 判時 563・14─蛸島事件　　91
東京高判昭 44・6・20 高刑集 22・3・325［百選 9 版-27］　　122
最決昭 44・7・14 刑集 23・8・1057［百選 9 版-A25］　　199
最決昭 44・10・2 刑集 23・10・1199　　167
京都地決昭 44・11・5 判時 629・103［百選 9 版-13］　　75
最大決昭 44・11・26 刑集 23・11・1490─博多駅事件　　101
最決昭 44・12・4 刑集 23・12・1546　　323
最判昭 44・12・5 刑集 23・12・1583　　164
最大判昭 44・12・24 刑集 23・12・1625　　48, 49, 50

東京高判昭 45・10・21 高刑集 23・4・749　　28
最大判昭 45・11・25 刑集 24・12・1670　　3, 288
東京高判昭 46・10・20 判時 657・93　　248
最大判昭 47・11・22 刑集 26・9・554—川崎民商事件　　17, 40, 62
最大判昭 47・12・20 刑集 26・10・631—高田事件［百選 9 版-61］　　207
東京高判昭 48・4・26 高刑集 26・2・214　　326
最決昭 48・10・8 刑集 27・9・1415［百選 9 版-A22］　　9
東京地判昭 48・11・14 判時 723・24　　317
最判昭 48・12・13 判時 725・104　　238
最決昭 49・4・30 集刑 192・407　　62
大阪地判昭 49・5・2 判時 745・40［百選 9 版-101］　　376
東京地決昭 49・12・9 判時 763・16—富士高校放火事件　　92
東京地判昭 50・1・13 高刑集 30・3・373　　164
東京高判昭 50・3・6 判時 794・121　　323
福岡高判昭 50・3・11 刑月 7・3・143　　135
最決昭 50・5・20 刑集 29・5・177—白鳥決定　　396
最決昭 50・5・30 刑集 29・5・360　　196
最決昭 51・3・16 刑集 30・2・187［百選 9 版-1］　　27, 28, 43, 44, 46, 47
福岡高那覇支判昭 51・4・5 判タ 345・321［百選 9 版-49］　　192
最判昭 51・10・28 刑集 30・9・1859［百選 9 版-82］　　304
最判昭 51・11・18 判時 837・104［百選 9 版-24］　　112, 113
大阪高決昭 52・3・17 判時 850・13　　196
東京高判昭 52・6・14 高刑集 30・3・341　　164
大阪高判昭 52・6・28 刑月 9・5=6・334［百選 9 版-79］　　293
最決昭 52・8・9 刑集 31・5・821—狭山事件　　90
最判昭 52・12・22 刑集 31・7・1147　　392
最決昭 53・3・6 刑集 32・2・218［百選 9 版-47］　　190
東京高判昭 53・5・31 東高刑時報 29・5・103　　122
最判昭 53・6・20 刑集 32・4・670—米子銀行強盗事件［百選 9 版-4］　　36, 38, 39, 40, 41,
　　122
最決昭 53・6・28 刑集 32・4・724［百選 9 版-A38］　　353
東京地決昭 53・6・29 判時 893・8［百選 9 版-88］　　343
最判昭 53・7・7 刑集 32・5・1011　　385
最判昭 53・7・10 民集 32・5・820　　153
最判昭 53・9・7 刑集 32・6・1672［百選 9 版-94］　　272, 274, 289
最決昭 53・9・22 刑集 32・6・1174　　38
最判昭 53・10・20 民集 32・7・1367［百選 9 版-40］　　163
名古屋高判昭 54・2・14 判時 939・128　　133
富山地決昭 54・7・26 判時 946・137［百選 9 版-6］　　46, 88
東京高判昭 54・8・14 判時 973・130［百選 9 版-16］　　46, 88
最決昭 54・10・16 刑集 33・6・633［百選 9 版-A33］　　348

判 例 索 引　　　　　xiii

東京高判昭 55・2・1 判時 960・8［百選 9 版-68］　　264, 339
東京高判昭 55・2・25 高刑集 33・1・48　　183
最決昭 55・3・4 刑集 34・3・89［百選 9 版-A17］　　187
最決昭 55・4・28 刑集 34・3・178［百選 9 版-39］　　292
広島高判昭 55・9・4 刑集 35・3・129　　175
最決昭 55・9・22 刑集 34・5・272［百選 9 版-5］　　42
最決昭 55・10・23 刑集 34・5・300［百選 9 版-31］　　25, 132, 133, 134, 135
最決昭 55・12・17 刑集 34・7・672―チッソ川本事件［百選 9 版-41］　　163
東京地決昭 56・1・22 判時 992・3　　318
最決昭 56・4・25 刑集 35・3・116―吉田町覚せい剤事件［百選 9 版-45］　　174, 177
最判昭 56・6・26 刑集 35・4・426　　164
最決昭 56・7・14 刑集 35・5・497　　376, 377
広島高判昭 56・11・26 判時 1047・162［百選 9 版-30］　　113
最判昭 57・1・28 刑集 36・1・67　　271
大阪高判昭 57・3・16 判時 1046・146　　314
最決昭 57・5・25 判時 1046・15［百選 9 版-65］　　237
最決昭 57・8・27 刑集 36・6・726　　70
大阪高判昭 57・9・27 判タ 481・146［百選 9 版-43］　　167, 168
東京高判昭 58・1・27 判時 1097・146［百選 9 版-83］　　314, 315
最決昭 58・5・6 刑集 37・4・375　　369
最決昭 58・6・30 刑集 37・5・592　　330
最判昭 58・7・12 刑集 37・6・791　　280
東京高判昭 58・7・13 高刑集 36・2・86［百選 9 版-93］　　360
最判昭 58・9・6 刑集 37・7・930―日大闘争事件［百選 9 版-50］　　177, 183
最決昭 58・12・19 刑集 37・10・1753　　234
高松高判昭 59・1・24 判時 1136・158　　379, 380
最決昭 59・2・29 刑集 38・3・479―高輪グリーン・マンション事件［百選 9 版-7］　　45, 47,
　　48, 143, 291, 351, 408
大阪高判昭 59・4・19 高刑集 37・1・98―神戸まつり事件　　92, 145
東京高判昭 59・7・18 高刑集 37・2・360　　241
最決昭 59・12・21 刑集 38・12・3071［百選 9 版-92］　　358
仙台高判昭 60・4・22 判時 1154・40　　271
最決昭 60・11・29 刑集 39・7・532［百選 9 版-53］　　196
大阪高判昭 60・12・18 判時 1201・93［百選 9 版-14］　　75
最判昭 61・2・14 刑集 40・1・48　　49
最決昭 61・3・3 刑集 40・2・175　　318, 344
札幌高判昭 61・3・24 高刑集 39・1・8［百選 9 版-97］　　370
最判昭 61・4・25 刑集 40・3・215［百選 9 版-95］　　276, 277, 279
最決昭 62・3・3 刑集 41・2・60［百選 9 版-70］　　267
東京地判昭 62・12・16 判時 1275・35［百選 9 版-75］　　288
東京高判昭 63・4・1 東高刑時報 39・1〜4・8［百選 9 版-10］　　19, 50

最決昭 63・9・16 刑集 42・7・1051　277
大阪高判昭 63・9・29 判時 1314・152　351
最決昭 63・10・25 刑集 42・8・1100［百選 9 版-48］　191
東京高判昭 63・11・10 判時 1324・144［百選 9 版-84］　323, 324
最決平元・1・23 判時 1301・155［百選 9 版-78］　291
最決平元・1・30 刑集 43・1・19—日本テレビ事件　102
最大判平元・3・8 民集 43・2・89—レペタ訴訟　195
最決平元・7・4 刑集 43・7・581［百選 9 版-8］　47
大阪高判平元・11・10 判タ 729・249　326
大阪高判平 2・2・6 判タ 741・238［百選 9 版-3］　31, 42
最決平 2・6・27 刑集 44・4・385［百選 9 版-35］　109
最決平 2・7・9 刑集 44・5・421—TBS 事件［百選 9 版-20］　101
浦和地判平 2・10・12 判時 1376・24［百選 9 版-18］　92, 93, 145
浦和地判平 3・3・25 判タ 760・261［百選 9 版-76］　289
千葉地判平 3・3・29 判時 1384・141［百選 9 版-11］　54
最判平 3・5・10 民集 45・5・919　153
最判平 4・9・18 刑集 46・6・355　159
最決平 5・10・19 刑集 47・8・67　13
大阪高判平 6・4・20 高刑集 47・1・1　108
最決平 6・9・8 刑集 48・6・263［百選 9 版-21］　111
最決平 6・9・16 刑集 48・6・420［百選 9 版-2, 32］　38, 108, 134, 277
最大判平 7・2・22 刑集 49・2・1—ロッキード事件〔丸紅ルート〕［百選 9 版-71］　414
最決平 7・2・28 刑集 49・2・481［百選 9 版-54］　12, 13
最決平 7・3・27 刑集 49・3・525［百選 9 版-55］　205
福岡高決平 7・3・28 高刑集 48・1・28　375
最決平 7・5・30 刑集 49・5・703　278
最判平 7・6・20 刑集 49・6・741［百選 9 版-85］　322, 327
福岡高判平 7・8・30 判時 1551・44　283
最決平 8・1・29 刑集 50・1・1—和光大学内ゲバ事件［百選 9 版-15, 29］　76, 124
大阪高判平 8・11・27 判時 1603・151［百選 9 版-89］　350
東京地決平 10・2・27 判時 1637・152［百選 9 版-26］　100
大阪地判平 10・4・16 判タ 992・283　192
最決平 10・5・1 刑集 52・4・275［百選 9 版-25］　115
最大判平 11・3・24 民集 53・3・514［百選 9 版-36］　142, 148, 152, 153
最決平 11・12・16 刑集 53・9・1327［百選 9 版-34］　25, 27, 65, 126, 137
最判平 12・6・13 民集 54・5・1635［百選 9 版-37］　152, 153
最決平 12・6・27 刑集 54・5・461　371, 372
最決平 12・7・17 刑集 54・6・550［百選 9 版-67］　263
最決平 12・10・31 刑集 54・8・735　331
東京地決平 12・11・13 判タ 1067・283　92, 93
最決平 13・4・11 刑集 55・3・127［百選 9 版-46］　177, 187, 369

判例索引

最決平 14・7・18 刑集 56・6・307　　175
東京高判平 14・9・4 判時 1808・144［百選 9 版-77］　　31, 290
最決平 14・10・4 刑集 56・8・507［百選 9 版-23］　　66, 106, 108
最判平 15・2・14 刑集 57・2・121［百選 9 版-96］　　275, 278, 279, 280
最大判平 15・4・23 刑集 57・4・467［百選 9 版-42］　　173
最決平 15・5・26 刑集 57・5・620　　40, 41
最判平 15・10・7 刑集 57・9・1002［百選 9 版-100］　　379, 380, 381
最決平 15・11・26 刑集 57・10・1057　　332
最決平 16・7・12 刑集 58・5・333［百選 9 版-12］　　51, 52, 53
最判平 16・9・7 判時 1878・88　　152
最判平 17・4・14 刑集 59・3・259［百選 9 版-72］　　255
最判平 17・4・19 民集 59・3・563［百選 9 版-A9］　　150
大阪地判平 17・8・3 判時 1934・147　　271
最決平 17・9・27 刑集 59・7・753［百選 9 版-86］　　337
最決平 17・11・29 刑集 59・9・1847［百選 9 版-56］　　202
大阪地判平 18・9・20 判時 1955・172　　156
最判平 18・11・7 刑集 60・9・561［百選 9 版-90］　　355
最決平 18・12・8 刑集 60・10・837　　322
最決平 19・2・8 刑集 61・1・1［百選 9 版-22］　　110
最決平 19・10・16 刑集 61・7・677［百選 9 版-63］　　238, 261
最決平 19・12・13 刑集 61・9・843［百選 9 版-99］　　372
最決平 19・12・25 刑集 61・9・895　　228
最決平 20・3・5 判タ 1266・149［百選 9 版-A27］　　405
最判平 20・3・14 刑集 62・3・185—横浜事件　　396
東京高判平 20・3・27 東高刑時報 59・1〜2・22　　314
最決平 20・4・15 刑集 62・5・1398［百選 9 版-9］　　49, 50.95
名古屋高金沢支判平 20・6・5 判タ 1275・342［百選 9 版-59］　　217
最決平 20・6・25 刑集 62・6・1886　　228
最決平 20・8・27 刑集 62・7・2702［百選 9 版-87］　　338
最決平 20・9・30 刑集 62・8・2753［百選 9 版-57］　　228
東京高判平 20・10・16 高刑集 61・4・1　　327
東京高判平 20・11・18 高刑集 61・4・6［百選 9 版-58］　　218
最判平 21・7・14 刑集 63・6・623［百選 9 版-62］　　209
最決平 21・9・28 刑集 63・7・868［百選 9 版-33］　　26, 31, 40, 127
最決平 22・3・17 刑集 64・2・111　　178
宇都宮地判平 22・3・26 判時 2084・157　　263
東京高判平 22・5・27 高刑集 63・1・8　　323
最決平 23・9・14 刑集 65・6・949　　252
最判平 23・10・20 刑集 65・7・999　　332
最大判平 23・11・16 刑集 65・8・1285　　399
最判平 24・1・13 刑集 66・1・1　　400

判 例 索 引

最判平 24・2・13 刑集 66・4・482　　386, 403
最決平 24・2・29 刑集 66・4・589　　188
最判平 24・9・7 刑集 66・9・907　　258
最決平 25・2・20 刑集 67・2・1　　258
最決平 25・3・18 刑集 67・3・325　　215
東京地判平 26・3・18 判タ 1401・373　　328
名古屋地岡崎支判平 26・3・20 判時 2222・130　　13
最決平 26・3・17 刑集 68・3・368　　178
最判平 26・7・24 刑集 68・6・925　　403
最決平 26・11・18 刑集 68・9・1020　　200
最決平 27・4・15 判時 2260・129　　200
名古屋高判平 27・11・16 TKC25541868　　13

プロセス講義刑事訴訟法
2016（平成 28）年 6 月 17 日　第 1 版第 1 刷発行

|著者| 亀井源太郎
| | 岩下雅充
| | 堀田周吾
| | 中島宏
| | 安井哲章
|発行者| 今井貴
| | 渡辺左近

発行所　信山社出版株式会社
〒113-0033　東京都文京区本郷 6-2-9-102
電　話　03(3818)1019
ＦＡＸ　03(3818)0344

Printed in Japan

Ⓒ亀井源太郎・岩下雅充・堀田周吾・中島宏・安井哲章，2016．
印刷・製本／暁印刷・渋谷文泉閣

ISBN978-4-7972-2664-5

JCOPY ＜出版者著作権管理機構 委託出版物＞
本書の無断複製は著作権法上での例外を除き禁じられています。複写される場合は，そのつど事前に，出版者著作権管理機構（電話 03-3513-6969，FAX 03-3513-6979，e-mail : info@jcopy.or.jp）の許諾を得てください。

―――――――― プロセス講義民法シリーズ ――――――――

後藤巻則・滝沢昌彦・片山直也 編

Ⅰ	総則	続刊
Ⅱ	物権	続刊
Ⅲ	担保物権	3,000 円
Ⅳ	債権 1	続刊
Ⅴ	債権 2	続刊
Ⅵ	家族	3,200 円

(本体価格)

―――――――― 信 山 社 ――――――――

———— 判例プラクティス・シリーズ ————

憲法判例研究会 編

（執筆　淺野博宣・尾形健・小島慎司・

宍戸常寿・曽我部真裕・中林暁生・山本龍彦）

判例プラクティス憲法〔増補版〕　　　3,880 円

松本恒雄・潮見佳男 編

判例プラクティス民法Ⅰ　総則・物権　　3,600 円

判例プラクティス民法Ⅱ　債権　　　　　3,600 円

判例プラクティス民法Ⅲ　親族・相続　　2,800 円

成瀬幸典・安田拓人 編

判例プラクティス刑法Ⅰ　総論　　　　　4,000 円

成瀬幸典・安田拓人・島田聡一郎 編

判例プラクティス刑法Ⅱ　各論　　　　　4,480 円

（本体価格）

———————— 信 山 社 ————————

渥美東洋・椎橋隆幸 編
刑事訴訟法基本判例解説　　　　　　　　2,800 円

渡辺咲子 著
刑事訴訟法講義〔第 7 版〕　　　　　　 3,400 円

渡辺咲子 著
判例講義 刑事訴訟法　　　　　　　　　 3,800 円

丸山雅夫 著
ブリッジブック少年法入門　　　　　　　2,600 円

（本体価格）

信 山 社